21 世纪法学系列教材

婚姻家庭继承法学

Law of Marriage - Family and Inheritance

主编｜张伟

副主编｜马钰凤　郝佳　杨丽珍

撰稿人（以撰写章节先后为序）｜张伟　郝佳　叶名怡　马钰凤　杨丽珍　朱启莉　赵宁宁　吴慧萍　陈爱武

法律出版社

——北　京——

始创于 1954 年

好书，同好老师和好学生分享

出 版 说 明

法律出版社作为中国历史悠久、品牌积淀深厚的法律专业出版社，素来重视法学教育图书之出版。

原“21 世纪法学规划教材”系列作为本社法学教育出版的重心，延续至今已有十余年。该系列一直以打造新世纪新经典教材为己任，遍揽名家新秀，因其卓越品质而颇受瞩目并广受肯定。当前，根据法学教育发展变化的客观需要，本社将原有教材系列调整重组，形成新编“21 世纪法学系列教材”，以便更好地为法学师生服务。

中国的法学教育正面临深刻变革，未来的法学教育势必以培养高素质法律人才为目标，以知识教育与应用教育相结合、职业教育与素质教育相结合、精英教育与大众教育相结合为导向，法学教育图书的编写与出版也将由此进入变革与创新的时代。

为顺应未来法学教育的改革方向和发展趋势，本社将应时而动，为不同学科、不同层次、不同阶段、不同需求的法学师生量身打造法学教材及教学辅助用书。在教材方面，将推出课堂教学系列、实训课程系列、通识课程系列、简明本系列、双语教学系列等；在教学辅助用书方面，将推出案例教程系列、法规教程系列、练习与测验系列、法学讲座系列、专业培训系列等。或革新，或全新，以厚基础、宽口径、多元化、开放性为基调，力求从品种、内容和形式上呈现崭新风采，为法学师生提供更好教本与读本，同享规划教材之盛。

“好书，同好老师和好学生分享。”本社在法学教育图书出版上必将继往开来，以精益求精的专业态度，打造全新“21 世纪法学系列教材”，传播法学知识，传承法学理念，辅拂法律教育事业，积累法律教育财富，服务万千法学师生和明日法治英才。

法律出版社

编写说明

婚姻家庭继承法学集法学理论和实践操作于一体，是研究有关婚姻家庭和继承法律制度以及相关法律现象的科学。从学科定位上看，婚姻家庭继承法学既是民法学的重要组成部分，又具有独立的研究特色和部门法学地位。从立法体例上看，婚姻家庭继承法学主要涉及《民法典》婚姻家庭编和继承编的内容。

婚姻家庭继承法学教学与研究的主要内容和方向为：婚姻家庭的基本理论，家事法的鲜明特征、调整对象和本质及作用，家事法的原则，亲属的种类、亲属关系的产生和终止及法律效力，婚姻关系的成立和效力，婚姻关系的终止及法律后果，夫妻、父母子女及其他近亲属间的权利和义务，收养、扶养、监护和继承制度，《民法典》婚姻家庭编、继承编具体条款的适用，处理婚姻家庭继承纠纷的实践经验等。

本教材的编写特色如下：

第一，坚守教材的品质。坚持内容以通说、主流观点为主，同时兼采作者及其他学者的独特新颖观点、经典文论及立法建议等，以开拓学生的视野和思路。

第二，注重家事实体法与家事程序法的有机结合。本教材尝试由专长家事诉讼的专业教师专章撰写家事诉讼程序，这在国内教材中尚属首次。

第三，教材内容和研究方法与手段较新，注意借鉴参考理论前沿知识和疑难观点的论争与辨析。本教材注意借鉴吸收多学科、跨学科及前沿学科知识与研究方法及手段，注重运用法学中其他分支学科的研究成果，以及法学以外的有关学科（如社会学、伦理学、民俗学、人口学、文化人类学、经济学等）的研究成果，对婚姻家庭领域出现的新问题进行跨学科、多方面、多层次、多视角的综合研究和分析，以期借此抛砖引玉。

第四，关注理论与实务、制度与价值的结合，重视及时鲜明地引用最新的法律法规和司法解释及相关政策。本教材以我国婚姻家庭制度的改革与社会发展的互动关系为历史线索和脉络，以 2020 年《民法典》婚姻家庭编、继承编为重点内容，辅以其他相关法律、法规等，并及时吸收引用最新的相关法律（如 2016 年 3 月 1 日施行的我国首部《反家庭暴力法》、2017 年修订的《民事诉讼法》、2020 年 10 月 17 日修订的《未成年人保护法》）和法规、规章、司法解释与规范性文件及相关政策等，力求对家事法领域中的各种制度、具体规定和处理有关问题的政策界限等进行比较系统地分析,并注重梳理探析现行家事法律制度背后的伦理、传统文化、宗教、习俗习惯等因素。

第五,重视理论联系实践,引入相关典型疑难案例,包括司法考试的真题,以启迪学生的思维,提高其思考分析问题和解决实际问题的能力。

第六,参与本教材编写的成员构成广泛,各有专长。成员覆盖了江苏、陕西和上海学有专长的专家学者和擅长家事法律实务的律师。

本教材由张伟任主编,马钰凤、郝佳、杨丽珍任副主编。张伟负责教材的统稿、定稿。参加教材编写的作者简介及各章撰写分工如下(以撰写章节先后为序):

张　伟　西北政法大学民商法学院教授,中国法学会婚姻法学研究会常务理事,陕西省法学会婚姻家庭法学研究会会长,主要研究方向为家事法和民法等。

撰写第一章、第三章、第七章。

郝　佳　西北政法大学民商法学院副教授、法学博士,中国法学会婚姻法学研究会理事,陕西省法学会婚姻家庭法学研究会副秘书长,主要研究方向为家事法等。

撰写第二章、第四章、第十二章第一节。

叶名怡　原西北政法大学民商法学院副教授、法学博士,现为上海财经大学法学院教授,中国法学会婚姻法学研究会理事,中国法学会民法学研究会理事,主要研究方向为民法、侵权责任法、家事法等。

撰写第五章。

马钰凤　西北政法大学民商法学院副教授、法学博士,中国法学会婚姻法学研究会理事,陕西省法学会婚姻家庭法学研究会秘书长,主要研究方向为家事法等。

撰写第六章、第九章、第十章。

杨丽珍　西北大学法学院教授,陕西省法学会婚姻家庭法学研究会副会长、陕西省法学会民法学研究会副会长,主要研究方向为民法和家事法等。

撰写第八章。

朱启莉　西北政法大学民商法学院副教授、法学博士,陕西省法学会婚姻家庭法学研究会副秘书长,主要研究方向为民法等。

撰写第十一章。

赵宁宁　万商天勤(上海)律师事务所律师。

吴慧萍　撰写第十二章第二节。

陈爱武　南京师范大学法学院教授、法学博士,中国民事诉讼法学研究会理事,中国法学会婚姻法学研究会理事,主要研究方向为民事诉讼法和家事诉讼法及仲裁法等。
撰写第十三章。

由于编著者水平和能力有限,疏漏和缺点恐难避免,恳请诸位同仁和读者批评指正。

2020 年 10 月

目　　录

第三编 婚姻家庭继承法附论

引　言

2020年5月28日第十三届全国人民代表大会第三次会议正式表决通过了《中华人民共和国民法典》(以下简称《民法典》),自2021年1月1日正式施行,预示着了解民之所需,回应民之所愿的民法成典,成为我国首部以法典命名的法律。翻阅民法典,我们不难发现,看似宏大的民法进程,渗透在每一个自然人的日常生活,囊括了每一个自然人的生老病死,我们每个人都身在其中,即"民法典既以'民'命名,其正是以公平和正义为基本理念,规范市民生活的方方面面:衣食住行,婚丧嫁娶,无一不落入以人身权和财产权为基本架构的民法典之中,堪称最关乎广大百姓切身利益之法。对每个人来说,或许一辈子都不会与刑法打交道,但必然会因出生、家庭、购物、出行、婚嫁以及继承等事宜与民法典形成勾连。民法典所规范和涵盖的这些事情看似微小,但它们就是老百姓的基本生活,是美好生活的宏大愿景得以落实的微观细节。正所谓'治大国若烹小鲜',民法典正是细微处见真章的典范"。[1]其中,婚姻、家庭与继承毋庸置疑的承载了较为深厚的法治内涵与人文关怀。

1950年5月10日,刚刚成立半年多的中华人民共和国颁布了自己的第一部法律(当时还未有正式的宪法,而是以《中国人民政治协商会议共同纲领》作为临时宪法)即《婚姻法》,开篇就是"废除包办强迫、男尊女卑、漠视子女利益的封建主义婚姻制度。实行男女婚姻自由、一夫一妻、男女权利平等……"发出了那个时代振聋发聩的"权利平等"最强音,它把女性从封建婚姻的束缚中解放出来,让新兴人民共和国的价值观渗透到百姓的日常生活中,从而推动了中国整体性的社会变迁,故1950年《婚姻法》被赞誉为"普遍性仅次于宪法的根本大法"。

2017年3月通过的《民法总则》第2条规定民法调整平等主体的自然人、法人和非法人组织之间的人身关系和财产关系。相比较《民法通则》的规定,《民法总则》首次将民法调整对象中的人身关系提到财产关系的前面(将原来的顺序进行了微调),这充分体现"人文主义"的民法观,凸显了对人身关系特别是身份关系的关注和重视,显示注重以人为本与以家庭伦理为基础。2020年5月《民法典》这一"国

---

〔1〕 参见陈小君:《民法典的四重意蕴:现今中国的时代精神》,载《法制日报》2020年6月10日,第9版。

之重器”颁布,其在《民法典》总则编第2条[2]再次作这样规定。

“时至今日,家仍是中国人最为基本的存在形式,是人彼此协同合作、容忍尊重的生活单元,是每个人的存在之根,也是社会得以稳定存续和有效运转的基石,对中国人具有异乎寻常的意义和价值。个体工商户、农村承包经营户在中国的广泛存在和蓬勃发展表明,家在中国还可以成为生产经营的基本单元。民法典郑重承诺‘婚姻家庭受国家保护’,并从两个方面表达了对家的看法:一方面,中国人心目中的家,跟世界上很多国家和民族对家的看法不尽相同。我们所理解的家,不仅仅是夫妻双方,也不仅仅是三口之家或者四口之家,祖父母,外祖父母,孙子女,外孙子女,兄弟姐妹,甚至兄弟姐妹的子女,都是家的成员。中国人的家,既是家庭,更是家族。另一方面,如何协调家庭成员之间的关系。民法典开宗明义,明确宣示‘家庭应当树立优良家风,弘扬家庭美德,重视家庭文明建设’,充分体现了中华优秀传统文化,与社会主义核心价值观也是一致的。在民法典总则编和各分编中都有更为具体的规则来表达对如何协调家庭成员之间关系的看法。婚姻家庭编有专门的一章对家庭关系进行调整,首先关注的就是如何协调夫妻关系,民法典规定夫妻应当互相忠实、互相尊重、互相关爱。对于父母子女之间的关系、兄弟姐妹之间的关系,对于祖父母、外祖父母、孙子女、外孙子女之间的关系,民法典总则编、婚姻家庭编、继承编作出了相应的回应。”[3]

孟子言:“天下之本在国,国之本在家,家之本在身。”婚姻家庭继承制度其实是国家对于家保护的缩影,有着其独特的立法价值取向和定位。婚姻家庭关系实质上是一种“私”的关系,虽然也有“公”的元素,但人格独立、地位平等、自由自主仍是其本质特征。当然,亲属关系基于人伦秩序,其人身关系及其派生的财产关系所固有的伦理性、身份性等特殊属性,而具有鲜明的特质,在法律上不能将其与其他民法规范等同视之,尤其是处理亲属身份关系及其派生的财产关系的问题上,有必要对其作出相应的特殊规则,这也是婚姻家庭继承法独立存在的意义和价值。身份性和伦理性是其首要属性,利他奉献、互助互爱是其核心价值,即婚姻家庭继承法的法理,体现了深深的人文关怀,凸显出婚姻家庭继承法是人法、爱法的理念。《民法典》颁行后,我们仍需恪守和明确婚姻家庭继承法的价值取向和定位,坚守和强

---

[2] 1986年《民法通则》第一章“基本原则”第2条:中华人民共和国民法调整平等主体之间的公民之间、法人之间、公民和法人之间的财产关系和人身关系。2017年《民法总则》第一章“基本规定”第2条:民法调整平等主体之间的自然人、法人和非法人组织之间的人身关系和财产关系。2020年《民法典》总则编第一章“基本规定”第2条:民法调整平等主体之间的自然人、法人和非法人组织之间的人身关系和财产关系。

[3] 参见王轶:《民法典:新时代我国社会主义法治建设的重大成果》,载《学习时报》2020年6月29日,第1版。

化婚姻家庭伦理的核心价值(利他奉献、互助互爱),尊重与守护善良风俗与传统文化,以避免和防止在市场经济大浪潮的裹挟下的亲属关系由温情脉脉的“人伦”关系全面走向冰冷的“物化”关系。

总之,作为中国的首个“法典”,《民法典》凸显了作为人法对公民的人文关怀,其中,婚姻家庭编则更关注家庭成员之间的情感,强调优先考虑家庭成员的意愿。由上可见,民法是人法,而婚姻家庭继承法更是人法、爱法。

第一编　婚姻家庭继承法基本问题

第一章　婚姻家庭继承法概述

|学习目标|

学习本章应从婚姻法的历史沿革到现在成为《民法典》分则的内在渊源与关联理解入手，同时掌握婚姻家庭继承法的概念、特征及其调整对象，全面认识婚姻家庭继承法。深度探讨婚姻家庭编与其他编及与总则编在法律适用上的关系及协调衔接的处理规则，理解婚姻法虽归于民法典体系，但具有身份、伦理和习俗等特质及相对独立性的特点和原因。

第一节　婚姻家庭继承法与《民法典》

一、婚姻家庭继承法的演进

自从人类进入阶级社会以后，由亲属组成的家庭就与国家的统治息息相关，国内、国外历朝历代的统治者都对婚姻家庭继承关系及其走向给予特别的关注。作为调整家事关系的法律制度，婚姻家庭继承法的发展由来已久，婚姻家庭继承法的发达也要早于其他法律。故从此意义上讲，我国家事法的历史发展，应从古代加以考察，对国外家事法的历史发展亦从这个角度加以考察。以不同时代、不同国家的不同婚姻家庭继承法的表现形式以及在立法体系中所处的不同地位来看，应将其发展总结归纳为四个重要的时期：诸法合体的古代婚姻家庭继承法时期；附属于民法的近代婚姻家庭继承法时期；形成独立法律部门的社会主义家事法（婚姻法）时期；回归民法，作为《民法典》婚姻家庭编及继承编时期。

（一）诸法合体的古代婚姻家庭继承法

这一时期主要讲的是奴隶制时期和封建制时期的婚姻家庭继承法。无论是我国还是外国，在古代，调整婚姻家庭继承关系的行为规范，其表现形式是多元的，除法律外，礼、宗教教规、戒律等也都是处理婚姻家庭继承关系的行为准则。即便是调整婚姻家庭继承的法律规范，也是与其他法律规范混杂在一起，共同组成一个内容庞杂的统一法典，呈现典型的古代特有的诸法合体的形式。

在整个古代，无论是奴隶社会，还是封建社会，中外各国在立法上一般均采取刑民不分、诸法合体的形式。在一部法典性质的规范文件中既规定犯罪与刑罚的内容，又规定行政制度和司法制度，同时还包括有关财产关系、亲属关系的部分；实体法与程序法亦混杂在一起，没有明确具体的部门划分。在这种立法模式下，有关调整婚姻家庭继承关系的法律规范，在法律体系中并未取得独立地位，而是包容在统一的法典之中，所以称为诸法合体的古代家事法。例如，古巴比伦的《汉谟拉比法典》、古罗马帝国的《十二铜表法》和后来的《查士丁尼国法大全》以及我国的《唐律疏议》等均采用诸法合体的形式。

诸法合体的古代家事法具有以下三个明显特征：(1) 婚姻家庭继承法与其他法律规范相混杂，共存于同一法典之中，所以独立形式意义上的家事法尚不存在，实质意义上的婚姻家庭继承法内容虽有所反映，但并不充分、不完备，而是以分散、附带的形式置于法典之中，所占比重不大，表现出法典的重刑轻民、重社会行政统治轻民事关系调整的古代法色彩。(2)法律规范的功能作用呈单一状态，普遍用刑罚办法作为处理婚姻家庭继承方面违法行为的主要手段，公法色彩浓厚。(3)婚姻家庭继承法对其他社会规范的依赖性较大，宗教、道德、习惯等社会规范的作用十分突出。这些社会规范成为古代婚姻家庭制度的基本内容，是古代婚姻家庭继承法的重要补充。如日耳曼法直接从习惯法转化过来；基督教、伊斯兰教、犹太教的宗教教规直接起着规范和调整婚姻家庭的作用。在我国诸法合体的古代，关于婚姻家庭继承的社会规范，有重礼轻法、详于礼而略于法的特点。所以，我国婚姻家庭继承法在一个很长的历史时期内不仅不是一个独立的法律部门，而且在内容上也不够完备，许多方面都需要其他社会规范来调整。

(二)附属于民法的近代婚姻家庭继承法

随着近代资本主义制度的建立和发展，资本主义法制和法律体系也逐步形成和完善。由于社会化大生产带来的生产力发展和社会分工的精细化，社会关系日益复杂，利益冲突越来越多，不可以再用统一的法典来调整众多的社会领域。因此，资本主义国家建立之后，开始了法律体系由诸法合体的形式向各个法律部门分支独立的演变。这一演变首先由资产阶级法学家提出来一系列理论依据，后被国家立法付诸实践，将法律划分为若干部门，分别调整特定的社会关系，形成了资本主义法律体系。

在资产阶级法律部门分立过程中，首先划分出了实体法和程序法，随后在实体法中分列出刑法和民法，以及国家法、行政法、国际法等法律部门。这种法律体系虽然改变了诸法合体的立法体例,建立起了不同的法律部门和法律学科,但婚姻家庭继承法尚无系统独立的法典,仍然不是一个独立的法律部门,而是包括在民法之中,以亲属法或其他名称作为民法的一个组成部分,从而形成了附属于民法的近代婚姻家庭继承法历史类型。

(三)形成独立法律部门的社会主义婚姻家庭继承法(家事法)

历史行进到20世纪,一方面,西方资本主义社会发生了较大变化,顺应现代社会的要求,婚姻家庭继承法相继得到改革和完善;另一方面,诞生了以苏联为代表的一批社会主义国家,社会主义家事法登上了历史舞台,并从一开始即以独立法律部门的地位呈现出来。苏联作为世界上第一个社会主义国家,其家事法的立法理念和模式是全新的,它将家事法作为独立的法律部门,与民法平行,互不隶属。这种独立法典的立法模式,使婚姻家庭继承法在整个法律体系中处于非常重要的地位。受其影响,第二次世界大战以后东欧成立的社会主义国家如南斯拉夫、罗马尼亚等都采用了这种立法形式。新中国成立后,在1950年和1980年两个重大历史转折时期颁布的《婚姻法》,都有独立部门法的特点。社会主义婚姻家庭继承法之所以一开始即形成独立的法律部门,并非偶然,而是由一定的理论背景、社会背景、文化背景和法制背景等多重因素共同作用的必然结果,反映出当时的合理性和进步性。

(四)作为《民法典》分则的婚姻家庭编与继承编

2020年5月28日第十三届全国人民代表大会第三次会议正式表决通过了《民法典》,自2021年1月1日正式施行,这是新中国法律史上的里程碑事件。随着《民法典》正式施行,多部民法单行法废止,其中包括婚姻家庭继承领域的《婚姻法》《继承法》《收养法》等多部法律,其内容统一纳入《民法典》,作为婚姻家庭编、继承编予以规定,使婚姻家庭继承法的演变符合中国社会的整体性变迁,标志着我国全面推进依法治国进入新阶段。

有学者认为,"民法典既是'社会生活的百科全书',也是社会综合治理的压舱石;既是我国法制建设的里程碑,也是民众维护民事权益的助力器。婚姻家庭编为民法典中的第五编,传承了婚姻法的立法传统,展现了社会主义核心价值观;实现了婚姻法的法典化回归,完善了我国的婚姻家庭制度"。[1]

我们应明确婚姻家庭编(婚姻法)本质是身份法,而非财产法,且颇具伦理性,其财产关系是基于身份关系而派生,即我国所确立的法定夫妻共同财产制(约定除外),是以夫妻生活共同体为伦理基础的,着重考虑的是要符合婚姻永久共同生活

---

[1] 参见王歌雅:《民法典婚姻家庭编的价值阐释与制度修为》,载《东方法学》2020年第4期。

的目的，特别是要有助于夫妻同甘共苦、相互扶助，有助于增强家庭的和睦及凝聚力，照顾和保障子女、女方的合法权益以及有助于实现家庭的各项经济职能。婚姻家庭编（婚姻法）的最大特点是伦理性。婚姻要久长，家庭要和睦，成员要和谐，首先要重构婚姻家庭伦理的核心价值，就是体现家庭成员彼此的关爱和责任、义务、互惠乃至牺牲，即利他奉献、互助互爱，这彰显了婚姻家庭编的立法理念和宗旨，即婚姻家庭编（婚姻法）的法理，体现了深深的人文关怀，更凸显出婚姻家庭编（婚姻法）是人法、爱法。

因此，我们应该明确婚姻家庭继承法回归民法后，其特殊的伦理性与身份性并不会因此而改变。

疑难问题论争　从婚姻家庭继承法作为独立部门法到“回归民法”的反思

在民法正式成典之前，关于婚姻家庭继承法的地位始终是学界的一大探讨问题，虽然现在婚姻家庭继承回归民法典已无争议，但关于这一规定的讨论及其研究过程仍值得我们深思。

有的学者认为，婚姻家庭继承法作为独立的法律部门是特定历史条件下的产物，所以随着该历史条件的变化、理论认识上的廓清和社会主义法律体系的逐步健全与完善，它已不可避免地暴露出一定的历史局限性，从而不得不引起我们的重新认识，以求为家事法的法律地位寻找一个更恰当的归属。1980年《婚姻法》已经运作多年，中国社会从宏观到微观发生了巨大的变化，法制建设全面铺开并向纵深拓展。其中30多年一直处于立法空白状态的民法更是发展迅猛，以“两步走”战略为指导，《民法总则》为先行，再到《民法典》的正式通过到施行，中国民事法律体系渐臻完善。为此，特殊历史条件下形成的婚姻家庭继承法的独立部门法地位发生变化，“回归民法”，其旨在以民法的法典化、体系化与私法理论推动家事领域的立法改革。

也有学者认为，实践证明，此举不仅无法实现理论整合、促进掌握法律原理的体系化初衷，反而加剧了婚姻家庭继承法与民法法律制度与理论的冲突、婚姻家庭继承法理解的混乱和新创设制度实施上的困难，而且已经成为家事领域自由泛滥的制度原因，与婚姻家庭继承领域保护弱者权益、维护家庭稳定的宗旨相悖，误导了立法、司法实践与社会舆论。究其制度理论根源，在于对婚姻家庭继承法调整对象与调整方法的特殊性，以及婚姻家庭继承法定位与家事领域自由的关系，甚至婚姻家庭继承法对社会秩序及道德文化建设的重要意义认识不清。婚姻家庭继承是人与人全面合作的伦理实体，婚姻家庭继承关系具有强烈的伦理性，即基于人伦秩序，其调整方法也迥异于一般民事关系，并不随着市场经济的建立而发生本质改变。

二、婚姻家庭继承法的地位

法律体系是一国法律上层建筑的一切基本因素互相联系、互相作用而构成的系统,也称法律系统。了解家事法在法律体系中的地位问题,就必然涉及家事法与其他法律部门之间的关系如何,作为家事法范畴的行为规范都有哪些法律表现形式;等等。

(一)婚姻家庭继承法与其他法律部门之间的关系

通过对比婚姻家庭继承法与其他法律部门之间的关系,我们可以更清楚地认识到婚姻家庭继承法在法律体系中所处的地位。

1. 婚姻家庭继承法与宪法

宪法是母法,是国家的根本大法,它规定着国家和社会生活最基本、最重要的问题,一切法律都不得与宪法相抵触。宪法与婚姻家庭继承法的关系具体表现为:宪法中有关男女平等、婚姻自由、计划生育等方面的原则规定,父母有抚养未成年子女的义务、成年子女对父母有赡养扶助的义务的规定,以及婚姻、家庭、母亲和儿童受国家保护和对妇女、老人、儿童权益保护的明确规定等,对于我国婚姻家庭继承领域立法具有明确的指导作用,是婚姻家庭继承法的立法根本,而且也正是婚姻家庭继承法的具体规定,使宪法的原则性规定得以具体化。换句话说,婚姻家庭继承法的内容就是宪法的原则性规定的具体体现。

2. 婚姻家庭继承法与民法

婚姻家庭继承法作为民事法律规范的组成部分,二者之间既有密切的联系,又有一定的区别。在我国现阶段,《民法典》这一"国之重器"正式通过并实施,其中的许多规定都与婚姻家庭继承有着密切的联系,如关于公民民事权利能力和民事行为能力的规定;关于监护、代理、宣告失踪和宣告死亡,以及涉外婚姻、继承法律适用的相关规定等。与此同时,还需要注意的是婚姻家庭继承法与普通的民法规定的财产性质不同,更倾向于身份而不是财产。

3. 婚姻家庭继承法与行政法

行政法是公法,主要涉及国家机关公权力行使过程中所产生的一系列社会关系的调整;婚姻家庭继承领域虽然是私法领域,但它又关系着社会公共道德和公共利益,所以立法在充分尊重当事人对其个人婚事、家事自主决定权的基础上,在一定范围内允许公权力适当地介入,以更好地规范和引导当事人正确行使其权利,并使其合法权益得到更好的保障,如结婚登记、双方自愿达成协议时的离婚登记、收养登记等。另外,在对于违反婚姻家庭继承法的行为所采取的一些制裁手段上,也与行政法有一定的关系，如对违法情节较轻、尚未构成犯罪的行为给予一定的行政处罚等。家事法中融入一定的行政法因素，对于婚姻家庭继承关系的调整具有一定的积极意义。

4. 婚姻家庭继承法与刑法

刑法和婚姻家庭继承法都对符合社会公共利益的婚姻家庭继承关系给予保障和维护，所不同的是，两者在保护的方式和保护的力度上是完全不同的。婚姻家庭继承法对于违反其义务的行为，一般是通过令当事人承担民事责任的方式使受到损害的家庭成员权利得到相应的救济；少数违法情节恶劣、后果严重并构成犯罪的行为，则通过适用我国刑法中的相关规定，以令其承担刑事责任的方式实现正义。与婚姻家庭继承法相比，刑法对于触犯刑律的违法行为，其所采取的制裁手段更为严厉，而且是各种法律手段中最为严厉的一种。它通过追究违法犯罪者的刑事责任，以达到维护和巩固我国社会主义婚姻家庭制度的目的。虽然与婚姻家庭继承法在维护我国社会主义婚姻家庭制度方面所追求的目的相一致，但它在这方面所起的作用，是任何其他法律所不能代替的，如有关重婚罪的规定；暴力干涉他人婚姻自由罪的规定；虐待罪、遗弃罪的规定；严重家庭暴力行为的规定等。

5. 婚姻家庭继承法与民事诉讼法

二者是实体法和程序法的关系。婚姻家庭继承法中所规定的婚姻家庭成员之间的权利和义务，是其成员主体所享有和负担的实体法上的具体权利义务，而权利一般是通过义务主体自觉履行义务的行为而实现（如抚养、赡养、扶养义务的履行）；或者权利主体通过自主行使权利而实现（如婚姻自主权）；或者通过规定民事主体享有以公力救济手段而实现其权益的权利（如其权利受到侵害时所享有的诉讼权利）。而民事诉讼法正是使主体的民事权利得以公力救济的程序保障，缺乏这种保障，婚姻家庭中主体的权利则会失去救济的途径，最终会使权利落空，使法律失去权威性和严肃性。另外，在我国司法实践中，婚姻家庭继承方面的案件在全部民事案件中占有很大的比例，对这些案件的审理，就是以婚姻家庭继承法及其他民事法律为依据而做出正确的判断；民事诉讼法是正确审判的程序保障，没有程序正义，则谈不上实体正义。所以，二者关系非常紧密。

除上述法律部门外，婚姻家庭继承法还与其他法律有一定的联系，如国际私法、劳动法、国籍法等。正确认识和把握婚姻家庭继承法与其他法律部门之间的关系，对于正确认识和理解家事法在法的体系中的地位是有益的。

（二）婚姻家庭继承法的法律渊源

婚姻家庭继承法的法律渊源，是指能够作为婚姻家庭继承法法律规范的表现形式。对此应从以下几个方面来认识。

1. 宪法

宪法是根本大法,是婚姻家庭继承领域的立法依据和基础,宪法中有关婚姻、家庭、妇女和儿童受国家的保护,父母子女关系,婚姻自由等的规定,是婚姻家庭继承领域立法遵循的原则,婚姻家庭继承领域立法的内容是对宪法原则规定的具体落实,它不得违背宪法或与宪法相抵触。

2. 法律

此处所讲的法律,专指全国人民代表大会及其常务委员会制定的规范性文件,是指除宪法以外的法律,包括基本法和基本法以外的法律。在《民法典》正式颁布实施以后,作为家事法法律渊源的主要指的就是我国民事领域的基本法——《民法典》。《民法典》婚姻家庭编,作为家事领域的主要规范,规定了家事关系所应遵循的原则及相互间的权利义务;《民法典》婚姻家庭编中第五章对收养进行了相关规定,主要规定了因收养产生的拟制血亲关系及其所应遵守的行为规范和准则。《民法典》继承编,是民事法律规范的组成部分,它全面贯彻着国家保护公民的私有财产继承权、继承权男女平等、养老育幼等原则;另外,《妇女权益保障法》《未成年人保护法》《老年人权益保障法》《人口与计划生育法》等,有些内容涉及婚姻家庭继承法领域,与家事领域关系密切,在一定程度上也可将其视为其法律渊源。

3. 行政法规和部门规章

行政法规是国务院依据法律在法定职权范围内制定的有关国家行政管理的规范性文件。在我国,行政法规是一种重要的法律渊源,其效力仅次于宪法和法律。部门规章是国务院所属各部委在各自职权范围内依法制定的规范性文件,其效力在宪法、法律和行政法规之下。这类规范性文件在实践中发挥的作用也是十分重要的。如《婚姻登记条例》《中国公民收养子女登记办法》《外国人在中华人民共和国收养子女登记办法》等,实践中对于规范相关行为,确定其法律效力,更好地维护当事人的合法权利发挥了积极的作用。

4. 最高人民法院的司法解释

司法解释作为审理婚姻家庭纠纷案件的直接依据,是我国婚姻家庭继承领域法的重要法律渊源之一,具有很强的针对性和可操作性。实践中有关婚姻家庭方面的司法解释是非常多的,这对于解决婚姻家庭继承方面的纠纷、确定法律的具体适用发挥了非常大的作用。如最高人民法院作出了大量的有关《婚姻法》贯彻执行中相关问题的司法解释,如有关离婚案件中对感情确已破裂如何认定、离婚案件中子女抚养问题如何处理、离婚时财产如何分割等方面问题的司法解释;即使在2001年《婚姻法》(修正)公布实施之后,为配合其适用,最高人民法院又相继出台了《关于适用〈中华人民共和国婚姻法〉若干问题的解释(一)》(以下简称《婚姻法司法解释一》)、《关于适用〈中华人民共和国婚姻法〉若干问题的解释(二)》(以下简称《婚姻法司法解释二》)、《关于适用〈中华人民共和国婚姻法〉若干问题的解释(三)》(以下简称《婚姻法司法解释三》)和《关于审理涉及夫妻债务纠纷案件适用法律有关问题的解释》等,这对于指导人民法院准确理解和适用法律,并及时审结案件具有很强的实践意义。

5. 地方性法规、自治条例和单行条例

地方性法规是地方人民代表大会及其常务委员会根据本地区的实际情况和需要,在其法定职权范围内制定和发布的仅适用于本地区的规范性文件。我国区域广阔,是一个多民族国家,情况比较复杂,为了体现法律的人文精神,照顾到各地风俗,法律允许民族自治地方的立法机关在不违背宪法、法律规定的原则及精神的情况下,制定与本地实际情况相符的自治条例和单行条例,并可依照当地民族的特点,对法律和行政法规的规定作出变通规定,这对于我国婚姻家庭继承领域法在各地区能够得到有效的贯彻执行具有积极的意义。

6. 国际条约

另外,我国参加或缔结的国际条约,对我国国内相关主体同样具有约束力,也可视为我国婚姻家庭继承法的渊源之一。

综上所述,我国婚姻家庭继承法的渊源是多种多样的,是由效力位阶不同的法律所构成的一个复杂的、有机联系的、统一的法律规范体系。

疑难问题论争 婚姻家庭编与其他编及与总则编在法律适用上的关系及协调衔接的处理规则

婚姻家庭法回归民法已成为主流的当下,且《民法典》已颁布,故唯愿此过程能坚守婚姻家庭法伦理身份的本性不移,欲实现这一点,在施行《民法典》时,应当妥善处理以下几个关系。

第一,要处理好《民法典》总则编与分则各编的关系,其中特别注意要协调好《民法典》总则编与婚姻家庭编的关系及法律适用的冲突。《民法总则》虽于2017年施行,但令人遗憾的是仍将监护制度规定在总则里,并存在体系结构不清等问题,有的规定还存在很大硬伤,如第26条[2]规定,竟将亲权制度与监护制度不分,混为一谈,且将监护制度放入总则中也不符合"提取公因式"中共性法律规则归纳的立法技术的要求。但2020年5月颁布的《民法典》,也未作任何变动。

---

[2] 《民法总则》第26条:父母对未成年子女负有抚养、教育和保护的义务。成年子女对父母有赡养、扶助和保护的义务。现为《民法典》总则编第26条的规定。

笔者仍坚持应将监护制度放在《民法典》婚姻家庭编里,因监护制度大多发生于亲属关系之间,即以亲属关系为基础,且很多国家和地区也都是将监护制度放在《民法典》亲属编里,故宜放在《民法典》婚姻家庭编里。当然,在目前《民法典》总则编已有监护规定的基础上,笔者建议最好在婚姻家庭编里能设专章细化规定监护的具体内容,因为这样的体系结构才更符合法理、更科学,凸显监护制度的身份伦理特质,也符合"提取公因式"中共性法律规则归纳的立法技术的要求。另外,监护如何与父母子女关系中的亲权制度相衔接及协调也值得探讨。

可见,应明确婚姻家庭编(婚姻法)本质上是身份法,至于《民法典》总则编与《民法典》婚姻家庭编两者的关系及法律适用冲突该如何衔接和协调?理论界和实务界众说纷纭,见仁见智。我们梳理一下史尚宽老先生在其著作《亲属法论》中对亲属法上行为与民法总则之关系所作的阐释:亲属编有特别规定之事项,自可排斥总则之规定,然亲属编中未规定之事项,民法总则之规定,是否有其适用,关于此点学说上颇有争论。(1)有谓《民法总则》关于法律行为之规定,不过为财产法上法律行为之通则,亲属法上身份行为因其特殊性,既无特别规定亦不适用总则之规定,而且无明文时不应有无效或得撤销。(2)有谓无特别规定时,亦应类推亲属编之规定,树立亲属法独自之原理使其妥当,不应适用总则之规定,此为现今日本学者多数所主张。(3)有谓亲属法上之行为既为法律行为,亲属编如无特别规定,总则之规定亦应有适用。亦有主张除有明文规定或依性质不能适用者外,总则之规定应均有适用。自民法之体系言之,亲属编有特别规定者,自应适用特别规定,其未规定之事项,适用上应有下列之差异:其一,因亲属法上身份行为之特性,不容总则之适用者,应类推适用亲属编之规定……其二,原则上可适用总则之规定,而亲属法上行为之特性不能完全适用者,应变通适用……[3]

据我国台湾地区学者[4]介绍:目前大致有两个说法,第一种说法主张民法总则的规定应优先适用,无法可用时,才回归到身份法里面寻找相关类似规定处理,但是民法总则的规定不得抵触身份法的特质。第二种说法主张身份法的规定自成一个范畴,应优先适用。如果其中没有明文规定,则应类推适用身份法其他规定;若实在没有规定,才回到民法总则中寻找规定,但民法总则的规定,不得抵触身份法的特质。笔者认同第二种主张,建议民法典总则编与婚姻家庭编的关系及法律适用冲突的衔接与协调,比照该主张处理。

第二,要处理好民法财产法本质与婚姻法身份法本质的关系,不能简单或单纯地用民法的财产法规则和技术规范来处理婚姻家庭关系,应坚守婚姻法的伦理价

〔3〕 参见史尚宽:《亲属法论》,中国政法大学出版社2000年版,第11～12页。

〔4〕 感谢台湾地区政治大学法学院王海南教授的观点分享。

值,即奉献利他、互助互爱。婚姻家庭关系体现了“真善美爱”,以人伦秩序为基础的婚姻家庭法呈现“奉献利他”,这恰与市场规则和商品经济交换规律下,民法中追求的等价有偿、利己索取及追求利益最大化等大相径庭,且婚姻法具有伦理性、身份性、公益性、模糊性、情感性、私密性、风土习俗性、民族传统性等重要特征,与民法相比有明显的本质差异性和特殊性,也决定其难以直接借鉴他国法律,故婚姻法被视为是法律制度中最具民族精神和传统惯性的部分,也是各国法律变革中最为迟缓也最为艰难的一部法律。民法的权利本位的财产法规则与婚姻法的特殊的身份性和伦理本质,一个主张个人权利本位和私法自治,一个讲究利他奉献和互惠关爱甚至牺牲,两者在逻辑和构造及原则上有很大冲突,如何协调兼顾,值得我们密切关注和积极研究及认真解决。

第三,要处理好最高人民法院颁布的不同类型的司法解释与《民法典》的关系。严格讲,司法解释并非立法,仅是对婚姻法在审判实务中的适用所作的进一步补充和具体说明,仅限于各级法院审理婚姻家庭案件时具体适用,以便于法官操作,但它不能与婚姻法相冲突或抵触,不能代替或超越婚姻法,更不能违背婚姻法的价值理念和立法宗旨。但现在最高人民法院出台的一些司法解释与基本法甚至与宪法相冲突相抵触,如《婚姻法司法解释三》第7条等规定,过分强调与物权法不动产物权变动登记的公示效力规定相衔接,但忽视了婚姻法关于“婚后夫妻所得财产共有制”的原则(约定除外),弱化了婚姻关系的身份性和特殊性以及以夫妻生活共同体为伦理基础,还有像《婚姻法司法解释二》第24条关于夫妻债务等规定,均在理论和实务上造成很大争议和困惑,甚至至今仍在严重困扰着理论界和实务界。故建议以后遇到法律适用上的冲突等问题应通过修法或由全国人大常委会出台立法解释来完善相关立法等途径解决,而不宜再由最高人民法院出台司法解释,或者说能用立法解决的问题不要再推给司法解释。

第四,要处理好《民法典》和其他特别法、单行法的关系。现在许多应由《民法典》分则或单行法具体规定的内容,如果仅被笼统规定在总则之中,这可能会在总则与分则的体系架构和逻辑关系上产生抵触矛盾及法律适用上的冲突,反而使相关问题在民法架构下得不到很好的解决。以网络虚拟财产为例,它能不能简单纳入民法当中来规制?是否需要由特别法和单行法及其他部门行业自律与管理来规制?这些都需要进一步的论证研究和厘清相应的法律关系。

可见,“民法典婚姻家庭编的颁行,彰显出我国婚姻家庭立法的连续性、适用性、系统性、科学性与价值性。学界关于民法典虽有‘人文主义’和‘物文主义’的争论,但民法典婚姻家庭编内蕴的人文关怀、价值观照、财产保护、权益保障等理念已通过立法逻辑、体系梳理、制度完善、规范调适等得以展现。为增强民法典婚姻家庭编的规范适用,在阐释其价值理念与制度修为的同时,应实现其与民法典其他分编的有效衔接与规范配置,以充分发挥民法典的系统化功能,彰显民法典婚姻家庭编的适用价值与规范价值,为建构平等、和睦、文明的婚姻家庭关系奠定制度基础与规范基础”。〔5〕

第二节　婚姻家庭继承法的概念及性质

一、婚姻家庭继承法的概念

婚姻家庭继承法作为调整婚姻家庭关系的法律规范体系,由于不同国家、不同时代因该法的调整对象、表现形式、立法体例等方面的不同而出现了不同的表述。婚姻家庭继承法是我们对已经熟知的婚姻法、亲属法或婚姻家庭法等称谓的替代,它是传统民法中对于调整婚姻家庭关系的法律规范的一种通用的称谓。虽然古今中外对调整人们婚姻家庭关系的法律规范在法律文件中的名称各有不同,但该法律规范在历史上的出现由来已久。在古代法中,它一直并存于其他法典之中,没有形成相对独立的法律领域,也没有相应的单独学科和单独名称。近现代大陆法系各国大多沿袭了罗马法的立法模式,制定系统的民法典,把婚姻家庭法律规范作为民法典中“亲属法”的主要内容。英美法系的各国是以判例和单行法规的形式来调整婚姻家庭关系,在名称上直接称为家庭法、离婚法或夫妻关系法等。在我国古代诸法合体的成文法中,则以“婚律”“户律”“户婚律”之名把婚姻家庭规范纳入其中。在民国时期的民法典中,称之为亲属法编。

我国受苏联立法的影响,习惯上一直将其称为“婚姻法”,这在1950年颁布的《婚姻法》中得以体现,而且这一称谓延续至今。现行的我国调整婚姻家庭关系的法律依旧以此相称,不过虽然冠以“婚姻法”之名,但实际上,它既是调整婚姻关系的法律规范,也是调整家庭关系的法律规范,实则是广义上的婚姻家庭法,其规范体系与大陆法系民法中的“亲属法”“家事法”相一致,只是名称不尽相同。就名称而言,法国法称之为Droitdefamille,德国法称之为Familienrecht,而英美法则称之为Law of Family或Family Law。目前国际上普遍采用的是Family Law,这一称呼,即“家事法”或“家庭法”。2020年5月我国颁行的《民法典》,已将《婚姻法》和《继承法》整合为《民法典》婚姻家庭编和继承编。

笔者认为,对婚姻家庭继承法概念的界定应该表述为:规定婚姻家庭关系的发生、终止和效力以及夫妻、父母子女和其他近亲属间的权利与义务,收养、扶养、监护

---

〔5〕 参见王歌雅:《民法典婚姻家庭编的价值阐释与制度修为》,载《东方法学》2020年第4期。

和继承制度的法律规范的总合。总之,婚姻家庭继承法是相对于民事和商事法律而言,属于私法领域,指调整婚姻家庭关系和继承关系及相关关系的法律。

疑难问题论争　婚姻家庭继承法的名称

关于法律的名称,主要观点有:(1)采纳“婚姻法”的称谓,因为广义的婚姻既调整婚姻关系,也调整家庭关系。新中国成立后的第一部法律就命名为《婚姻法》,在不影响其调整范围和所规定内容的前提下应保留“婚姻法”的名称。(2)采纳“婚姻家庭法”的称谓,因为我国婚姻法既调整婚姻关系,也调整家庭关系,家事法亦以调整婚姻家庭关系为基本内容。(3)采纳“家事法”的称谓,因为以“婚姻法”命名的调整家事关系的法律规范名不副实,而“家事法”是相对于民事和商事法律而言,其调整的家事关系已超出家庭关系的范围,是调整一定范围家事领域的人身关系和财产关系的法律规范的总称,为与国际上的通行做法相接轨,故应采“家事法”。(4)考虑到《民法典》颁布后的统一性,特将《民法典》婚姻家庭编与继承编的内容囊括精炼,在尊重原有名称的基础上加以整合,简称“婚姻家庭继承法”。

二、婚姻家庭继承法的性质

对婚姻家庭继承法的概念界定,是在了解不同婚姻家庭继承法的名称及其内涵的基础上进行的。如果从历史角度和不同国家的立场考察婚姻家庭继承法的话,无论是其性质,还是其调整范围或者是其表现形式、编制体例等,都存在着很大的区别。在进行婚姻家庭继承法研究时,不但其名称是需要考虑的因素,同时,其性质更是需要考察的另一个重要因素。

第一,我国婚姻家庭继承法是实质意义上的婚姻家庭继承法,即广义上的婚姻家庭继承法,也就是说,它包括了我国现行法律体系中所有调整亲属关系的法律规范。它构成了相互联系、多层次的、具有不同表现形式或法律渊源的规范体系,交织在各个法律部门中。而以法典形式表现的《民法典》婚姻家庭编、继承编只是调整婚姻家庭继承关系的基本准则,并非全部规范,只能属于形式意义上的婚姻家庭继承法。形式意义上的婚姻家庭继承法,主要指以家事法、婚姻法或婚姻家庭继承法等相关名称命名的法律,只要该名称项下的法律是调整婚姻家庭继承关系的法律,就都属于形式意义上的婚姻家庭继承法。而实质意义上的婚姻家庭继承法,则既包括以婚姻家庭继承法命名的法律,也包括其他不以婚姻家庭继承法命名,但实际上起着调整婚姻家庭继承关系作用的规范性文件。所以,实质意义上的婚姻家庭继承法不但需要借助于其他规范性文件中的有关规定,而且需要根据立法条件和社会要求,制定一些单行法,专门调整某一类亲属关系等。同时,为了立法上的方便和适用法律的需要，形式意义上的法典中也有某些不属于实质意义的家事法的规范内容。因此，《民法典》婚姻家庭编及继承编虽然不等于全部的婚姻家庭继承法，但它是调整婚姻家庭继承关系的家事基本法。可见，我国的婚姻家庭继承法体系属于实质意义上的婚姻家庭继承法。

第二，在法律特性上，婚姻家庭继承法属于身份法、实体法、国内法。相对于财产法，婚姻家庭继承法具有明显的身份法性质。因为婚姻家庭继承法是对一定范围的亲属关系进行调整，此处的亲属关系既包括亲属身份关系，也包括基于亲属身份关系所派生的财产关系，身份关系是主要的，处于决定地位，财产关系受到人身关系的制约。相对于程序法，婚姻家庭继承法属于实体法，主要规定婚姻家庭继承的实体性权利义务关系，但并不因此而排除某些规范带有操作程序的内容（如登记、调解、诉讼等规定）。相对于国际法，婚姻家庭继承法显然属于国内法，但并不排除有关国际条约、国际协定等国际法规范中，尤其是国际私法中存在实质意义上的婚姻家庭继承法规范内容，这些亦可作为缔约国的婚姻家庭继承法渊源。因此，对待上述婚姻家庭继承法的特性应当正确全面地进行理解，不能机械化、简单化地区分罗列。

第三，婚姻家庭继承法虽属民事法律规范的一部分，但具有相对独立部门法的地位，是调整婚姻家庭继承关系的家事领域的基本法。所谓基本法，是指由全国人民代表大会制定和修改的法律，其效力位阶仅次于宪法，如我国于 2021 年 1 月 1 日施行的《民法典》就是民事领域的基本法，适用于对民事领域中一切民事关系的法律调整。而在《民法典》正式生效以前，1980 年《婚姻法》（2001 年修正）是由第五届全国人民代表大会第三次会议通过的，属于家事基本法。当然婚姻家庭继承法总体上也属于民事法律规范，理论上，对婚姻家庭继承关系中财产关系的一般调整，可以适用《民法典》总则编、《民法典》物权编中等有关民事法律关系的一般规定，但《民法典》婚姻家庭编及继承编对婚姻家庭继承身份关系派生的财产关系已有明确或具体规定的，则应优先适用该规定。《民法典》婚姻家庭编及继承编是调整婚姻家庭继承关系的家事领域的基本法和基本准则，但并非全部规范，只能属于形式意义上的婚姻家庭继承法。

另外，因婚姻家庭继承关系与一般民事关系具有不同的特质，所以《民法典》婚姻家庭编及继承编有其特性，调整对象决定了婚姻家庭继承法应有其自身独特的地位。婚姻家庭继承法领域中的财产关系是依附于身份关系，基于这种身份权的法律效力而存在的，在性质上不同于《民法典》总则编、《民法典》物权编中规定的物权和其他财产权。例如，《民法典》物权编中有关财产共有关系之规定，[6] 将家庭

---

〔6〕《民法典》物权编第 308 条：共有人对共有的不动产或者动产没有约定为按份共有或者共同共有，或者约定不明确的，除共有人具有家庭关系等外，视为按份共有。

关系中的财产共有独立于一般民事关系的按份共有之外。而根据《民法典》婚姻家庭编第1065条的规定，夫妻间的财产若无约定或约定不明确，适用《民法典》婚姻家庭编第1062、1063条之规定，即视为共同共有或符合规定的视为夫妻一方的个人财产，这与《民法典》物权编中一般民事财产共有关系的规定正好相反。

相对于婚姻家庭继承关系，一般民事法律部门则强调民事关系均为平等主体之间的财产关系和人身关系，主张在民事领域全面建立当事人意思自治的权利体系，贯彻契约自由及个人财产权神圣的私法理论，以排除国家权力的干预；而婚姻家庭继承法更强调主体间权利义务的身份性，立足于婚姻家庭继承关系所具有的伦理性、情感性与公益性，主张婚姻家庭继承案件不能适用于一般的民事程序，不能用一般的民事纠纷解决机制来处理婚姻家庭继承纠纷，而应在充分尊重当事人意思自治的基础上同时考虑社会伦理、道德规范层面，设立国家权力适度介入的突出纠纷解决功能的专门家事程序。因此，从实质层面上看，婚姻家庭继承法具有其相对独立的法律部门的地位。

疑难问题论争　对《民法典》婚姻家庭编、继承编中未作特别规定的事项是否可以适用总则编的规定？

由于婚姻家庭继承法在民法中具有相对独立性，婚姻家庭继承法中如有特别规定，自可在适用上排除总则中的一般规定。但是对婚姻家庭继承法中未作特别规定的事项是否可以适用总则的规定？这个问题在民法学说上是有争论的，有的持否定说，有的持肯定说，有的则折中于两者之间。目前国内主流观点持折中说，即对这方面的问题应当具体分析，应当分别情况、区别对待。总则中有悖于身份行为、身份关系性质的规定，是不应当适用的，可类推适用亲属法中的有关规定。如无上述情形即可适用或者变通适用。大陆法系热衷法典，乃仰仗其严密的逻辑性和统一性，限制法官的自由裁量权，以准确适用法律。倘若在法律规定的空白之处，法律总则并不能提供一般性的指导，尚需取决于分则内在的特殊性，则不能不对此总分关系提出质疑。以上问题学者尚且莫衷一是，遑论普通法官及一般老百姓得以准确理解并适用，更谈何通过民法法典化便于理解和执行婚姻法律？[7]在《民法典》正式施行之前尚有效的《收养法》第25条规定："违反《中华人民共和国民法通则》第五十五条和本法规定的收养行为无法律效力。"其实，法条中即使对《民法通则》第55条未作明示，就法理而言违反该条规定的收养行为也是无效的。因为以行为

〔7〕　巫若枝：《三十年来中国婚姻法"回归民法"的反思——兼论保持与发展婚姻法独立部门法传统》，载《法制与社会发展》2009年第4期。

人具有相应的行为能力、意思表示真实、不违背法律和社会公共利益为有效条件是适用于一切民事法律行为的,故婚姻家庭继承法领域中的身份行为也不例外。

另外,《民法典》物权编第 209 条第 1 款规定:"不动产物权的设立、变更、转让和消灭,经依法登记,发生效力;未经登记,不发生效力,但是法律另有规定的除外。"既然作为调整婚姻家庭继承关系的《民法典》婚姻家庭编及继承编已有规定,它就属于"但是法律另有规定的除外"的特殊范畴。换句话说,依照《民法典》婚姻家庭编第 1065 条的规定,夫妻在婚姻关系存续期间所得财产,如无约定或约定不明确,则归夫妻共同所有,即并非以登记作为唯一物权发生变动的效力,更不是登记在谁名下就归谁所有。因此涉及夫妻财产的归属,应优先适用《民法典》婚姻家庭编的规定,如《民法典》婚姻家庭编没有明确具体规定的,可适用《民法典》物权编关于一般民事主体不动产物权变动效力基于登记的规定。还有《民法典》物权编第 308 条规定:"共有人对共有的不动产或者动产没有约定为按份共有或者共同共有,或者约定不明确的,除共有人具有家庭关系等外,视为按份共有。"换句话说,如共有人具有家庭关系的,则推定为共同共有。可见,《民法典》物权编关于共有的一般规定并不适用家庭关系的共有。

第三节　婚姻家庭继承法的调整对象及特点

一、婚姻家庭继承法的调整对象

如果仅以血亲来定夺家事关系的话,我们会发现,家事关系所形成的网格是无限宽泛的(以婚姻定夺的话,所形成的姻亲网络也是同样广泛的),要将这样宽泛的家事关系都纳入婚姻家庭继承法的调整范围,法律将不堪重负,而且既没必要,也没可能。婚姻家庭继承法所调整的,只是一定范围内的家事关系;所规定的,只是其中必须依法处理的具体事项。那么婚姻家庭继承法所调整的亲属关系究竟在什么样的范围内是适度的,而且调整的是怎样的关系,这就需要通过婚姻家庭继承法对其加以限定,从而确定婚姻家庭继承法的调整对象。在把握这一问题时,应在理解概念的基础上,结合婚姻家庭继承法的性质等方面加以综合认识。具体应着重从婚姻家庭继承法调整对象的范围和性质两个方面加以把握。

(一)婚姻家庭继承法调整对象的范围

从其范围上看,婚姻家庭继承法只对一定范围的亲属关系进行调整,而不是调整所有的亲属关系。那么,对"一定范围"的界定并不是立法者的随心所欲,而是要根据不同的国家和一定社会的实际需要，并结合当时的社会制度，考虑一定社会的传统文化背景及本国人民的风俗习惯等进行综合判断。

1. 不同历史背景下的婚姻家庭继承法所确认的亲属关系的范围

一般来说，社会家庭制度越古老，亲属关系在社会生活中的作用也就越大。家本位主义占主导地位时期，家事法所确认的调整范围往往要广泛得多，而且重男系亲、轻女系亲，不过此时，从严格意义上讲还不能叫作“婚姻家庭继承法”，其只不过是在民刑不分、“诸法合体”形式下，一部内容庞杂的法律中所含有的调整亲属关系的行为规范，这种情形一般多见于奴隶社会和封建社会。在家本位观念的统辖之下，法律所调整的亲属关系是非常广泛的。以我国古代为例，婚姻家庭继承法调整的对象的范围大致是以服制为依据的。凡服制所及的亲属关系，均具有一定的法律效力。如上述亲属包括四世以内的宗亲，三世以内的外亲，二世以内的妻妾。但是在婚姻、继承等问题上，具有法律意义的亲属是超过这一范围的。

个人本位主义占据上风时期的婚姻家庭继承法，其所调整的亲属关系与个人本位的观念密切相关。出于强调保护个人利益的需要，家庭的保障范围及亲属之间相互应予提供的保障义务，已经从之前的广泛性到限定在一定的范围之内。而且此时的历史已经进入资本主义时期，法律部门已经有了严格的划分，婚姻家庭继承法作为民事法律规范的组成部分，已经是规范的且是系统性的调整亲属关系的法律规范，有着独立的法律地位。这时的婚姻家庭继承法所调整的亲属关系，虽依不同的国家和社会、不同的立法体例而有具体不同的范围，[8]但从整体上看，这一时期的婚姻家庭继承法所确认的亲属范围已大大小于家本位时期的婚姻家庭继承法。

从大陆法系的法国、德国和日本等对亲属范围的界定所采用的概括性和非概括性的两种立法模式来看，无论哪一种模式，其对于家事立法的完善都是非常重要的。两种模式对于亲属范围的界定，虽然都比较明确，但在具体适用时，概括性地限定（如日本民法亲属法）则会显示出一定程度的僵化，不是过宽就是过窄。当其过宽时则会显得亲属范围的界定没有实际意义；当其过窄时则会显示出立法的缺陷，从而使法律缺乏保护当事人权益的力度。

2. 我国《民法典》婚姻家庭编和继承编所确定的亲属关系的范围

依我国尚行有效《婚姻法》和其他相关法律的规定，我国亲属关系的范围包括：

---

〔8〕 可参见法国、德国和日本等国民法典中相应条款的规定。其中，日本采用概括限定亲属范围的立法模式，在法律中统一规定亲属的范围，以此限定家事法调整对象的范围；法国、德国则是采用非概括限定的立法模式，在法律中不做统一的限定，而是根据具体不同的法律关系分别规定何种亲属具有何种法律效力。但是无论如何，它们所确定的、需要法律调整的亲属关系的范围都远较家本位时期的范围小。

夫妻、父母、子女、兄弟姐妹、祖父母、外祖父母、孙子女、外孙子女；除此之外，具有法律效力的亲属范围还应该包括其他三代以内的旁系血亲。2021 年正式施行的《民法典》婚姻家庭编第 1045 条规定亲属包括配偶、血亲和姻亲。配偶、父母、子女、兄弟姐妹、祖父母、外祖父母、孙子女、外孙子女为近亲属。配偶、父母、子女和其他共同生活的近亲属为家庭成员。值得注意的是，我国目前并没有对姻亲关系作出明确的法律规定。换句话说，姻亲在我国《民法典》婚姻家庭编中并没有相关的权利义务关系的规定，同时也没有显示出具有其他法律效力的印记，只是在《民法典》继承编中对姻亲的效力有一定的体现。[9]

（二）婚姻家庭继承法调整对象的性质

从婚姻家庭继承法所调整的亲属关系的性质上看，可以将其划分为两种关系：人身关系和财产关系。这两种关系构成亲属关系的主要内容。这里的亲属关系实际上是指亲属间的法律关系，法律关系的内容是权利义务，由此可见，亲属间的人身关系和财产关系，就是亲属间人身和财产方面的权利义务关系，二者在婚姻家庭继承法领域所处的地位是不同的，人身关系是主要的，处于决定性的地位；财产关系是非主要的，处于被决定的地位，受人身关系的制约，即财产关系的产生、变更和消灭取决于人身关系的产生、变更和消灭。从这个意义上就可以理解，传统理论的观点将婚姻家庭继承法称为“身份法”，是因其主要调整的是亲属间的身份关系，具有明显的身份法性质，虽然也具有相应的财产内容，但其财产关系只是人身关系所引起的相应的法律后果，不具有独立存在的属性，而带有明显的依附性，即财产关系依附于人身关系。

1. 婚姻家庭继承领域人身关系

在婚姻家庭继承领域，主要体现的是人身关系，这种人身关系存在于具有特定身份的主体之间，其本身并不直接体现经济内容，并且也不是为了追求经济利益而变动[10]的。亲属关系按照法律的规定只能因出现一定的法律事实（事件或行为）而发生，如结婚、出生、收养等，因出现一定的法律事实而终止，如离婚、死亡、收养的解除等。婚姻家庭继承领域的人身关系主要表现为身份关系，如父母子女之间、祖孙（外祖孙）之间、兄弟姐妹之间、夫妻之间及其他亲属之间的人身关系，主要表明了这些亲属之间所具有的特定身份，也就是说，这种人身关系是以特定亲属身份的存在为必要前提，若无亲属身份，则无亲属人身及其他关系。从这个意义上考察，它

---

〔9〕《民法典》第 1129 条：丧偶儿媳对公婆，丧偶女婿对岳父母，尽了主要赡养义务的，作为第一顺序继承人。

〔10〕此处“变动”一词，采用民法中动态之意，即包括人身关系的产生、变更和消灭的全过程。

与其他民事领域的人身关系不同之处即在于此。

2. 婚姻家庭继承领域财产关系

婚姻家庭继承领域的财产关系,以人身关系为前提。但与人身关系不同的是,它直接体现一定的财产内容,而且这种财产内容是家庭成员相关权益得以维护的基本保障。如家庭成员之间的抚养、赡养和扶养关系,亲属之间的继承关系,家庭财产的共有关系,夫妻之间的共有财产等,体现了亲属之间既有身份关系,又有以身份为前提的财产关系,而且这种财产关系具有的财产内容,与人身非财产关系形成了鲜明的对照。但是,这种财产关系有其自身的特点,即不能脱离亲属人身关系而独立存在,它是依附、从属于亲属人身关系的。具体言之,它随人身关系的产生而产生,随人身关系的变更而变更,随人身关系的消灭而消灭。虽然由人身关系决定的财产关系没有独立存在的空间,但是却体现了这种财产对于亲属权益保障的重要性。

婚姻家庭继承领域的财产关系与民法中的财产关系有明显的区别,主要体现在三个方面:

(1)两种财产关系的目的不同。民法中的财产关系是服务于市民社会的财产秩序和市场经济关系并以其有序和交易安全为目的;婚姻家庭继承领域的财产关系是为家庭共同生活服务的,以家庭成员权益得以保障、家庭和谐为目的。

(2)两种财产关系的性质不同。民法中的财产关系一般情况下是以等价有偿作为平衡双方利益的原则和尺度,所以等价有偿是民事财产关系的一般属性;婚姻家庭继承领域的财产关系主要是为了促使家庭职能得以正常发挥,保证家庭成员的合法权益,故其不具有等价有偿的性质,而是更多地体现了家庭成员间的互惠、互助的精神,特别是对于家庭中需要扶助的成员来讲,这种财产关系所具有的"无偿性"和"无价性"则显得极其重要。

(3)两种财产关系产生的依据不同。一般情况下,民法中的财产关系是在平等自愿的基础上,根据双方当事人的真实意愿而产生的,能够充分显示出民法的意思自治;而婚姻家庭继承领域的财产关系是以该领域的人身关系的产生为依据,无人身关系则无财产关系。虽然在一定的情形下,民法的意思自治原则也可以在亲属关系中得以运用和体现,但与该领域中的强制性规范相比,意思自治得以显示的空间较为有限。

在婚姻家庭继承领域,无论是人身关系还是财产关系,其主体地位都是平等的。在人身关系的变动中,有些可以体现主体的自由意志,如夫妻关系和拟制血亲关系的产生和终止,就是体现主体意愿的结果;而自然血亲关系和姻亲关系的产生和终止,依法律的规定,其主体意愿的体现则受到一定的限制,当事人基本处于被动的地位。但无论如何,人身关系的内容均由法律加以明定。而对于财产关系来讲,由于受到人身关系的制约,无论其产生、终止,还是其内容、效力等方面,法律都给予明确的规定,其多属于强制性规范,只在一定情形下允许自由意定,主体的意愿受到更为严格的限制,意思自治的适用比较有限。由此也正体现了婚姻家庭继承关系不同于其他民事关系。

二、婚姻家庭继承法的特点

婚姻家庭继承法虽然调整的是平等主体之间的人身关系和财产关系,但与其他民事法律相比较,有其自身的特点。从婚姻家庭继承法调整对象的范围和性质可以看出,婚姻家庭继承法除与其他法律一样具有普遍性和强制性以外,还独具伦理性和风土性两个方面的特征:

第一,婚姻家庭继承法具有适用的普遍性。婚姻家庭继承领域所产生的人际关系是社会成员间发生的最普遍也是最广泛的社会关系。一个人不能脱离社会而存在,家庭是社会的细胞,每个人都生活在一定的家庭组织中,它是每个社会成员赖以生活和生存的必要空间。在这个特定的空间领域,主体之间发生的人身和财产关系,涉及该领域任何一个男女老幼成员。婚姻家庭继承法在发挥其调整功能时,无疑会在这些主体之间发挥相应的作用。所以婚姻家庭继承关系主体的广泛性,决定了该法适用的普遍性。

第二,婚姻家庭继承法具有鲜明的伦理性。婚姻家庭是一个伦理实体,这就决定了以其为调整对象的婚姻家庭继承法具有伦理性特征。具体讲,婚姻家庭继承法具有伦理性,是指婚姻家庭继承法的内容与婚姻家庭继承领域的道德规范具有一致性,而且在某种程度上,其行为规范甚至表现出较强的道德规范性质,这种规范具有传统习俗性和一定的倡导性,其本身就体现了人们对于婚姻家庭继承关系状态的内心愿望和道德追求。从这个意义上说,婚姻家庭继承法堪称道德化的法律或法律化的道德。[11] 婚姻家庭继承法中有关权利义务的规定,都是家事关系中道德规范所要求的。

婚姻家庭继承法律规范浓重的伦理气息弥漫着家事法人文关怀的“温情脉脉”,它的触角伸入民事主体心中的道德、伦理维度,甚至情感世界。婚姻家庭继承法中的权利常与义务相随相伴,对义务的强调更重于权利,即伦理的本质在于对义务的强调和倚重,在于抑己尊他、利他奉献,这是家事伦理性特质的凸显。家事法律规范体现了人伦道德的最低线,也是与其他私法领域偏重私法自治及民事主体财产权利严密保障的相异之处。可见,与其他民事法律相比,伦理性是家事法最为突出的特点。同时,社会主义法律与社会主义道德的一致性,在婚姻家庭继承领域中

---

〔11〕 杨大文主编:《亲属法》,法律出版社2004年版,第24页。

表现得特别明显。婚姻家庭继承关系既是法律关系，又是伦理关系。若当事人违反了婚姻家庭继承法中的规定，也就违背了社会主义的婚姻家庭道德。

第三，婚姻家庭继承法具有法律规范的强制性。这体现了婚姻家庭继承法作为《民法典》分编所具有的强制力。之所以将强制性作为婚姻家庭继承法的特点加以特别强调，是因为上述伦理性决定了婚姻家庭继承法在适用中的特殊性，即相应的制裁措施不够有力，甚至缺乏制裁措施，加之主体之间身份关系的特殊性，导致婚姻家庭继承法在实践中不被当事人重视。这种情况在 20 世纪 80 年代之前表现得较为突出。改革开放以来，随着我国人民文化素质的提高及法律意识的增强，这种情况已大为好转，但是仍有不足。为达到建设和谐社会的目的，和谐家庭的建设不容忽视。强调亲属法的强制性对于敦促当事人依法规范婚姻家庭中的行为，保护当事人的合法权益具有重要的意义。

第四，婚姻家庭继承法具有突出的“风土性”或“习俗性”。婚姻家庭继承法的“风土性”或“习俗性”，是其作为身份法的突出特征。婚姻家庭继承法多属其所固有，夫妻亲子之自然关系，莫不受其国家环境、风俗、人情、宗教的影响，各有其传统，故亲属间的法律关系，多随习俗而转移，其与国情相悖的规定很难发挥其效用。它主要是各国所固有的，而不是继受自他国的。因此，现在一般私法，渐有国际化的倾向，唯独婚姻家庭继承法难以统一，就是因为涉亲属关系和身份关系的部分，各地区、各国家各有其特殊性。正如有学者认为的那样：“婚姻家庭法一向被视为法律制度中最富有民族精神和传统惯性的部分，也是各国法律变革中最为迟缓也最为艰难的一环。”〔12〕只有在身份财产法部分，尤其是夫妻财产制度，才渐有趋于统一之可能。

婚姻家庭继承法的上述特点之间并不是相互排斥的，强调婚姻家庭继承法的伦理性并不否认作为《民法典》分则法律规范的强制性。首先，《民法典》婚姻家庭编及继承编具有法律的一般强制性，没有强制性的行为规范不能称为法律。其次，婚姻家庭继承法中大部分规范属强制规范，当事人必须遵守，否则，要承担相应的法律责任或者由有权机关采取相应的强制措施。

拓展阅读

1. 瞿同祖：《中国法律与中国社会》，商务印书馆 2010 年版。
2. 费孝通：《乡土中国　生育制度》，北京大学出版社 1998 年版。
3. 李银河、马忆南主编：《婚姻法修改论争》，光明日报出版社 1999 年版。

---

〔12〕 苏亦工：《香港中国式婚姻法制的变迁》，载《比较法研究》2002 年第 3 期。

4. 史尚宽:《亲属法论》,中国政法大学出版社 2000 年版。
5. 林秀雄:《婚姻家庭法之研究》,中国政法大学出版社 2001 年版。
6. [日]栗生武夫:《婚姻法之近代化》,胡长清译,中国政法大学出版社 2003 年版。
7. [日]滋贺秀三:《中国家族法原理》,张建国、李力译,法律出版社 2003 年版。
8. [美]凯特·斯丹得利:《家庭法》,屈广清译,中国政法大学出版社 2004 年版。
9. [德]K. 茨威格特、[德]H. 克茨:《比较法总论》,潘汉典等译,法律出版社 2003 年版。
10. 夏吟兰:《美国现代婚姻家庭制度》,中国政法大学出版社 1999 年版。
11. 陈苇:《外国婚姻家庭法比较研究》,群众出版社 2006 年版。
12. 前南京国民政府司法行政部编:《民事习惯调查报告录》,中国政法大学出版社 2005 年版。
13. 陈韦:《中国婚姻家庭立法研究》,群众出版社 2010 年版。
14. 巫若枝:《三十年来中国婚姻法"回归民法"的反思——兼论保持与发展婚姻法独立部门法传统》,载《法制与社会发展》2009 年第 4 期。
15. 陈顾远:《中国婚姻史》,商务印书馆 2014 年版。
16. 夏吟兰、薛宁兰:《民法典之婚姻家庭编立法研究》,北京大学出版社 2016 年版。
17. 陈苇、王中伟:《中国民法典编纂视野下家事审判改革暨家事法修改研究》,中国人民公安大学出版社 2019 年版。
18. 王歌雅:《民法典婚姻家庭编的价值阐释与制度修为》,载《东方法学》2020 年第 4 期。

讨论题

1. 简析婚姻家庭法的演进过程。
2. 简析婚姻家庭继承法的概念、性质和特征及调整范围。
3. 论婚姻家庭继承法的法律地位。
4. 如何看待《民法典》总则编与婚姻家庭编及继承编的法律体系及逻辑关系?

第二章　亲属关系原理

|学习目标|

理解亲属的概念，把握亲属的特征和种类。能够运用罗马法亲等计算法和我国的世代计算法计算亲属关系的远近。了解和掌握亲属关系产生、终止的原因，理解并掌握亲属关系的法律效力。

第一节　概　　述

一、亲属的概念

（一）亲属的概念

亲属一般用来指称人与人之间的亲缘关系，是人类社会一种重要的社会关系。调整亲属关系的手段主要包括习俗、道德、宗教和法律。家事法中所谓亲属关系，系指由法律调整的亲属关系，即一经法律调整，具有亲属身份的主体之间会产生法定的权利和义务。

法律上的亲属概念有广义和狭义之分。广义的亲属是血亲、配偶及姻亲的总称。日本、韩国均采此种立法例。如日本民法规定，六亲等内之血亲、配偶者、三亲等内之姻亲为亲属；韩国民法以配偶者、血亲及姻亲为亲属。狭义上的亲属仅指血亲和姻亲，德国、瑞士和我国台湾地区即采此种立法例。如我国台湾地区"民法"即在亲属编通则中分别对血亲和姻亲进行了定义，而未定义配偶。除此之外，大部分国家和地区的立法例均超脱广义和狭义的分类，不设对亲属的统一称谓，仅以血亲、姻亲、配偶分别指称对应的亲属关系。我国现行法律将配偶视为亲属之一种，归入近亲属范畴。

疑难问题论争　配偶是否应作为亲属之一类

一种观点认为，配偶是亲属关系的源泉，既无亲等可言，又无直系旁系之分，因此，应是独立于亲属的另一概念。[1] 另一种观点认为，配偶属于亲属关系之一种，将配偶视为亲属的种类之一，是有其积极意义的。配偶是家庭共同生活体中的核心成员，其关系是相互的，且是亲近的，符合亲属的特性。同时，由于历史上我国礼法并用时期，均将配偶限定在亲属范围之内，因此，将配偶纳入亲属范畴也符合我国的传统。[2]

（二）亲属的法律特征

第一，亲属是以婚姻和血缘为纽带的社会关系。与一般的社会关系不同，亲属关系是基于婚姻和血缘联系而产生的。首先，婚姻的缔结是亲属产生的基础。男女两性因结婚而形成配偶关系，并由此产生夫对妻的父母、兄弟姐妹以及妻对夫的父母、兄弟姐妹的姻亲关系。其次，人的出生是亲属关系产生的自然原因。父母子女关系、兄弟姐妹关系、祖父母外祖父母与孙子女外孙子女间的关系、叔侄关系、姑侄关系等亲属关系均由人的出生而产生。最后，法律拟制也是亲属产生的重要原因。通过法律行为或者法律事实，可以在没有血缘关系的自然人之间创设亲属关系，使其具有血亲间的权利义务关系。如通过收养行为，可以将他人子女作为自己的子女，从而形成父母子女关系。继父母与继子女之间形成抚养关系，则双方可产生父母子女法律关系。此类由法律所拟制的血亲关系，称为拟制血亲。

第二，亲属间有固定的身份和称谓。身份是人在社会上或法律上的地位。[3] 称谓是指人们由于亲属关系而得来的称呼，[4] 是身份的标志。亲属身份和称谓大部分系自然形成，即基于天然的血缘关系而形成，如父母子女，兄弟姐妹等，血缘关系固定不变，由此而来的身份和称谓也因之固定。还有一部分亲属身份和称谓是由法律设定的，如配偶、养父母和养子女。此类关系虽非永久不变，但由于关系的解除亦须履行法定的程序，因而也具有相对的固定性。

第三，亲属体现为一种权利义务关系。主体间具有权利义务关系是亲属最重要的法律特征。配偶间具有相互扶助、同居、忠实的权利义务，父母有抚养教育子女

---

〔1〕参见史尚宽：《亲属法论》，中国政法大学出版社 2000 年版，第 50 页。史尚宽："依余所见，自理论言之，配偶为亲属关系之源泉，既无亲等可言，又无直系旁系可分，应另成一观念，于实质意义，应不属于亲属范围。"

〔2〕参见张伟、赵江红主编：《亲属法学》，中国政法大学出版社 2009 年版，第 72 页。

〔3〕《现代汉语词典》"身份"词条，商务印书馆 1983 年版，第 1017 页。

〔4〕《现代汉语词典》"称谓"词条，商务印书馆 1983 年版，第 135 页。

的义务,子女有赡养父母的义务。祖父母、外祖父母和孙子女、外孙子女之间以及兄弟姐妹之间在一定条件下也有扶养的权利和义务。恩格斯指出:“父亲、子女、兄弟姐妹等称谓,并不是简单的荣誉称号,而是一种负有完全确定的、异常郑重的相互义务的称呼,这些义务的总和便构成这些民族的社会制度的实质部分。”[5]

(三)亲属与相关概念

1. 亲属与家属

家属作为法律概念,用来指称除家长之外的其他家庭成员。我国古代社会实行家长制,每个家庭设有家长,共同生活的其他成员为家属。古代法上,家属依附于家长,家长对外代表整个家庭,对内统辖所有家属,对家属甚至有生杀予夺的权力。现在,我国台湾地区“民法”依然保持了家长制的设置,但其实质已发生了变化,家长与家属之间再无人身依附关系,是独立平等的人格体,家长仅被视为家务的管理者。在家长制下,家被认为是以永久共同生活为目的而同居之亲属团体。虽然没有亲属关系,但是仍以共同生活为目的而同居一家者,也被视为家属。因此,亲属的范围广于家属,家属不一定是亲属,亲属不一定是家属。

我国现行立法未采家长制,无论家长、家属均称为家庭成员,法律地位平等。

2. 亲属与亲戚

亲戚并非法律上的概念,它通常指跟自己家庭有婚姻关系的家庭或它的成员。[6] 我国历来有“内亲外戚”的俗语,即将母亲的亲属、妻子的亲属等称为亲戚。现在,亲戚更多地用来指称共同生活居住以外的有血缘和亲缘关系的人。

3. 亲属与家庭成员

家庭成员,是指同居一家共同生活、相互具有权利义务关系的亲属。有亲属关系的人不一定都是同一个家庭的家庭成员,如兄弟姐妹分别缔结婚姻后即属于不同家庭的家庭成员。因此,在我国现行制度下,亲属的范围广于家庭成员,亲属不一定是家庭成员,但家庭成员均具有亲属关系。根据《民法典》第 1045 条的规定,配偶、父母、子女和其他共同生活的近亲属为家庭成员。

二、亲属的种类

(一)我国古代亲属的分类

我国古代将亲属分为宗亲、外亲、妻亲三类。

---

〔5〕《马克思恩格斯全集》(第 21 卷),人民出版社 1965 年版,第 40 页。

〔6〕《现代汉语词典》“身份”词条,商务印书馆 1983 年版,第 925 页。

1. 宗亲

宗亲又称本亲或者内亲,包括同一祖先所出之男系血亲;同一祖先所出之男系血亲的配偶,即嫁入的妇女,古称"来归之妇";同一祖先的未出嫁的女性,如未出嫁的女儿、姐妹等亲属。

宗亲由同一宗族的成员组成,其法律地位高于外亲。

2. 外亲

又称女亲、外族、外姻,指称女性血亲相联系的亲属,包括与母亲有关的亲属和与出嫁女儿相关的亲属。前者如外祖父母、舅、姨、表兄妹等;后者如女婿、外孙子女、姑父等。

我国古代封建礼法重男系血统而轻女性血统,因而在法律地位上,外亲地位低于宗亲地位。

3. 妻亲

妻亲是明、清时从外亲中分离出来的,用来指称与妻子相联系的亲属,包括妻子的父母、妻子的兄弟姐妹及其子女。

(二)现代亲属的分类

与古代亲属分类方法不同,现代各国大多根据亲属产生的原因,将亲属分为配偶、血亲、姻亲三类。

1. 配偶

配偶即夫妻,是男女双方因缔结婚姻而形成的亲属关系。在婚姻关系存续期间,夫妻双方互为配偶。配偶是血亲和姻亲得以产生的基础。

2. 血亲

血亲是指有血缘关系的亲属。

(1)自然血亲和拟制血亲。根据血缘的来源不同,血亲可分为自然血亲和拟制血亲。

自然血亲是指因出生而自然形成的,源于同一祖先的有血缘联系的亲属。如父母和子女、祖父母外祖父母和孙子女外孙子女、兄弟姐妹等。自然血亲又分为全血缘自然血亲和半血缘自然血亲。前者主要指同胞兄弟姐妹,即同父同母的兄弟姐妹。半血缘血亲指同父异母或者同母异父的兄弟姐妹。全血缘血亲和半血缘血亲具有相同的法律地位,我国《民法典》关于兄弟姐妹的权利义务的规定普遍适用于全血缘血亲和半血缘血亲。

拟制血亲是指在无自然血缘关系的当事人间,由法律确认其具有与自然血缘血亲相同权利义务关系。如养父母和养子女、继父母和形成抚养教育关系的继子女。

(2)直系血亲与旁系血亲。根据血缘的联系不同,血亲又可分为直系血亲和旁系血亲。

直系血亲指那些有直接的血缘联系的亲属,具体包括生育已身和已身所生育的上下各代的亲属,如父母与子女、祖父母外祖父母与孙子女外孙子女等。

旁系血亲是指那些有间接血缘联系的亲属,即除直系亲属外,与已身同源的亲属。如已身与同源于父母的兄弟姐妹、与已身同源于祖父母的堂兄弟姐妹、与已身同源于外祖父母的表兄弟姐妹等。

3. 姻亲

姻亲是指以婚姻关系为中介而产生的亲属,但不包括配偶本身。男女双方缔结婚姻后,一方与另一方的亲属之间即产生姻亲关系。如妻子与丈夫的父母、兄弟姐妹即是姻亲关系,反之亦然。

姻亲分为三种:一是血亲的配偶,指自己直系、旁系血亲的配偶。如嫂、弟媳、姐妹夫、儿媳、女婿等,对自己均互为姻亲。二是配偶的血亲,即自己配偶的直系、旁系血亲。如自己妻子的父母、兄弟姐妹均是自己的姻亲。三是配偶的血亲的配偶,指自己配偶的血亲的丈夫或妻子。如自己丈夫的兄弟姐妹的丈夫或妻子,即我们俗称的连襟或妯娌关系。

我国《民法典》婚姻家庭编第 1045 条规定:“亲属包括配偶、血亲和姻亲。配偶、父母、子女、兄弟姐妹、祖父母、外祖父母、孙子女、外孙子女为近亲属。配偶、父母、子女和其他共同生活的近亲属为家庭成员。”

三、亲属范围的限定

亲属关系由已身上溯下延,上下各代连绵不绝,直旁内外联系无穷,是一张无穷的关系网。如果没有界限,不对其范围进行界定,那么,法律对于亲属关系的调整将十分困难。因此,世界各国均根据本国的风俗习惯,对亲属作出了规定,限定亲属的范围。

对亲属范围的限定,主要有两种立法例:一是总体概括性限定,即先对亲属范围从整体上做概括性规定,再根据亲属的种类和亲等的远近规定其法律效力。日本民法即采用此种立法例,规定六亲等以内的血亲和配偶,以及三亲等以内的姻亲为亲属。二是个别实用性限定,即根据不同法律关系的需要,在不同的亲属间规定不同的法律效力。我国法律即采此种立法例。如在禁婚亲方面,《民法典》禁止直系血亲和三代以内旁系血亲结婚;在扶养义务方面,规定了夫妻、父母子女等亲属间的扶养权利义务。

第二节　亲属关系远近的计算

亲属关系的远近以亲等为计算单位。亲等数越小,亲属关系越近;亲等数越大,亲属关系越远。亲等的计算以血亲为基准,姻亲则以血亲的亲等为其亲等。配偶自为配偶,不适用亲等。

亲等计算法有两种:一是罗马法亲等计算法,此法为多数国家所采用;二是寺院法亲等计算法,此法为少数国家所采用。我国未采用亲等计算法,在计算评判亲属关系远近时,沿用了传统的世代计算法。

一、罗马法亲等计算法

罗马法亲等计算法是古罗马帝国使用的计算亲属关系远近的计算方法,随着罗马法的传播而为许多国家所采用,是目前国际上通用的亲等计算法。

其直系亲属关系远近的计算方法是:从己身上数,每经一代为一亲等;从己身下数,每经一代也是一亲等。如父母子女之间是一亲等直系血亲,祖父母与孙子女之间是二亲等直系血亲。

其旁系亲属关系远近的计算方法是:先从己身上数至双方共同的直系长辈血亲,即同源人,再从同源人下数至要计算的人,每经一代为一亲等,所有数字相加数即为亲等数。如图1所示,若要计算己身与同胞兄弟的亲等,则要先找到二者的同源人,即父母;从己身上数至父母,为一亲等;再从父母下数至同胞兄弟,为一亲等;最后两边数字相加,则己身与同胞兄弟为二亲等旁系血亲。

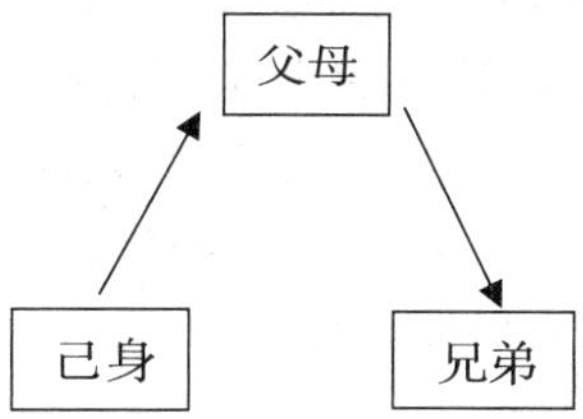

图1　罗马法亲等关系

二、寺院法亲等计算法

寺院法亲等计算法是中世纪教会法计算亲属关系远近的方法,目前仅少数国家使用。寺院法直系血亲的计算方法与罗马法相同。

其旁系血亲的计算方法是：从己身和所要计算的人分别上数至同源人，每经一代为一亲等，两边亲等数一致时，该数即为亲等数。若亲等数不一致，则采多者一方亲等数。如图 2 所示，要计算自己与叔伯的亲等，则分别上数至同源人，即自己的祖父母，每经一代为一亲等，己身至祖父母是二亲等，叔伯至祖父母是一亲等，两边数字不一致，则采多者为亲等数，于是，己身与叔伯为二亲等旁系血亲。

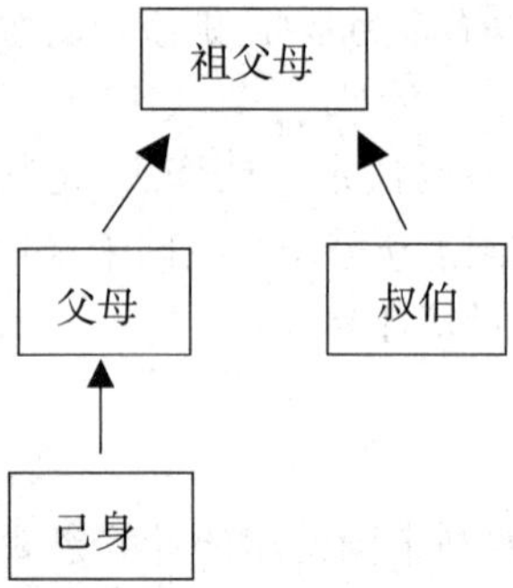

图 2　寺院法亲等关系

三、我国的亲属关系计算法

（一）我国古代的丧服制度

我国古代宗法等级制度之下，亲属关系的远近是以男系亲为中心，以世代的远近，辅以地位尊卑、男女之别来确定的，其主要表现就是我国古代的丧服制度。

丧服制源于周礼，在明律、清律中仍然沿用。丧服是为哀悼死去的亲属而穿的衣服。丧服材质的精粗、样式的不同，代表了亲属关系远近的不同。用粗布做的丧服是重服，表示亲属关系近，丧期长；用细布做的丧服是轻服，表示亲属关系远，丧期短。据《丧服经传》记载，天子以下，丧服由重到轻、由近及远分为五等：斩衰、齐衰、大功、小功、缌麻。服丧的年月分别为三年、期年、九月、七月、五月、三月。全篇分十一章：斩衰一，齐衰三年二，齐衰杖期三，齐衰不杖期四，齐衰三月五，殇大功六，成人大功七，繐衰八，殇小功九，成人小功十，缌麻十一。

（二）我国《民法典》的亲属计算法

我国《民法典》未采用国际通用的罗马法亲等计算法，也未沿用宗法等级色彩浓烈的丧服制度，而是使用了更为简便的世代计算法，即以血亲间的世代来计算亲属关系的远近，一辈即是一代。

在计算直系血亲时，以己身为一代，上数至父母为二代，至祖父母为三代，至曾祖父母为四代,以此类推。以己身为一代,下数至子女为二代,至孙子女为三代,以此类推。

在计算旁系血亲时,首先要找到己身与所要计算的旁系血亲的同源人,然后从两边分别上数至同源人,一辈即为一代,若两边代数相同,则采该数;若两边代数不同,则采多者。

对于我国的世代计算法,学界有不同的看法。有的观点认为,该法“简便可行,容易为广大群众所了解”,[7] 但更多学者认为,世代计算法虽简便易行,但不够精确,不能准确反映亲属间的亲疏远近关系。[8] 目前,改采国际通用的罗马法亲等计算法已达成学界共识。

第三节 亲属关系的法律效力

一、亲属关系的发生

亲属关系的发生是指因一定的法律事实的出现,而使当事人之间产生亲属间的权利义务关系。亲属关系可以基于一定的行为而发生,如缔结婚姻;也可以因事件而发生,如出生。不同种类的亲属关系,其发生的原因也各有不同。

(一)自然血亲关系的发生

出生是自然血亲关系发生的唯一原因。出生事实一经发生,即在当事人之间发生自然血亲关系,不以当事人认可或任何程序的履行为条件。无论婚生子女还是非婚生子女,其亲属关系的发生均以出生为唯一原因。

(二)拟制血亲关系的发生

根据我国现行法律的规定,拟制血亲关系发生的原因主要有两类:一是基于一定的法律行为而发生。如通过收养行为,养父母与养子女间发生法律拟制的血亲关系。二是通过一定的事实行为而发生。如继父母与继子女因抚养教育事实而发生拟制血亲关系。

---

〔7〕 杨大文主编:《婚姻法学》,法律出版社 1986 年版,第 109 页。

〔8〕 夏吟兰主编:《民法学·卷五·婚姻家庭继承法》,中国政法大学出版社 2004 年版;余延满:《亲属法原论》,法律出版社 2007 年版。

（三）配偶关系的发生

结婚是配偶关系发生的唯一原因。根据我国《民法典》的规定，当事人双方必须履行法定的结婚登记程序，才产生合法的夫妻关系。因此，配偶关系的发生以结婚登记簿上记载的时间为准。

（四）姻亲关系的发生

婚姻的成立是姻亲关系发生的原因。缔结婚姻后，配偶的一方与另一方的亲属形成姻亲关系。婚姻关系成立的时间即是姻亲关系发生的时间。

二、亲属关系的法律效力

亲属关系的法律效力是指亲属关系一经发生就会产生一定的法律后果，这是法律作用于亲属关系的结果。

中国古代礼法合一，伦理纲常亦系法律制定之根据，家族主义是中国古代法律的重要特征之一，因此，亲属关系的法律效力作用范围较广，效力强大，广泛涉及民事、刑事、行政、诉讼等多重领域。如隋唐时期，法律明确禁止父母在世时子孙“别籍异财”，即另立门户、另蓄家产。唐律中明确规定“祖父母在而子孙别籍异财者，徒三年”。宋代时对“父母在别籍异财”者的处罚更为严厉，可以论处死刑。在刑法方面，亲属关系的法律效力更为明显，肇始于《晋律》的“准五服以治罪”即是典型例证。“准五服以治罪”即是将服制作为定罪量刑的依据，服制越近，即血缘关系越亲，以尊犯卑者，处刑越轻；相反，处刑越重。服制越远，即血缘关系疏远者，以尊犯卑，处刑相对加重；以卑犯尊，相对减轻。行政法方面，在任免官员时，亲属关系是重要的考量要素。古代府号官称犯父祖名讳便不得就任。[9] 诉讼法方面，法律对于亲属身份有着特别的程序和规定，如亲属相隐原则，即法律允许包庇亲属犯罪，非但如此，如若告发亲属犯罪，告发者还需承担刑事责任。如在南朝梁武帝时期，一名叫任提的女子犯了拐卖人口罪，她的儿子景慈出庭作证指证母亲犯罪，结果被流放。[10]

根据我国现行法律的规定，亲属关系的法律效力主要表现在民法、刑法、诉讼法几个方面。

（一）在民法上的效力

亲属关系在民法上的效力首先体现在主体制度中。一定范围内的亲属是无民

---

〔9〕 瞿同祖：《中国法律与中国社会》，中华书局2003年版，第93页。

〔10〕 参见《隋书》卷二五《刑法志》，中华书局1973年版，第700页。

事行为能力人和限制民事行为能力人的法定代理人。一定范围的亲属可以依法对失踪的亲属向法院提出宣告失踪和宣告死亡的申请。一定范围的亲属还可以作为失踪人的财产代管人。

亲属关系在民法上的效力,还会因亲属关系的种类、远近的不同而不同。人身关系方面,一定范围的亲属有相互扶养的义务;直系血亲和三代以内旁系血亲间禁止通婚等。财产关系方面,夫妻间的财产关系,如分别财产制、法定财产制的规定;一定范围内的亲属间的继承权利义务关系的规定;等等。

(二)在刑法上的效力

刑法中的某些犯罪,只有具有亲属关系的自然人才可以成为主体,如遗弃罪、虐待罪。还有一些告诉才处理的犯罪,须由被害人的近亲属告诉。

(三)在诉讼法上的效力

亲属关系在诉讼法上也会发生相应的效力。例如,亲属身份是构成回避的理由之一,案件的承办人员是当事人的近亲属时,应当回避;一定范围内的亲属可以担任当事人的诉讼代理人;当事人的近亲属经过当事人同意,可以提出上诉;等等。

此外,在劳动法、行政法、国际法上亲属关系均具有一定的法律效力。

三、亲属关系的终止

(一)自然血亲关系的终止

自然血亲关系因主体的死亡而终止。死亡是自然血亲关系终止的唯一原因,自然血亲关系不能通过法律或其他手段人为解除。如父母子女关系不可通过“脱离关系”声明等任何人为手段而终止。死亡包括自然死亡和宣告死亡,自然死亡的时间和宣告死亡判决生效时间即是自然血亲关系终止的时间。

(二)拟制血亲关系的终止

拟制血亲关系可以因死亡而终止,也可以因法律行为而终止。如收养关系的解除。因死亡而终止的,死亡时间或宣告死亡判决生效的时间即为拟制血亲关系终止时间。因法律行为而终止的,以双方达成解除协议依法生效的时间或法院准予解除亲属关系的判决书、调解书生效的时间为拟制血亲关系的终止时间。

(三)配偶关系的终止

配偶关系基于婚姻的缔结而发生,因婚姻的终止而终止。婚姻可以因配偶一方死亡而终止,也可因离婚而终止。因此,配偶关系的终止原因有二:一是配偶一方的死亡,包括自然死亡和宣告死亡;二是夫妻双方离婚,包括诉讼离婚和登记离婚。因死亡而终止配偶关系的,死亡时间或宣告死亡判决生效的时间即为配偶关系的终止时间;因离婚而终止配偶关系的,双方离婚登记簿上记载的时间或法院的离婚判决书、调解书生效的时间,即为配偶关系终止的时间。

(四)姻亲关系的终止

关于姻亲关系,我国法律着墨甚少。一般认为,姻亲关系因结婚而发生,因离婚而终止,也可因一方死亡而终止。[11]需要说明的是,夫妻双方离婚后,一方与他方亲属之间的姻亲关系自然消灭。夫妻一方死亡,其姻亲关系并不自然终止。如我国《民法典》就规定了丧偶儿媳对公婆、丧偶女婿对岳父母的有条件的继承权。

拓展阅读

1. 史尚宽:《亲属法论》,中国政法大学出版社 2000 年版。
2. 瞿同祖:《中国法律与中国社会》,中华书局 2003 年版。
3. 余延满:《亲属法原论》,法律出版社 2007 年版。
4. 汪玢玲:《中国婚姻史》,上海人民出版社 2001 年版。
5. 丁鼎:《仪礼丧服考论》,社会科学文献出版社 2003 年版。
6. 高其才主编:《当代中国婚姻家庭习惯法》,法律出版社 2012 年版。

讨论题

亲属关系终止是否必然导致当事人之间身份关系的终止?

---

〔11〕 巫昌祯、夏吟兰主编:《婚姻家庭法学》,中国政法大学出版社 2007 年版,第 51 页。

第三章　婚姻家庭原理与婚姻家庭法基本原则

学习目标

学习本章应了解和掌握婚姻家庭的基本理念、属性及婚姻家庭制度的演进发展。掌握婚姻家庭的概念、基本职能和婚姻家庭的自然属性与社会属性、婚姻法的基本原则；了解婚姻家庭制度在不同历史时期的地位、特点以及其作为一种特定的法律制度与经济基础和其他相关上层建筑的关系，为今后学习婚姻家庭法律做好理论准备。

第一节　概　　述

从人类文明史的起源、发展直至日趋成熟所经历的一系列漫长而复杂的演变过程来看，人类在这一过程中完成了对自我个体的认知和社会意识的形成。在不断地探索与认知中，源于人类生存繁衍这一最原始本能的需求，而产生了两性间的关系。作为最原始的个体间的关系，在人类同自然抗争、与同伴的竞争中，随着自身生理与意识的发展，逐渐演变形成了带有鲜明的人类文明烙印的婚姻家庭。婚姻家庭的出现与完善是血缘关系、家庭关系、社会关系的基础，同时也开启了人类社会文明进步的新篇章。

一、婚姻家庭的概念

婚姻家庭是人类社会发展到一定阶段的产物，担当着延续人类社会的重要功能，同时也是一种特定的社会关系，普遍存在于社会生活中，是人类社会的细胞和缩影。因此，对婚姻家庭历史性与社会性的正确认识，是研究婚姻家庭本质的出发点。

（一）婚姻家庭的一般概念

婚姻与家庭之间有着密不可分的联系，二者互相影响，共同作用。

1. 婚姻的概念

婚姻，是为当时社会所确认的男女两性的结合。婚姻是男女两性的结合，该男女的两性结合须为当时社会制度所确认，是男女双方具有夫妻身份的结合。

（1）婚姻是男女两性的结合。婚姻关系最基本的功能便是繁衍后代、延续人类社会，男女两性之间的个体差异是婚姻关系的基础和重要的自然属性。婚姻双方须为异性是传统婚姻概念的基本解释要点。虽然西方近现代文化思潮观念日趋开放，一些西方国家相继通过家庭伴侣法甚至修法承认同性婚姻等，将“同性婚”纳入婚姻关系的保护体系之中，这使传统婚姻中将两性差异作为婚姻基础和前提的观点受到了挑战。但男女两性的结合是婚姻自然层面的要求，也是自然规律在人类社会中的体现。另外在多数东方国家，同性婚姻并不符合传统东方理念的文化内核，并不为社会所接受。因此，从我国现阶段的社会观念以及立法态度来看，婚姻主体为异性仍是婚姻关系最基本的要求。

（2）男女两性的结合应为当时社会制度所确认。这是婚姻关系的社会层面要求。因为两性结合是人与动物共同的自然属性，但用社会的手段对两性关系予以规范，形成统一的、制度化的婚姻形态是人类社会的特质。从习惯法的认可到成文法中的具体规定，婚姻关系的确认始终应符合当时社会制度中对婚姻关系形式和实质的要求，应是按照当时社会制度所规定的条件和目的建立的社会关系。

（3）婚姻是男女双方具有夫妻身份的结合。这是婚姻在法律层面的要求。两性之间的关系存在很多种形式，以非夫妻身份的两性结合虽然也可以维持男女双方长期共同生活的关系，但这种身份关系并不能成为婚姻关系。婚姻是以夫妻间的权利义务为内容的结合，只有符合结婚的法定条件，才具有夫妻身份，从而享有法律所规定的婚姻中夫妻间的权利与义务。

疑难问题论争　同性恋、同性婚姻及相关问题

婚姻主体须互为异性，是传统婚姻立法最基本的原则，包含在对婚姻概念的传统的经典的解释之中。但随着同性恋问题的出现，也引发了很多争议和困惑，更构成对传统婚姻家庭观念的挑战和影响。国外对同性恋的认识大体经历了三个阶段：罪行化、病理化和正常化。自20世纪80年代以来，欧洲一些国家如丹麦、挪威、瑞典、冰岛、芬兰、法国、德国等相继通过家庭伴侣法，将同性伴侣关系纳入婚姻保护体系，赋予其与婚姻配偶几乎同等的地位，甚至荷兰等国修法承认同性婚姻。2015

年6月26日注定是历史性的一天,美国的最高法院宣布裁决同性婚姻在全美合法。即美国最高法院的9名大法官以5∶4的结果裁决同性婚姻合法,这意味着同性伴侣今后可在全美50个州注册结婚。至此,美国成为全世界第21个在全国范围内允许同性伴侣结婚的国家。需要看到,美国反对同性婚姻合法的力量至今仍很强大,最高法院5∶4的投票险胜说明了问题。首席大法官罗伯茨投的就是反对票,并写了29页的长文诉说反对的理由。

我国台湾地区"司法院"于2017年5月24日公布大法官第748号解释文,认定现行"民法"未允许同性结婚属于"违宪",即大法官通过"释宪"允许同性婚姻。但台湾地区对此仍有很多争议,包括"司法院"两位大法官和医学界、民间团体、宗教团体及部分专业人士等均有不同意见。

泰国内阁2020年7月8日通过了一项法案,允许同性伴侣进行婚姻登记,并通过《民商法典》修正案,以确保同性配偶享有与异性夫妻同样的权利。该法案和修正案现将在泰国议会进行投票。在社会包容度全球首屈一指的泰国,结果几无悬念。虽然泰国本次同性婚姻合法化仍有小小不尽如人意之处,但泰国的同性伴侣终于以法律形式得到了认可,在身份和权益方面都发生了质的改变。其实,泰国是首个提出《同性婚姻提案》的东南亚国家,于2018年12月25日制定《同性配偶法》草案并送交国会,但一直被搁置,直到现在。[1]

虽然,同性结合并没有否认异性结合的婚姻形式,且绝大多数国家和地区立法禁止同性婚姻,但以两性差异作为婚姻的基础和前提的传统观点,仍然受到了质疑和挑战。

中国对待同性恋的态度也经历了犯罪、病态、正常的过程。我国1979年《刑法》以"流氓罪"来惩治同性恋者;1997年《刑法》的修订废除了"流氓罪",标志着我国法律将同性恋行为非罪化。2001年4月20日出版发行的《中国精神障碍分析与诊断标准》第3版有一条被修订的内容:同性恋不再被划为病态。该修订代表着同性恋在中国的非病理化,也可以说是中国在医学领域对同性恋认识的一种进步。但针对此修订,民众态度褒贬不一。世界卫生组织和我国原卫生部都确认同性恋不是病,不得对同性恋者实施治疗行为。

2019年8月21日全国人大法工委发言人针对是否允许同性婚姻的问题所作回应说"现行婚姻法规定的一夫一妻制是建立在一男一女的基础上的婚姻制度,符

---

〔1〕 暹罗飞鸟:《亚洲第一国! 泰国内阁通过同性婚姻合法化草案》,载凤凰网,http://news.Ifeng.com/c17xwsIuJzaC5,2020年7月9日最后访问。

合我国的国情和历史传统"[2]，也就是表明目前同性婚姻合法化的"时机不成熟"。

虽然《民法典》婚姻家庭编并没有对同性伴侣或者同性婚姻作出规定，但未规定并非禁止或反对，只是《民法典》婚姻家庭编不承认、不保护。

当前的社会生活中，同性恋者不在少数，笔者认为应宽容、理解、尊重和善待同性恋群体，包括他们的基本权益也理应得到法律的保护。因为法律是为全体公民服务的，是兼顾各方利益的，尤其对少数群体和特殊群体，更不应该遗忘，不能为了保护大多数人利益而忽略少数人的利益，更不能为了大多数人的利益而牺牲少数人的利益。法律所保护的利益是全方位的、是普遍的、是平等公正的，这正是法律的精髓和要义所在。只要少数人的行为不有伤风化或不影响他人自由或不损害公序良俗，就应予以宽容和保护。

当然，在中国随着社会生活的不断发展、文明的进步，人们的很多观念包括婚姻家庭观念也发生了很大变化。但是，在中国长久以来形成的心理定势及传统观念也非一朝一夕就能很快和完全转变过来。即使这样我们也应善待同性恋这一少数群体，要进一步更新观念，尊重他们的选择，对他们的基本权益也应依法予以保障。因为毕竟作为独立的个体，他们应该有自己选择的权利，我们也应多示以人性的关爱，多一份宽容和理解，少一些歧视、冷漠，甚至是横加指责或百般挑剔。当我们只考虑多数人的利益时，对少数人来说不也是不公平、不人道吗？可以说关注和保护少数人的权利，正是社会文明和法治进步的表现，当然，我们关注、宽容、尊重和依法保障同性恋这一少数群体的基本权利，并不是倡导和鼓励大家都去"同性恋"，而是基于对宪法规定的保障公民基本人权原则的呵护和践行。

2. 家庭的概念

家庭，是由一定范围的亲属所构成的社会生活单位，是以婚姻、血缘和共同经济为纽带而组成的亲属团体。家庭的出现早于法律，因而调整家庭关系时，不能仅仅停留在法律的层面上，同时应强调道德和伦理在家庭关系中的作用。在当代社会里家庭的范围扩大化，家庭的模式日益多样化，在传统的婚姻、血缘组合形式以外，又多了非家庭、同性结合等家庭新模式。即便这样，传统家庭结构所具有的功能

---

[2] 阮玉秀：《全国人大常委会法工委：建立发言人机制相关问题解读》，载共产党员网，http://www.12371.cn/2019/12/05/ART11575512187623933.shtml。2019年8月21日上午，全国人大常委会法制工作委员会举行第一次记者会，全国人大常委会法工委发言人臧铁伟同志介绍立法工作有关情况并回答记者提问。针对是否允许同性婚姻的问题，臧铁伟作出了回应：绝大多数国家不承认同性婚姻，将维持一夫一妻（一男一女）婚姻制度。现行婚姻法规定的一夫一妻制是建立在一男一女的基础上的婚姻制度，符合我国国情和历史文化传统，世界上绝大多数国家都不承认同性婚姻，民法典婚姻家庭编草案维持了现行《婚姻法》的相关规定，草案也已经在中国人大网上公布并征求意见。

不容忽视，也不可取代。

（1）家庭是生活单位，须有共同经济基础，具有同居共财的特点。以家庭为单位组织生产和消费，是家庭经济职能在社会经济生活中的表现，而共同稳定的经济生活也是维系家庭稳定的基础因素之一。

（2）家庭是由特定范围内的亲属所构成的生活单位，家庭成员一般是由共同生活的近亲属组成的，是基于婚姻和血缘或收养形成的成员间互享法定权利、互负法定义务的亲属团体。根据我国《婚姻法》的规定，在法律上具有权利义务关系的家庭成员包括：夫妻、父母、子女、兄弟姐妹、祖父母、外祖父母与孙子女、外孙子女。

（3）家庭成员具有身份性，法律承认家庭成员的差序性。家庭关系包括财产关系和身份关系，这种身份关系或为血缘关系，或为婚姻关系，只是在不同国家和时期，对于此类身份关系所包含的亲属种类的多少和范围大小不尽相同。

（二）婚姻家庭的法律概念

婚姻家庭的法律概念不同于一般概念，后者多强调婚姻家庭这种社会关系所具备的伦理性、社会性，从人文哲学的角度对婚姻家庭关系进行阐释。而婚姻家庭的法律概念则专门针对婚姻家庭法律关系而言，强调婚姻家庭内部成员间的权利义务，以及婚姻家庭与外部社会的法律关系。但两种概念并非对立，其研究的婚姻家庭关系的本质是一致的。

婚姻家庭的法律概念，实际上就是婚姻家庭法律关系的概念。婚姻是男女双方以永久共同生活为目的，以夫妻间权利义务为内容的合法结合。家庭是共同生活的，其成员间互享法定权利、互负法定义务的亲属团体。婚姻和家庭二者有着密切的联系，在传统婚姻家庭理论中认为婚姻通常是产生家庭的前提，家庭是缔结婚姻的结果。婚姻家庭法律关系是基于法律对婚姻家庭关系的调整而形成的，因此，婚姻的缔结和家庭的组建并非单纯的只是一项传统的人文社会活动，而应符合法律的相关规定，合法性是婚姻的本质特征。婚姻家庭法律关系包括身份关系和财产关系，身份关系方面的权利义务关系是婚姻家庭中首要的法律关系，而财产方面的权利义务是基于特定的身份关系而发生的。身份关系与财产关系间相互重叠与交叉的特殊属性是婚姻家庭法律关系区别于其他法律关系的重要特征。

二、关于家的含义

日本著名学者滋贺秀三先生在其《中国家族法原理》一书中，[3]对中文“家”的含义作了界定。他认为，私法意义上的家（家族）有广、狭义之分，“在广义上，总称

---

〔3〕 参见［日］滋贺秀三：《中国家族法原理》，张建国等译，法律出版社2003年版，第41～72页。

家系相同的人们为家。所谓的家是指,由同一个祖先分家而来的总称为一族的叫一家,因而亦称为同宗,又叫一家子。在狭义上,将共同维持家计的生活共同体称为家"。现代汉语中"家族"的含义等同于广义上的家;而"家族本位"所指的"家族",则是狭义的,即"由一定亲属组成的社会生活共同体"。概括起来看,中国语所提到的"家",可以说是意味着共同保持家系或家计的人们的观念性或现实性的集团,或者是意味着支撑这个集团生活的财产总体的一个用语。我国传统亲属法中的"家",是作为完全主体的家长和作为不完全主体的其他家庭成员的联合,是家长享有管理权的财产共有团体,权利义务的承担者不是"家",而是家庭成员。因此,我国传统家事法的"家"和罗马法的"家"一样,不是法律上的主体。古今中外,家庭都不是法律主体。法律对"家"的规定,从来不是规定其主体资格,而是规定家庭成员之间的法律关系,包括财产关系和身份关系,只是在不同的国家、不同时期,此类身份关系和财产关系的内容不同而已。因此,不同意义上的家具有不同的特性,家在私法上和公法上具有不同的作用。家在私法上是指以家族关系为目的,同居地营造共同生活的亲属团体。私法意义上的家可以作为家事法研究的对象,对家的研究可以深化对家事关系的认识。而公法意义上的家则主要是代表课税的对象、作为户籍登记的对象,公法上的家相当于"户"。现代意义上的家是指以永久共同生活为目的而"同居共财"的亲属团体。

第二节　婚姻家庭的理念和属性

一、婚姻家庭的理念

婚姻家庭是人生的重要组成部分,是社会的细胞和缩影,婚姻与家庭密不可分,各自承担着不同的功能,婚姻是家庭的基础,家庭是婚姻缔结的结果,是社会的细胞,两者互相影响,互相作用,共同推进人类社会的发展。随着社会的演进,人们思想观念的变化,婚姻家庭的结构也发生着或多或少的变化,人们对婚姻家庭的理念也在认识上出现分歧。

(一)婚姻家庭的结构

男女双方通过婚姻结合而组成家庭,家庭是人类最基本的一种社会组织。但这仅仅是一种婚姻家庭结构。婚姻家庭结构的不同在一定程度上反映了人们家庭观念的变化。不同的家庭结构发挥着不同的职能和作用,根据家庭成员的成分、数量及其互相联系,我国家庭结构类型大致可分为以下几种。

1. 核心家庭

核心家庭是指两代人组成的家庭,即由夫妇及其子女组成的家庭。核心家庭的成员是夫妻两人及其未婚孩子。核心家庭是婚姻家庭结构最重要的形态,其所起的作用是其他婚姻家庭结构远不能及的。例如,(1)核心家庭满足性需要,减少导致家庭破裂的性竞争;(2)核心家庭保证妇女在其怀孕和哺乳期间受到保护;(3)核心家庭是教化子女的必要条件,只有在一起生活的成年男子和女子才有足够的时间和精力使子女受到教化;(4)女子因其生育作用而具有某种行为特点,男女之间存在生理学上的差别,因此男女分工更有利于生活。根据这种观点,核心家庭在异性性生活、生育、教化和经济支持上起的有效作用超过其他制度。

2. 直系家庭

直系家庭可细分为:二代直系家庭、三代直系家庭、四代直系家庭、隔代直系家庭。直系家庭的主体是三代直系家庭。

3. 复合家庭

复合家庭是指父母和两个或多个已婚子女及其配偶、后代所组成的家庭。在这种家庭中除纵向的直系亲属关系外,还包括横向的旁系亲属关系(这一分类不涉及未成年的兄弟姊妹)。复合家庭又分为两类:(1)三代复合家庭,主要是父母、儿子儿媳和孙子女组成的家庭;(2)二代复合家庭,是指父母和儿子、儿媳或两个以上已婚兄弟和子侄组成的家庭。

4. 单人家庭

单人家庭是指只有户主一人独立生活所形成的家庭。

5. 残缺家庭

残缺家庭可分为三类:(1)没有父母、只有两个以上兄弟姐妹组成的家庭;(2)兄弟姐妹之外再加上其他有血缘、无血缘关系成员组成的家庭;(3)单亲家庭,指夫妇一方和子女组成的家庭。

6. 夫妇家庭

夫妇家庭又称丁克家庭,是指只有夫妻二人组成的家庭,包括空巢和未育子女的情形。丁克是英文 DINK(Double/Dual Income No Kids)的音译,意思是双收入却主动不要孩子。西方目前常通用 Child – Free 这个词汇,其含义是主动放弃生育,而不是由于生理原因无法生育。丁克夫妇主张摆脱传统婚姻生活中传宗接代的观念,更倾向于过有质量的、自由自在的“两人世界”生活。对于中国大多数年轻人来说,这个词汇早已不再陌生,近年来,丁克家庭在城市青年尤其是白领夫妇中的比例有逐渐增长之势。丁克族不要孩子的主要理由是不愿意一辈子为子女操劳,奉献一切,想尽情地享受二人世界。

7. 人工生殖技术家庭

人工生殖技术家庭是指利用现代医学的最新成果,利用人工的手段代替自然生殖过程的某一步骤或全部步骤的手段生育孩子从而产生的家庭。人工生殖技术产生的家庭给人类的伦理道德、血统和法律制度带来巨大的冲击,其父母子女关系的认定,相关当事人权利义务的认定都有待研究。人工生育带来法律和道德上的难题,如父母与子女身份问题、孩子出生登记及抚养归属问题、孩子的知情权问题、代孕的法律问题等。这就要求法律和道德规范的介入、舆论的正确引导和约束,提醒人们注重血缘人伦关系对维系社会关系的重要性。

8. 合伙家庭

这种合伙以无血缘关系和婚姻关系的当事人组成家庭共同生活为目的。主要指离婚后的再婚家庭,还包括同性结婚的家庭。虽然我国目前还不承认同性间可以组成家庭,但国外已有此类现象,并且部分国家已承认其地位。

9. 其他

其他家庭结构是指户主与其他关系不明确的成员组成的家庭。这其中有的彼此之间关系可能很密切,如叔侄关系等。

我国家庭结构的发展趋势从总体上看,以核心家庭、直系家庭和单人家庭为基本结构的状态将持续,仍呈现核心家庭为主、直系家庭次之、单人家庭为补充的格局。但城乡之间存在差异。我国当代家庭结构的变动表明,特别是“第五次人口普查”数据揭示的新变化在于,夫妇核心家庭迅速上升,单人家庭继续增加。尽管三代直系家庭的总水平相对稳定,甚至在农村有所增加,但家庭结构的小型化趋势仍在继续。

疑难问题论争 人工生殖技术应用与亲子关系确认

目前,我国有关人工生殖技术的行政法规范相对成型,而对人工生殖所生亲子关系的私法调整机制尚未建立,尤其缺乏此类亲子关系的确认规则。《民法典》婚姻家庭编第 1073 条增加规定自然血亲亲子关系的否认与认领,却对人工生殖亲子关系的认定无所作为。

人工生殖是与自然生殖相对应的概念。人工生殖技术,又称“人类辅助生殖技术”,是指运用医学技术和方法替代人类自然生殖过程中的某一环节或全部过程而受孕的技术手段。目前相对成熟的人工生殖技术主要是人工授精、体外受精—胚胎移植,以及代孕。在我国,目前只许可采用人工授精、体外授精—胚胎移植两种人工生殖方式。2001 年原卫生部《人类辅助生殖技术管理办法》第 3 条明确指出,医疗机构和医务人员不得实施任何形式的代孕技术。人工生殖技术切断了生育与性行为的纽带,突破了传统的生育关系与遗传关系相一致的生殖规律,一类新型的亲子关系——人工生育子女与父母的关系在婚姻家庭领域应运而生。与此同时,人工生殖中父母子女关系的认定标准如何,亦成为当代亲子法的崭新议题。

2015 年 3 月,上海出现全国首例代孕所生子女的监护权纠纷诉讼案。被告陈某婚后因不能生育,与丈夫罗某协商购买他人卵子,并由罗某提供精子,通过体外受精联合胚胎移植技术,出资委托另一女性代孕。2011 年 2 月代母生育一对双胞胎兄妹,如约随陈某夫妇共同生活。2014 年 2 月,罗某因病死亡,陈某继续抚养一双儿女。2014 年 12 月,死者罗某的父母以祖父母身份起诉,请求法院确认他们是两个孙子女的监护人,要求被告陈某将孩子交由他们抚养。被告认为自己具有母亲身份,拒绝将两个孩子的监护权移转。2015 年 7 月,一审法院以被告陈某与两个孩子既无血缘联系,也不存在拟制血亲关系,且代孕行为违法为由,判决支持原告诉求,双胞胎兄妹由原告祖父母监护。被告陈某不服一审判决,提出上诉。2016 年 7 月,二审改判,驳回原告诉求。理由是:上诉人(一审被告)陈某与两个孩子已形成事实上的抚养关系,可适用《婚姻法》关于形成抚养关系的继父母子女之间权利义务的规定,故陈某具有母亲身份,享有对两个孩子的监护权。二审判决将双胞胎兄妹的监护权判归其养育母亲陈某享有固然符合情理,但法官以代孕子女与养育母亲之间形成事实上的抚养关系为由,将其推定为继父母子女关系则缺乏法理依据。通常,继父母子女关系是指生父母双方离婚或者一方死亡后,抚育子女的一方带子女再婚而形成的前婚子女与再婚配偶之间的关系。由本案事实可见,双胞胎兄妹是在陈某罗某婚后合意采取人工生殖技术出生的。他们生于陈某罗某夫妇婚姻关系存续期间,与养育母亲陈某的关系并不属于“继母及其受其抚养教育的继子女关系”。父母子女关系是身份关系,此类身份关系的确立应坚持法定原则,而不能作扩充解释或采取类推适用的方法认定。否则,会在客观上变动亲子关系的类型。本案昭示出在我国确立人工生殖亲子关系认定规则的必要性和紧迫性。

(二)婚姻家庭关系的特征

婚姻家庭的范围和性质决定了婚姻家庭关系的特征,婚姻家庭关系有其本身固有的特点。

1. 普遍性和广泛性

婚姻家庭关系是最为基础和重要的社会关系之一。因为它关系男女老幼千家万户,关系社会生产和生活。它作为整个社会运行的基石,发挥着异常重要的作用。婚姻家庭关系的普遍性正是基于其存在的正当合理的社会意义而得以延续的,即婚姻家庭具有不可替代性和广泛性。虽然人们的生活方式和观念发生了巨大变化,但人们仍将婚姻家庭看作满足生理和心理需要、延续生命、精神抚慰的主要生活方式，同时也是主体人格需要的一部分，是实现自我价值的重要表征，在现代社会仍具有相当广泛的普遍性和不可替代性。

2. 伦理性

婚姻家庭关系是婚姻当事人及家庭成员意志的体现，是和社会主义道德相一致的。婚姻法调整的婚姻关系是男女两性关系，家庭关系是血亲关系，这些关系不仅由社会的经济基础所决定，而且还要受政治、道德、文化、风俗、习惯等因素的影响。婚姻家庭关系中的当事人之间的权利和义务，就是以这个社会中的伦理道德为基础。伦理性的本质在于对义务的强调，重在利他奉献。婚姻制度所担负的养育功能就更多地体现为家庭对子女的养育责任，是以义务为重心的。家庭伦理的利他原则满足了家庭成员利益的最大化需要，使家内家外各种福利的生产都获得一种可能的规模效应，而且具有互补性。伦理性给婚姻家庭关系打下了深深的烙印，既保障婚姻家庭关系的和谐稳定发展，又能在一定程度上影响人们张扬个性、追求自由和权利平等的婚姻家庭生活的理念。

3. 地域性

婚姻家庭关系具有明显的地域性。作为最为普遍的一种社会关系，不同地域间的婚姻家庭关系存在差异。婚姻家庭关系的地域性体现在两个方面：第一，婚姻家庭内部的地域性特征。旧社会中婚姻家庭的组成往往建立在父母之命、媒妁之言的基础上，夫妻双方多为同一地区一定地域范围内，因此语言、生活习惯、婚嫁习俗、双方家族传统都相近似，这样的夫妻结合，彼此间大多不存在夫妻双方地域性的差异，以及双方的适应问题。而新时期中实行婚姻自由，夫妻双方可能来自不同地区、不同国家，双方在生活习惯、饮食、家庭背景甚至语言沟通上都存在地域性的差异，这样的婚姻家庭关系内部融合了多个地域性特征。第二，婚姻家庭整体地域性特征。我国为多民族国家，地域环境复杂，受地理环境、风俗习惯等客观因素影响，不同地区的婚姻家庭关系并不相同，每个地区在婚姻家庭关系中都有自己独特的地域性特征。婚姻家庭的地域性特征也是婚姻家庭区别于其他社会关系的重要表现之一。

4. 新特点

随着时代的发展，市场经济大潮在荡涤整个社会的同时，也给婚姻家庭关系带来了新的挑战，婚姻家庭关系的特征也在发生变化。结合婚姻家庭的概念和属性，有学者认为当代婚姻家庭关系出现了以下新特点。

(1) 婚姻家庭关系的功利化和市场化。现代社会，男女双方在选择配偶时更多地考虑的是经济因素，在婚姻家庭领域，功利取代了伦理。婚姻的取舍往往更注重对经济利益的考量，尽可能地通过经济环节来使个人利益最大化。同时在家庭日常生活中，通常喜欢通过市场价值来考虑问题，讲究对等补偿、竞争、价值等市场经济中的经济性因素,传统伦理规范的约束明显弱化。

(2)婚姻家庭的风土化和人本化。婚姻家庭生活中无时无刻不渗透着风土性和伦理性,风俗习惯不无保留地告诫人们什么是被提倡的生活方式,什么是被禁止的生活方式。因此,在婚姻家庭的发展中,人们更加注重对风土化行径的考察,注重风土人情的考察和伦理规范的约束作用。同时,现代社会尊重人,重视人的价值,立法的基本价值取向是释放和张扬个性,尊重每个人的人格和需要,这就要求婚姻家庭生活中以人为本。但这种"人本化"趋势也带来了现代人"以自我为中心",自我优先于他人的思维和行为方式,缺乏家庭和社会责任感。

(3)婚姻家庭的多样化和开放化。在尊重本土化的婚姻家庭生活方式的同时,人们也开始重视婚姻家庭的差异性选择,婚姻家庭的样态朝着多样化的态势发展。例如,婚姻自由的扩大化,人们对同居以及婚前性行为的接受,个体穿戴的随意大胆等。这些样态都告诉我们,法律在婚姻家庭领域的干预逐渐缩小,团体意志不断与个人自由进行博弈,进而在某些方面妥协,个体的自由度得以扩张。

(三)婚姻家庭的职能

婚姻家庭的产生和演变,是社会发展的客观需要。其发展与社会是互动的,婚姻家庭不仅反映了社会生产和社会生活的需求,而且能动地作用于社会生产和社会生活。婚姻家庭特有的社会功能,是其他社会组织无法代替的。婚姻家庭是所有社会制度的基石,它是一个稳定的社会结构。婚姻家庭是个人人生发展史上的重要阶段,他对个人和社会具有不同的功能。基于此,婚姻家庭具有生育抚养、经济、教育、精神抚慰、维系社会稳定的职能。

1. 生育抚养职能

男女双方结婚组成家庭,婚姻家庭是种族延续的保障,是人口产生的基本单位,承担着生育子女、繁衍后代和养育子女的社会责任。社会保障制度可以部分代替家庭在抚育后代方面的职能,但婚姻家庭所担负的职能不仅仅限定于物质供养方面,稳定和谐的家庭所担负的抚育职能还缓解社会保障的压力,是最合理的抚育子女成长的机构。

2. 经济职能

经济职能包括生产职能。婚姻家庭为家庭成员提供经济上的支持,家庭单位为家庭成员需要的物质资料进行生产,保障家庭成员的正常合理需求。同时,家庭也是社会的基本消费单位,以家庭为单位进行的消费是各个社会消费的基本特点。家庭成员共同生活共同消费。

3. 教育职能

家庭是人类社会最重要的分工形式之一,在传承文化和繁衍后代方面发挥了重要作用。婚姻家庭承担着家庭教育的重任,一个人从出生时最先接触的就是家庭教育,家庭教育的优劣影响个体的成长和发育,包括个体体质上和心智上的成长。良好和睦的家庭氛围能对个体的成长产生积极的影响。相反,病态的家庭则限制个体的良性发展。家庭教育作为社会教育的先导,对个人的发展至关重要。

4. 精神抚慰职能

婚姻家庭生活可以满足男女双方性生活的需求和对性生活的控制及心理情感上的需求。家庭生活为家庭成员提供感情上的保证,主要表现在形成共同的思想感情基础、形成和谐的心理状态、增强家庭成员的亲密度三个方面。在一定程度上,可以缓解个体在社会上的压力,达到精神抚慰的功能。

5. 维系社会稳定的职能

家庭是社会的细胞,社会的稳定有赖于家庭的和睦。"家和万事兴",家庭和谐是社会和谐的基础及重要组成部分。家庭承担的社会责任在于保护儿童家庭生活,家庭成员为儿童的成长和幸福营造良好的生活环境。只有健康、和谐、有序的家庭生活,才能进一步保证社会秩序的稳定。如果家庭生活出现危机,则将导致一系列的社会矛盾和纠纷。因此,健康和谐的家庭将在一定程度上发挥其维系社会稳定的职能。

二、婚姻家庭的属性

婚姻家庭是以两性结合和血缘联系为其自然条件而形成的社会关系。婚姻家庭关系具有自然属性和社会属性。

(一)婚姻家庭的自然属性

自然属性既是婚姻家庭关系的基础属性,也是婚姻家庭得以形成的前提条件。婚姻家庭关系作为一种社会关系,自然属性是婚姻家庭赖以形成的自然因素,既是婚姻家庭关系形成的必要条件,也是婚姻家庭关系与其他社会关系相区别的重要标志之一。婚姻家庭关系内在的这种自然属性决定婚姻家庭关系的形成与发展应符合相应的自然规律。我们对婚姻家庭的自然属性应足够重视,发现并尊重这种特殊的社会关系所应遵循的规律。在婚姻家庭立法时应当考虑婚姻家庭的自然属性,不能对此置若罔闻和随意行事。例如,法律以达到法定婚龄为婚姻成立的必备要件,这反映了生理学的要求;以当事人有一定范围的血亲关系和患有特定的疾病为婚姻成立的障碍,这反映了优生学的要求。凡此种种,都是同婚姻家庭的自然属性相关的。

婚姻家庭的自然属性及其生理规律、遗传规律对婚姻家庭的发展都起着不可忽视的作用,婚姻家庭立法如果违背自然规律,就会受到自然规律的惩罚,贻害无穷。立法者应当理性客观、遵循自然规律的要求进行立法，承认主体资格的特定性和主体意思自治的限定性，不能无限扩大其权利能力和行为能力，但也不能无限夸大婚姻家庭的自然属性。

（二）婚姻家庭的社会属性

社会属性是婚姻家庭的本质属性，它决定着婚姻家庭关系的性质、内容和发展方向。首先，婚姻家庭关系是一种社会关系，每一个自然人都是社会人，人不可能脱离社会而单独存在，婚姻关系中的两性亦是社会中的一部分。婚姻家庭本身是一种人与人的社会关系，它是社会关系总和的组成部分，与其他社会关系具有密切的联系，具有一定的社会内容，反映了一定社会的生产方式和生活方式的客观要求。其次，"人的本质并不是单个人所固有的抽象物，实际上它是一切社会关系的总和"[4]。人的社会性是人类的根本属性，也是婚姻家庭的根本属性。因此，婚姻家庭是社会关系而非自然关系，婚姻家庭也不是自然产物而是社会产物。男女两性的生理差别，人类固有的性的本能和血缘联系等，只是婚姻家庭赖以形成的不可缺少的自然条件，而不是婚姻家庭本身。任何家庭都不是抽象的，都不是脱离社会而存在的，社会性体现在婚姻家庭的方方面面，表明了社会性对婚姻家庭形态和发展影响的是婚姻家庭的内在本质。

婚姻家庭是一种特定形式的社会关系，这种关系包括一定的物质社会关系和一定的思想社会关系。婚姻家庭中物质社会关系表现为婚姻家庭双方和家庭成员之间的内部经济关系以及婚姻家庭在参与社会生活过程中所产生的外部经济关系。这种经济关系是与作为一定社会经济基础的生产关系相适应的。生产资料所有制以及生产组织形式的不同，也决定了婚姻家庭领域的经济关系的性质和特点。婚姻家庭中的思想社会关系，是与一定社会的上层建筑和意识形态相适应的。同时直接或间接地反映了物质社会关系的要求，具体表现在思想感情、伦理道德、法律和习惯等诸多方面。因此，婚姻家庭和社会是密不可分的，婚姻家庭被称为社会的细胞和缩影。

总之，婚姻家庭的自然属性体现了婚姻家庭的特点，而婚姻家庭的社会属性则反映了婚姻家庭的本质。

---

〔4〕《马克思恩格斯全集》（第3卷），人民出版社1962年版，第5页。

第三节　婚姻家庭制度的历史演进

一、婚姻家庭制度的历史演进

婚姻家庭是人类社会发展到了一定阶段才出现的两性和血缘关系的社会形式。人类历史上各种婚姻家庭制度的依次更替,总是与社会发展的一定阶段相适应,归根结底是经济基础发生变革的必然结果。我们应将婚姻家庭制度看作社会的有机构成部分,把家庭关系看作社会关系的一部分,认识到家庭是一个历史范畴,是一定社会制度的产物,经历了从较低形式向较高形式发展的过程。摩尔根在《古代社会》一书中指出,人类的婚姻制度演变大体经历了三种方式:群婚制—对偶婚制—专偶婚制。与此相适应,人类家庭制度依次经过五种形式的演变:血缘家庭—普那鲁亚家庭—对偶婚家庭—夫权制家庭——夫一妻制家庭。

(一)群婚制

追溯至远古,人类尚处在原始群居阶段,并无婚姻家庭可言,只是处于杂乱的性交关系时期,只有两性之分,两性之间的关系仅以繁衍为目的。"所谓杂乱,是说后来由习俗所规定的那些限制那时还不存在。"[5]那些限制即禁令,主要指阻止血亲婚配的观念。而等到这些限制出现时,标志着人类社会由杂交婚制过渡到群婚制,先是族内群婚,然后发展到族外群婚。族内群婚就是血缘群婚制,族外群婚就是亚血缘群婚制。

1. 血缘群婚制

与之相应的家庭形式叫作血缘家庭,是指在一个集团内,统一辈分的男女互为兄弟姐妹,同时也互为夫妻,实行的是同辈分的集团婚。实行族内群婚是人类婚姻家庭发展史的一大进步。在这一阶段,婚姻集团是按照辈分来划分的,禁止上下辈之间的通婚,就是排斥不同辈分间的两性关系。血缘群婚制是群婚制的低级阶段,恩格斯在《家庭、私有制和国家的起源》一书中指出,血缘家庭已经绝迹了,甚至在历史记载的最蒙昧的民族中间也找不出它的一个不可争辩的例证。这种婚制虽然已经绝迹,但它却是人类婚姻家庭发展的最初阶段。正如恩格斯所说:"家庭后来的全部发展,也使我们不得不承认这一点,因为这种发展要求以这一家庭形式的存

---

〔5〕 [德]恩格斯:《家庭、私有制和国家的起源》,张仲宝译,人民出版社1956年版,第33页。

在作为必然的初期阶段。"[6]

2. 亚血缘群婚制

也称普纳路亚家庭。这种族外群婚制是群婚制的高级阶段，虽然仍然是一种同辈分的集团婚制，不过在这里是把姊妹和兄弟排除在外。这种婚制最初是排除了同胞兄弟姐妹，后随着婚姻的禁例越来越严格，将范围扩大至整个族群内部，即男子只能以外族女子为妻，女子只能以外族男子为夫。摩尔根在夏威夷土著中发现了这种婚俗，在这种婚制中，丈夫彼此间互成为普纳路亚，即"亲密的朋友""亲密的伙伴"之意，妻子彼此间同样这样称呼，所以摩尔根称此种家庭形式为普纳路亚家庭。

血缘婚制到亚血缘婚制的发展，是因为通婚范围的愈加严格和明确，这种人类约束自身的行为规范的产生逐渐催生了氏族制度的产生。恩格斯曾说："看来，氏族制度在绝大多数场合下，都是从普纳路亚家庭中直接发生的。"[7]这种普纳路亚家庭，配偶双方分别来自两个氏族团体，只在夫妻生活中组成家庭，但夫妻双方仍属于并生活在各自的氏族内。"在一切形式的群婚家庭中，谁是某一个孩子的父亲是不能确定的，但谁是孩子的母亲却是知道的。即使母亲把共同家庭的一切子女都叫作自己的子女，对于他们都担负母亲的义务，但她仍然能够把她自己亲生的子女同其余一切子女区别开来。由此可知，只要存在群婚，那么世系就只能从母亲方面来确定，因此，也只承认女系。"[8]这时候的氏族，依然是以女性为中心的，而男子是来自其他氏族的，因为在群婚制下无法确认子女的生父，只能按照母系来确认氏族的血统和世系。这种只从母亲方面确认世系的情况和随着时间的进展而发展起来的社会关系，形成母系氏族社会。母系氏族社会是当时社会的基本生活单位和生产单位，女性在当时享有很高的社会地位，这是受当时的生产力水平所决定的群婚制带来的必然结果。

疑难问题论争　关于群婚制

现代学者特别是人类学者对这些结论提出了许多质疑，如关于群婚制是否存在的问题、血缘婚姻和血缘家庭是否存在的问题，关于母系社会是否存在的问题、伙婚制家庭的真伪问题、婚姻与家庭的关系问题等。但由于法学界对人类学界、历史学界的最新研究成果一直持谨慎的态度，因此尚未将这些结论吸纳其中，只作为

〔6〕《马克思恩格斯全集》(第4卷)，人民出版社2003年版，第33页。

〔7〕《马克思恩格斯全集》(第4卷)，人民出版社2003年版，第36页。

〔8〕［德］恩格斯：《家庭、私有制和国家的起源》，张仲宝译，人民出版社1956年版，第38页。

争论内容供大家讨论。

芬兰著名学者韦斯特马克曾在著作《人类婚姻史》[9]中对群婚制的存在提出质疑,他详细论证了一夫一妻制家庭的古老性和永恒性,坚决否定人类历史上曾经有过乱交或群婚阶段的存在。他认为,人类属于动物界,人类生活亦受动物界一般规律的支配。因而,研究人类家庭婚姻的历史,必须从阐明它在动物界的根源开始,用他的话说,"婚姻植根于本能,只能用生物学事实才能予以阐明"。这种本能"是从作为类人猿和原始人之共同祖先的高级灵长类原种那里继承下来的遗产"。这种本能"驱使男性与女性同居,并保护她们,即使在性关系终止以后也还是这样",为了说明这一观点,他在书中依次考察了无脊椎动物、鱼类、爬行类、鸟类、低级哺乳动物和类人猿等动物的两性关系,用以说明动物越高级,子嗣越少,子嗣越需要照顾,两性关系也就越巩固、越持久。故而,人类社会从一开始便是实行一夫一妻制,由父母和子女组成的核心家庭乃是人类社会普遍的基层单位。他断言,是婚姻起源于家庭,而不是家庭起源于婚姻;认为原始婚姻正是为了适应核心家庭的需要而产生的。因为父母一道关心后代,在生存竞争中更有利后代的存活与成长。这完全是"出于保存子嗣以求维系种属这种本能的结果"。显然,作者的这一观点是直接与巴霍芬、摩尔根等人的观点相对立的,从而成为当时反进化论浪潮的重要思想武器。

但韦斯特马克对婚姻的研究单纯强调了人类生物本能和心性特点,例如,他过分强调嫉妒心在维持一夫一妻制时的重要作用,而忽视了社会因素的影响。因此,该书问世以来,荣誉往往与质疑、责难之声并存。随着科学的深入发展和学术界一百多年来的相互辩难,韦斯特马克《人类婚姻史》中的许多观点已经被认定为谬论,但从全书所包含的思想财富和翔实资料来看,仍不失为一部可供参考和研读的学术巨著,并且其中的一些具体内容,如血缘婚配、乱伦禁忌、自幼亲密生活在一起的男女之间缺乏性吸引力、自然选择与性选择一致性等的论述,至今仍具有相当重要的学术意义或参考价值。

(二)对偶婚制

对偶婚制,也称对偶家庭,是指成对的配偶在或长或短的时间内相对稳定的同居现象。

对偶婚制是以族外群婚作为出发点,是群婚制向一夫一妻制转变的过渡,是个体婚的初级阶段。"这种习惯下的成对配偶婚制,随着氏族日益发达,随着不许互相通婚的'兄弟'和'姊妹'类别的日益增多,必然要日益巩固起来。氏族在禁止血

---

[9] [芬]E. A. 韦斯特马克:《人类婚姻史》(第1卷),李彬等译,商务印书馆2002年版,第2~4页。

缘亲属结婚方面所起的推动作用，使情况更加向前发展了。在易洛魁人和其他处于野蛮时代低级阶段的大多数印第安人那里，在他们的亲属制度所承认的一切亲属间都禁止结婚，其数多至数百种。由于这种婚姻禁例日益错综复杂，群婚就越来越不可能；群婚就被对偶家庭排挤了。"〔10〕

在这一阶段上，一个男子和一个女子共同生活，但这种男女的结合尚不牢固，容易为任何一方所破坏。对偶婚姻只是相对稳定的两性关系，甚至在一个相当长的时期内，对偶婚并不总是单一的，有时是复合的、交叉的，一对配偶的同居只维系一段时间，没有什么强制约束力，婚姻双方都可以随时结束当前的对偶同居生活，重新寻找配偶。一个女人和几个男人或一个男人和几个女人分别地对偶同居。

由这种婚姻形式组成的对偶家庭，"本身还是很脆弱，还很不稳定，不能使人需要有或者只是愿意有自己的家庭经济，因此它根本没有使早期传下来的共产家庭经济解体"〔11〕。典型的对偶家庭存在的时期，正是母权制氏族兴盛的时期。因为在对偶家庭中，子女定居于本氏族中，男子来自其他氏族，此时的对偶家庭实际上存在于母系家族公社中，子女的血统和世系仍由母系决定着，这就使对偶婚制仍保持群婚制的特点，如实行族外婚、妻方居住、按母系计算世系和继承财产。

对偶婚的出现在两性和血缘关系方面带来了极其重要的影响，从血缘构成上为父系氏族和一夫一妻制的出现准备了条件。群婚制下无法判断子女的生父，所以氏族是以母系的血缘进行延续的。对偶婚在一定时期内相对稳定地同居生活，使子女的生父一般也可以确定，这就为父系氏族奠定了血缘基础，这是对偶婚制下人类两性和血缘关系发生的重要变化，而母系氏族后期，随着生产力的发展，私有经济的产生则为一夫一妻制出现提供了物质基础。

疑难问题论争　对偶婚制与母系氏族

对偶婚制产生于母系氏族阶段，婚姻家庭以女子为中心，实行族外婚，男子来自别的氏族，嫁娶形式女婚男嫁，夫从妻居。在我国，某些少数民族地区如云南宁蒗县永宁乡摩梭人，是我国至今仍保留母系社会习俗的少数民族，是人类历史长河中的一颗璀璨的明珠，也是再现人类社会发展或研究人类古代历史的"活化石"。走婚是"母系"家庭中重要组成部分。成年男子"走婚"是一个传宗接代繁衍后裔的途径，只是不同于其他民族夫妇长年生活在一起。他们是日暮而聚，晨晓而归，幕来晨

〔10〕《马克思恩格斯全集》（第4卷），人民出版社2003年版，第41页。
〔11〕《马克思恩格斯全集》（第4卷），人民出版社2003年版，第75页。

去。摩梭人走婚有两种方式：一种叫"阿注"定居婚；[12]另一种叫"阿夏"异居婚。[13]无论哪种婚俗都得举行一个古老的仪式，叫"臧巴啦"，意思是：敬灶神菩萨和拜祖宗[14]，即走婚，又称"阿注"婚或"阿夏"婚（阿注、阿夏含有情侣或亲密的伙伴的意思）。摩梭人聚居的永宁则"阿夏"婚为多（有人称这种婚姻形态为阿注婚，这是不准确的）。所谓"阿夏"婚，即男不娶，女不嫁，各在各的家，即便是关系长期稳定已互称夫妻的，也是终身在各自的母亲家。摩梭人"阿夏"婚，不是所谓的"群婚"制，摩梭男女的爱情，完全建立在感情和道德的基础上……但这种关系不受某种法律的束缚，一旦感情淡漠或破裂，就可解除。摩梭人的"阿夏"婚的突出特点是：(1)婚媾关系不受某种法律的约束，也不受神权、族权或某种家规的束缚和干涉；(2)摩梭人的阿夏婚，在爱情婚姻上的某些方面体现了男女平等、婚姻自由；(3)摩梭人的"阿夏婚"直接促成摩梭母系血统大家庭，这种大家庭的所有成员都是母系血统关系。[15]"阿夏"婚实际上就是一种对偶婚。

在群婚制时代，经济上是氏族公有制，婚姻是氏族外婚制，夫妻间实行"望门居"，婚姻即野外交媾的意思，它与人们的经济生活没什么联系。婚后人们仍然生活在各自的氏族里。子女知母而不知有父，夫妻间、父亲和儿女间没有经济上的义务和权利。对偶婚的实行则引起了夫妻生活的变化，婚后男子要在晚上去妻方的氏族和妻子宿在一起，这就叫"从妇居"。《永宁纳西族的母系制》[16]一书曾谈到，在云南永宁地区的纳西族人那里，仍实行着对偶婚姻。女阿肖[17]婚后住在娘家，男阿肖每晚前往过偶居生活，次日清晨离开女家再回到自己家中。

由群婚制的"望门居"到对偶婚制的"从妇居"是人类婚姻中的巨大变化，它不仅使夫妻间在一段时间内有比较单一的频繁的接触，使个体婚制的夫妻观念得以萌芽，而且使父亲认识了儿女，儿女知道了父亲。"从妇居"给子女提供了一个可以

---

[12]　摩梭男女青年通过"走婚"仪式后或从男女双方家搬出居住在一起，或男方到女方家居住，也有女方到男方家居住的，但后两者并不多见，他们长年相守，生活在一起，抚育着下一代。这种定居婚为"阿注"定居婚。

[13]　"阿夏走婚"：每当夜幕悄悄降临后，这个家庭中成年男人们就出去了，他们当中有各位舅舅、哥哥、弟弟，各奔东西南北，去自己的"阿夏"家。对方的姐妹们在家中等候自己心中的"白马王子"到来。她们晚间特别忙，当家长的母亲更是双肩重担，既要打点舅舅和兄弟出门又要照料家中老母和姐妹与小孩们，还要接待自己的"阿注"（丈夫）来幽会。参见刘学朝：《走进神秘的东方女儿国》，云南人民出版社1999年版，第7页。

[14]　参见刘学朝：《走进神秘的东方女儿国》，云南民族出版社1999年版，第6页。

[15]　宁蒗县永宁区公所：《永宁摩梭转山节简介》，丽江地区印刷厂1985年印刷，第14～16页。

[16]　严汝娴等：《永宁纳西族的母系制》，云南人民出版社1983年版，第15页。

[17]　"阿肖"是永宁纳西族过走婚生活双方的互称，意思是"共宿的朋友"（肖是躺下之意）。它明确点破了双方关系的实质是在一起过性生活。参见张清等：《摩梭走婚：一种法律社会学分析》，载《山东大学学报》2007年第5期。

认定的父亲，由只知其母变成双亲皆知。[18]

（三）阶级社会中的一夫一妻制

随着生产力的发展，社会大分工和物物交换的出现，原始社会末期产生和发展起来的私有财产使人类思维中萌生出“私有”的概念，这是人类文明向前迈进的重大一步。这种“私有”概念不仅存在于财产领域，而且反映在婚姻家庭上。人类对于配偶也产生了“私有”的想法，这就区别于群婚制与对偶婚制时的不确定状态。“在成对配偶制中，群已经缩减到它的最后单位，仅由两个原子组成的分子，即一男一女。自然选择已经通过日益缩小婚姻关系的范围而完成了自己的使命；在这一方面，它再也没有事可做了。因此，如果没有新的、社会的动力发生作用，那么，从成对配偶制中就没有任何根据产生新的家庭形式了。但是，这种动力开始发生作用了。”[19]生产力的发展及私有财产的积累使男性在整个经济活动中的作用渐渐超过女性，加之对偶婚制的婚姻关系日趋稳定，男性可以确定出自己的子女。这样，男性对自己配偶、子女和财产的“私有化”想法，以及他们在家庭、氏族、社会中日益重要的地位，使对偶婚制开始向一夫一妻制过渡，最终母系社会被父系社会所取代。总体上讲，一夫一妻制产生的社会动力及根本原因是由于原始社会末期产生和发展起来的私有财产，即一夫一妻制的形成是私有制确立的必然结果。

一夫一妻制的产生，标志着人类社会已经进入文明时代，阶级社会已经形成。同时也意味着女性受奴役时代的开始。即便如此，一夫一妻制的产生，依旧是历史的伟大进步。

按照社会阶级基础的不同，依历史发展顺序，一夫一妻制分为：

第一，奴隶社会的一夫一妻制，奴隶主的一夫一妻制以公开纳妾为补充，包办强迫是婚姻成立的普遍形式，严格奉行家长制，妻、妾、子女没有独立的人身权和财产权。

第二，封建社会的一夫一妻制，实行一夫一妻多妾，包办强迫、买卖婚姻，男尊女卑，家长专制，漠视子女的利益，但农民有一定的人身自由和婚姻缔结权。

第三，资本主义社会的一夫一妻制，确立男女平等、婚姻自由原则，禁止重婚纳妾，逐步实现法律上的夫妻平等，废除等级制和身份制。

第四，社会主义的一夫一妻制，实行婚姻自由，男女平等，一夫一妻，保护妇女、老人和子女的合法权益，逐步实现男女实质上的平等。[20]

---

〔18〕 参见黎明志：《简明婚姻史》，群众出版社 1989 年版，第 32～33 页。

〔19〕 ［德］恩格斯：《家庭、私有制和国家的起源》，张仲宝译，人民出版社 1956 年版，第 50 页。

〔20〕 何丽新：《婚姻家庭与继承法》，厦门大学出版社 2012 年版，第 4～5 页。

二、婚姻家庭制度的本质

婚姻家庭是一定社会中经济基础对婚姻家庭的要求在上层建筑领域的集中体现。婚姻家庭则指因婚姻、血缘和法律拟制而形成的人与人之间的社会关系，是社会关系的特定形式。在不同时期、不同社会婚姻家庭间表现形式多样化，但只有适应当前社会的经济基础，并通过上层建筑领域体现出来的婚姻家庭形式才可成为婚姻家庭制度，体现为有关婚姻家庭的观点意识，即婚姻家庭，还体现为有关婚姻家庭的各种社会规范构成的制度，即婚姻家庭制度。

按照历史唯物主义的观点，任何社会中的亲属制度都不是孤立存在的，为了揭示其本质，必须全面考察它和经济基础以及上层建筑包括意识形态的关系。

（一）婚姻家庭制度与经济基础

任何社会制度都是一定经济基础和上层建筑的统一，经济基础对上层建筑起着主要的、决定的作用。婚姻家庭制度作为上层建筑，就必然有与之相适应的经济基础，它不以人的意志为转移。“社会——不管其形式如何——究竟是什么呢？是人们交互作用的产物。人们能否自由选择某一社会形式呢？绝不能。在人们的生产力发展到一定状况下，就会有一定的交换和消费形式。在生产、交换和消费发展的一定阶段上，就会有一定的社会制度，一定的家庭、等级或阶级组织，一句话，就会有一定的市民社会。”〔21〕

经济基础的性质，决定包括了婚姻家庭制度在内的全部上层建筑的性质，婚姻家庭制度产生并取决于经济基础，随着经济基础的变化而变化。不同类型的社会都有与其经济基础相适应的婚姻家庭制度，人类历史上各种婚姻家庭制度的依次更替，正是经济基础依次更替的结果。这是不以人们的意志为转移的，是社会发展的客观规律。

经济基础对上层建筑起决定作用，而上层建筑对经济基础也有着能动的反作用。婚姻家庭制度属于上层建筑的范畴，我们既要肯定经济基础对其的决定作用，又要看到婚姻家庭制度对经济基础的能动作用，并通过经济基础对生产力的发展起着积极或消极作用。婚姻家庭制度对于经济基础的这种能动的作用，是通过其自身机制和特有途径及方式表现出来的，并且通过经济基础作用于生产力，对生产力的发展产生不同的影响。表现为先进的、文明的婚姻家庭制度可以巩固新的社会的经济基础，进而推动生产力的发展，促进社会的进步；落后的、愚昧的亲属制度，则会极力维护旧的社会的经济基础，进而会束缚生产力的发展，阻碍社会的进步。

---

〔21〕《马克思恩格斯全集》（第27卷），人民出版社1962年版，第77页。

如我国现阶段为社会主义初级阶段,实行的是社会主义婚姻家庭制度,但现实生活中仍遗留着某些封建的、落后的婚姻关系,这是由于我国现阶段生产力仍处于较低水平造成的,而这些落后的婚姻关系并不符合我国的经济基础的要求。因此,进一步完善社会主义初级阶段的婚姻家庭制度是我国精神文明建设的一项重要任务,加强这方面的法制建设和道德建设,对巩固和发展社会主义制度,推动婚姻家庭的和谐与社会的稳定,促进社会主义现代化建设事业,必将发挥巨大的作用。

(二)婚姻家庭制度与上层建筑、意识形态

上层建筑和意识形态领域,是一个互相联系、互相影响和互相制约的网格系统。从广义上看,意识形态也属于上层建筑领域。经济基础对婚姻家庭制度的要求往往不是直接地表现出来,而是通过上层建筑的诸部门表现出来,婚姻家庭的各种规范和具体制度寓于上层建筑相关部门之中。在上层建筑、意识形态之中,政治、法律、道德、宗教等对婚姻家庭制度起着重要的作用,产生了非常明显的影响。因此,我们在研究婚姻家庭本质的问题时,不仅应肯定经济基础对婚姻家庭的决定作用,还应该意识到上层建筑、意识形态领域的各部门对婚姻家庭制度同样具有影响和制约作用。只是这种作用使许多同一类型经济基础的民族和国家在婚姻家庭制度上呈现各自不同的特点。

1. 婚姻家庭制度与政治

政治是经济基础在上层建筑中的集中体现,它在上层建筑中居于首要的支配地位,对婚姻家庭制度的影响也最为明显。婚姻家庭制度反映了政治制度的要求,同时为其服务。在我国奴隶社会和封建社会中,实行的是以家为本的宗法统治制度。“夫为妻纲”和“父为子纲”的治家训条为“君为臣纲”的治国之道服务,这是由等级森严的封建政治制度决定的。社会主义社会的婚姻家庭制度同样受到政治制度、政治观念和政策的影响,体现并服务于政治层面的要求。

2. 婚姻家庭制度与法律

法律是由国家制定或认可的,以国家强制力保证实施的行为规范,是统治阶级意志或社会整体意志的集中体现,服务于统治阶级对经济和上层建筑的统治。婚姻家庭制度的稳定性和系统性需要通过法律进行确认,而一切统治阶级也会利用法律将有利于阶级利益的婚姻家庭制度巩固下来,以维护社会秩序和政治统治。法律是以国家强制力作为后盾,因此,法律对婚姻家庭制度起着其他上层建筑不可替代的作用,家事法是婚姻家庭制度的核心内容和集中体现。

3. 婚姻家庭制度与道德

婚姻家庭关系不同于其他社会关系,其具有强烈的伦理性质和人身依附性,而一定社会的道德规范体系往往是以这种伦理性与人身依附性为核心,涉及大量有

关婚姻家庭的内容。道德规范不同于法律,无法通过国家强制力去约束和调整婚姻家庭关系,多是通过社会舆论或对个人行为的价值进行判断来达到规范婚姻家庭关系的目的。虽然调整手段没有法律严厉,但由于道德不仅约束人的行为,同时对思想的是非善恶也进行评价。因此,道德对婚姻家庭关系的要求较之法律要更高更广。道德不仅具有社会性而且具有阶级性,在一定社会中占统治地位的道德即统治阶级的道德,同婚姻家庭立法是一致的,两者相辅相成,互相补充。

4. 婚姻家庭制度与宗教

宗教同婚姻家庭都是历史发展到一定阶段的产物。宗教作为一种社会意识形态,是属于上层建筑范畴,以其独特的方式对婚姻家庭制度产生影响。费尔巴哈在《宗教的本质》一书中指出,“人的信赖感是宗教的基础;而这种依赖感的对象……本来不是别的东西,就是自然。自然是宗教的最初原始对象,这一点是一切宗教和一切民族的历史所充分证明的。宗教乃是对于我之所以为我的思量和承认”〔22〕。可见,人的依赖感是宗教的基础,自然是人生存的基础和依赖的最初对象,是宗教的原初对象。这种依赖感源于人类对未知世界的恐惧,宗教是支配人们日常生活的外部力量在人们头脑中的幻想和反映。这种内心虔诚的信仰,使宗教支配着信徒对婚姻家庭关系的认识和态度。在信奉宗教的国家,宗教在调整婚姻家庭关系中起着重要的作用。从历史上看,有些国家在一定时期,教会掌握着婚姻家庭的立法权和司法权。甚至在一些政教合一的国家,在很长时期内,宗教经典便是法典,如印度教的《摩奴法典》、伊斯兰教的《古兰经》、基督教的《圣经》,这些宗教经典都对婚姻家庭制度产生了深远的影响,延续至今。

此外,风俗习惯对婚姻家庭制度也有深远的影响。风俗习惯是人们在一定社会条件下长期形成的,同人们的生存环境和生产方式有密切联系,具有民族性、地域性、传统性的特点。风俗习惯对婚姻家庭的影响巨大,愚昧落后的风俗习惯阻碍了婚姻家庭制度的发展,而被法律所认可的有关婚姻家庭的风俗习惯则成为婚姻家庭制度的一部分。

总而言之,婚姻家庭制度不仅由经济基础决定,而且也受到政治、法律、道德、宗教等上层建筑和意识形态领域各部门的影响和制约。与此同时,婚姻家庭制度也对经济基础和其他上层建筑部门起着能动的反作用。

---

〔22〕［德］费尔巴哈:《宗教的本质》,王太庆译,人民出版社1999年版,第1~2页。

疑难问题论争 婚姻的本质

学术界对婚姻的本质长期存在争论,[23]主要有:(1)婚姻是一种身份,婚姻明确反映当事人的社会或法律地位,法律赋予婚姻当事人特殊的权利和义务;(2)婚姻是契约,婚姻需要当事人双方的同意,婚姻的内容是夫妻双方之间的交换,包括交换感情、性、劳务等;(3)婚姻是一种财产,任何有价值的东西都可看作一种财产,婚姻关系中确定的价值和利益可当作财产,婚姻是一种无形财产和无形利益,与复杂的财产交换相伴或相当,人身实际上是财产的客体;(4)婚姻是一种信托,婚姻当事人对婚姻利益的权利是不完全的,国家对婚姻利益作适当划分后,将婚姻利益的最终所有权归属于国家,而将这种所有权的部分利益在婚姻当事人之间进行分配;(5)婚姻是一个法律实体或主权,婚姻被视为一种福利的主权或一个独立的法律实体,法律对婚姻的调控职能限制在一定范围内,以保护婚姻关系的完整性,但法律默许婚姻当事人自由地处理婚姻内部事务的许多问题;(6)婚姻伦理说,婚姻是"精神的统一""实质是伦理关系",主观的出发点将恋爱看作唯一重要因素。

第四节 婚姻家庭法基本原则

《民法典》婚姻家庭编的基本原则,既是我国婚姻家庭立法的指导思想,又是婚姻家庭法规范的基本精神,也是婚姻家庭法操作、运行的基本准则。它贯穿于婚姻家庭法的始终,集中体现了以婚姻家庭法为主导内容的婚姻家庭制度的本质和特点。学习和研究婚姻家庭法的基本原则,对于理解和把握婚姻家庭法的精神实质,正确适用婚姻家庭法具有重要的意义。

《民法典》婚姻家庭编第 1041 条规定:"婚姻家庭受国家保护。实行婚姻自由、一夫一妻、男女平等的婚姻制度。保护妇女、未成年人、老年人、残疾人的合法权益。"第 1042 条规定:"禁止包办、买卖婚姻和其他干涉婚姻自由的行为。禁止借婚姻索取财物。禁止重婚。禁止有配偶者与他人同居。禁止家庭暴力。禁止家庭成员间的虐待和遗弃。"这两条分别从正反两方面对婚姻家庭法的基本原则进行了概括,是我国婚姻家庭制度在变革、发展中的长期积累的经验总结。《民法典》婚姻家庭编第 1043 条规定:"家庭应当树立优良家风,弘扬家庭美德,重视家庭文明建设。夫妻应当互相忠实,互相尊重,互相关爱;家庭成员应当敬老爱幼,互相帮助,维护平

---

[23] 参见蒋月:《婚姻家庭法前沿导论》,科学出版社 2007 年版,第 37~51 页。

等、和睦、文明的婚姻家庭关系。"该条第1款贯彻落实习近平总书记有关加强家庭文明建设的重要讲话精神,坚持依法治国和以德治国相结合,将社会主义核心价值观融入民事法律规范,大力弘扬社会公德、家庭美德,贯彻和体现新发展理念;第2款明确地指明了婚姻双方和家庭成员的共同责任,充分体现了我国婚姻家庭法的立法宗旨。该条就其性质而言亦属原则性规定,但它并不是与上述四项原则并列的另一原则,而是从总体上反映了上述四项原则追求的价值目标。《民法典》婚姻家庭编第1044条规定:"收养应当遵循最有利于被收养人的原则,保障被收养人和收养人的合法权益。禁止借收养名义买卖未成年人。"为了更好地维护被收养的未成年人的合法权益,《民法典》将联合国《儿童权利公约》关于儿童利益最大化的原则落实到收养工作中,增加规定了最有利于被收养人的原则。

一、婚姻自由原则

婚姻自由是我国婚姻法的一项重要原则,也是我国宪法赋予公民的一项基本权利。它是社会主义婚姻家庭制度的重要组成部分。

(一)婚姻自由的由来

婚姻自由不是从来就有的,它是人类的婚姻家庭关系随着社会发展到一定阶段的产物。在整个古代,婚姻的缔结都是父母包办,当事人则安心顺从。因此在那时是没有婚姻自由可言的。直到资产阶级反对封建制度的斗争中它才被提出来。资产阶级打出了"自由、平等、民主"的旗帜,婚姻自由也被宣布为"天赋人权"的一种。法国大革命胜利后,1791年的法国宪法率先宣布"法律视婚姻仅为民事契约"。1840年《法国民法典》第146条规定"未经合意不得成立婚姻"的原则。自此以后,婚姻自由原则相继为资本主义各国的法律所确认。

社会主义制度的建立为婚姻自由的普遍实现开辟了广阔的道路。我国现在处于社会主义初级阶段,已经为实现婚姻自由提供了基本条件。社会主义婚姻自由是社会主义民主在婚姻问题上的必然要求,其受到法律的充分保障。

(二)婚姻自由的概念和内容

1. 婚姻自由的概念

婚姻自由是指婚姻当事人有权按照法律的规定决定自己的婚姻问题,不受其他任何人的强制和干涉。从这一概念可以得出两点结论:

(1)婚姻自由是法律赋予公民的一项权利。任何人,包括当事人父母,都不得侵犯这项权利,否则就是违法行为。使用暴力,构成犯罪的,要依照《刑法》规定的暴力干涉婚姻自由罪予以制裁。

（2）婚姻自由的行使必须符合法律的规定。婚姻自由与公民的其他权利一样，不是绝对自由，是相对自由。我国《民法典》婚姻家庭编明确规定了结婚的条件与程序、离婚的条件与程序，这些规定划清了婚姻问题上合法与违法的界限。凡符合法律规定的，即为合法行为，受法律保护；不符合法律规定的，即为违法行为，不受法律保护。

由此可见，法律一方面不允许任何人侵犯这项权利；另一方面也不允许当事人滥用这一权利。个人的婚姻自由与社会利益是一致的，社会为个人实现婚姻自由提供条件，个人婚姻自由的正确行使又促进了社会的安定和谐。

2. 婚姻自由的内容

婚姻自由包括结婚自由和离婚自由两个方面。

（1）结婚自由是指婚姻当事人有权按照法律的规定自主自愿地缔结婚姻关系，不受其他任何人的强制和干涉。实行结婚自由，必须遵守法律的规定，当事人应该本着对自己、他人以及后代负责的态度对待结婚。

（2）离婚自由是指夫妻双方或一方有权按照法律规定的条件和程序，解除夫妻关系，不受任何人的强制和干涉。实行离婚自由，是为了使那些感情确已破裂、和好无望的夫妻，能够通过法定途径解除其名存实亡的婚姻关系，并使当事人有可能重新建立幸福美满的家庭。

结婚自由和离婚自由是婚姻自由的两个不同的方面，两者共同构成婚姻自由原则的完整含义。结婚自由是实现离婚自由的先决条件，离婚自由是结婚自由的必要补充。离婚自由使那些不幸福的婚姻得以解除，为缔结新的自由的婚姻创造了条件。没有离婚自由就没有完全的结婚自由。

（三）婚姻自由原则的贯彻

1. 禁止包办买卖婚姻和其他干涉婚姻自由的行为

包办婚姻是指第三者（包括父母）违反婚姻自由原则，包办、强迫他人所促成的婚姻。买卖婚姻是指第三者（包括父母），以索取大量财物为目的，包办、强迫他人所促成的婚姻。包办婚姻与买卖婚姻既有联系又有区别。二者的共同之处在于：两者都违背了婚姻自由原则，对婚姻进行包办、强迫。二者的不同之处在于：买卖婚姻以索取大量钱财为目的，而包办婚姻没有这一特征。因此，买卖婚姻必然是包办婚姻，但包办婚姻不一定是买卖婚姻。

现实生活中，除了包办、买卖婚姻外，还有很多其他违反婚姻自由原则的行为，统称为干涉婚姻自由的行为。主要表现为干涉父母再婚、干涉寡妇改嫁、干涉离婚自由、干涉复婚自由等。对于这些现象，我们应当根据具体情况采取不同的措施：首先，要大力加强法制宣传和教育，破除婚姻上的旧风俗，树立正确的婚姻家庭观；其次,有关部门在处理相关案件时,要依法办事,切实保护受害人的合法权益。包办、买卖婚姻和其他干涉婚姻自由的行为是违法行为,根据情节的轻重承担相应的责任。如果有暴力的情节,则有可能构成《刑法》所规定的暴力干涉婚姻自由罪,要受到刑法的制裁。

2. 禁止借婚姻索取财物

(1)借婚姻索取财物,是指婚姻当事人一方借结婚的机会向他方索要一定财物的行为。其特点表现为:第一,索取财物的主体一般是婚姻当事人一方;第二,在婚姻决定权上,男女双方对结婚基本是自主自愿的;第三,婚姻缔结多数不是以感情为基础,对索要财物的一方来说,往往是建立在贪图金钱物质的基础上;第四,这种婚姻关系在性质上违背社会主义婚姻的基本要求,违反婚姻自由原则,属于违法行为,所以婚姻法予以禁止。

(2)借婚姻索取财物与相关概念的区别(见表1、表2、表3):

表1　借婚姻索取财物与买卖婚姻的区别

行为类型	区别		
	索取财物的主体	财物的归属	婚姻自主程度
借婚姻索取财物	一般为婚姻当事人一方	婚姻当事人一方	当事人基本自主、自愿
买卖婚姻	包办、强迫他人婚姻的第三者	包办、强迫他人婚姻的第三者	违背当事人意愿

表2　借婚姻索取财物和赠与的区别

行为类型	区别			
	性质	行为的自主程度	互动性	动机与目的
借婚姻索取财物	违法行为	出于被迫	出于一方,不存在相互问题	结婚的先决条件
赠与	合法行为	出于自愿	往往出于相互赠与,但不排除单方赠与	男女或双方家庭间相互表达感情的方式

表3　借婚姻索取财物与借婚姻骗取财物的区别

行为类型	目的
借婚姻索取财物	与对方结婚
借婚姻骗取财物	结婚骗取财物,并无与对方结婚的真意

过去最高人民法院曾在有关司法解释中指出:“女方以结婚为名,骗取男方大量财物,屡教不改的,人民法院应根据具体情况,依法处理。”[24]按过去此项解释,应同样适用于男方以结婚为名骗取女方财物的情形。借婚姻骗取财物,应以诈骗行为处理。但该解释现已失效,故对此类案件,应按现行法律规定具体酌情处理(见表4)。

表4　借婚姻索取财物与彩礼的区别

行为类型	性质
借婚姻索取财物	违法行为
彩礼	不具有违法性

彩礼,是指婚姻当事人(主要是男方)及其亲属依当地习俗,向另一方当事人(主要是女方)及其亲属给付的财物。它具有无奈性、功利性和目的性的特点。一般认为它是附解除条件的赠与,若婚姻缔结,则赠与行为有效,反之,则无效,此时赠与财产要恢复到交付前的状态。最高人民法院在《婚姻法司法解释二》第10条中指出:“当事人请求返还按照习俗给付的彩礼的,如果查明属于以下情形,人民法院应当予以支持:(一)双方未办理结婚登记手续的;(二)双方办理结婚登记手续但确未共同生活的;(三)婚前给付并导致给付人生活困难的。适用前款第(二)、(三)项的规定,应当以双方离婚为条件。”

在广大的农村地区,老百姓操劳多年,倾其所有给付彩礼,是迫于地方习惯的做法,是为了最终缔结婚姻关系不得已而为之的。这种目的性、现实性、无奈性,都不容否认和忽视。给付彩礼,本身就蕴含着以对方答应结婚为前提。如果没有结成婚,其目的落空,而此时彩礼如仍归对方所有,则与其当初给付的本意明显背离。所以我们认为,对于彩礼问题的处理,一定要视双方最终的现实结果而定。没有形成婚姻关系的,彩礼应当退还。形成婚姻关系的,原则上可以不用返还,只是在有特殊情况下,已经缔结婚姻关系的,彩礼也要还给对方,即双方虽然办理了结婚登记但确实一直并未共同生活的,或者当初因为给付彩礼造成生活困难的,一旦离婚,彩礼应当予以返还。

彩礼在性质上不属于买卖婚姻,也不属于借婚姻索取财物,但与这二者又有交叉之处。彩礼有的时候会成为包办、买卖婚姻或者借婚姻索取财物的一种表现形式。此时,对于彩礼问题的处理已经被比其行为更为严重的违法行为所吸收,已经不单纯是一种民间风俗,是属于触犯了法律规定,依法要被禁止的行为。对当事人的行为就应该作为借婚姻索取财物被禁止、作为包办买卖婚姻被禁止来处理,而不是简单的彩礼应否返还的问题。

---

〔24〕　最高人民法院《关于贯彻执行民事政策法律的意见》,1979年2月2日,但该司法解释现已失效。

典型案例

陈某家庭经济困难,经媒人介绍认识王某,因无力支付彩礼,陈某向亲戚借款10万元用于给付王某彩礼款。婚后三个月两人性格不合,陈某至法院起诉要求与王某离婚。法院判决双方离婚后,陈某再次向法院起诉,要求王某返还部分彩礼。

分析:首先,一事不再理原则是指同一当事人就同一法律关系而为同一的诉讼请求。陈某在离婚诉讼中未要求返还彩礼,在诉讼中也未表明过放弃该项请求。陈某当然可就该事项单独行使请求权。其次,依据《婚姻法司法解释二》第10条第3款的规定,本案中,陈某与王某已经登记结婚,其在婚前给付王某彩礼,陈某家庭困难,为给付彩礼向亲朋好友借款,导致家庭困难,符合前述规定的第3款,是可以要求王某返还彩礼的。

(四)离婚自由原则的贯彻

《民法典》婚姻家庭编第1077条规定:"自婚姻登记机关收到离婚登记申请之日起三十日内,任何一方不愿意离婚的,可以向婚姻登记机关撤回离婚登记申请。前款规定期限届满后三十日内,双方应当亲自到婚姻登记机关申请发给离婚证;未申请的,视为撤回离婚登记申请。"该条是《民法典》新增的离婚冷静期制度,离婚冷静期是指在离婚自由原则下,婚姻双方当事人申请自愿离婚,在婚姻登记机关收到该申请之日起一定期间内,任何一方都可撤回离婚申请、终结登记离婚程序的冷静思考期间。离婚冷静期概括来讲有四个法律特征:第一,离婚冷静期的前提是尊重离婚自由原则。离婚自由不是绝对自由,而是相对自由,是法定范围内的自由。[25]第二,离婚冷静期适用于登记离婚即两愿离婚,不适用于诉讼离婚。诉讼离婚总有一方不同意离婚,或者存在其他争议而不能达成一致意见,因而需要向法院起诉请求裁判,不存在当事人在诉讼离婚这种意义上的冷静问题。第三,离婚冷静期的基本作用,是设置一个时间门槛,促使自愿申请登记离婚的当事人冷静思考,改变现行登记离婚基本上是"即申即离",无法防止一时冲动、草率离婚的现状。只要期间适当,就不存在干涉当事人离婚自由的问题,有利于保持婚姻的稳定,减少社会不安定因素。第四,离婚冷静期的结果,是确定当事人的离婚意愿是否真实,决定是否继续或者终结离婚登记程序。当事人冷静思考后,如果确系自愿离婚的,就继续进行离婚登记程序,办理出具离婚证,终结当事人的婚姻关系;任何一方不愿意离婚,提出撤回离婚申请,就否定了两愿离婚登记的要件,因而终结登记离婚的程序,当事人的婚姻关系继续存续,或共同生活,或提出诉讼离婚。

---

〔25〕 夏吟兰:《离婚自由与限制论》,中国政法大学出版社2007年版,第120页。

自1950年颁布实施《婚姻法》之后，立法规定结婚自愿、离婚自由。不过，在20世纪50～70年代，结婚可以做到自愿，离婚自由未必能得到保障，不仅登记离婚需要单位出具介绍信，而且对诉讼离婚的审查极为严格，通常要"三看一参"〔26〕，多数不会判决离婚。1994年颁布的《婚姻登记管理条例》规定了离婚审查期，但离婚审查期并不是离婚冷静期，而是指申请离婚的当事人提交离婚申请及相关材料后，不立即解除双方的婚姻关系，而是要经过婚姻登记机关一定时间的审查，才能办理离婚登记手续的期间，实际上审查期的冷静作用不明显，在该条例实施期间，离婚率不但没有降低，反而从1993年的1.54‰增长到1999年的1.91‰。近年来，地方立法和人民法院对离婚冷静期进行试点适用，从实际效果上看，诉讼离婚有较为严格的程序要求，冲动离婚或者草率离婚由于程序的阻隔，不太容易出现。而在登记离婚中，自愿离婚基本上都是即时办理，采用冷静期的必要性十分明显，在立法中对其固定为法律制度存在必要性。

因此，离婚冷静期规定的目的不是限制离婚自由，实际上是保障离婚当事人对离婚问题的意思表示。设置离婚冷静期也是一次善意提醒，提醒大家谨慎行使权利，激发对婚姻家庭的责任心，使社会形成良好的婚姻家庭观。

疑难问题论争　离婚冷静期期间

《民法典》婚姻家庭编第1077条规定离婚冷静期为30天，许多学者质疑30天能否充分发挥使当事人冷静思考的作用。在目前情况下，我国主要的离婚当事人是中青年，他们大多忙于工作，很难抽出时间对婚姻问题进行冷静思考，且年轻人经历婚姻生活不久，情绪容易激动，冲动离婚较多。如果在冷静期中增加配套措施，当事人参加调解还需要花费一定时间。因此，很多人认为一个月的离婚冷静期时间过短，不利于当事人理性思考后再做出最终决定。还有人认为30天的冷静期较短，但冷静期的设置也不宜过长，否则不利于那些真实的自愿离婚申请人尽快从痛苦的婚姻中解脱出来。同时，不加区分有无未成年子女、家庭暴力、转移财产等情况，一律适用同一标准的离婚冷静期也不合适，故离婚冷静期应该根据实际情况具体设置。首先，以是否有未成年子女为例，无未成年子女的，为一个月；有未成年子女的，为三个月，比较合适。其次，如果申请登记离婚的当事人之间存在家庭暴力、虐待、遗弃、转移财产等情况，应该缩短或免除离婚冷静期。

---

〔26〕"三看一参"，是那个时代法院审理离婚案件的基本审查方法，即看婚姻基础、看婚后感情、看离婚理由、参考离婚对子女利益的影响。

二、一夫一妻原则

一夫一妻制是人类婚姻文明高度发展的产物，既是我国婚姻法又一项重要的基本原则，也是我国婚姻制度的一项重要内容。

（一）一夫一妻制的历史变迁

在人类社会发展的初期，男女两性是一种杂乱的关系。随着社会的发展，慢慢地出现了群婚的婚姻状态。从群婚到对偶婚，又从对偶婚发展到一夫一妻制，这是人类婚姻关系发展的历史过程。恩格斯指出："正是奴隶制与一夫一妻制的并存，正是完全受男子支配的年轻美貌的女奴隶的存在，使一夫一妻制从一开始就具有了它的特殊性质，使它成了只是对妇女而不是对男子的一夫一妻制。"〔27〕

我国社会主义制度为实现真正的一夫一妻制提供了良好的条件。实行普遍的、男女平等的真正的一夫一妻制，废除旧社会中以纳妾为形式的多妻制，是我国婚姻家庭制度改革的重要成果之一。目前，我国现实生活中仍有一些违反一夫一妻制的消极现象，仍需要在立法、执法和道德等方面加强维护一夫一妻制的力度。

（二）一夫一妻制的概念

一夫一妻制是指一男一女结合为夫妻关系的婚姻制度，亦称单偶制或双单式婚姻。其基本法律要求如下：

第一，任何人不得同时有两个或两个以上的配偶。

第二，已婚者，在其配偶死亡或离婚之前不得再行结婚；未婚者，不得同时与两个或两个以上的人结婚。

第三，一切公开的、隐蔽的一夫多妻、一妻多夫的两性关系都是非法的。情节轻微的，要予以批评教育或行政处分；情节较重的，应给予民事制裁或行政处罚；情节严重构成犯罪的，要受到刑罚制裁。

（三）一夫一妻制的贯彻

1. 禁止重婚

重婚是指有配偶者再行结婚的违法行为。重婚是对配偶婚姻权益的侵害，是严重破坏一夫一妻制的违法行为。如果重婚的当事人主观上是故意的，则会构成犯罪，要以刑法的有关规定处理。

构成重婚需具备两个条件：（1）当事人一方或者双方已存在有效的婚姻关系。

---

〔27〕《马克思恩格斯全集》（第21卷），人民出版社2003年版，第75页。

这是构成重婚的前提条件。无效婚姻和可撤销婚姻必须经过法定的程序宣布无效或被撤销,未经宣告之前,仍然属于有配偶的人,若与他人结婚,就构成重婚。(2)有配偶者与他人结婚,包括两种形式:一种是有配偶者又与他人登记结婚,这属于法律上的重婚;另一种是虽未与他人登记结婚,但与他人以夫妻关系或名义同居生活,这为事实上的重婚。现实生活中基本上以事实上的重婚为主要表现形式。

典型案例

2009 年 2 月,被告人 A 男与自诉人 B 女登记结婚。2010 年年初,被告人 C 女在明知 A 已经结婚的情况下与 A 交往,并发生两性关系,2011 年 4 月,C 在某县医院生下一女,取名小 D。2012 年年初,被告人 C 与 A 在某市购房公开以夫妻名义同居生活。2013 年自诉人 B 经过多方查询,在某市某路某号找到 A、C 住处后,双方吵骂、厮打。2014 年,自诉人 B 以被告人 A 与 C 犯重婚罪,向某县人民法院提起诉讼。

分析:被告人 A 有配偶而与他人公开以夫妻名义同居生活,被告人 C 明知他人有配偶而与他人公开以夫妻名义同居生活,两人的行为均已构成重婚罪。

在认定和处理具体问题时,应注意以下几个区别:

(1)重婚与重婚罪的区别(见表 5)。

表 5　重婚与重婚罪的区别

行为类型	区别		
	性质	法律后果	适用的法律不同
重婚	不存在故意与过失的区别	1. 后一婚姻当事人及其利害关系人向法院申请宣告婚姻无效的,人民法院应当依法宣告婚姻无效 2. 合法婚姻当事人向人民法院起诉离婚,经调解无效的,人民法院应当依法准予离婚 3. 因重婚而导致离婚的,无过错方有权请求损害赔偿	《婚姻法》和《民事诉讼法》的有关规定
重婚罪	故意犯罪	依法追究刑事责任	《刑法》和《刑事诉讼法》的有关规定

按照我国法律的规定,重婚将导致一系列的法律后果。在民事上,重婚是结婚的禁止条件(婚姻的法定障碍),是婚姻无效的原因,是重婚的配偶诉请离婚的法定理由;因重婚而导致离婚的,其还是无过错方的损害赔偿请求权的发生根据。在刑

事上,犯重婚罪须被依法追究刑事责任,即有配偶而重婚的,或明知他人有配偶而与之结婚的,处2年以下有期徒刑或者拘役。明知是现役军人的配偶而与之同居或者结婚的,处3年以下有期徒刑或者拘役。[28]

下列情形中当事人重婚的,属于违法行为,但一般不认定为重婚罪:一是为了反抗包办、强迫婚姻或严重的家庭暴力或虐待;二是坚持离婚得不到支持,反遭迫害的;三是因严重自然灾害外出而与配偶失去联络;四是重婚行为发生在离婚上诉期间。对于以上这些特殊情形下的重婚行为,一般的处理方法是解除前婚障碍,但若当事人有重婚故意的,则另当别论。

(2)法律上的重婚和事实上的重婚的区别。重婚在我国现实生活中有两种表现形式,即法律上的重婚和事实上的重婚(见表6)。

表6 法律上的重婚与事实上的重婚的区别

行为类型	形式要件
法律上的重婚	有配偶者又与他人登记结婚
事实上的重婚	有配偶者却与他人以夫妻名义同居生活但未登记结婚

1994年2月1日《婚姻登记管理条例》实施后,我国对未办婚姻登记的事实婚姻已从有条件的承认转为不承认,但为了打击、杜绝重婚,若事实婚后再有婚姻行为的,仍可认定为重婚。若在1994年2月1日后有事实婚姻的双方当事人要求离婚的,在离婚前能办结婚证的,有关部门应要求其先补办结婚证,确实补办不成的,就以同居关系论,直接解除当事人的同居关系即可。

(3)重婚和有配偶者与他人同居的区别(见表7)。

表7 重婚和有配偶者与他人同居的区别

行为类型	表现形式
重婚	有配偶者又与他人以夫妻名义共同生活
有配偶者与他人同居	有配偶者与他人不以夫妻名义,持续、稳定的共同生活

(4)重婚与通奸的区别(见表8)。通奸是指男女双方或一方已有配偶,而又与他人秘密地、临时性地、自愿地发生两性关系却无长期共同生活的行为。通奸,俗称和奸,在我国古代以及现代的一些国家法律中被规定为一种犯罪行为,但在我国现行刑法中并没有规定为犯罪。如长期通奸,形成公开同居,则构成姘居;如以夫妻名义同居,则构成事实上的重婚。

---

[28] 参见《刑法》第258、259条。

表8　重婚与通奸的区别

行为类型	区别		
	性质	对外公开程度	对外公开的名义
重婚	违法犯罪行为	对外完全公开两性关系	以夫妻名义
通奸	具有违法性	比较秘密,不愿公开两性关系	一般以朋友、同学、同事等名义

(5)重婚行为与姘居的区别(见表9)。姘居是指男女一方或双方有配偶而与第三者不以夫妻名义同居的行为。它并非严格的法律概念,但实务中经常会用到此概念,实际上它和有配偶者与他人同居在本质上是一样的。姘居具有以下几个特点:其一,男女双方必须是非法以夫妻关系同居;其二,双方行为人之间必须是一方有配偶,或者双方都有配偶。它虽与重婚一样都属于男女双方非法同居的行为,都是我国婚姻法禁止的行为,但重婚可能构成犯罪。

表9　重婚行为与姘居的区别

行为类型	区别		
	性质	男女双方非法同居的时间	形式
重婚行为	是一种违法行为,而且有可能构成犯罪	男女双方以性生活为内容而以夫妻名义长期非法同居	法律上的重婚,从表面上看,其同居关系是“合法的”
姘居	仅是一种违法行为	男女双方以性生活为内容而不以夫妻名义非法同居	双方当事人一般都无须骗取结婚登记手续,从形式上,就可以断定其同居关系是非法的

2. 禁止有配偶者与他人同居

有配偶者与他人同居,是指有配偶者与婚外异性,不以夫妻名义,持续、稳定地共同居住。其要件有三:一是有配偶者;二是不以夫妻名义;三是持续、稳定的共同居住。需要注意的是,有配偶者与他人同居应与重婚和那些应由道德规范调整的未婚同居等行为相区别。

有配偶者与他人同居和重婚的区别前文已列出,这里再针对事实重婚和有配偶者与他人同居作出进一步的比较(见表10)。

表 10 事实重婚和有配偶者与他人同居的区别

行为类型	区别		
	违法行为的程度	对外公开程度	对外公开的名义
事实重婚	违反《刑法》的有关规定	对外完全公开两性关系	以夫妻名义
有配偶者与他人同居	仅是一般违法行为，违反《民法典》的有关规定	一般比较秘密，不愿公开两性关系	一般以朋友、同学、同事等名义

如前所述，通奸是指双方或一方有配偶的男女，秘密、自愿发生两性关系的行为。婚外恋泛指已婚者与配偶之外的人发生恋情。通奸、婚外恋都是违背社会主义道德和有悖婚姻法一夫一妻制的民事违法行为。而有配偶者与他人同居则是婚姻法明确禁止的违法行为，行为人要承担相应的法律责任。《民法典》婚姻家庭编第1042条第2款规定："禁止重婚。禁止有配偶者与他人同居。"第1079条第3款第1项规定，有配偶者与他人同居是有配偶者相对方提出离婚的法定原因。第1091条规定，因有配偶者与他人同居导致离婚时无过错方可以请求损害赔偿。

三、男女平等原则

（一）男女平等原则的含义

男女平等专指夫妻和性别不同的家庭成员以及其他近亲属，在婚姻家庭生活和亲属关系中处于平等的法律地位，享有平等的权利，承担平等的义务。这一原则的立法依据是《宪法》的第48条第1款："中华人民共和国妇女在政治的、经济的、文化的、社会的和家庭的生活等各方面享有同男子平等的权利。"男女平等原则是婚姻法的基本原则之一，它彻底否定了男尊女卑、夫权统治的旧制度、旧传统、旧观念，突出地反映了我国婚姻家庭制度的社会主义本质，对解放妇女，维护和发展民主、和睦、文明的婚姻家庭关系具有很重要的意义。

（二）男女平等原则的内容

男女平等原则在我国婚姻法的各项制度、各项规定中都有所体现。具体来说，有如下内容：

第一，在结婚和离婚制度上，男女双方当事人的权利和义务是完全平等的。男女双方平等地享有结婚自由和离婚自由；登记结婚后，女方可以成为男方的家庭成员，男方也可以成为女方的家庭成员。离婚时的财产清算，离婚后的子女抚养和教育问题，男女双方的权利和义务也是平等的。

第二,在家庭关系中,不同性别的家庭成员的权利义务是完全平等的。在夫妻关系上,男女结婚后,地位平等,人格平等,共享权利,共担义务。在父母子女关系上,父母有抚养和教育子女的义务,同时有受子女赡养的权利;同时子女有受父母抚养教育的权利,也有赡养父母的义务。父母子女之间可相互继承遗产。在其他家庭成员方面,祖父母和孙子女、外祖父母和外孙子女之间,兄弟姐妹之间的权利义务也是平等的。

第三,在收养关系上,男女平等亦是收养法所坚持的基本原则。收养法中关于收养人、被收养人、送养人的条件规定,关于夫妻共同收养和父母共同送养的要求,关于养父母、养子女及其他亲属的权利义务的各项规定,无不贯彻着男女平等的原则。

贯彻男女平等原则,是《民法典》婚姻家庭编的价值取向。为践履性别平等的婚姻伦理和家庭伦理,《民法典》婚姻家庭编沿袭婚姻家庭立法优势,为性别的正义与和谐进行赋权。一是延续性别平等的制度优势,即在婚姻关系、家庭关系中继续贯彻男女平等的立法理念,维护夫妻、亲子、祖孙、兄弟姐妹在婚姻家庭关系中的性别平等、权益平等,实现性别的形式正义。二是发扬保护女性权益的规范优势,即在结婚、家庭关系、离婚等制度建构与规范配置中,侧重维护女性的婚姻家庭权益,实现性别的实质正义。比如,《民法典》婚姻家庭编第 1087 条规定:“离婚时,夫妻的共同财产由双方协议处理;协议不成的,由人民法院根据财产的具体情况,按照照顾子女、女方和无过错方权益的原则判决。对夫或者妻在家庭土地承包经营中享有的权益等,应当依法予以保护。”《民法典》婚姻家庭编第 1102 条规定:“无配偶者收养异性子女的,收养人与被收养人的年龄应当相差四十周岁以上。”该规定修正了《收养法》第 9 条关于“无配偶的男性收养女性的……”性别差异规定,体现出社会性别平等的收养观念,即在双向保护被收养人和收养人的收养利益的同时,有利于推进收养关系的社会性别平等。《民法典》其他有关人身权益、财产权益的保护规范,均内蕴性别平等理念,有助于促进性别的平等与和谐。

疑难问题论争　关于法定婚龄的调整

2015 年以来,针对编纂中的《民法典》婚姻家庭编,学界呼吁降低男女法定婚龄。然而,全国人大法工委公开征求意见的婚姻家庭编一、二、三审稿,以及 2019 年 12 月公布的民法典草案,继续维持现行《婚姻法》确立的男女法定婚龄不变,但取消“晚婚晚育应予鼓励”的内容。关于是否调整法定婚龄,提供以下内容供大家讨论。

一国法律对男女结婚最低年龄的确立是综合考虑其社会因素和自然因素的结

果,前者如社会经济发展状况、人口状况、风俗习惯等,后者主要是该国所处地理位置、气候条件,以及男女性生理和性心理成熟的年龄等。

《民法典》最终没有采取降低婚龄的建议。2019 年 6 月 28 日,新京报官方微博发起一项投票调查:委员建议适当下调结婚年龄你怎么看? 结果显示,超六成网友不赞同下调法定婚龄。全国人大宪法和法律委员会相关负责人表示,现行法定婚龄的修改属于婚姻制度的重大调整,宜在充分调研和科学分析后再作决策。

中国社会科学院法学研究所研究员、法学研究所性别与法律研究中心主任薛宁兰教授认为我国未来立法应综合考虑各种因素,降低男女法定婚龄,并实现男女法定婚龄相同,其意义在于:其一,降低法定婚龄是促进人口增长,延缓人口老龄化进程的一项民事法律措施。其二,降低法定婚龄是促进民法体系内部协调一致的要求。其三,降低法定婚龄符合国际人权保障的发展方向。尽管相应的国际公约中未明确男女最低结婚年龄,但消除对妇女歧视委员会认为结婚的最低年龄应不分男女均为 18 周岁。[29]

四、保护妇女、未成年人、老年人、残疾人合法权益的原则

(一)保护妇女、未成年人、老年人、残疾人合法权益的原则的含义

《民法典》婚姻家庭编第 1041 条第 3 款规定:“保护妇女、未成年人、老年人、残疾人的合法权益。”

1. 保护妇女合法权益

保护妇女合法权益是对男女平等原则的必要补充。从历史发展的进程中,我们不难看出,妇女的地位最低,深受压迫,所以需要特别的保护。虽然新中国成立以来,特别是改革开放以来,随着社会经济以及女权运动的发展,女性的地位有所提高。但是在现实生活中,男尊女卑、夫权思想等性别歧视的封建残余思想并没有完全消除。妇女的合法权益仍不同程度地受到侵害。因此,在加强男女平等的同时,还要加强妇女的合法权益保护。综合来说,婚姻家庭法之所以要规定保护妇女合法权益原则,主要有以下几个原因:一是根除我国传统的男性中心文化的要求;二是提高妇女婚姻家庭地位的现实要求;三是男女两性固有差别的必然要求;四是妇女家庭角色的特殊要求。

《民法典》对保护妇女合法权益的问题,在许多条款中作了有针对性的具体规定,尤其是在离婚方面规定的更为具体和完善。例如女方在怀孕期间或分娩后 1 年内或终止妊娠 6 个月内,男方不得提出离婚;离婚时分割夫妻共同财产,应根据具体情况,对女方的权益予以照顾;离婚时如一方生活困难,另一方应给予适当的经济

---

[29]　薛宁兰:《社会转型中的婚姻家庭法制新面向》,载《东方法学》2020 年第 2 期。

帮助;女性因抚育子女、照料老人、协助另一方工作等负担较多义务的,离婚时有权向另一方请求补偿,另一方应当给予补偿。

2. 保护未成年人合法权益

未成年人是祖国的花朵,未来的希望,使未成年人健康成长,是为祖国培养社会主义事业接班人的需要,是婚姻家庭制度的重要内容。我国婚姻家庭法对未成年人合法权益的保护是全面的,根据《民法典》《未成年人保护法》等法律规定,主要有人身权和财产权两个方面。

(1)未成年人的人身权:一是生命、健康权。我国法律规定禁止溺婴、弃婴和其他残害婴儿的行为;父母或者其他监护人应当以健康的思想、品行和适当的方法教育未成年人,引导未成年人进行有益身心健康的活动,预防和制止未成年人吸烟、酗酒、流浪以及聚赌、吸毒、卖淫;禁止用工单位非法招用未满16周岁的未成年人,禁止安排未成年工从事矿山井下、有毒有害、劳动强度大的劳动。二是人身自由权和人格权。非婚生子女享有与婚生子女同等的权利;不得允许或迫使未成年人结婚或为其订立婚约;不得歧视女性未成年人或者有残疾的未成年人;父母或者其他监护人送养儿童时,不得借收养为名与收养人行买卖儿童之实;任何组织和个人不得披露未成年人的个人隐私。三是受教育权。父母或其他监护人应当尊重未成年人接受教育的权利,必须使适龄未成年人按照规定接受义务教育,不得使在校接受义务教育的未成年人辍学。

(2)未成年人的财产权:一是受抚养权。父母或者其他监护人应当依法履行对未成年人的监护职责和抚养义务。二是财产所有权。儿童对其所得的财产,包括劳动、继承、受赠及其他合法所得的财产,享有所有权。父母或其他监护人只有代管义务。三是继承权和受遗赠权。人民法院审理继承案件时,应当依法保护未成年人的继承权和受遗赠权。法定代理人在为未成年人接受遗产和受遗赠财产时,一般无权放弃继承和受遗赠。

第十三届全国人民代表大会常务委员会第二十二次会议2020年10月17日经表决通过了修订后的《未成年人保护法》。修订后的《未成年人保护法》分为总则、家庭保护、学校保护、社会保护、网络保护、政府保护、司法保护、法律责任和附则,共九章132条。该法将自2021年6月1日起施行。我国现行《未成年人保护法》制定于1991年,2006年进行了较大幅度修订。此次新修订的《未成年人保护法》在现行法律的基础上,增加了多项内容,条文从72条增至132条。此次修订在强化家庭监护责任、加强未成年人网络保护等方面亮点颇多,其中针对未成年人的安全教育和保护、勤俭节约意识培养、网络保护等作出更加具体明确的规定,进一步压实了监护人、学校、网络服务提供者的主体责任。

《未成年人保护法》是未成年人保护领域的综合性法律,新修订的《未成年人保护法》增加、完善多项规定,着力解决社会关注的涉未成年人侵害问题,包括监护人监护不利、学生欺凌、性侵害未成年人、未成年人沉迷网络等问题。新修订的《未成年人保护法》增设了发现未成年人权益受侵害时强制报告制度以及密切接触未成年人行业从业人员的准入资格制度;首次对学生欺凌进行了定义,并明确规定了学校的学生欺凌及校园性侵的防控与处置机制。此外,针对农村留守儿童等群体的监护缺失问题,完善了委托照护制度。

3. 保护老年人合法权益

老年人为国家奉献了青春,为社会创造了财富,为民族培养了后代,使其能够健康快乐地度过晚年生活,是社会主义法律和道德的必然要求。老年人的合法权益不仅涉及财产方面的内容,而且具有人身方面的内容。《民法典》规定了许多保护老年人合法权益的条款:子女应当尊重父母的婚姻权利;子女对父母有赡养扶助的义务;孙子女、外孙子女对于祖父母、外祖父母有附条件的赡养义务。可见,赡养老人不仅是我们社会主义家庭的重要职能,也是社会主义"尊老爱幼"道德风尚的要求。1996 年颁布实施的《老年人权益保障法》对老年人的合法权益作了全面的规定,特别在家庭赡养方面作了重要补充。2013 年新修订的《老年人权益保障法》首次将"经常看望或问候老人"写入法律,更加体现对老年人合法权益的保障。

4. 保护残疾人的合法权益

残疾人既是社会中的一个特殊群体,也是一个被边缘化的群体。保护残疾人权益既是公法和公共政策的任务,也应当成为私法的一个重要理念。家庭是社会生活的核心,是社会结构的基石,中国几千年形成的文化更是主张家庭对其成员的包容性支持的义务。对于残疾人而言,无论是伦理还是法理层面,家庭支持都是一股难以取代的重要力量。家庭是残疾人生活的主要场所,是残疾人的精神家园,《民法典》婚姻家庭编作为民事法律的一部分,是规范婚姻家庭的基本法律,保护弱者权益是《民法典》婚姻家庭编的立法原则之一,残疾人作为弱势群体,应当给予更多的保护。首先,在婚姻制度中需要着重保护残疾人的结婚自由权利;其次,在家庭关系中要强化对残疾者一方的扶养义务,同时也要切实保护残疾儿童的权益;最后,在离婚制度中也要切实考虑残疾人的处境和困难,对其给予全面的制度保护。

典型案例

2020 年 6 月 16 日,上海市普陀区人民法院(以下简称普陀法院)依法不公开开庭审理被告人王振华、周燕芬猥亵儿童案。历经 16 小时的庭审,普陀法院于 6 月 17 日当庭对被告人王振华、周燕芬作出判决,以猥亵儿童罪分别判处被告人王振华有期徒刑5年,被告人周燕芬有期徒刑4年。

分析:首先,从庭审安排来看,对被害人隐私的严格保护贯穿本案办理的全过程。本案涉及个人隐私,法院依法不公开开庭审理,并通知被害人及其法定代理人委托的诉讼代理人出庭。其次,从办理过程来看,为避免多次询问被害人造成其心理创伤,办案机关和被害人的法定代理人持续保持沟通,公诉机关也安排了心理咨询师对其进行心理疏导,并为其申请了司法救济。最后,从判决结果来看,有两种观点:一种观点认为,本案对被告人的判决体现了罪罚相当和罪责刑相一致;另一种观点认为,本案对被告人的判决定罪量刑并不合理,从定罪来看,法院认为由于被告人和被害人性器官没有接触,所以不构成强奸罪,这种看法值得商榷,性器官接触是奸淫幼女型强奸罪的既遂条件,而不是成立条件;从量刑来看,即使按照猥亵儿童罪来处理,量刑也过轻。量刑的三项指标是:法益侵害性、可谴责性、人身危险性,本案被告人的行为存在严重的社会危害性,应当从重处罚。但本案量刑问题不是出在执法环节,而是在立法环节,法律规定猥亵儿童的法定刑一般就是5年以下有期徒刑。《刑法》关于猥亵儿童犯罪的加重情节只规定了聚众和在公共场所当众两种情况,"其他恶劣情节"是一个兜底条款,但《刑法》中没有具体说明,相关司法解释也没有说明"其他"所指的具体情形。法官是一个较为保守的职业,尤其是成文法国家,法官是用法的人,而非造法的人,很难在法律规定之外"创造性"地适用法律。因此,公众不能把"量刑偏轻"的原因归结到裁判者身上,而应当追根溯源,聚焦到《刑法》中与儿童权益有关的条款规定内容上。如果公众对本案判决的广泛参与和讨论最终起到了促进法律改革完善的目的,那么这起案件将进入中国法治建设的历史。

近几年性侵害未成年人的报道不断,让人心痛,对此全社会应该进行反思,切实加强对未成年人的保护迫在眉睫:首先,在立法方面应秉承未成年人利益最大化和从严保护的原则,进行进一步的完善。鲍某涉嫌性侵养女案中让公众认识到14岁的性同意年龄偏低,对困境未成年人的支持不足,而在此案中我们看到的是猥亵儿童的量刑偏低,从重情节规定不清晰,这些都是目前立法方面存在的漏洞,需要在今后继续完善。其次,在司法层面,应加大对性侵害未成年人犯罪的惩罚力度,提高犯罪成本,才能减少性侵未成年人案件的发生。最后,面对性侵未成年人犯罪率高的现状,全社会应该提高保护未成年人的意识,形成社会支持系统。只有从家庭,到社区、学校、社会和国家都加强保护未成年人的意识,源头预防,及时发现,实行全面系统的保护,不给犯罪分子可乘之机,才有可能避免此类悲剧的重演。

前南非总统曼德拉曾说过:"没有什么比我们对待孩子的态度更能深刻折射这个社会的核心价值追求。"王振华猥亵幼女一案掀起的舆论巨浪,反映了全社会对性侵未成年人犯罪议题的关注,也说明完善未成年人社会综合预防保护体系已刻不容缓。打击性侵害未成年人犯罪、保护未成年人的合法权益,构建防治未成年人保护的强大网络不仅是保护未成年人的权利，也是保护我们国家的未来。这是不可推卸的责任。

（二）保护妇女、未成年人、老年人、残疾人合法权益原则的贯彻

《民法典》婚姻家庭编中对保护妇女、未成年人、老年人、残疾人的合法权益也作了两个禁止性规定。

1. 禁止家庭暴力

（1）家庭暴力的含义。家庭暴力，是指行为人以殴打、捆绑、残害、强行限制人身自由或其他手段，给家庭成员的身体、精神等方面造成一定伤害后果的行为。而持续性、经常性的家庭暴力，则构成虐待。在第四十八届联合国大会通过的《消除对妇女的暴力行为的宣言》中，把对妇女的暴力界定为：对身体的暴力、性暴力以及心理上的暴力。心理上的暴力包括侮辱谩骂、精神恐吓、长时间的冷落等行为。总之，国际社会对家庭暴力的界定是比较宽泛的。

《婚姻法司法解释一》指出：《婚姻法》第3、32、43、45、46条所称的"家庭暴力"，是指行为人以殴打、捆绑、残害、强行限制人身自由或者其他手段，给家庭成员的身体、精神等方面造成一定伤害后果的行为。持续性、经常性的家庭暴力，构成虐待。[30] 在我国法学界，对于家庭暴力是否包括心理上的暴力是有分歧的。有的学者将家庭暴力分为显性暴力和隐性暴力，隐性暴力中则包括经济暴力、语言暴力等。隐性暴力即我们所说的精神暴力。在精神暴力中最可怕的、最容易对别人造成精神伤害的是侮辱谩骂、诋毁和中伤。研究表明，这种行为会使对方感到不安、沮丧，自信心受损，甚至绝望，严重时可能会导致对方精神崩溃、自杀。而有些精神暴力，不仅伤害对方，有时也会伤害自己。例如，对方无法承受你对他的精神暴力，丧失理性，奋起反抗，可能会以不人道的方式伤害你。所以，无论是显性的硬暴力还是隐性的软暴力，都应该坚决的杜绝。

与社会其他领域中的暴力行为相比较，家庭暴力具有以下特征：

一是主体的特定性。家庭暴力行为主体之间具有特定的亲属关系。一方面，施暴者与受害者关系密切，多为共同生活的家庭成员，如夫妻、父母子女、婆媳等；另一方面，家庭暴力中最普遍、最严重的受害者是弱势家庭成员。从现实情况看，家庭暴力的对象主要是妇女、儿童和老人。这其中尤其以女性居多，女性中突出地表现为妻子。

二是行为的违法性。在一个民主、法制的社会里，任何暴力行为都是违法行为。无论是一般意义上的家庭暴力，还是具有严重社会危害性的家庭暴力，都不例外。

---

〔30〕《婚姻法司法解释一》第1条。

其违法性主要表现为施暴者的行为违反国家有关保护家庭成员合法权益的法律规定。

三是主观的故意性。同其他暴力行为一样，家庭暴力行为人的主观方面所特有的心理态度是故意，而且大多数都有明确的目的。

四是后果的严重性。家庭暴力同其他一切暴力行为一样，具有必然的损害后果。

五是自身的隐蔽性和内部性。家庭暴力只发生在家庭成员之间，通常发生在“家”这一特定的场所，因而常常不为人知。从家庭成员的心理来看，彼此往往认为这属于个人隐私，双方一般都不愿意借助婚姻外的力量来解决家庭内部矛盾。

我国有关法律法规等已规定对家庭暴力受害者的法律救助措施和施暴者的法律责任。在一般情况下，由居民委员会、村民委员会以及所在单位给予劝阻、调解，对正在实施的家庭暴力行为，公安机关应予以制止或给予行政处罚，情节严重构成犯罪的应追究其刑事责任。

全国人民代表大会常务委员会2015年12月27日表决通过《中华人民共和国反家庭暴力法》(以下简称《反家庭暴力法》)，作为我国首部反家暴法，该法共六章38条，于2016年3月1日起施行。《反家庭暴力法》的出台，标志着中国防治家庭暴力法律体系的形成，即形成以《宪法》为依据，以《反家庭暴力法》为主体，以《婚姻法》《妇女权益保障法》《未成年人保护法》《老年人权益保障法》《侵权责任法》《治安管理处罚法》《刑法》《刑事诉讼法》《民事诉讼法》等法律为支持的防治家庭暴力的法律体系。

《反家庭暴力法》第2条明确规定：“本法所称家庭暴力，是指家庭成员之间以殴打、捆绑、残害、限制人身自由以及经常性谩骂、恐吓等方式实施的身体、精神等侵害行为。”《反家庭暴力法》第37条规定：“家庭成员以外共同生活的人之间实施的暴力行为，参照本法规定执行。”可见，本法的一大亮点在于扩大了反家暴法的适用范围，即明确规定家庭成员间的精神侵害属于家庭暴力；同居关系之间的暴力行为也被视同家庭暴力。《反家庭暴力法》第3条第3款规定：“国家禁止任何形式的家庭暴力。”这表明国家对家庭暴力持“零容忍”的态度。

在家庭暴力的预防方面，《反家庭暴力法》强调国家以及有关组织、媒体及教育机构有责任、有义务宣传教育家庭美德和反家庭暴力；政府及有关组织有责任、有义务进行反家庭暴力的培训及预防工作；人民调解组织及用人单位有义务对家庭纠纷、家庭矛盾进行调解；监护人对未成年人的监护教育应该采取文明的方式，不得采取家庭暴力。

为及时制止家暴行为，《反家庭暴力法》规定，学校、幼儿园、医疗机构、居民委员会、村民委员会、社会工作服务机构、救助管理机构、福利机构及其工作人员在工作中发现无民事行为能力人、限制民事行为能力人遭受或者疑似遭受家庭暴力的应当及时向公安机关报案,未及时报案造成严重后果的要承担法律责任(违反强制报告义务)。加害人实施家庭暴力,构成违反治安管理行为的,依法给予治安管理处罚;构成犯罪的,依法追究刑事责任。

此外,《反家庭暴力法》首次建立了人身安全保护令制度,这是该法最大的亮点。当事人因遭受家庭暴力或者面临家庭暴力的现实危险,向人民法院申请人身安全保护令的,人民法院应当受理。人民法院应当在72小时内作出裁定,情况紧急的应当在24小时内作出。人身安全保护令的保护范围可以包括申请人及其相关近亲属。人身安全保护令由人民法院执行,公安机关以及居民委员会、村民委员会等应当协助执行。

《民法典》婚姻家庭编第1042条第3款规定:"禁止家庭暴力……"

典型案例

A婚后发现丈夫B身上有很多难以接受的缺点,如经常酗酒、个人生活不检点、心胸狭窄等,而A只要一向B指出,便会引来B的拳脚相加。婚后不久,A便起诉离婚。

分析:家庭暴力是法定离婚理由之一,B的行为属于典型的家庭暴力,A只要提供充分的有关B实施家庭暴力的证据,就可以通过司法机关保护自身的合法权益。

(2)家庭暴力与虐待罪的区别。虐待是指以作为或不作为的形式,对家庭成员歧视、折磨、摧残,使其在精神上、肉体上遭受损害的违法行为,如打骂、恐吓、冻、饿、患病不予治疗、给予居住条件上的歧视性待遇、限制人身自由等。虐待罪是指对共同生活的家庭成员,经常以打骂、捆绑、限制自由、凌辱人格、冻、饿等方法,从肉体上和精神上进行摧残迫害,情节恶劣的行为。本罪的犯罪构成是:犯罪主体是共同生活在一个家庭内的成员,相互间有亲属关系或者抚养、扶养及赡养关系;犯罪主观方面必须是故意摧残他人;犯罪侵犯的客体是家庭成员在家庭中的合法权益及他们的人身权利;犯罪客观方面必须具有经常对被害人从肉体上和精神上进行摧残折磨的行为。

2. 禁止虐待和遗弃家庭成员

《民法典》婚姻家庭编第1042条第3款规定:"……禁止家庭成员间的虐待和遗弃。"

虐待是指以作为和不作为的形式,对家庭成员歧视、折磨、摧残,使其在精神上、肉体上遭受损害的违法行为,如打骂、恐吓、冻、饿、患病不予治疗、限制人身自由、在居住条件上的歧视性待遇等。

遗弃是指家庭成员中负有抚养、赡养、扶养义务的另一方，对于年老、年幼、患病或其他没有独立生活能力，需要抚养、赡养、扶养的另一方，故意不履行其应尽义务的行为。与虐待不同的是，一般表现为不作为的方式（见表11）。

表11　家庭暴力与虐待罪的区别

行为类型	区别			
	是否作为一个单独的罪名	时间上	表现形式上	手段上
家庭暴力	并未成为一个罪名，只是在相关法律及解释中，对其进行了界定	可能只是一次，具有突发性	多以作为的形式出现，一般为肉体折磨	大多具有暴力性
虐待罪	在刑法中作为一个单独的罪名出现	虐待行为具有持续性、经常性	以作为或不作为的形式，如精神折磨导致严重后果的，也可能构成“虐待罪”	具有暴力性和非暴力性

家庭成员之间互享权利、互负义务、互相平等。虐待和遗弃家庭成员的行为侵害了家庭成员的人身和财产上的权益，是对家庭关系的破坏行为。因此，禁止虐待和遗弃家庭成员是保护妇女、未成年人、老年人、残疾人合法权益的必然要求。我国《民法典》中规定了虐待和遗弃家庭成员的受害者的法律救助措施和侵害者的法律责任。对于那些情节严重构成犯罪的行为，我国《刑法》也作了相关规定，从而有力地维护了保护妇女、未成年人、老年人、残疾人合法权益的原则。

五、树立优良家风，弘扬家庭美德，重视家庭文明建设原则

《民法典》婚姻家庭编第1043条第1款规定：“家庭应当树立优良家风，弘扬家庭美德，重视家庭文明建设。”家庭是社会的细胞，家庭文明是社会文明的缩影。家庭文明建设，是社会主义物质文明与精神文明建设的重要组成部分。重视家庭文明建设，才能践履注重“家庭、家教、家风”的理念。习近平总书记指出，独特的文化传统、独特的历史命运、独特的基本国情，注定了我们必然要走适合自己特点的发展道路。千百年来，优良家风一直是中华民族传统文化的重要组成部分，一部《民法典》，不仅仅是法律条文的汇编，更是一个国家和民族精神的立法表达，对整个国家和民族起到指引和教育的作用。编纂一部属于中国人自己的《民法典》，就要坚持立足国情和实际，深深扎根中国的社会土壤，汲取中华传统文化精华，弘扬中华民族传统美德。凸显着中华文化的印记，体现着中华民族的“精气神”。《民法典》婚姻家庭编增加了关于树立优良家风，弘扬家庭美德，重视家庭文明建设和夫妻之

间应当互相关爱的规定,从法律制度层面进一步弘扬夫妻互敬、孝老爱亲、家庭和睦的中华民族传统家庭美德,维护平等、和睦、文明的婚姻家庭关系。

第一,树立优良家风。家风,也称门风或家庭的风气或风范,是指家庭建设所形成的立身之本、处事之道、生活作风、伦理观念、道德风尚等总称。树立优良家风,在于"高度重视社会主义核心价值的融会贯通"。首先,优良家风是中华民族传统优秀文化的重要内涵。中华文化源远流长,家风文化积淀深厚。"天下之本在国,国之本在家。"优良家风,培养了仁人志士"救亡图存、济世安邦"的爱国风骨,陶冶了中华儿女"自强不息、厚德载物"的精神气节。其次,优良家风是中华民族传统家教的重要内涵。身教胜于言教,家教利于社稷。优良家风,培植了中华儿女"铁肩担道义、妙手著文章"的人生理想,积淀了父辈子孙"笃学慎行、勤勉成才"的家教风范。最后,优良家风是我国家庭文明建设的重要内涵。优良家风,具有耳濡目染、潜移默化的精神力量,教化家庭成员遵纪守法、爱国爱家,引导家庭成员修身养德、廉洁齐家,昭示家庭成员守正创新、立德树人,倡导家庭成员相互尊重、相互关爱。树立优良家风,有助于建立平等、和睦、文明的婚姻家庭关系。

第二,弘扬家庭美德。家庭美德,也称家庭道德,是规范家庭生活、调节家庭关系、鼓励或约束家庭成员行为的道德准则。弘扬家庭美德,是推动家庭文明建设和社会文明发展的重要力量。首先,家庭美德是中华民族传统优秀道德的重要内涵。传统家庭美德,包括勤俭、节约、贵和的持家美德,谨慎、宽厚、知报的教子美德,修身、重行、改过的修身美德,慎独、自省、自强的处事美德。弘扬家庭美德,有助于家庭成员明大德、守公德、严私德,树立正确的人生观、价值观和婚姻家庭观,有助于家庭成员励志成才、报效国家、服务社会、建设家庭。其次,家庭美德是我国社会主义道德建设的重要内涵。家庭美德即家庭成员应该遵守、传承的美好道德风范,包括尊老爱幼、男女平等、夫妻和睦、勤俭持家和邻里团结。家庭美德,是保障婚姻家庭和谐幸福的基础,也是推进社会道德文明前行的力量。弘扬家庭美德,有助于维护家庭成员的人身权益和财产权益,有助于促进家庭的精神文明与社会的和谐稳定。最后,家庭美德是我国家庭民主建设的重要内涵。家庭成员既是社会主义道德建设的参与者和受益者,也是家庭文明的建设者和受益者。弘扬家庭美德,就是要德法兼备,有效解决代际冲突、家庭纠纷、家庭失序、家风败坏、家德缺失等问题,切实维护家庭成员的合法权益,倡导家庭成员间的敬老爱幼、互相帮助。弘扬家庭美德,就是要不断提升家庭成员的思想道德素质,引导家庭成员学习真知、虚心向上、开悟智慧、追求真理,鼓励家庭成员相互关爱、民主持家、相互尊重、共建家园。

第三,建设家庭文明。重视家庭文明建设,在于巩固社会主义的婚姻家庭制度,促进婚姻家庭秩序的和谐与稳定。家庭文明建设,既包括家庭的物质文明、精神文明、法治文明的建设,也包括家庭成员的人身关系文明与财产关系文明的建设。重视家庭文明建设,尤其要建设两个文明:一是夫妻关系文明建设。夫妻关系文明建设的核心,即"夫妻应当互相忠实,互相尊重,互相关爱";依法处理夫妻关系。比如,共同抚养、教育、保护未成年子女,共同赡养、扶养、扶助老人及其他家庭成员;共同承担家庭费用和家务劳动,共同维护婚姻关系、提升婚姻质量。二是家庭关系文明建设。家庭关系文明建设的基点,即"家庭成员间应当敬老爱幼,互相帮助";依法处理亲子关系及其他家庭成员关系。比如,尊重家庭成员的人格平等、人格独立、人格自由与人格尊严,维护家庭成员的人身权益和财产权益,共同建设自由、舒适、温馨的家庭乐园。

《民法典》婚姻家庭编的"一般规定"中,特别规定第1043条第1款,强调树立优良家风、弘扬家庭美德、重视家庭文明建设;第1045条规定家庭成员的概念。有欠缺的是,在婚姻家庭编的规范中,没有规定"家庭"和"家"的概念,使《民法典》有关家庭的规范没有准确的概念依附,缺少有关家庭的法律规则,如家庭成员之间的权利义务关系,家庭议事、分家等规则。在司法实践中,一方面,应当特别看到家庭在婚姻家庭领域中的重要地位,家庭是近亲属共同生活的亲属单位,在司法操作中要维护家庭的地位和稳定;另一方面,对于家庭关系中出现的问题,要采用习惯和法理,用民主的方法处理家庭纠纷,使家庭的地位更稳固,家庭成员之间的关系更和睦,使树立优良家风、弘扬家庭美德、重视家庭文明建设的要求落到实处。

六、婚姻双方和家庭成员的共同责任

《民法典》婚姻家庭编第1043条第2款规定:"夫妻应当互相忠实,互相尊重,互相关爱;家庭成员应当敬老爱幼,互相帮助,维护平等、和睦、文明的婚姻家庭关系。"这一规定明确地指明了婚姻双方和家庭成员的共同责任,充分体现了我国婚姻家庭法的立法宗旨,该条就其性质而言亦属原则性规定,但它并不是与上述五项原则并列的另一原则,而是从总体上反映了上述五项原则追求的价值目标。

第一,夫妻应当互相忠实,互相尊重,互相关爱。夫妻应当互相忠实,互相尊重,互相关爱。从广义上来讲,是指夫妻之间应当相互信任、忠诚和尊重,互相关爱,不得侮辱、欺骗、遗弃、歧视配偶,不得为第三人的利益牺牲、损害配偶的利益,对配偶给予充分的关怀与照顾。从狭义上来讲,是指配偶性生活的排他专属义务,又称贞操忠实义务,即双方应当保持性生活的专一性和纯洁性,都不得从事婚姻外性行为,配偶之间应彼此负责、恪守义务、维护权利、相互忠诚与关心爱护。在我国奴隶社会和封建社会时期,这项义务一般而言是对女方的片面要求。随着社会的进步和发展,这项义务成为夫妻双方共同的义务,对夫妻应当互相忠实,互相尊重的规定符合现代婚姻家庭法正义、公平的理念,夫妻之间应当互相关爱的规定更加体现了当代中国核心价值观的内涵。

权利和义务是相对的,有义务就有相应的权利。夫妻之间在遵守忠实义务的同时,也享有各自的性自主权利。性自主权是一种人格权。有学者认为,即使是夫妻之间,也不得违背对方的意志而强行与对方发生性关系,否则可能构成婚内强奸。婚内强奸主要有以下几个特征:其一,婚内强奸只发生在合法婚姻关系的夫妻之间;其二,配偶一方对另一方实施强奸行为时必须利用了夫妻关系,凭借了配偶身份;其三,性行为必须违背了夫妻一方的意志,这是婚内强奸的本质特征;其四,一般情况下,婚内强奸表现为配偶一方使用暴力、胁迫等强制性手段与另一方性交。所以说,夫妻在保持性生活专一性的同时,也要尊重对方的性自主的权利,这也是夫妻之间互相尊重的体现。

第二,家庭成员间应当敬老爱幼,互相帮助,维护平等、和睦、文明的婚姻家庭关系。家庭是人们生活的基本生活单位,家庭成员之间同居一家,共同生活,关系十分密切。敬老爱幼是中华民族的传统美德。敬老爱幼的规定与有关保护未成年人和老年人合法权益的规定具有同一的立法宗旨,但两者各有侧重。保护未成年人、老年人合法权益侧重于对其人身权利和财产权利的具体保护;而敬老爱幼则在更高的层次上提出了处理家庭中代际关系的基本要求,包括物质生活也包括精神生活,但不以具体的权益为限。

家庭成员之间应当互相帮助。这是家庭生活中的基本要求,也是家庭的社会功能,如经济功能、教育功能等在家庭成员关系中的具体表现。这种帮助是来自其他方面的任何帮助所不能替代的。

维护平等、和睦、文明的婚姻家庭关系,是指作为平等主体的家庭成员应当享有同等的权利,承担同等的义务,具有平等的人格,家庭成员之间应团结互助,避免无谓的纠纷;应当分工明确,有能力的家庭成员应当努力工作,不断提高物质文化水平;应当努力学习,不断提高道德水平和文化素养。这是所有的家庭所共同期待的,是我国婚姻家庭立法所追求的价值目标。家庭的文明、和谐、进步,才能推动社会的文明、和谐、进步。

七、最有利于被收养人原则

我国《民法典》婚姻家庭编第 1044 条规定:“收养应当遵循最有利于被收养人的原则,保障被收养人和收养人的合法权益。禁止借收养名义买卖未成年人。”《婚姻法》《收养法》现统一编纂为“婚姻家庭编”,因而《民法典》婚姻家庭编在“一般规定”中增加了收养子女的基本原则。任何被收养人都是独立的个体,都是具有人格尊严的民事主体,应当受到尊重;由于被收养人基本上是未成年人,是祖国的未来和民族的希望,因而送养、收养都必须以最有利于他们的健康成长为原则,使他们的合法权益得到保障。该原则的贯彻主要体现在以下三方面:

第一，收养人须无不利于被收养人健康成长的违法犯罪记录。《民法典》婚姻家庭编第 1098 条规定，在收养人无子女或者只有一名子女，有抚养、教育和保护被收养人的能力，未患有在医学上认为不应当收养子女的疾病，年满 30 岁的条件之上，增加了一个新条件，即无不利于被收养人健康成长的违法犯罪记录，是为保障被收养人合法权益的重要措施。

第二，收养异性子女的年龄差距应为 40 周岁以上。《民法典》婚姻家庭编第 1102 条规定，无配偶者收养异性子女，收养人与被收养人的年龄应当相差 40 周岁以上。《收养法》第 9 条只限制男性无配偶者收养女性子女的年龄差应当在 40 岁以上，忽略女性无配偶者收养男性子女存在的同样问题，有男女不平等之嫌。第 1102 条规定体现了男女平等的原则，也防止女性收养人对异性被收养人的不法行为，保护被收养人的合法权益。

第三，县级以上人民政府民政部门应当对收养依法进行评估。《民法典》婚姻家庭编第 1105 条规定："收养应当向县级以上人民政府民政部门登记。收养关系自登记之日起成立。收养查找不到生父母的未成年人的，办理登记的民政部门应当在登记前予以公告。收养关系当事人愿意签订收养协议的，可以签订收养协议。收养关系当事人各方或者一方要求办理收养公证的，应当办理收养公证。县级以上人民政府民政部门应当依法进行收养评估。"这一条文是对收养关系成立形式要件的规定，与《收养法》第 15 条规定相比，增加了县级以上人民政府民政部门应当对收养依法进行评估的新规则。民政部门进行收养登记，应当对要登记的收养关系进行收养评估，这是为了最大限度地保护被收养人合法权益的需要。收养评估包括收养关系当事人的收养能力评估、融合期调查和收养后回访。收养评估的对象，是收养申请人及其共同生活的家庭成员。收养申请人应当配合收养评估工作开展。收养评估工作可以由收养登记机关委托的第三方机构或者收养登记机关开展。民政部门优先采取委托第三方方式开展收养能力评估。

拓展阅读

1. [芬]E. A. 韦斯特马克：《人类婚姻史》（全 3 卷），李彬等译，商务印书馆 2002 年版。
2. [美]威廉·J. 古德：《家庭》，魏章玲译，社会科学文献出版社 1986 年版。
3. [美]加里·斯坦利·贝克尔：《家庭论》，王献生、王宇译，商务印书馆 1998 年版。
4. [英]巴里·尼古拉斯：《罗马法概论》，黄风译，法律出版社 2004 年版。
5. [法]安德烈·比尔基埃等主编：《家庭史》（全 3 卷），袁树仁等译，生活·读书·新知三联书店 1998 年版。
6. 陈顾远：《中国婚姻史》，商务印书馆 2014 年版。
7. 刘达临：《婚姻社会学》，天津人民出版社 1987 年版。

8. 谈大正:《性文化与法》,上海人民出版社 1998 年版。
9. 周枏:《罗马法原论》(上册),商务印书馆 1994 年版。
10. 夏吟兰:《家庭暴力防治法制度性建构研究》,中国社会科学出版社 2011 年版。
11. 陈苇:《中国妇女儿童权益法律保障情况实证调查研究》(上、下卷),群众出版社 2017 年版。
12. 王歌雅:《社会排挤与女性婚姻家庭权益的法律保障》,黑龙江人民出版社 2019 年版。
13. 薛宁兰:《社会转型中的婚姻家庭法制新面向》,载《东方法学》2020 年第 2 期。

讨论题

1. 我国婚姻家庭的职能有哪些?
2. 论婚姻家庭的本质。
3. 如何理解我国婚姻法的婚姻自由原则?
4. 婚姻家庭法上的男女平等原则主要包括哪些内容?
5. 为什么需要特别保护妇女、未成年人、老年人、残疾人的合法权益?如何切实保护妇女、未成年人、老年人、残疾人的合法权益?

第二编　婚姻家庭继承法制度

第四章　结婚制度

第五章　夫妻关系

第六章　离婚制度

第七章　亲子关系

第八章　收养关系

第九章　其他家庭成员关系

第十章　扶养

第十一章　继承法律制度

第四章 结 婚 制 度

学习目标

了解结婚的概念，理解婚姻成立和婚姻有效的区别。掌握婚姻成立和婚姻有效的要件。掌握无效婚姻和可撤销婚姻的法定事由和法律后果。能够运用基本法理和相关法律规定处理婚姻登记瑕疵纠纷、婚约解除所产生的财产纠纷，熟练掌握宣告婚姻无效和撤销婚姻的法定程序，熟练掌握事实婚姻的司法认定及处理。

第一节 概 述

一、结婚的概念

结婚，又称婚姻的缔结，是男女双方依照法定的条件和程序建立配偶关系的法律行为。

结婚作为一种法律行为，具有如下特征：

首先，主体必须是男女两性。结婚行为必须发生在异性之间，这是由婚姻的自然属性所决定的。同性婚姻在我国尚未得到法律的认可。

疑难问题论争 是否承认同性婚姻

是否承认同性婚姻不同国家的态度迥异。

域外立法对于同性关系的态度又分为三种：一是完全认可，即承认同性婚姻的法律地位，允许同性恋者结婚，如挪威、丹麦、荷兰等。2015年6月26日，美国联邦最高法院宣布裁决同性婚姻在全美合法。二是认可同居伴侣的法律地位。同性恋者可以通过登记取得同居伴侣身份。较之同性婚姻，同居伴侣不能像同性婚姻一样受到与传统婚姻一样的法律保护，其在人身权方面受到一定的限制，如不享有领养子女的权利。法国于2000年1月颁布《公民互助契约》，确认了同性结合关系的同居伴侣地位。2013年4月法国国民议会通过了《开放同性伴侣结婚344法案》,确认的同性婚姻的合法地位。三是完全不认可同性婚姻的法律地位,如我国和世界上大部分国家和地区均不认可同性婚姻的合法性。

其次,结婚行为是法律行为,必须依照法定条件和程序进行。例如,在我国未经民政部门合法登记,婚姻不成立,当事人间不发生配偶法律关系。

最后,婚姻行为的结果是配偶关系。男女双方缔结婚姻,双方互为配偶,相互享有和负担法律规定的权利和义务,如夫妻间的忠实义务、扶养义务、继承权利等。

二、结婚制度的沿革

在人类发展史上,婚姻家庭形式经历了群婚制、对偶婚制和个体婚制三个基本形式,结婚制度始于个体婚制。原始社会末期,私有财产的出现为个体婚制的产生提供了社会基础和经济条件。随着社会的发展,在不同的阶段,不同的社会环境中,个体婚制主要表现为掠夺婚、有偿婚、聘娶婚、宗教婚、共诺婚五种基本形式。

掠夺婚,指男子以暴力抢劫妇女为妻的婚姻缔结形式。掠夺婚是在对偶婚制向个体婚制转变的过程中产生的。“当对偶制家族出现,普纳路亚集团开始消灭以后,妻子遂由购买和掠夺的方法取得。”[1]我国云南的景颇族、傈僳族和傣族还留有掠夺婚的习俗,只是现代社会中的抢婚已经演变成了一种单纯的民俗,由“真抢”转变为“假抢”,不再具有暴力和违背妇女意愿的内容。

有偿婚,指男方家庭向女方家庭支付一定对价而成立婚姻的婚姻缔结形式。根据对价的不同形式,有偿婚可作如下划分:以货币或其他财物为对价者,为买卖婚;以人易人,即双方父母互易其女为儿媳者,为互易婚,俗称换亲;以劳务形式为对价,即以男方为女方家庭提供劳役为对价而成立婚姻者,为劳役婚。

聘娶婚,指男方家庭向女方家庭支付一定的聘财,而后再根据礼制要求的程序成立婚姻的婚姻缔结方式。我国的聘娶婚始于西周,见于“六礼”。“六礼”是宗法制下婚姻成立的具体程序,包括纳采、问名、纳吉、纳征、请期、亲迎六个步骤和程序。六礼备,谓之聘;六礼不备,谓之奔。

纳采系六礼之首,即男方向女方家预交一点信物,以示求亲诚意。一般用大雁,以示忠贞。问名,即在纳采之后,男方请媒人询问女方姓名及生辰八字,以备婚礼之需。“问名而卜之,知凶吉也。”[2]纳吉,即男方问名、合八字后,将卜婚的吉兆通知女方,并送礼表示要订婚。纳征,又称纳币,币是古人用作相互馈赠的礼物的通

---

〔1〕[德]马克思:《摩尔根〈古代社会〉一书摘要》,人民出版社1978年版,第25页。
〔2〕参见《仪礼义疏》。

称。[3] 纳吉完成后,男方将聘礼送往女方家,双方婚约正式订立。请期,指下定聘礼后,男方选择好结婚吉日,备礼到女方家告知日期。"请期用雁。主人辞,宾许告期,如纳征礼。"[4]亲迎,即婚礼之日,男方按照礼定的程序亲自往女家迎娶,是六礼中最为烦琐的一步。

宗教婚是盛行于中世纪欧洲的一种婚姻方式,其婚姻缔结的规范和程序由教会法进行规定。婚姻被认为是神作之合,结婚须经公告程序并在神职人员面前宣誓。中世纪末期,逐渐为法律婚所取代。

共诺婚,又称自由婚,是指由男女双方合意而成立的婚姻。共诺婚强调双方合意,以契约论为理论基础,认为"婚姻是夫妻双方以互相占有、共同生活为目的而自愿订立的契约"[5]。共诺婚始于欧洲宗教改革后的婚姻还俗运动,婚姻的决定权从父母或他人手中回到了当事人手中,实现了当事人对自己人身权利的自主支配,是人类历史上的重大进步。

我国《婚姻法》早在1950年颁布之初就确定了婚姻自由原则,要求结婚的男女双方必须完全自愿,禁止封建包办婚姻和买卖婚姻,实行登记婚姻制度,保障当事人依法自由缔结婚姻的权利。2020年颁布的《民法典》依然延续了这一原则。

第二节　婚姻的成立和有效[6]

一、婚姻的成立

婚姻的成立是对男女双方依照法定条件缔结婚姻,配偶关系产生或存在的状态的描述。不同于婚姻的缔结,婚姻的成立是法律事实,是婚姻关系产生或存在的客观事实。婚姻依法成立后,是否能发生法律效力,并在当事人之间产生配偶间的权利义务,还取决于其是否符合婚姻有效的要件。

---

[3] 汪玢玲:《中国婚姻史》,上海人民出版社2001年版,第82页。

[4] 《仪礼·士昏礼》。

[5] 巫昌祯、夏吟兰主编:《婚姻家庭法学》,中国政法大学出版社2007年版,第75页。

[6] 现有教材中,对于结婚条件的介绍,多以实质要件和形式要件或必备要件和禁止要件进行划分,鲜见对结婚条件以结婚的成立要件和结婚的有效要件为表述者。笔者目力所及,唯余延满先生所著《亲属法原论》采此方案。笔者认为,从理论上看,结婚系法律行为中之双方法律行为,分析结婚行为自当依从其自成立到有效的法理逻辑;从实践角度讲,对结婚要件作成立要件和有效要件的划分,有利于更好地认识和理解结婚登记瑕疵纠纷、婚姻无效纠纷、可撤销婚姻纠纷、事实婚姻、婚约纠纷等结婚制度中所涉之法律纠纷(参见正文中所列举结婚登记瑕疵纠纷案例)。因此,在体例设置上,本书选择以婚姻的成立和有效为基础来分析、阐释结婚制度。

婚姻的成立要件是指法律规定的构成婚姻所不可缺少的要素,分为一般成立要件和特别成立要件。

(一)婚姻的一般成立要件

第一,婚姻由男女双方当事人缔结。结婚是双方法律行为,婚姻的成立是基于此种法律行为而产生的结果,因此,婚姻的成立亦应以存在双方当事人为要件。

双方当事人应为男女异性。根据我国《民法典》的规定,婚姻当事人双方应为异性,我国尚未承认同性婚姻的合法地位。

第二,双方当事人应达成缔结婚姻的合意。首先,双方当事人缔结婚姻的意思表示一致,达成合意。婚姻的成立是双方当事人合意的结果,亦是婚姻自由原则的要求。其次,该合意以缔结婚姻为目的,具有在当事人双方之间创建配偶身份关系的效果意思。最后,构成合意的意思表示须由当事人亲自作出。结婚是身份行为,不得代理。

(二)婚姻的特别成立要件

仅有男女双方当事人达成缔结婚姻的合意还不足以成立法律意义上的婚姻,还需履行相应的法定手续或程序。此类程序性规定构成了婚姻成立的特别要件。

现代各国对于婚姻成立的程序均有严格的要求,总体看来,可以分为三类:登记制、仪式制、登记与仪式结合制。登记制将依法办理结婚登记作为婚姻成立的程序性要件。男女双方当事人须向专门的婚姻登记机关提出结婚申请,经审查履行登记手续后,婚姻始得成立。我国、日本等国均采登记制。仪式制以结婚仪式的举行为婚姻成立的程序性要件。仪式制包括了宗教仪式、世俗仪式、法律仪式三种,不同国家采不同的仪式。如西班牙、希腊等有着久远宗教传统的国家,多采宗教仪式制,即双方当事人在神职人员的主持下举行结婚仪式。世俗仪式则是按照民间的风俗,在主婚人、证婚人的主持下举行结婚仪式。法律仪式多由政府官员主持。登记与仪式结合制要求当事人不但要办理登记手续,还需举行法定的结婚仪式,婚姻始得成立。法国即采此例。

我国采登记制,根据《民法典》第 1049 条的规定,要求结婚的男女双方必须亲自到婚姻登记机关进行结婚登记。符合规定的,予以登记,发给结婚证。完成结婚登记,即确立婚姻关系。未办理结婚登记的,应当补办登记。

1. 结婚登记的目的和意义

首先,结婚登记具有公示意义。缔结婚姻的合意须为外界所知,宣告当事人双方婚姻关系的成立,使婚姻具有对世效力。这是一夫一妻原则的要求。在对世公示意义的层面,登记程序与仪式具有相同的价值。

其次,婚姻登记是保障婚姻自由、一夫一妻、男女平等的婚姻制度的需要。登记制体现了国家与政府对结婚行为的监督,通过婚姻登记,登记机关对当事人的申请进行审查,当事人的婚姻状况被登记在案,可以有效地防止重婚,骗婚,包办、买卖婚姻的发生。截至 2012 年 6 月底,我国民政部已初步建立中央级婚姻登记数据中心,全国 31 个省(自治区、直辖市)均已建立省级婚姻登记工作网络平台和数据中心,实现了在线婚姻登记和婚姻登记信息全国联网审查。[7]

再次,结婚登记是保障婚姻当事人合法权益的需要。如上所述,通过专门机关的专业审查,尤其是在婚姻登记信息全国联网的情况下,能够有效避免当事人陷入重婚、骗婚等境地,维护当事人的合法权益。

最后,结婚登记制度还是国家掌握人口基本信息的重要途径。

2. 结婚登记的机关和程序

我国结婚登记的机关和法定程序被规定在《婚姻登记条例》中。当事人办理结婚登记,专门机关审查登记申请、为登记行为都应严格依照《婚姻登记条例》进行。

根据《婚姻登记条例》第 2 条的规定,办理结婚登记的机关是县级人民政府民政部门或者乡(镇)人民政府。婚姻登记机关管辖的范围,原则上应与户籍管辖范围相适应。结婚当事人的户口在同一地区的,到共同的户口所在地婚姻登记机关办理结婚登记。结婚登记当事人的户口在不同地区的,可以到任何一方的户口所在地婚姻登记机关办理结婚登记。在当前简政放权、行政为民的大背景下,各地也在尝试放宽婚姻登记机关管辖范围,如北京市自 2015 年 12 月 1 日起,实施婚姻登记跨区办理,即一方或者双方为北京市居民的结婚登记、离婚登记或者补领婚姻登记证,可由北京市任一区民政局婚姻登记处办理。

需要说明的是,因为结婚登记是建立当事人配偶身份关系的行为,故而要求结婚的男女双方必须亲自到婚姻登记机关办理登记手续,不得由他人代理。

登记办理程序如下:

首先,申请。自愿结婚的男女双方亲自到相应的婚姻登记机关申请结婚登记。申请结婚登记应当出示以下证件和证明材料:户口簿;身份证;本人无配偶以及与对方当事人没有直系血亲和三代以内旁系血亲关系的声明。是否要进行婚前医学检查,由当事人双方自主决定。婚前医学检查证明不是必须提交的材料。

其次,审查。婚姻登记机关依法对当事人的结婚申请进行审查。审查主要针对结婚当事人提供的证件和证明材料。对于婚姻登记机关的依法审查和询问,当事人有如实告知的义务。

---

[7] 卫敏丽:《中国实现婚姻登记信息全国联网》,载新华网,http://news.xinhuanet.com/politics/2012-07/24/c_112519684.htm。

最后，登记。对符合关于结婚制度相关规定的当事人，应当当场予以登记并发给结婚证书。

有以下情形之一者，不予登记：未达法定结婚年龄；非双方自愿；一方或者双方已有配偶；属于直系血亲或者三代以内旁系血亲的；患有医学上认为不应当结婚的疾病的。不予结婚登记，婚姻登记机关应当向当事人说明理由。当事人对婚姻登记机关不予登记的决定不服，可以依《行政复议法》的规定申请复议；对复议决定不服的，可以依照《行政诉讼法》的规定提起行政诉讼。

结婚证是由婚姻登记机关颁发的宣告婚姻成立的证明文件，具有法律效力。一旦出现遗失、毁损等情况，当事人应当及时补领。当事人可以持户口本、身份证向原办理婚姻登记的机关或者一方当事人常住户口所在地的婚姻登记机关申请补领。婚姻登记机关应核查当事人的婚姻登记档案，查证属实的应当为当事人补发结婚证。

3. 结婚登记瑕疵的处理

结婚登记瑕疵是指在结婚登记过程中出现的不符合程序要求的瑕疵。

司法实践中的结婚登记瑕疵纠纷多见于以下三种情况：一是由他人代理或冒名顶替进行结婚登记；二是当事人使用了虚假证件骗取结婚登记；三是结婚登记程序未全部完成，如当事人双方申请结婚登记，婚姻登记机关经过审查认为符合结婚条件，在结婚登记申请表审查一栏签署"经审查情况属实，准予登记"，并加盖了公章，但因故当时没有发放结婚证书。[8]

结婚登记系婚姻成立要件，结婚登记瑕疵的发生将直接影响婚姻的成立。在我国现行法律框架下，结婚登记在性质上属于行政行为，即行政确认行为。登记瑕疵是否影响该行政行为的成立，应为行政法之判断。《婚姻法司法解释三》第1条第2款明确规定：当事人以结婚登记程序存在瑕疵为由提起民事诉讼，主张撤销结婚登记的，告知其可以依法申请行政复议或者提起行政诉讼。

典型案例

2001年原告、被告自愿结婚，并按当地风俗举行了婚礼，由于未达法定婚龄，由原告父亲到婚姻登记机关帮其办理婚姻登记手续，取得结婚证，并共同生活至今。2004年双方发生纠纷，原告于2005年8月诉至法院要求离婚。

针对双方婚姻的效力问题，有两种意见：一种意见认为，根据《婚姻法》第8条的规定，要求结婚的男女双方必须亲自到婚姻登记机关进行结婚登记。该项规定

〔8〕何志：《婚姻案件审理要点精释》，人民法院出版社2013年版，第98页。

属于强制性规定,违反法律强制性规定的行为应当无效。另一种意见认为,原告、被告系自愿结婚,现已达到法定婚龄,又共同生活四五年,符合结婚的实质要件,无效婚姻情形已经消失。同时,婚姻关系是特殊的人身关系,原告、被告没有亲自到婚姻登记机关办理婚姻登记只是程序上存在瑕疵,并不必然导致实体(婚姻)无效。

分析:上述情况属于《婚姻法》及其相关司法解释中规定的无效婚姻情形均已消失的情形,故双方之间的关系不能认定为无效婚姻。鉴于双方婚姻登记手续系由他人代为办理,违反《婚姻法》及《婚姻登记条例》关于要求结婚的男女双方必须亲自办理结婚登记的有关规定,故婚姻登记机关在办理此宗结婚登记中,审查不严,行为存在瑕疵。可告知当事人由负责办理婚姻登记的管理部门先行解决该登记行为的效力问题。[9]

由他人代办结婚登记系典型的结婚登记瑕疵。笔者认为,结婚登记瑕疵直接影响结婚登记的成立与否,而结婚登记系婚姻成立的要件,因此,结婚登记瑕疵所产生的影响在于婚姻成立与否,而不在于婚姻的效力。上述案件的争点实非婚姻之效力,而是婚姻之成立。登记过程中的行为瑕疵,应由婚姻登记的管理部门先行解决该登记的效力问题,登记有效,则可进一步讨论婚姻之效力;登记无效,则婚姻不成立,遑论婚姻之效力。

二、婚姻的有效

婚姻的有效是指已经成立的婚姻符合法律规定的要件而发生法律效力,在配偶间产生相应的权利义务关系。

(一)婚姻的成立和婚姻的有效

婚姻的缔结是一个动态的过程,先经过成立阶段,而后再至有效阶段。婚姻的成立是婚姻有效的前提,不成立,则婚姻不存在,也就无法谈及婚姻的效力问题。婚姻成立后,才可进行婚姻是否有效的判断。符合法定有效要件者,则为有效婚姻;不符合法定有效要件,则为无效婚姻或可撤销婚姻。

婚姻的成立和婚姻的有效存在质的差别。首先,婚姻的成立是一个事实判断问题,即婚姻成立只判断婚姻是否存在的事实。婚姻的有效是一个价值判断问题,是立法依据预设的价值标准对已成立婚姻的评价。其次,二者质的差别导致了在具体判断要件上设置的不同。婚姻成立的一般要件为男女双方当事人达成缔结婚姻的合意。特别要件为履行法定的结婚手续,如结婚登记。婚姻的有效要件则附加

---

〔9〕 何志:《婚姻案件审理要点精释》,人民法院出版社 2013 年版,第 97 页。参见《由亲属代婚姻当事人到婚姻登记部门登记的婚姻是否有效?》,载《人民司法》2006 年第 3 期。

了更多的价值评判因素，如当事人的民事行为能力、双方意思表示真实、不违反法律、法规的强制性或禁止性规定等。

（二）婚姻的有效要件

婚姻的有效要件是指已经成立的婚姻欲在当事人间产生配偶间法定权利义务关系所需具备的法定条件。理论上通常将婚姻的有效要件分为公益要件和私益要件。公益要件系与社会公共利益有关的要件，如禁止重婚、禁止近亲结婚等；私益要件主要指关乎当事人个人利益的要件，如缔结婚姻意思表示的真实。根据我国《民法典》及相关司法解释的规定，我国婚姻有效要件包括达到法定婚龄，不违反禁止性规定，意思表示真实。

1. 达到法定婚龄

法定婚龄是指法律规定的最低结婚年龄，是法律对当事人婚姻行为能力的要求。确定法定婚龄的依据有二：一是自然因素，即人的生理、心理发育状况，心智成熟状况，即是否有能力对婚姻大事作出理性、独立的判断；二是社会因素，一定时期的人口状况、人口政策，以及不同国家和地区的历史传统、民族习惯等都可能影响法定婚龄的确定。

根据《民法典》第 1047 条的规定，我国的法定婚龄为男性 22 周岁，女性 20 周岁。我国历史上不同阶段亦有不同的法定结婚年龄。《周礼》规定“男三十而娶，女二十而嫁”。至两汉、南北朝时期，由于连年战乱，人口骤减，劳动力缺乏，因此，法定婚龄降低。到唐贞观元年，男二十以上、女十五以上即可缔结婚姻。白居易在《秦中吟·议婚》〔10〕中写道“绿窗贫家女，寂寞二十余”。明、清则均以男 16 岁、女 14 岁为法定婚龄。

2. 不违反禁止性规定

我国法律对于结婚的禁止性规定主要有两个：一是一定范围内的亲属禁止结婚，简称禁婚亲；二是禁止重婚。

（1）禁婚亲。禁止一定范围内的亲属结婚，是国际通行的惯例。一般来讲，禁婚亲主要是禁止一定范围内的血亲之间通婚，有的国家也对一定范围间姻亲的通婚予以禁止。根据我国《民法典》第 1048 条的规定，我国仅禁止一定范围的血亲间通婚。

禁止一定范围内的血亲通婚有两方面的原因：一是基于遗传学和优生学的考

〔10〕《秦中吟·议婚》是唐代诗人白居易的写实主义作品，生动描述了唐时民间嫁娶趋炎附势、攀附富贵的不良风气。而作为史料，我们亦可从中看出，唐时女子 16 岁应是适婚年龄，若至 20 岁则被认为是年龄比较大，超过了应当缔结婚姻的年龄。

虑，血缘相近的男女结婚，容易将生理或者精神上的疾病遗传给后代，不利于人种的繁衍和民族人口素质的提高。我国自古就有“男女同姓，其生不蕃”[11]的说法。二是基于伦理戒律的考虑。“系以姓而弗别，缀以食而弗殊，虽百世而昏姻不通者，周道然也。”[12]“儿子和母亲结婚，就要搞乱事务的秩序……如果母亲和儿子结婚的话，就将把双方的天然地位都推翻了。”[13]根据我国《民法典》第1048条的规定，禁止结婚的亲属有两类：一是直系血亲，即父母和子女之间；祖父母、外祖父母和孙子女外孙子女之间；曾祖父母、曾外祖父母和曾孙子女、曾外孙子女之间；等等。由于养父母和养子女、继父母与形成抚养教育关系的继子女之间适用父母子女间的规定，所以我国法律禁止结婚的直系血亲也包括拟制直系血亲。二是三代以内的旁系血亲，其范围具体包括：兄弟姐妹之间，既包括同胞兄弟姐妹，也包括同父异母、同母异父的兄弟姐妹；堂兄弟姐妹和表兄弟姐妹之间；叔伯与侄女之间，姑姑与侄子之间，舅舅与外甥女之间，姨与外甥之间。

(2)禁止重婚。当事人在其婚姻关系存续期间又与他人结婚的，构成重婚，后婚无效。这是《民法典》婚姻家庭编一夫一妻原则的具体体现。

3. 意思表示真实

意思表示真实系法律行为的有效要件之一，结婚作为法律行为之一种，亦以此为有效要件。结婚应是双方当事人真实意思表示的结果，否则，即可构成婚姻无效或可撤销。

实践当中，结婚意思表示不真实的情形主要表现为意思表示并非自主作出，即意思表示不自由，如当事人因受胁迫而作出同意结婚的意思表示。

第三节 无效婚姻和可撤销婚姻

违反婚姻的有效要件，构成无效婚姻或者可撤销婚姻。我国《婚姻法》于2001年增设了无效婚姻制度，根据当事人所违反要件的不同（公益要件和私益要件），将无效婚姻分为无效和可撤销两类。《民法典》依然延续了这一分类，但在无效和可撤销的具体情形上，作了相应的修改。

---

〔11〕《左传·昭公元年》。

〔12〕《礼记·大传》。

〔13〕［法］孟德斯鸠：《论法的精神》（下），张雁深译，商务印书馆1961年版，第185页。

一、无效婚姻

（一）婚姻无效的情形

无效婚姻主要指违反了婚姻有效的公益要件的婚姻，根据我国《民法典》第1051条及婚姻法司法解释的规定，主要包括以下几种情形：

第一，重婚。有配偶者又与他人登记结婚或者以夫妻名义共同生活即构成重婚。无论是法律上之重婚，还是事实上的重婚，凡构成重婚者，后一婚姻关系无效。

第二，有禁止结婚的亲属关系，即直系血亲和三代以内旁系血亲间的婚姻关系无效。

第三，未达法定婚龄。结婚登记时男女双方均应达到法定婚龄，即男22周岁，女20周岁。未达法定婚龄构成婚姻无效之理由。

需要说明的是，我国《民法典》对无效婚姻的事由采取的是穷尽式列举，排除了上述法定事由外的任何事由。同时，上述婚姻无效的法定事由，应在婚姻成立之时即已存在，在婚姻成立之前或者婚姻成立之后存在的，对本婚效力没有影响。同时，为了维护婚姻关系的稳定，保护未成年子女的合法权益，对于那些在婚姻成立时已存在，但在申请宣告婚姻无效时已经消失的情形，不构成婚姻无效的事由。当事人提出宣告婚姻无效申请的，人民法院不予支持。

（二）宣告婚姻无效的程序

宣告婚姻无效需按照法定的诉讼程序进行。

1. 宣告婚姻无效的请求权主体

宣告婚姻无效的请求权主体是指有权向人民法院申请宣告婚姻无效的自然人或单位。婚姻系公民私域之事，且一旦婚姻被宣告无效，婚姻当事人间已存在的关系将会发生质的变化，双方自始不发生夫妻间的权利义务关系，因此，对于婚姻无效之宣告，法律亦存警惕，并非任何人均可提起宣告婚姻无效的申请。

根据我国《婚姻法司法解释一》第7条的规定，有权申请宣告婚姻无效的，包括婚姻当事人及利害关系人。婚姻当事人即夫妻双方。利害关系人包括：(1)以重婚为由申请宣告婚姻无效的，为当事人的近亲属及基层组织。这里的基层组织是指婚姻当事人所在的居民委员会、村民委员会以及有关的国家机关。(2)以未到法定婚龄为由申请宣告婚姻无效的，为未达法定婚龄者的近亲属。根据《民法典》第1045条的规定，近亲属应当包括配偶、父母、子女、兄弟姐妹、祖父母、外祖父母、孙子女、外孙子女。

2. 宣告婚姻无效请求权的相对人

相对人的确定是诉讼实践中的基本问题。请求权人依法向人民法院提起宣告婚姻无效的申请，如果申请由婚姻一方当事人提出，则被申请人即相对人为另一方当事人。若申请由利害关系人提出,则相对人的情形较为复杂,需分类处理。我国《婚姻法司法解释二》第6条对此作出了明确规定,根据该项规定,主要分为以下三种情形:

第一,一般情形下,利害关系人为申请人的,婚姻当事人双方为被申请人。

第二,利害关系人申请宣告婚姻无效,但夫妻双方中有一方死亡的,仅列生存一方为被申请人。

第三,利害关系人申请宣告婚姻无效,但夫妻双方均已死亡的,则不列被申请人。

需要说明的是,为促使请求权人及时行使权利,保护善意第三人和交易安全,对于后两种情况,即夫妻一方或者双方死亡的情形,无论是由生存一方当事人提起宣告婚姻无效的申请,还是由利害关系人提起宣告无效的申请,都应在其死亡后一年内向有管辖权的人民法院提出。该期间为除斥期间,不适用期间的中止中断和延长。

3. 宣告婚姻无效的机关

有权宣告婚姻无效的是婚姻登记机关还是法院,宣告婚姻无效应依照行政程序还是诉讼程序,这一问题在学界认识不一。一种观点认为,宣告婚姻无效可采行政、诉讼双轨制模式,即当事人和利害关系人除了可以向人民法院申请宣告婚姻无效外,还可以向婚姻登记机关申请由该机关宣告婚姻无效。[14] 另一种观点认为,宣告婚姻无效仅可依诉讼程序,由人民法院进行判决宣告。[15]

婚姻无效制度首次在我国立法中得到确认,是在2001年颁布实施的《婚姻法》(修正)中。遗憾的是,该法并未对宣告婚姻无效的机关和程序进行明确的规定,此次颁布的《民法典》亦未明确。但是,根据2015年民政部修订的《婚姻登记工作规范》第53条的规定,我国目前对无效婚姻的宣告采取的是单一的诉讼制模式。

4. 宣告婚姻无效程序中应注意的问题

(1)宣告婚姻无效案件一经受理,不得撤诉。人民法院受理申请宣告婚姻无效的案件后,经过审查确实属于无效婚姻的,应当依法作出宣告婚姻无效的判决。原告申请撤诉的,不予准许。

(2)宣告婚姻无效案件适用特别程序,实行一审终审。宣告婚姻无效的案件,

---

〔14〕 参见夏吟兰等:《21世纪婚姻家庭关系新规制——新〈婚姻法〉解说与研究》,中国检察出版社2001年版,第230页;杨大文:《中华人民共和国婚姻法讲话》,中国政法大学出版社2001年版,第46~47页。

〔15〕 参见赵刚、刘学在:《婚姻无效之诉与撤销婚姻之诉研究》,载梁慧星主编:《民商法论丛》(第23卷),金桥文化出版(香港)有限公司2002年版,第6~7页。余延满:《亲属法原论》,法律出版社2007年版,第197页。

不同于一般的民事权益争议案件，而是非讼案件，应适用《民事诉讼法》有关特别诉讼程序的规定予以裁决，实行一审终审，先行裁决，不适用调解。[16] 婚姻无效的判决一经作出，即发生法律效力，当事人不得再就婚姻效力问题提出上诉。

对于案件中的财产分割和子女抚养问题，则应适用普通程序，实行二审终审，可以调解。

宣告无效婚姻案件中，人民法院应就婚姻效力的认定和其他纠纷的处理分别制作裁判文书。

(3)离婚案件和宣告婚姻无效案件并存的处理。若法院在离婚案件中，经过审查认为当事人双方的婚姻属于无效婚姻的，应当将婚姻无效的情形告知当事人，并依法作出宣告婚姻无效的判决。

若就同一婚姻关系，法院分别受理了离婚和申请宣告婚姻无效两个案件，对于离婚案件的审理，则应等申请宣告婚姻无效案件作出判决后进行。

（三）无效婚姻的法律后果

《民法典》对无效婚姻采取了溯及既往的立法原则，即婚姻被宣告无效的，男女双方自始不发生夫妻间的权利义务关系。简言之，无效婚姻自始无效。

人身关系上，婚姻被宣告无效，男女双方自始不具有夫妻间的权利义务关系。其同居期间所生子女虽为非婚生子女，但根据我国《民法典》的规定，非婚生子女与婚生子女具有同等的法律地位，因此其与父母的关系不受婚姻无效的影响。双方当事人均有抚养、教育子女的权利和义务。

财产关系上，由于当事人双方之间未发生夫妻间的权利义务关系，因此，对其财产关系应按照同居关系处理。同居期间所得的财产，由当事人协议处理；协议不成的，由人民法院根据照顾无过错方的原则判决。对重婚导致的无效婚姻的财产处理，不得侵害合法婚姻当事人的财产权益。

此外，根据《民法典》第1054条的规定，婚姻无效或者被撤销的，无过错方有权请求损害赔偿。

司考真题

甲与乙登记结婚3年后，乙向法院请求确认该婚姻无效。乙提出的下列哪一理由可以成立？（2011年卷三第22题）

---

〔16〕 最高人民法院民事审判第一庭：《婚姻法司法解释的理解与适用》，中国法制出版社2002年版，第38～39页。

A. 乙登记结婚的实际年龄离法定婚龄相差 2 年

B. 甲婚前谎称是海归博士且有车有房,乙婚后发现上当受骗

C. 甲与乙是表兄妹关系

D. 甲以揭发乙父受贿为由胁迫乙结婚

答案:C

解析:选项 A 错误。根据《婚姻法》第 10 条的规定,未达法定婚龄系婚姻无效的法定事由,但是根据《婚姻法司法解释一》第 8 条规定,当事人依据《婚姻法》第 10 条规定向人民法院申请宣告婚姻无效的,申请时,法定的无效婚姻情形已经消失的,人民法院不予支持。乙登记结婚的实际年龄离法定婚龄相差 2 年,在甲与乙登记结婚 3 年后,该法定的无效婚姻情形已经消失。因此,以此为由向法院请求确认婚姻无效的,法院不予支持。

选项 B 错误。无效婚姻的法定事由为封闭式规定,即只有符合《婚姻法》第 10 条中列举的事由的,才可被认定为无效婚姻。这四项事由分别是:重婚的;有禁止结婚的亲属关系的;婚前患有医学上认为不应当结婚的疾病,婚后尚未治愈的;未到法定婚龄的。选项 B 中的情形不是无效婚姻的法定事由,不能以此为由主张婚姻无效。需要注意的是,《民法典》不再将"婚前患有医学上认为不应当结婚的疾病"作为婚姻无效的事由之一。

选项 C 正确。根据《婚姻法》第 10 条的规定,有禁止结婚的亲属关系的,婚姻无效。《婚姻法》禁止直系血亲和三代以内的旁系血亲间的通婚。表兄妹属于三代以内的旁系血亲,因此,甲与乙是表兄妹关系,有禁止结婚的亲属关系,该婚姻无效。

选项 D 错误。《婚姻法》第 11 条规定,因胁迫结婚的,受胁迫的一方可以向婚姻登记机关或人民法院请求撤销该婚姻。民法上的胁迫,以胁迫或要挟行为的违法性为前提,即若以合法行为相"要挟",则不构成民法上的胁迫。如行为人以投诉、检举、起诉、仲裁等合法手段为由要挟强迫另一方的,虽然也会给对方造成压力进而做出违背其真意的意思表示,但该种手段不具有违法性,不应认为是胁迫行为。揭发受贿行为系公民的基本权益,不具违法性,甲的行为不构成胁迫,因此不成立可撤销婚姻。

二、可撤销婚姻

(一)可撤销婚姻的情形

可撤销婚姻主要指违反了婚姻有效的私益要件的已成立的婚姻。撤销权人可以申请有权机关依法撤销。

根据我国《民法典》的规定,撤销婚姻的法定事由有两项:一为胁迫,因胁迫结婚的,受胁迫一方可以向人民法院请求撤销该婚姻。因胁迫结婚,则非当事人真实

的意思表示,非当事人完全自愿缔结婚姻,因此得依受胁迫一方的请求而撤销;一方患有重大疾病,结婚登记前未如实告知另一方,则另一方可以向人民法院请求撤销婚姻。

(二)撤销婚姻的程序

可以提请撤销婚姻的权利人是婚姻关系当中受胁迫一方和结婚登记前未被对方如实告知病情的另一方。这是因为可撤销婚姻所违反的是婚姻有效要件中的私益要件,违背当事人个人意愿,关乎当事人个人利益,无涉公共利益,因此只有当事人本人可以提起撤销申请。

对于撤销婚姻申请的受理机关,我国《民法典》第 1053 条明确规定,一方患有重大疾病的,应当在结婚登记前如实告知另一方;不如实告知的,另一方可以向人民法院请求撤销婚姻。

(三)婚姻被撤销的法律后果

婚姻被撤销与婚姻无效所发生的法律效果相同,即自婚姻被撤销或者被宣告无效的法律文件生效时起,婚姻自始无效,当事人间不具有夫妻间的权利义务关系。当事人因之而发生的财产纠纷,依照同居期间财产纠纷处理,同居期间所得的财产,由当事人协议处理;协议不成的,由人民法院根据照顾无过错方的原则判决。对重婚导致的无效婚姻的财产处理,不得侵害合法婚姻当事人的财产权益。当事人在婚姻被撤销前所生子女为非婚生子女,在我国,非婚生子女与婚生子女具有同等法律地位,因此,双方当事人仍负有抚养教育子女的义务。

此外,根据《民法典》第 1054 条的规定,婚姻无效或者被撤销的,无过错方有权请求损害赔偿。

第四节 与结婚制度有关的问题

一、婚约

(一)婚约的概念

婚约是男女双方以缔结法律婚为目的所做的事先约定。订立婚约的行为称为订婚或定婚,婚约当事人称为未婚夫妻。

古代社会,婚约往往被视为婚姻成立的必要条件,订婚被认为是婚姻成立的必经程序。我国古代“六礼”中纳采、纳吉、纳征便是对于婚约和订婚程序的规定，“六礼不备谓之奔”，订婚程序是不可或缺的。罗马法也将无婚约的男女两性结合视为姘合，不承认其法律上的效力。中世纪寺院法对于违反婚约者给予宗教上的处罚。随着时代的发展，个人独立意识的增强，人格意识的觉醒，婚约不再被视为婚姻的必备要件，一些国家和地区的法律中尽管还对婚约进行了明确的规定，如我国台湾地区“民法”就设专节对婚约进行了规定，但也认为婚约并非婚姻成立的必经程序。

新中国成立后颁布的两部婚姻法均未对婚约作出规定，2020 年颁布的《民法典》亦未对婚约的法律效力作出明确的规定。婚约并非我国法律所规定的婚姻成立和有效的必要条件，订婚不是婚姻成立的必经程序。婚约没有法律约束力，不能强制执行。

（二）因婚约引发的财产纠纷的处理

尽管我国法律不承认婚约的法律效力，但是由于历史传统和风俗习惯的传承，民间还是有订立婚约的习俗。实践中，因婚约而引发的财产纠纷不在少数。根据我国《民法典》及相关法律法规的规定，对于因婚约而引发的财产纠纷，应视案件具体情况，有区别地妥善处理。

第一，对于订婚期间，一方按照习俗以给付彩礼为名向对方支付的财物，婚约解除时，给付方要求返还，原则上应以婚姻关系是否缔结为标准，具体的则应视不同情形区别对待。

其一，双方没有办理结婚登记的，由于婚姻尚未成立，则彩礼应予返还。实践中争议较大的是双方没有办理结婚登记，但确已共同生活的情形，此种情形下解除婚约，彩礼是否应当返还。对此，法律和司法解释均无明文规定，司法实践中一般“根据双方共同生活的时间、彩礼数额并结合当地的风俗习惯等因素，确定是否返还及具体的返还数额”〔17〕。

其二，双方已经办理结婚登记，但尚未共同生活的。在此种情况下，双方关系的破裂已由婚约的解除发展至离婚问题。尽管此时婚姻已经成立，但是，由于双方尚未共同生活，婚姻的真正目的并未达至，公平起见，一方要求解除婚姻关系的，婚前收受的彩礼应予返还。

其三，双方已办理结婚登记，也已共同生活，但婚前给付彩礼造成给付人生活困难的，婚姻关系解除时，彩礼应予返还。

第二，对属于包办、买卖婚姻性质的订婚所收取的财物，应当依法没收或酌情返还。对于以订婚为名诈骗钱财的，原则上应当返还受害人。

---

〔17〕　参见《全国民事审判工作会议纪要》（法办〔2011〕442 号）。

第三,对于以结婚为目的赠送价值较高的财物,应当酌情返还。

二、事实婚姻

(一)事实婚姻的概念

事实婚姻是法律婚的对称,指没有配偶的男女,未经结婚登记,便以夫妻名义共同生活,且群众均认为他们是夫妻的两性结合。

事实婚姻具有以下特征:第一,事实婚姻当事人双方均无配偶。双方或一方有配偶,则构成事实重婚。这是事实婚姻区别于重婚的重要特征。第二,事实婚姻双方当事人系以永久共同生活为目的的。这一特征将事实婚姻与通奸、姘居等不正当两性关系区别开来。第三,双方当事人是以夫妻名义公开共同生活,而非隐蔽的。第四,事实婚姻应具有公认性,即当事人居住、工作的一定范围的环境之内的群众认为他们是夫妻。第五,事实婚姻是没有经过登记的两性结合,从法律上来讲,事实婚姻既非无效婚姻,也非可撤销婚姻,而是没有成立的、不存在的婚姻。

(二)事实婚姻的司法认定及处理

对于事实婚姻的司法认定及处理,2001 年《婚姻法》(修正)及《婚姻法司法解释一》给予了较为明确的规定,没有配偶的男女,未办理结婚登记即以夫妻名义同居生活的,在 1994 年 2 月 1 日之前,同居的男女双方已经符合结婚实质要件的,按事实婚姻处理。在 1994 年 2 月 1 日以后,男女双方符合结婚实质要件的,法院应当告知其在离婚案件受理前补办结婚登记。男女双方补办结婚登记后,婚姻关系的效力从双方符合结婚的实质要件时起算。

1994 年 2 月 1 日是《婚姻登记管理条例》施行之日,该条例对事实婚姻进行了严格规定,根据该条例第 24 条的规定,事实婚姻不受法律保护,即从 1994 年 2 月 1 日起,法律不认可事实婚姻的法律效力。该日期之后符合结婚实质要件的,应当补办结婚登记,否则,按同居关系处理。

在 1994 年 2 月 1 日《婚姻登记管理条例》施行之前,我国对事实婚姻的政策比较宽松,只要符合结婚实质要件的,均认可其法律效力,按照事实婚姻处理,同居期间共同所得财产视为夫妻共同财产。

拓展阅读

1. 史尚宽:《亲属法论》,中国政法大学出版社 2000 年版。
2. 余延满:《亲属法原论》,法律出版社 2007 年版。
3. 陈苇主编:《结婚与婚姻无效纠纷的处置》,法律出版社 2001 年版。

4. 林秀雄:《婚姻家庭法之研究》,中国政法大学出版社 2001 年版。
5. 杨立新:《亲属法专论》,高等教育出版社 2005 年版。
6. 林菊枝:《亲属法新论》,台北,五南图书出版股份有限公司 1996 年版。

讨论题

1. 如何认定双方当事人通谋故意为虚假的意思表示,获取结婚登记的"假结婚"的性质及其法律后果?
2. 在何种情形下可以提起撤销婚姻之诉?如何认定"胁迫"行为?
3. 论婚约的性质及法律效力。

第五章　夫 妻 关 系

| 学习目标 |

本章主要介绍婚姻家庭制度的核心内容即夫妻关系，具体包括夫妻关系的内涵、性质、历史沿革；夫妻人身关系，尤其配偶权、夫妻生育权、家事代理权等方面的内容；夫妻财产关系，财产制的类型、内涵及我国法定夫妻财产制、约定财产制的相关规则等。

第一节　概　　述

一、夫妻关系与婚姻效力

夫妻关系即夫妻法律关系，是指法律所规定的夫妻之间权利义务关系的总和。从定义上也可看出，夫妻关系是婚姻家庭制度的核心内容。夫妻关系是民事法律关系的一种具体类型、一种特殊表现形式。很多教材将本章题名定为“婚姻效力”。实际上，“夫妻关系”和“婚姻效力”，从狭义上看，二者指向是同一的。根据民法总则理论，法律事实是引起民事法律关系变更的动因，民事法律关系是法律事实引发的法律效果；结婚作为一项特殊的民事合意，在履行法定程序后，自然会引发一定的法律效果，或者说产生一定的法律效力，更具体地说，即形成一种夫妻之间的民事法律关系。因此，夫妻关系就是婚姻效力的体现。

当然，婚姻效力有广义、狭义之分，有直接效力和间接效力之分。广义的婚姻效力，是指婚姻成立后，夫妻关系在各部门法中所产生的法律后果。例如，刑法上的重婚罪可因两个婚姻而成立。狭义的婚姻效力，是指婚姻成立后夫妻关系在亲属法上的效力。它又进一步区分为直接效力和间接效力。直接效力，是指因婚姻成立而在当事人之间产生的夫妻的权利义务关系；间接效力，是指因婚姻成立而产生的对夫妻之外第三人的效力，如父母子女关系和姻亲关系的产生等。

综上所述，夫妻权利义务关系是狭义婚姻效力中的直接效力，此即本章所要论述的对象。

二、夫妻关系的历史沿革与立法例

夫妻关系，是一种特殊的男女关系，因此，毫无疑问受到男女两性在社会地位上差异的影响。夫妻关系的历史沿革，看起来是法制史，实际上更是一部经济史、制度史和文化史。不同历史时期及同一历史时期的不同国家或地区，其夫妻关系的内容均有差别。事实上，从“法律是一种地方性知识”这个论断出发，可以对不同法律部门与此命题的符合度进行对比，结论是，亲属法是契合度最高的一个法律部门，也必将是法律统一化最后实现的一个部门，时空背景对于夫妻关系的决定性影响无与伦比。从各国历史发展和法律规定来看，夫妻关系大体上经历了如下不同的法律阶段。

（一）夫妻一体主义

夫妻一体主义，也称夫妻同体主义，是指男女结婚后人格互相吸收，合为一体。事实上，是妻子的人格被丈夫的人格吸收，成为无行为能力或限制行为能力的人。这种立法主义多为古代奴隶社会、封建社会和欧洲中世纪的婚姻家庭立法所采用。如古巴比伦《汉谟拉比法典》规定，丈夫有纳妾和片面离婚的自由。罗马法的市民法实行“有夫权婚姻”，在这种婚姻关系中，妇女婚后处于夫权的控制下，没有财产权利，丈夫可随意离婚。在我国封建社会中，妻子无独立姓名权，婚后必须冠以夫姓，所生子女也随父姓；妻子无财产权，其财产归丈夫或丈夫家族所有。夫妻一体主义，在早期资本主义社会甚至近代资本主义社会中仍有一定的残留。

在早期民法理论中，关于债的消灭原因之一混同，例证之一就是存在债权债务关系的男女缔结婚姻，由于人格混同，主体混同，债也因之消灭。这种观点已为现代法制所不采。

（二）夫妻别体主义

夫妻别体主义，也称夫妻异体主义，是指男女结婚后各自保持独立人格，法律地位平等，享有平等的人身权利和财产权利，承担平等的义务。这种立法主义以个人为本位，源于古罗马万民法的无夫权婚姻，在近现代各国立法中相继获得采纳。英国 1923 年《婚姻法》承认妇女在离婚方面具有与男子平等的权利。法国 1965 年的法律确认了夫妻均有完全的法律权利。日本 1947 年将《日本民法典》中的“妻随夫姓”改为“使用夫姓或妻姓，根据结婚时双方所定”。德国 1957 年《男女平等权利法》和 1976 年《关于改革婚姻法和家庭法的第一号法律》则大幅度提升了妻子在家庭中的地位。

(三)我国关于夫妻关系的立法例

男女平等是我国宪法上的基本原则。《民法典》婚姻家庭编第1055条规定:“夫妻在婚姻家庭中地位平等。”可见,男女平等还是民法上和婚姻法上的基本原则,是对夫妻关系所作的总括性规定,对《民法典》婚姻家庭编全部内容均具有指导意义,是调整夫妻关系的基本依据和解释基础。从分类上看,我国法上的夫妻关系,采取的也是夫妻别体主义,只不过在具体规则设计上,有不同于其他国家或地区夫妻别体主义的独特内容。随着生产力的提高和社会思想文化的发展,夫妻别体主义也处于不断地完善发展当中。

第二节　夫妻的人身关系

所谓夫妻的人身关系,是指夫妻双方在家庭中的地位以及没有直接财产内容的夫妻人格、身份方面的权利和义务关系。有些著作直接以“配偶权”来指称夫妻间的权利义务关系,但这种模式存在两个问题:第一,以权利来概括权利义务关系并不全面;第二,配偶权并不是一种有内在统一内涵的民事权利,并非法定概念,充其量是一种学理概念。因此,配偶权固然值得研究,但本章仍使用“夫妻间的权利义务”这样的提法,同时,仍然分门别类、逐项介绍夫妻间的各种具体的权利义务。以下首先介绍夫妻之间的各项人身权利义务内容。

一、夫妻姓名权

姓名权是一项具体的民事权利,每个自然人均享有,这种权利不因自然人结婚而丧失或被剥夺,因此,夫妻双方都有姓名权。当然,这种状况并非从来就有,如前所述,在早期,妻子的姓名必须冠以夫姓,这种习俗在如今的香港或新加坡仍有其踪迹。《民法典》婚姻家庭编第1056条规定:“夫妻双方都有各自使用自己姓名的权利。”这是男女平等、夫妻平等在姓名使用问题上的具体表现。

在我国,夫妻享有平等的姓名权还体现在子女姓氏的确定上。《民法典》人格权编第1015条规定:“自然人应当随父姓或者母姓……”这一规定同样具有历史进步意义,它废除了子女只能随父姓的旧传统,体现了男女平等、夫妻平等、父母平等的原则。

二、人身自由权

人身自由权同样是一项具体的民事权利,受宪法、刑法和民法及其他法律的保护。这种人身自由权也不因自然人结婚而丧失或遭剥夺。在古代,已婚妇女处于夫权支配下,参加社会活动和交往的自由受到限制。而自近代以降,女性或者说妻子的人身自由权逐步获得肯定和扩展,时至今日,妻子的人身自由权在世界上多数国家已不再成为问题(在少数国家如伊斯兰国家除外)。

《民法典》婚姻家庭编第 1057 条规定:“夫妻双方都有参加生产、工作、学习和社会活动的自由,一方不得对另一方加以限制或者干涉。”这条规定对人身自由采取了列举性的规定,基本上囊括了所有的人身自由内容。这是宪法保障妇女在政治、经济、文化、社会以及家庭生活等方面同男子平等权利的体现,是夫妻人身关系的重要内容。从立法目的看,主要是保护妇女参加社会活动的自由权利,禁止丈夫非法干涉和限制。

当然,任何权利和自由都是有限度的,一方面,不得违反法律规定,不得违反公序良俗;另一方面,权利不得滥用。例如,夫妻互有忠实义务,因此,夫妻各自的人身自由活动不得违反此项义务。

三、婚姻居所决定权

婚姻居所决定权,是指夫妻双方享有的选择、确定婚后共同居住和生活的住所的权利。婚姻居所是夫妻婚后共同居住和生活的场所,是夫妻维持婚姻关系的基本条件,是“成家”之“家”的客观载体。对婚姻居所的共同决定权,同样是夫妻平等的体现。

《民法典》婚姻家庭编第 1050 条规定:“登记结婚后,按照男女双方约定,女方可以成为男方家庭的成员,男方可以成为女方家庭的成员。”这意味着,婚姻居所并非当然由男方决定,而是应当由双方协商确定,任何一方不得把自己的意志强加给另外一方。男女双方既可以协商确定婚姻居所,也可以协商变更婚姻居所。

四、同居义务

夫妻同居义务,是指男女双方婚后以配偶身份共同生活的义务。夫妻同居义务的内容主要包括夫妻共同的物质生活、精神生活以及性生活。男女双方一旦决定结婚,就意味着一种承诺,共同生活的承诺,因此,夫妻同居义务是夫妻间权利义务的应有内涵。1947 年《日本民法典》第 752 条规定:“夫妻应同居,相互协力,相互扶助。”1970 年修订的《法国民法典》第 215 条规定:“夫妻相互负有共同生活的义务。”《德国民法典》第 1353 条第 1 款规定:“婚姻终生有效。婚姻双方相互之间有义务过婚姻的共同生活;婚姻双方相互向对方负责。”《瑞士民法典》第 159 条第 1 项规定:“结婚使配偶双方结合以共度婚姻共同生活。”

某些国家规定了无故违反同居义务的法律后果,主要通过申请扣押收入、进行精神损害赔偿或依民事诉讼法规定的方式迫其履行。这种恢复同居的判决虽不得强制执行,但不服从判决可视为遗弃行为,即构成"司法别居"的法定理由之一。在我国,夫妻感情不和分居两年的,也可以成为离婚的理由,即同样具有法律意义。

但是,需要特别指出的是,同居义务是一种第二性的义务,不可以强制履行或执行,只是一方违反该义务,应当承受一定的不利法律后果。同居义务之所以不受强制,是因为此种义务关涉人身自由和性自由,这种个人固有的支配性权利的位阶,已经超越了夫妻之间关于同居义务履行的请求权位阶,前者强烈的人身属性决定了同居义务不可强制履行或执行。

五、忠实义务

夫妻忠实义务,是指婚后夫妻双方在感情和性两个方面均保持专一。广义上的夫妻忠实义务也包括不得恶意遗弃配偶以及不得为第三人的利益而牺牲、损害他方的利益。

忠实义务是一夫一妻制与其他婚姻形态的重要区别,既是家庭稳定和睦的基础,也是父母子女血缘关系赖以确定的保证。夫妻相互忠实,不仅是法定义务,也是社会伦理道德规范的要求。因此,各国法律对此均有规定。例如,《法国民法典》第212条规定:"夫妻互负忠实、帮助、救援的义务。"《瑞士民法典》第159条第3项规定:"配偶双方互负诚实及扶助的义务。"我国《民法典》婚姻家庭编第1043条规定,夫妻应当互相忠实。

忠实义务既然是一项法律义务,违反则会引发相应的法律后果。如《日本民法典》第770条规定,一方通奸是构成他方提起离婚之诉的最重要法定理由。《法国民法典》第266条规定:"在因一方配偶单方过错而宣告离婚的情况下,该一方对另一方配偶因婚姻解除而受到的物质上与精神上的损失,得受判处负损害赔偿责任。"我国《民法典》婚姻家庭编第1079条规定"重婚或者与他人同居"是离婚的法定事由之一,且依据《民法典》婚姻家庭编第1091条,无过错方可以请求离婚损害赔偿。

另外,关于夫妻忠实义务,仍有两点需要澄清。

第一,关于其内涵,尽管忠实义务要求夫妻双方在精神层面和性方面均需要保持忠贞,但实际上,能够产生法律上效果的,往往限于性方面的忠诚。所谓的精神出轨,并不能引发法律后果。因为人的情感,涉及内在心理状态,法律亦不可强制或设定,换句话说,法律也不能左右人的情感和好恶,内心的精神自由是人最低限度、最不可剥夺的自由。

第二,夫妻忠实义务在某些国家和地区,呈现衰落的趋势,这是个人主义和自由主义观念持续扩大和深入的结果。1970年,英国婚姻诉讼法删除配偶一方因他方与第三人通奸而享有损害赔偿请求权的规定，仅将此作为证明婚姻关系破裂的法定情形之一。2000年《瑞士民法典》第151条关于离婚损害赔偿制度的规定被取消。

在我国，能够引发私法效果的忠实义务违反行为，仅限于性方面的不忠，而且一般性的通奸还不构成离婚及离婚损害赔偿的法定理由，必须是重婚或者有配偶者与他人同居，后者的门槛显然更高。

六、夫妻生育权

夫妻生育权，是指在婚姻存续期间，夫妻双方有依照法律规定自主决定是否生育、生育时间以及生育次数的权利。生育权，从某种意义上说，是一种天赋权利，因为人类繁衍必须借助生育，生育是一种符合自然法的自然权利；而且婚姻通常是生育的前提和起点，生育是婚姻的追求目标之一，因此，夫妻享有生育权，乃天经地义之事。

不过，在实践中生育权争议并不罕见，这种争议主要出现在夫和妻生育权之间的冲突。在《婚姻法司法解释三》出台之前，这种争议在司法实践中的集中体现就是各地判决不一。《婚姻法司法解释三》第9条规定："夫以妻擅自中止妊娠侵犯其生育权为由请求损害赔偿的，人民法院不予支持；夫妻双方因是否生育发生纠纷，致使感情确已破裂，一方请求离婚的，人民法院经调解无效，应依照婚姻法第三十二条第三款第（五）项的规定处理。"《民法典》婚姻家庭编第1079条第3款第5项延续了该项规定。据此，当夫妻生育权发生冲突时，妻子的生育权优于丈夫的生育权，即生或者不生，妻子一方拥有最终决定权；因此而导致夫妻感情破裂的，任何一方均可以此为由请求离婚。实际上，法律在此依据生活经验做了一个事实推论，即当夫妻不能协商解决生育权争议时，当妻子一方的生育权因法律的规定而压制住丈夫一方的生育权时，夫妻感情比较容易倾向于破裂。

当然，上述司法解释并没有对夫妻生育权冲突的所有情形加以规定，而仅仅规定了妻子一方单方决定终止妊娠而丈夫不同意的情形，至于妻子一方坚持要生育，而丈夫不同意，或者对生育时间、地点等其他因素有分歧的，司法解释没有规定。当然，根据司法解释的精神，在所有这些场合下，妻子一方的生育权都优于丈夫的生育权。

七、日常家事代理权

日常家事代理权，又称相互代理权，是指夫妻一方因家庭事务与第三人为一定法律行为时互相代理的权利。夫妻在日常家庭事务范围内互为代理人，该代理行为的后果由夫妻双方共同承担，被代理方对代理方所为法律行为产生的债务承担连带责任。家事代理权是一种法定代理权,无须对方授权。这种法定的代理权,是因夫妻共同生活之需要而产生。所谓日常家庭事务,是指在夫妻共同生活及家庭共同生活中,必须发生的各种事项,包括一般家庭日常所发生的事项,如购置食物、衣服、家居等生活用品、娱乐、保健、医疗以及子女教育、雇工、对亲友的馈赠、订购报刊等事项。某一事项是否属于日常家事,应当从夫妻共同生活的状态,如经济状况、收入、职业、兴趣、家庭人口数,并结合当地一般生活习惯加以确定。

日常家事代理权源于罗马法。第二次世界大战后,大陆法系各国均规定了夫妻享有同等的处理家庭事务的权利。《德国民法典》第 1357 条第 1 款规定:"婚姻的任何一方均有权处理使家庭的生活需求得到适当满足并且其效力也及于婚姻对方的事务。"《法国民法典》第 220 条规定:"夫妻各方均有权单独订立以维持家庭日常生活与教育子女为目的的合同。夫妻一方依此缔结的债务对另一方具有连带约束力。但是,依据家庭生活状况、所进行的活动是否有益以及缔结合同的第三人是善意还是恶意,对明显过分的开支,不发生此种连带责任。"《婚姻法司法解释一》第 17 条第 1 项规定,以及《民法典》婚姻家庭编第 1062 条"夫妻对共同财产,有平等的处理权"的规定,应当理解为:夫或妻在处理夫妻共同财产上的权利是平等的。因日常生活需要而处理夫妻共同财产的,任何一方均有权决定。这一规定标志着我国《民法典》婚姻家庭编已经确立了日常家事代理制度。

关于日常家事代理权,实务中最易滋生争议的是日常家事的界定。例如,向寺院捐赠是否属于日常家事代理的范畴,变成了受赠方与非赠与一方配偶之间讼争的焦点。解决的关键是从处分财产的价值大小和生活习惯来判断。

典型案例

1."空床费协议"或"忠诚协议"效力

"婚后一方有外遇,赔偿另一方 30 万元损失费","一方夜不归宿需要支付另一方空床费每天 1000 元"。此类关于"出轨费"和"空床费"的协议效力,是近些年的热点问题。有法院认为,该协议属于道德协议,不具备法律效力,驳回女方的诉讼请求。例如,刘某和吕某(女)都是青岛人,2003 年经人介绍认识,很快成了一对恋人。2005 年 11 月,两人登记结婚。"刚开始我们的感情很好,但他很花心我也很多疑,就想让他写个保证书。"吕某说。结婚后没几天,她就跟刘某商量要他写一个保证书,"可他觉得男女应该平等,两个人都得写保证书,于是我们就签了个协议。"吕某说。他们写了以下内容:"忠诚协议:若一方有婚外情,则赔偿对方 30 万元;若一方无正当理由夜不归宿,则每天赔偿对方空床费 1000 元。"写完后两人分别签名、按手印。

2007 年 5 月,刘某担任起了公司的副总,经常在外应酬,夜不归宿的事情也多了起来,后来逐渐发展成与其他异性有不正当关系,为此夫妇俩经常发生争吵。2008年3月,吕某以刘某不尽家庭义务且违反夫妻"忠诚协议"为由起诉到法院,要求离婚,并要求刘某支付违约赔偿金30万元,空床费5万元。"我同意离婚,但不同意支付赔偿金和空床费。"刘某表示,这个协议只是两个人开玩笑签的,是一个道德协议,并没有法律效力。青岛市市北区人民法院审理认为,吕某和刘某的夫妻感情确实已经破裂,应准予离婚,但双方签订的"忠诚协议"属一种道德协议,不具有法律效力,遂判决两人离婚,驳回了吕某要求刘某赔偿违约金30万元及空床费5万元的诉讼请求。

再如,下列一个案例。2003年年初,上海市闵行区人民法院审理了一起因婚外情而引发的夫妻不忠赔偿案。法院判令违反忠诚协议的男方赔偿女方30万元,成为道德协议具有法律效力的首宗判例,开创了法律作用于婚外情的先河。不过此后的多数案例,均驳回了当事人的请求。

分析:首先,应当区分"忠诚协议"与"陪伴协议/同居协议",前者约定的义务是夫妻相互忠诚,不背叛对方,这是一种消极的不作为义务;后者约定的是,在一个单位时长内,一方应当有多少时间来陪伴另一方,这是一种积极的作为义务。准此而言,所谓的空床费协议并非真正的忠诚协议,而是一种陪伴协议或同居协议。

其次,无论是忠诚协议还是陪伴协议,其内容都是与缔约双方的身份权利义务相关,因此都是典型的身份协议。与财产协议相比,身份协议的法律适用有其特殊性。

再次,在民法典之前,《合同法》第2条明确将身份协议排除在其适用范围之外,因此,身份协议的效力以及违约责任等问题,实际上处于无法可依的状态。在这种情况下,有些法院肯定其效力,也是法官出于自由裁量权对合同法基本原则的一种借鉴,其做法本身难以推广开来。而《民法典》合同编第464条规定:"合同是民事主体之间设立、变更、终止民事法律关系的协议。婚姻、收养、监护等有关身份关系的协议,适用有关该身份关系的法律规定;没有规定的,可以根据其性质参照适用本编规定。"这是我国法律第一次明确宣告,身份协议可以参照适用合同法。

最后,从夫妻双方订立忠诚协议或空床费协议的发生过程来看,需要判断其中有无真实自愿的合意存在,是否存在戏谑或显失公平的情形;另外,从双方的协议内容来看,是否有对个人自由过分的干涉,从而构成违背公序良俗的情形。在这一点上,所谓的空床费协议与忠诚协议并不相同,前者有可能涉及对人身自由这种基本权的限制或剥夺,有违背公序良俗的嫌疑;而忠诚协议的遵守,则是对法定忠诚义务的履行,本身并不构成对人身自由权的不当限制。当然,协议有效与协议约定的违约责任("财产性制裁"或"损害赔偿")内容是否过于不公平,是两码事,应区别对待。总之,忠诚协议原则上可以有效,但当其违约后果约定得过于严厉,则有可能因过分剥夺或限制违约方权利而构成对公序良俗的违反,从而无效。

2. 生育权

顾某(男)和蔡某(女)相恋多年后登记结婚。婚后第二年的3月蔡某经医院检查已怀孕,由于蔡某在工作中表现优秀,领导当时正考虑提拔她当部门经理,为不影响自己的工作前途,蔡某犹豫再三还是去做了人流手术,也没有将此事告诉丈夫顾某。有一天顾某在家里翻找东西时,无意中发现了蔡某做流产的医疗记录,非常气愤,质问妻子为何不经他同意就把孩子打掉?蔡某再三解释,顾某无法接受,认为蔡某的行为侵犯了他的生育权,要求妻子向他赔偿损失。

分析:本案属于典型的夫妻生育权冲突。《婚姻法司法解释三》第9条规定:"夫以妻擅自中止妊娠侵犯其生育权为由请求损害赔偿的,人民法院不予支持;夫妻双方因是否生育发生纠纷,致使感情确已破裂,一方请求离婚的,人民法院经调解无效,应依照婚姻法第三十二条第三款第(五)项的规定处理。"据此,本案中丈夫的赔偿诉求应当被驳回,不过丈夫如果主张生育权冲突导致夫妻感情的确破裂,则可以判决双方离婚。

3. 夫妻同居义务与婚内强奸罪

王某某与被害人钱某于1993年结婚,婚后夫妻不和,王某某于1996年6月携子与妻分居互不往来,并于1996年6月和1997年3月先后两次以夫妻感情确已破裂为由向法院提出离婚请求,1997年10月8日法院作出一审准予离婚的判决并将判决书送达当事人双方,后当事人均未提出上诉。1997年10月13日晚(离婚判决尚未生效),王某某到钱某住处,抱住钱某欲发生性关系,钱某严词拒绝,"判决书都下来了,你想干啥?"王某某答:"就不让你太平。"王某某将钱某推倒在床,扯脱钱某的衣裤强行与其发生了性关系,并抓伤、咬伤钱的胸部等处,当晚钱某即向公安机关报案。

本案向法院提起公诉后,于1999年12月24日由上海市青浦区人民法院作出判决,认定王某某与钱某的夫妻感情确已破裂,在一审已判决离婚,但尚未发生法律效力的特殊情况下,王某某违背妇女意志,采用暴力手段,依法应予惩处。鉴于案件中的具体情况可酌情从轻处罚,判处王某某犯强奸罪,判处有期徒刑3年,缓刑3年,后王某某未提出上诉。

分析:多年来,司法界往往依"惯例"对婚内强奸不用刑法调整,其基础便在于夫妻之间的同居义务。王某某婚内强奸案判决的意义并不仅限于它是现行刑法生效后"婚内强奸第一案",更在于它是经逐级请示后由最高人民法院批复构成婚内强奸的案件。它给我们的启示是,"离婚诉讼期间婚内强奸成立",对司法实践将有普遍的指导意义。这一原则实际上是对夫妻同居义务一定程度上的否定,即夫妻同居义务的前提是夫妻一方尚未提起离婚诉讼。应当说,这样的折中立场是较为合理的,它兼顾了夫妻同居义务和个人性自主权,取得了较好的利益平衡。

疑难问题论争 夫妻忠实义务与第三者对配偶权的侵犯

忠实义务一直为传统民法所认可,但通奸第三者对受害方配偶的侵权责任在最近一二十年发生了急剧变化。传统立场认为,通奸第三者是通奸方配偶的通奸共犯,二者存在共同的侵权过错,故承担连带责任。但很多国家的新立场认为,单纯通奸这个事实本身并不构成一种侵权过错,从而令通奸第三者对受害方配偶负担侵权责任;若欲令这种侵权责任成立,还需要存在某些特殊事实,如通奸第三者的态度引发公愤,或是有损害受害方配偶的故意,或是运用诡计企图令通奸方配偶抛弃受害方配偶。在德国法上,当第三者对夫妻婚姻空间存在入侵的事实时,夫妻一方可以要求排除妨害。

出现这种立场转向的直接原因是,婚姻忠实义务被认为是一种相对的义务,仅能拘束夫妻双方,不能拘束第三人,既无义务也无违反该义务之过错可言,即忠实义务的相对性导致过错的相对性。此种转向的深层原因是婚姻忠实义务有明显弱化趋势,这种趋势不仅体现在夫妻双方之间,如通奸的除罪化,从离婚的当然原因转变为离婚过错的一种可评估因素,而且也体现在第三者的处遇上,如通奸第三者在姘居对象意外死亡后可向致害人索赔,通奸第三者可取得通奸方配偶赠与之物的所有权,以及某些情况下被通奸方配偶抛弃的通奸第三者可获得损害赔偿等。忠实义务的式微从根本上说是与个人主义、自由主义推动下人权观念的勃兴有关,法律优先保护的不再是传统婚姻家庭的价值,而是个人基本权利和自由的价值。

具体而言,首先,通奸第三者的侵权责任问题,实际上并不是(或主要不是)侵权法问题,而是婚姻法问题。第三者侵权与否,受到婚姻家庭制度的决定性影响。从法国法的经验可知,传统婚姻家庭价值观的部分消融,以及夫妻忠实义务的衰落是通奸第三者法律地位提升的根本原因,至于说夫妻忠实义务对第三人的无对抗力及过错的相对性,只不过是用来合理化立场转向的法解释学,并非真正的实质性原因。反观我国学者,在探讨通奸第三者侵权问题时,往往执着于配偶权是否为我国《民法典》侵权责任编第1164条所涵括,以及配偶权是绝对权还是相对权,若认定是绝对权则认为侵权责任成立,反之则不成立。这种从逻辑到逻辑的思维模式,无疑没有抓住问题的本质。

其次,通奸第三者的侵权责任必以通奸方配偶的侵权责任为前提。从法国法的经验可知,在认可通奸第三者成立侵权责任的传统立场上,第三者的侵权责任是作为通奸方配偶的共犯而承担的侵权责任,这无疑契合侵权法责任原理。因为第三者的过错若成立只能是违反忠实义务(或者说侵犯配偶权)的侵权过错,此时与其相奸的已婚者必然也有此种过错,通奸第三者自身不可能单独成立这种过错。反观我国,现行法只规定了离因损害赔偿,而未规定通奸方配偶对受害方配偶的一般性侵权责任，即后者并不能依据《民法典》侵权责任编第1164、1165条的规定对前者主张婚内侵权，而仅能在离婚诉讼时依《民法典》婚姻家庭编第1091条向有加重情节（姘居）的前者索赔。就此而言，在解释论上，现行法上找不出通奸第三者负有侵权法上一般性侵权责任的依据。而且，在立法论上，在立法既未承认婚内侵权责任，也未创立通奸方配偶对另一方配偶的一般性侵权责任之际，就企图建立通奸第三者对受害方配偶的一般性侵权责任，这种思维无疑太过跳跃，不合逻辑。

最后，人的自由和权利价值观日益强势是夫妻忠实义务走向衰落、通奸第三者去责任化的最根本原因。人权观念的勃兴与持续扩张，是一种世界范围内的一般趋势，在中国同样可以见证。传统婚姻价值观竭力捍卫的夫妻忠实义务，越来越让位于强调个人自主自决的主体权利价值观，由此导致，身份性义务的法律拘束力及其正当性不断被掏空和侵蚀。在此背景下，我国若欲建立通奸第三者对受害方配偶的侵权责任，则应尤为谨慎，即应当严格设定此种侵权责任的实体要件和程序要件，前者如行为情节足够恶劣（仅限于姘居），过错仅限主观直接故意，损害后果须足够严重（导致离婚或亲子关系发生混淆等）等，后者如仅限于离婚诉讼时作为通奸方配偶的共同被告等。

与此相关的一个实践热点问题是，配偶（通常是丈夫）赠送或给付给第三者财物，此类协议是否有效。对此，应当区分两种情况：第一，丈夫处分的是其个人财产，则这种情况下原则上不能轻易以丈夫违背忠实义务而判定协议无效，除非双方约定以财产给付作为维持不法性关系的对价；第二，丈夫处分的是夫妻共有财产，这种情况下，原则上处分行为效力待定，如果得不到妻子的追认，则最终属于无效法律行为；除非第三者对财产的取得存在善意，从而应当获得一定的保护。

第三节　夫妻财产关系

财产性的权利义务关系也是民事法律关系的重要内容，甚至存在亲属法之外的其他民法领域，是法律关系最主要的内容。在婚姻法上，夫妻财产关系是以人身关系为基础，既具有其他领域民事主体财产关系的若干共性，又有自己的独特性。夫妻财产关系同样可以从权利和义务角度来分析。

一、对夫妻共同财产的共有权

（一）夫妻财产制

夫妻财产制又称婚姻财产制，在广义上，它是关于夫妻个人婚前财产和婚后所得财产的归属、管理、使用、收益、处分，以及债务的清偿、婚姻解除时财产的清算等方面的法律制度；在狭义上，它仅指婚姻关系存续期间有关夫妻财产所有权的制度。

夫妻财产制与男女地位、夫妻地位紧密相关，因此，基于不同时空下的政治、经济、文化、习俗等因素的不同，夫妻财产制也呈现不同的样态。根据不同的划分标准，夫妻财产制可以分为不同的种类。

1. 法定财产制和约定财产制

法定夫妻财产制，是指依法律规定直接适用的夫妻财产制。强制适用是法定夫妻财产制有别于约定财产制的本质特征。约定财产制，是指夫妻双方以契约形式对婚前、婚后财产的归属、使用、管理、收益和处分等权利加以约定的制度。由于法定财产制的法律规定并非法律强制性规定，因此，在此领域，当事人的约定具有优先性，即约定财产制在适用上具有优先于法定财产制的效力。

约定财产制又可分为两种：

（1）自由式约定财产制，是法律不对财产制种类作任何限制，只要不违反法律关于财产契约的一般禁止性规定，即允许当事人自由选择或创设夫妻财产制类型。法律对约定形式也没有特别要求，如英国法和日本法。这种方式的优点固然是充分依循当事人意志，财产制内容和形式灵活多变，但缺点也很明显，即对于第三人而言，交易安全降低，信息获取成本提高，容易受到意外的不利因素的影响。

（2）选择式约定财产制，是法律允许当事人以契约方式确定适用的夫妻财产制类型，当事人只能在法律明定的若干财产制中选择其一。换句话说，这种模式下的自由约定是对几种确定方式的选择，既具有意思自由、意思自治的优势，也具有内容明确的优点。因此，当今多数国家或地区均采用此种模式，如德国、法国、瑞士等。

关于约定财产的契约性质，有身份行为说和财产行为说两种。从契约约定的内容上看，应以财产行为说为宜。

2. 法定财产制的类型

历史上存在过的以及现存的法定财产制有以下类型。

（1）妆奁制。妆奁制，又称嫁资制，是指规定妻子陪嫁财产的提供、归属、管理、使用、收益和处分及返还的夫妻财产制度。这一制度起源于罗马法。古罗马前期，妆奁是妻或妻的血亲对丈夫的赠与，婚姻关系一经成立，其所有权便归于夫；古罗马后期，妆奁虽仍由夫管理，但已经由所有权转变为债权，婚姻关系解除后夫负有返还义务。在当代，印度虽然也废除了妆奁制，但习俗仍然存在并有深重影响，妇女因奁产不足，无法出嫁结婚，或者婚后受到夫家歧视、虐待甚至被迫自杀。我国封建时期的法律对妆奁财产也有规定，出嫁时伴随嫁妆，已成为根深蒂固的风俗，婚姻解除时，妻子可取回随嫁奁产。

(2)吸收财产制。吸收财产制是指婚后妻子的人格被丈夫的人格吸收,在法律上不享有财产权,妻子婚前和婚后财产都归丈夫所有的制度。古巴比伦、古印度、古罗马前期以及中世纪国家多实行这一财产制。该财产制在现代已无踪迹。

(3)统一财产制。统一财产制是指除特有财产外,将妻的婚前原有财产估价,转归丈夫所有,妻则保有对估价金额的返还请求权。它将妻对婚前财产的所有权转变为对夫的一种债权,具有浓厚的夫权主义色彩,现代国家极少采用。

(4)联合财产制。联合财产制又称管理共同制,它是指除特有财产外,夫妻各享有其个人财产所有权,但将双方财产联合在一起,由夫管理。当夫妻关系终止时,妻的原有财产才由本人收回或者由其继承人继承。这种财产制仍有夫妻不平等的色彩,故现代国家同样极少采用。

(5)共同财产制。共同财产制是指除特有财产外,夫妻的全部财产或部分财产归双方共同共有,双方享有平等的占有、使用、收益和处分的权利,婚姻关系终止时才加以分割。这种财产制具有夫妻平等的先进理念,代表了历史发展方向,绝大多数当代国家采用这种财产制。因共有范围的不同,它又可以分为以下几种:第一,一般共同制,即无论是夫妻婚前还是婚后所得财产,无论是动产还是不动产,一律属于夫妻共有,但法律另有规定的除外;第二,婚后所得共同制,即夫妻婚后所得的一切财产均为夫妻共同所有;第三,婚前动产及婚后所得共同制,即夫妻婚前的动产以及婚后所得为双方共同所有;第四,婚后劳动所得共同制,即夫妻婚后的劳动、经营所得的财产为双方共同财产,非劳动所得的财产如通过继承、受赠所得的财产,仍归各自所有,如法国。

(6)分别财产制。分别财产制是指夫妻双方婚前和婚后所得财产仍归各自所有,并单独行使管理权、收益权和处分权,同时也不排除双方拥有一部分共同财产,或妻以契约形式将其财产的管理权交于夫。这种财产制的理论基础是男女即便结婚后,也各自保持独立人格。现代的英美法系大多数国家和个别大陆法系国家如日本,以分别财产制作为法定夫妻财产制形式。

(7)剩余共同财产制。剩余共同财产制是指夫妻对于自己婚前财产及婚后所得财产,各自保留其所有权、管理权,使用收益权及有限制的处分权,夫妻财产制终止时,以夫妻双方增值财产的差额为剩余财产,归夫妻双方分享。

共同财产制强调婚姻的捏合属性和创设属性,分别财产制强调个人主义本位的顽固持续,各有优缺点,前者照顾到伦理风俗以及对弱势女性的保护,后者则是凸显个人主义这一现代法治基本前提的价值取向,因此,兼有分别财产制和共同财产制的双重性格的复合形态,已成为世界多国夫妻财产制的共同特征。

(二)我国现行法上的夫妻财产制

我国《民法典》婚姻家庭编第 1062、1063、1065 条,《婚姻法司法解释一》第 17、

18、19 条以及《婚姻法司法解释二》第 11、12、13、14、19、22 条的规定，共同构成我国现行的夫妻财产制。

1. 夫妻法定财产制

《民法典》婚姻家庭编第 1062 条规定："夫妻在婚姻关系存续期间所得的下列财产，为夫妻的共同财产，归夫妻共同所有：(一)工资、奖金、劳务报酬；(二)生产、经营、投资的收益；(三)知识产权的收益；(四)继承或者受赠的财产，但是本法第一千零六十三条第三项规定的除外；(五)其他应当归共同所有的财产。夫妻对共同财产，有平等的处理权。"据此，我国的法定财产制是婚后所得共同制。婚后所得共同制，是指婚姻关系存续期间夫妻双方或一方所得的财产，除法律另有规定或夫妻另有约定外，均为夫妻共同所有的制度。夫妻对共同所有的财产平等地享有占有、使用、收益和处分的权利。

同时，《民法典》婚姻家庭编第 1065 条第 1 款规定："男女双方可以约定婚姻关系存续期间所得的财产以及婚前财产归各自所有、共同所有或者部分各自所有、部分共同所有。约定应当采用书面形式。没有约定或者约定不明确的，适用本法第一千零六十二条、第一千零六十三条的规定。"据此，约定财产制在我国具有优先适用的效力。

2. 夫妻共同财产的范围

(1)工资、奖金、劳务报酬。(2)生产、经营、投资的收益。如开设公司从事生产经营获得的盈利。(3)知识产权的收益。知识产权中具有财产性质的内容，这部分为夫妻共同财产。(4)继承或受赠的财产。除非遗嘱或赠与合同中明确指明只赠与夫妻一方，否则这些方式获得的财产也是夫妻共同财产。(5)其他应当归夫妻共同所有的财产。这是兜底性的规定。例如，购买彩票中奖所得奖金、购买股票或期货的收益、一方的住房公积金等。《婚姻法司法解释二》第 11 条规定："婚姻关系存续期间，下列财产属于婚姻法第十七条规定的'其他应当归共同所有的财产'：(一)一方以个人财产投资取得的收益；(二)男女双方实际取得或者应当取得的住房补贴、住房公积金；(三)男女双方实际取得或者应当取得的养老保险金、破产安置补偿费。"

与此同时，《婚姻法司法解释三》第 5 条规定："夫妻一方个人财产在婚后产生的收益，除孳息和自然增值外，应认定为夫妻共同财产。"这意味着，只要付出了精力和劳动的财产增值，只要该增值发生在婚后，该增值部分均属于夫妻共同财产。

《婚姻法司法解释三》第 10 条规定："夫妻一方婚前签订不动产买卖合同，以个人财产支付首付款并在银行贷款，婚后用夫妻共同财产还贷，不动产登记于首付款支付方名下的，离婚时该不动产由双方协议处理。依前款规定不能达成协议的，人民法院可以判决该不动产归产权登记一方，尚未归还的贷款为产权登记一方的个人债务。双方婚后共同还贷支付的款项及其相对应财产增值部分，离婚时应根据婚姻法第三十九条第一款规定的原则，由产权登记一方对另一方进行补偿。”这项规定对实践中争议颇大的按揭买房作了规定，一方首付、双方共同还贷，这样的房产中既有房产单独所有的部分，也有增值部分的共有部分。

3. 夫妻对共同财产的平等权利

作为共同共有人，夫妻对共同财产所享有的各项权能是平等的。《民法典》婚姻家庭编第 1062 条第 2 款规定：“夫妻对共同财产，有平等的处理权。”这意味着在行使处分权时，双方要协商一致，任何一方不得擅自处分。当然，在涉及价值不大的家庭日常事务时，任何一方都享有对另一方的家事代理权。

4. 夫妻个人特有财产

夫妻个人特有财产是指在共同财产制下，专属配偶一方所有并排斥夫妻共有的财产。夫妻共同财产加上各自的个人特有财产，共同构成了二人的财产总和。个人特有财产的存在，是夫妻分别财产制的一种体现，是双方婚后保持独立人格的物质保障和财产方面的体现。根据我国《民法典》婚姻家庭编第 1063 条的规定：“下列财产为夫妻一方的个人财产：（一）一方的婚前财产；（二）一方因受到人身损害获得的赔偿或者补偿；（三）遗嘱或者赠与合同中确定只归一方的财产；（四）一方专用的生活用品；（五）其他应当归一方的财产。”《婚姻法司法解释二》第 22 条规定：“当事人结婚前，父母为双方购置房屋出资的，该出资应当认定为对自己子女的个人赠与，但父母明确表示赠与双方的除外。当事人结婚后，父母为双方购置房屋出资的，该出资应当认定为对夫妻双方的赠与，但父母明确表示赠与一方的除外。”一方专用的生活用品，是指婚后以夫妻共同财产购置的，供夫妻一方日常生活需要的物品，如个人衣物、饰物等，残疾一方使用的轮椅及其他辅助器械等。其他应当归一方的财产。例如，夫妻一方参加各类比赛所获得的奖杯或有纪念意义的奖品等。

另外，值得注意的是，夫妻各方在婚前取得的财产，在婚后的变形或者无须劳动投入即自然增值的部分，仍属于该方的个人财产，如婚前住房出售获得的价款，或者因房价上涨所获得的增值部分。

《婚姻法司法解释三》第 7 条规定：“婚后由一方父母出资为子女购买的不动产，产权登记在出资人子女名下的，可按照婚姻法第十八条第（三）项的规定，视为只对自己子女一方的赠与，该不动产应认定为夫妻一方的个人财产。由双方父母出资购买的不动产，产权登记在一方子女名下的，该不动产可认定为双方按照各自父母的出资份额按份共有，但当事人另有约定的除外。”该条规定实际上是将产权登记的单独署名，解释为对自己子女的排他性赠与的明确意思表示。

同时，《婚姻法司法解释三》第 12 条规定：“婚姻关系存续期间，双方用夫妻共同财产出资购买以一方父母名义参加房改的房屋，产权登记在一方父母名下，离婚时另一方主张按照夫妻共同财产对该房屋进行分割的，人民法院不予支持。购买该房屋时的出资，可以作为债权处理。”该条将有福利性质的父母房改房排除在子女与其配偶的婚姻共同财产之外。

5. 夫妻约定财产制

夫妻约定财产制，是夫妻双方通过协议商定其婚前财产、婚后财产的占有、使用、管理、收益、处分等事项，并排除法定夫妻财产制适用的制度。关于约定财产制的内容，《民法典》婚姻家庭编第 1065 条提供了三种类型供当事人选择，即分别财产制、一般共同制和限定共同制。夫妻财产制约定的形式要件，依法律规定，约定应当以书面形式订立，但并未要求履行登记或其他公示程序。这也意味着，第三人通常对该约定内容不知情，即“善意”。关于约定的效力，《民法典》婚姻家庭编第 1065 条第 2 款和第 3 款规定，夫妻财产约定的效力有对内效力和对外效力之分。对内效力，是指对夫妻双方产生的拘束力。婚前订立的夫妻财产约定，自婚姻关系成立时对夫妻双方产生拘束力；婚后订立的夫妻财产约定，自约定依法成立时起对双方具有约束力。对外效力是指夫妻财产约定对与夫妻一方发生债权债务关系的第三人的对抗效力。一般而言，只有第三人知道或应当知道夫妻财产约定内容的，该约定才对其产生法律效力，否则夫妻一方对该第三人所负担的债务，仍然要由夫妻双方连带地清偿。

二、夫妻共同债务

《民法典》婚姻家庭编第 1064 条规定：“夫妻双方共同签名或者夫妻一方事后追认等共同意思表示所负的债务，以及夫妻一方在婚姻关系存续期间以个人名义为家庭日常生活需要所负的债务，属于夫妻共同债务。夫妻一方在婚姻关系存续期间以个人名义超出家庭日常生活需要所负的债务，不属于夫妻共同债务；但是，债权人能够证明该债务用于夫妻共同生活、共同生产经营或者基于夫妻双方共同意思表示的除外。”

（一）夫妻双方合意所生之债为夫妻共同债务

无论是夫妻双方共同签字还是夫妻一方事后追认，都是夫妻双方合意的表达形式。民法以意思自治为基石，意思自治在合同领域即为契约自由，民事主体有选择是否缔结、跟谁缔结、缔结何种内容之契约的自由。夫妻双方一致同意对外举债，这也是契约自由在家庭法中的体现之一。基于契约必守的合同法基本原则，夫妻双方对于经过自己同意的合同约定应当遵守和履行，即应对双方合意发生的合同之债承担共同清偿的义务。

夫妻双方“共同签字”指的是夫妻双方在债务发生的相关文书（合同或承诺书）

上共同签名，表示对文书内容的认可，它是一种事先的书面同意。夫妻双方共同签字所生债务仅指意定之债，不包括法定之债，因为诸如侵权之债在内的法定之债是无法事先通过签字来决定其发生并予以承担的。

“夫妻一方事后追认”，指的是非债务人一方配偶对于债务人一方配偶单方负担的债务，表达“事后同意”。追认既可以是书面追认，也可以是口头追认，或通过其他形式表示。“夫妻一方事后追认”，从文义上看，不仅适用于意定之债，也适用于法定之债，如丈夫开车将第三人撞伤，妻子事后对伤者承诺，该债务她也会认可并共同清偿。

（二）日常家事代理之单方举债为夫妻共同债务

1. 日常家事代理

日常家事代理是指夫妻一方因日常事务而与第三人交往时，所为法律行为应当视为夫妻共同的意思表示，并由另一方承担连带责任的制度。日常家事代理是家庭法上一种特殊的法定代理，基于法律规定而产生。夫妻一方所为交易，法律为何要推定另一方同意？盖因其系为夫妻日常共同生活所必需，推定另一方同意并不会损及其利益，更有便捷交易、节省交易成本之功能。日常家事代理制度的关键点在于，夫妻一方所从事的交易是否属于满足夫妻日常生活需要的合理范围。

2. 家庭日常生活需要

首先，“家庭日常生活”与“家庭生活”不同。前者范围较小，且具有发生频率高、金额小的特点，而后者范围则要广泛得多，只要事关家庭成员共同利益，都可以称得上“家庭生活”。其次，“家庭日常生活”主要涉及家庭成员日常的吃穿住行以及基本的文体卫活动，如购买食品、衣服，支付房屋租金，购买车票，支付未成年子女的学费，支付家庭成员的医疗费；等等。需注意的是，“住”仅限于租房和按揭还款，不应包括购房、换房等大额交易。上述列举其他项目也一律不应包括奢侈性消费或过度消费，例如子女教育就不宜包括送子女去海外留学的费用支出。最后，家庭财产状况不同决定了“满足家庭日常生活需要”的标准不同，但就一般原则而言，对“满足家庭日常生活需要”应作严格解释，以保障非举债方的财产安全。家事代理权这种法定代理制度其适用范围必须进行严格限定。至于超出其外的、有夫妻合意举债表象的则可适用表见代理制度。

3. 债务性质与范围

首先，既然是基于代理所发生的债务，那么，该债务必然是基于法律行为所生之债，即意定之债，不包括法定之债。其次，日常家事代理之债不应包括借贷和担保。从比较法角度看，无论是法国，还是德国，满足家庭日常生活所需的家事代理权之适用范围，均将借贷排除在外。究其原因，主要是借贷与其他交易类型不同，后者是通过向第三者支付换取生活资料,直接满足家庭日常生活,这些标的物是否适合用于家庭日常生活,以及实际上是否用于了家庭日常生活,较易辨别;而借贷是举债人从第三者处取得货币,并非直接用于满足家庭日常生活,同时,货币作为一般等价物和流通物,其流转的便捷性无与伦比,举债人是否将借来的货币用于家庭日常生活,较难辨别,举债人配偶也很难去证明。至于担保,其纯属负担,并无利益可言,因此也应排除在日常家事代理之外。最后,单纯的数额标准不可取。在2018年最高人民法院《关于审理涉及夫妻债务纠纷案件适用法律有关问题的解释》出台后,有个别省出台指导意见,规定20万元以下的债务可以考虑作为"满足家庭日常生活"所负的债务。诚然,数额标准具有直观、可操性强的特点,故将20万元作为家事代理所生债务的上限,的确有指导价值,不过,切不可机械地根据债务数额来判定债务性质。

(三)用于夫妻共同生活、共同生产经营的大额单方负债亦为夫妻共同债务

1. 用于夫妻共同生活

何谓夫妻共同生活?凡事关夫妻共同利益者皆为夫妻共同生活,当然,以不违背另一方可推知意愿为限。一方面,无论是客观上的确增加了夫妻共同财产,还是主观上有为此目标举债,相关交易都可以称为"用于夫妻共同生活"。因为并非所有的夫妻一方所为交易在结果上都是盈利的,相反,完全可能是亏损的。因此,不能完全根据客观结果上的盈利与否、夫妻共同财产增加与否来判断交易是否为了夫妻共同生活。当然,对于"主观动机"要作严格解释,它并非完全取决于举债人的个人说辞,而是要遵循一般理性人标准,只有客观理性的第三人处于交易方配偶的位置,认为发生相关交易的确是为了夫妻双方共同利益,才能将该交易解释为用于夫妻共同生活。另一方面,即使客观上的确有利于夫妻共同财产的增加,也未必都属于"用于夫妻共同生活",如丈夫参加赌博活动,或者从事盗窃犯罪活动,虽然财产可能一时"增加",但相关活动不能认定为"为了夫妻共同生活",相关债务不应认定为夫妻共同债务。不过,对于夫妻一方从事不法行为给夫妻共同财产带来的增益部分,受害人(债权人)可要求返还。

2. 用于夫妻共同生产经营

何谓夫妻共同生产经营?两个关键词,"生产经营"和"共同",前者指向一切工商业活动,与家庭偶发的民事交易区别开来,后者指向双方亲自参与,与"一方从事工商业活动而另一方分享盈利"区别开来。当我们说某人从事生产经营时,通常指的是他或她投入资本(货币出资或其他财产出资),有时候还会投入智力和劳力(技术或劳动出资),也就是说,以货币出资或其他财产出资为主要标准,以技术或劳动出资为次要标准。据此,夫妻共同生产经营可以采取类型化的思维方式:(1)夫妻为同一公司或合伙企业的大股东或合伙人;(2)夫妻一方为公司大股东或合伙企业

合伙人，另一方为同一公司或合伙企业的董事、监事或高级管理人员；(3)夫妻一方为个人独资企业的股东，而另一方长期实际参与企业的生产经营管理；(4)夫妻一方负责特定项目的生产经营(如承包某建设工程的特定项目段)，另一方参与该特定项目的实际管理；等等。

需要强调的是，当夫妻一方从事生产经营(如与第三人合伙做生意)，所获部分利润用于家庭购买房屋、车辆等，客观上增加了夫妻共同财产时，该方在生产经营活动中的相关债务(尤其是借贷之债)，不宜径自认定为"用于夫妻共同生产经营"，而应当根据个案具体情况，认定相关债务是否属于"用于夫妻共同生活"。因为这种情形下，并不存在"夫妻共同生产经营"的法律事实。也就是说，不能将"夫妻共同生产经营"与"夫妻一方生产经营+共同受益"简单地画等号。

三、夫妻相互扶养义务

扶养是指在一定范围内的亲属之间相互供养和扶助的行为。扶养是一个广义的概念，发生在血亲关系中，也发生在配偶关系中。换句话说，既包括长幼辈分之间的赡养和抚养，也包括同一辈分或夫妻间的狭义扶养关系。

夫妻间的扶养义务是为维持双方婚姻生活乃至家庭共同生活所必需的义务，是一种强制性义务，不可通过契约规避或免除。具体地说，夫妻间的扶养义务要求夫妻在物质生活上相互帮助和照顾。

我国《民法典》婚姻家庭编第1059条规定："夫妻有相互扶养的义务。需要扶养的一方，在另一方不履行扶养义务时，有要求其给付扶养费的权利。"据此，这种扶养义务最终是一种金钱给付义务。违反扶养义务，可构成遗弃，可以成为离婚的法定事由之一，可以请求离婚损害赔偿，情节严重的，甚至可以构成遗弃罪。

四、夫妻财产继承权

夫妻财产继承权，是指夫妻相互继承对方死亡时遗留的个人财产的权利。它是以配偶身份关系为前提的一种财产权，既是民法继承制度的组成部分，又是夫妻权利义务中不可或缺的内容。这种财产性权利只存在婚姻存续期间，当然，在此期间，继承权只是一种期待性权利，即期待继承权。

在男尊女卑时代，妻子对丈夫的财产继承权要么没有，要么受到很大的限制。而在当代，绝大多数国家承认配偶双方具有平等的继承地位，互享财产继承权。有两种不同的模式：第一，将配偶作为独立的法定继承人，且多列为第一顺位，如英国；第二，不将配偶作为独立顺序的法定继承人，而作为随从顺序继承人，配偶有权与任何顺序的法定继承人共同参与继承，按法定比例分配遗产，如德国、瑞士、意大利等。《德国民法典》第1931条规定："当配偶与第一顺序血亲亲属共同继承时，继承遗产的四分之一;与第二顺序亲属或祖父母共同继承时,继承遗产的二分之一;无第一、第二顺序亲属或祖父母时,继承遗产的全部。"

我国《民法典》婚姻家庭编和《民法典》继承编对夫妻间财产继承权作了规定。夫妻和父母、子女一样,同为第一顺序继承人。须注意的是,夫或妻在继承对方遗产时,首先应当将夫妻共有财产进行分割,确定遗产的范围和数额后,再行财产继承程序。

司考真题

1. 甲乙夫妻的下列哪一项婚后增值或所得,属于夫妻共同财产?(2013 年卷三第 23 题)

A. 甲婚前承包果园,婚后果树上结的果实

B. 乙婚前购买的 1 套房屋升值了 50 万元

C. 甲用婚前的 10 万元婚后投资股市,得利 5 万元

D. 乙婚前收藏的玉石升值了 10 万元

答案:C

解析:夫妻共同财产与个人财产的区分。投资股市获利属于非孳息或自然增值,因此,属于夫妻共同财产。

2. 2000 年 3 月,甲、乙、丙开办一合伙企业,同年 6 月甲与丁结婚。2005 年 8 月,双方协议离婚,约定将合伙企业中甲的财产份额全部转让给丁。下列哪些说法不正确?(2005 年卷三第 63 题)

A. 合伙企业中甲的财产份额属于夫妻共同财产

B. 如乙、丙同意,丁依法取得合伙人的地位

C. 如乙、丙不同意丁入伙,必须购买该财产份额

D. 合伙企业应清算,丁分得甲应得财产份额

答案:ACD

解析:夫妻共同财产与个人财产的区分、入伙制度、合伙财产份额转让。婚前个人取得的财产,不属于夫妻共同财产,因此 A 错误。

3. 甲于 1990 年与乙结婚,1991 年以个人名义向其弟借款 10 万元购买商品房一套,夫妻共同居住。2003 年,甲乙离婚。甲向其弟所借的钱,离婚时应如何处理?(2004 年卷三第 15 题)

A. 由甲偿还

B. 由乙偿还

C. 以夫妻共同财产偿还

D. 主要由甲偿还

答案:C

解析:夫妻一方在婚姻关系存续期间以个人名义为家庭日常生活需要所负的债务,属于夫妻共同债务,应当以夫妻共同财产偿还。

4. 王某与周某结婚时签订书面协议,约定婚后所得财产归各自所有。周某婚后即辞去工作在家奉养公婆,照顾小孩。王某长期在外地工作,后与李某同居,周某得知后向法院起诉要求离婚。周某的下列哪些请求可以得到法院的支持?(2004 年卷三第 61 题)

A. 由于自己为家庭生活付出较多义务,请求王某予以补偿

B. 由于自己专门为家庭生活操持,未参加工作,请求法院判决确认双方约定婚后所得归各自所有的协议显失公平,归于无效

C. 由于离婚后生活困难,请求王某给予适当帮助

D. 由于王某与他人同居导致双方离婚,请求王某给予损害赔偿

答案:ACD

解析:离婚经济帮助、离婚经济补偿、离婚损害赔偿、夫妻忠实义务。夫妻忠实义务违反,情形严重者,也仅能在离婚时请求损害赔偿。

5. 甲乙是夫妻,甲在婚前发表小说《昨天》,婚后获得稿费。乙在婚姻存续期间发表了小说《今天》,离婚后第二天获得稿费。甲在婚姻存续期间创作小说《明天》,离婚后发表并获得稿费。下列哪一选项是正确的?(2007 年卷三第 16 题)

A.《昨天》的稿费属于甲婚前个人财产

B.《今天》的稿费属于夫妻共同财产

C.《明天》的稿费属于夫妻共同财产

D.《昨天》、《今天》和《明天》的稿费都属于夫妻共同财产

答案:B

解析:夫妻在婚姻关系存续期间所获得的知识产权的收益属于夫妻共同财产,判断知识产权的收益是否为夫妻共同财产应以该项收益的取得或明确是否在婚姻关系存续期间内为标准。

6. 周某与妻子庞某发生争执,周某一记耳光导致庞某右耳失聪。庞某起诉周某赔偿医药费 1000 元、精神损害赔偿费 2000 元,但未提出离婚请求。下列哪一选项是正确的?(2007 年卷三第 17 题)

A. 周某应当赔偿医疗费和精神损害

B. 周某应当赔偿医疗费而不应赔偿精神损害

C. 周某应当赔偿精神损害而不应赔偿医疗费

D. 法院应当不予受理

答案:D

解析:离婚损害赔偿、婚内财产制(原则上不予分割、不可相互求偿)。

7. 张某和柳某婚后开了一家美发店,由柳某经营。二人自2005年6月起分居,张某于2005年12月向当地法院起诉离婚。审理中查明,柳某曾于2005年9月向他人借款2万元用于美发店的经营。下列哪些选项是正确的?(2007年卷三第67题)

A. 该美发店属于夫妻共同财产

B. 该债务是夫妻共同债务,应以共同财产清偿

C. 该债务是夫妻共同债务,张某应承担一半的清偿责任

D. 该债务系二人分居之后所负,不是用于夫妻共同生活,应由柳某独自承担清偿责任

答案:AB

解析:本题中柳某借款是为了夫妻共有的美发店的经营,因此该债务属于夫妻共同债务,应以共同财产清偿。

8. 甲、乙结婚的第10年,甲父去世留下遗嘱,将其拥有的一套房子留给甲,并声明该房屋只归甲一人所有。下列哪一表述是正确的?(2009年卷三第20题)

A. 该房屋经过8年婚后生活即变成夫妻共有财产

B. 如甲将该房屋出租,租金为夫妻共同财产

C. 该房屋及租金均属共同财产

D. 甲、乙即使约定将该房屋变为共同财产,其协议也无效

答案:B

解析:甲将作为个人财产的房屋出租后取得的租金属于夫妻一方以个人财产投资取得的收益,此种收益属于夫妻共同财产。

9. 甲与乙结婚多年后,乙患重大疾病需要医治,甲保管夫妻共同财产但拒绝向乙提供治疗费,致乙疾病得不到及时治疗而恶化。下列哪一说法是错误的?(2012年卷三第23题)

A. 乙在婚姻关系存续期间,有权起诉请求分割夫妻共同财产

B. 乙有权提出离婚诉讼并请求甲损害赔偿

C. 乙在离婚诉讼中有权请求多分夫妻共同财产

D. 乙有权请求公安机关依照《治安管理处罚法》对甲予以行政处罚

答案:C

解析:《婚姻法司法解释三》第4条规定:“婚姻关系存续期间,夫妻一方请求分割共同财产的,人民法院不予支持,但有下列重大理由且不损害债权人利益的除外:……(二)一方负有法定扶养义务的人患重大疾病需要医治,另一方不同意支付

相关医疗费用的……”乙患重大疾病需要医治，甲保管夫妻共同财产但拒绝向乙提供治疗费，A正确。《民法典》婚姻家庭编第1091条规定：“有下列情形之一，导致离婚的，无过错方有权请求损害赔偿：(一)重婚；(二)与他人同居；(三)实施家庭暴力；(四)虐待、遗弃家庭成员；(五)有其他重大过错。”甲对乙构成遗弃，乙有权请求离婚并请求损害赔偿。B正确。《治安管理处罚法》第45条规定：“有下列行为之一的，处五日以下拘留或者警告：(一)虐待家庭成员，被虐待人要求处理的；(二)遗弃没有独立生活能力的被扶养人的。”D正确。

———— 拓展阅读 ————

1. 张伟、叶名怡：《离婚时夫妻所持公司股权分割问题研究》，载《法商研究》2009年第3期。
2. 叶名怡、张伟：《离婚案件中三类特殊共有财产分割探析》，载《法学杂志》2009年第11期。
3. 潘皞宇：《以生育权冲突理论为基础探寻夫妻间生育权的共有属性——兼评“婚姻法解释(三)”第九条》，载《法学评论》2012年第1期。
4. 叶名怡：《法国法上通奸第三者的侵权责任》，载《华东政法大学学报》2013年第5期。

———— 域外立法例 ————

1. 家事代理权

《德国民法典》第1357条(为满足生活需求的事务)：(1)婚姻的任何一方均有权处理使家庭的生活需求得适当满足并且效力也及于婚姻对方的事务。婚姻双方通过此种事务而享有权利和承担义务，但是如果根据情况得出另外的结论的则除外。(2)婚姻一方可以限制或排除婚姻另一方处理效力及于自己事务的权利；如果此种限制或排除无充足理由，则经申请，由监护法院撤销之。此种限制或排除仅依照本法第1412条的规定相对于第三人有效(第1412条规定的是争议发生后婚姻合同对此种限制已经登记或已为该第三人所知，才对第三人有效)。

《法国民法典》第220条：夫妻各方均有权单独订立以维持家庭日常生活与教育子女为目的的合同。夫妻一方依此缔结的债务对另一方具有连带约束力。但是，依据家庭生活状况，所进行的活动是否有益以及缔结合同的第三人是善意还是恶意，对明显过分的开支，不发生此种连带责任。以分期付款方式进行的购买以及借贷，如未经夫妻双方同意亦不发生连带责任；但如此种购买与借贷数量较少，属于家庭日常生活之必要，不在此限。

2. 共有财产的范围

《德国民法典》第1416条(共有财产的范围)：(1)夫的财产和妻的财产因财产共同制而成为双方共同的财产(共同财产)。夫或妻在财产共同制存续期间所取得的财产，也属于共同财产。(2)各个标的成为共同的；无须以法律行为转让之。(3)已登记于土地登记簿或可登记于土地登记簿的权利，成为共同的权利的，配偶任何一方可以向另一方请求协助更正土地登记簿。已登记于船舶登记簿或建造中船舶的登记簿的权利，成为共同的权利的，准用前句的规定。

《法国民法典》第 1402 条：任何财产，无论动产还是不动产，如不能证明其依据法律之规定，属于夫妻一方的自有财产者，均视为共同财产。

3. 自有财产

《法国民法典》第 1403 条第 1 款：夫妻各方对个人的自有财产保留完全的所有权。

《法国民法典》第 1404 条：以下财产，即使是在婚姻期间取得，依其性质，仍构成个人自有财产：(1)属于夫妻一方使用的衣、被及其他布织品；(2)对本人受到的身体或精神伤害请求赔偿之诉权；(3)不得让与的债权与抚恤金；(4)以及，一般言之，具有人身性质的所有财产以及专与人身相关的一切权利。

《法国民法典》第 1405 条：夫妻双方在举行结婚之日各自拥有所有权或各自占有的财产，各自于婚姻期间因继承、赠与或遗赠而取得的财产，仍为个人的自有财产。

《德国民法典》第 1418 条(保留财产)：(1)保留财产被排除在共同财产之外。(2)保留财产是具有下列情形的标的：①被夫妻财产合同宣布为属于配偶一方的保留财产的标的；②配偶一方死因取得的标的或第三人向其无偿给予的标的，但以被继承人以终意处分或该第三人在给予时指定该项取得应属于保留财产为限；③配偶一方根据属于其保留财产的权利，或作为对属于保留财产标的的毁坏、损坏或侵夺的补偿，或因与保留财产有关的法律行为而取得的标的。(3)配偶任何一方独立地管理其保留财产。配偶任何一方为自己的计算而管理其保留财产。配偶任何一方为自己的计算而管理其保留财产。(4)财产标的属于保留财产的，前款所规定的管理仅依照第 1412 条而对第三人有效力。

4. 夫妻财产约定

《德国民法典》第 1408 条(婚姻合同——合同自由原则)：婚姻双方可以通过合同(婚姻合同)规定其婚姻财产关系，特别是在结婚后对婚姻财产予以撤销或变更。

《德国民法典》第 1410 条(婚姻合同的形式)：订立婚姻合同必须双方同时在场并由公证人记录。

《德国民法典》第 1412 条(财产约定对第三人的效力)：(1)如果婚姻双方派出或变更法定婚姻财产制，则对于婚姻一方与第三人之间所采取的法律行为，只在婚姻合同在采取上述法律行为之时已在主管的初级法院的婚姻财产制登记簿上登记或已为该第三人所知的情形，婚姻双方得以此针对第三人对该法律行为提出异议；对于对婚姻一方与第三人之间的争议所作的已发生法律效力的判决，只在该法律争议进入诉讼程序时婚姻合同已经登记或者已为该第三人所知的情形，方允许提出异议。(2)此规定同样适用于婚姻双方以婚姻合同对一项已经登记在婚姻财产制登记簿上的有关婚姻财产制关系的规定所作的撤销或变更。

《德国民法典》第 1563 条(查阅登记簿——副本)：任何人均得被准许查阅登记簿。可以索要登记簿的副本；经要求可以对副本予以认证。

讨论题

1. 如何看待同居义务和婚内强奸?

2. 如何理解忠实义务与婚姻损害赔偿制度的衔接？
3.《婚姻法司法解释三》的个人本位是否削弱了婚姻的伦理性？
4. 如何理解《民法典》婚姻家庭编关于夫妻共同债务的规定？

第六章　离 婚 制 度

学习目标

了解离婚的基本概念、特征和离婚制度的历史沿革。掌握协议离婚和诉讼离婚的条件、程序及相关问题。全面掌握离婚的法律效力,包括在夫妻身份关系、父母子女关系和夫妻财产关系方面的法律效力。熟知:夫妻共同财产的认定、财产分割的原则与方法,夫妻共同债务的清偿,离婚经济帮助制度、离婚经济补偿制度和离婚损害赔偿制度的具体内容,关注《民法典》婚姻家庭编的修订内容。

第一节　概　　述

一、离婚的概念和法律特征

(一)离婚的概念

离婚是婚姻关系终止的原因之一,是指夫妻双方按照法定的条件和程序终止合法有效的婚姻关系的民事法律行为。婚姻关系的终止是指因特定法律事实的发生,合法有效的婚姻关系归于消灭。婚姻关系终止的原因包括:因配偶死亡而终止;因离婚而终止。因此,离婚仅是婚姻关系终止的原因之一。

(二)离婚的法律特征

1. 主体特定

离婚的主体是夫妻双方,离婚法律行为的意思表示应当由夫妻双方本人做出。无论是协议离婚还是诉讼离婚,都应当由夫妻双方本人做出意思表示。协议离婚中,夫妻双方应当亲自到婚姻登记机关申请离婚。诉讼离婚中,无论是否有诉讼代理人,夫妻双方本人都应当亲自出庭,本人不能表达意志的除外。确因特殊情况无法出庭的,应当向法院提交书面意见。

2. 前提特定

离婚以合法有效的婚姻关系为前提。也就是说，离婚的前提是“有婚可离”，这是离婚与无效婚姻、被撤销婚姻、同居的重要区别。无效婚姻、被撤销婚姻和同居都没有合法有效的婚姻关系，因此不能够离婚。未办理结婚登记即以夫妻名义共同生活的男女，起诉到人民法院要求离婚的，应当区别对待：1994 年 2 月 1 日民政部《婚姻登记管理条例》公布实施以前，男女双方已经符合结婚实质要件的，按事实婚姻处理；1994 年 2 月 1 日民政部《婚姻登记管理条例》公布实施以后，男女双方符合结婚实质要件的，人民法院应当告知其在案件受理前补办结婚登记；未补办结婚登记的，按解除同居关系处理。

3. 程序和条件特定

离婚需要按照法律规定的程序和条件进行。协议离婚和诉讼离婚均有特定的程序和条件，正如结婚需要经过法定的程序和条件一样，离婚也需要满足相应的程序和条件，不经过公权力机关而私自解除婚姻关系不具有法律效力。

二、离婚制度的历史沿革

离婚制度的历史发展经历了漫长的过程，呈现不同的历史发展形态。

（一）外国离婚制度的历史沿革

1. 禁止离婚主义

禁止离婚主义是指婚姻是不可以离异的，婚姻关系不得人为解除，法律禁止双方生存期间解除婚姻关系的立法主张。中世纪的欧洲盛行着禁止离婚主义，禁止离婚对近代社会也产生了影响，至今仍然有少数国家禁止离婚。

禁止离婚的主要原因是基于基督教的教义，基督教认为婚姻是上帝的选择，是神的意志，人类不能违背神的意志解除婚姻关系。婚姻是神作之合，人类不得离之。恩格斯指出：“婚姻的不可离异性，部分的是一夫一妻所赖以产生的经济状况的结果，部分的是这种经济状况和一夫一妻之间的联系还没有被正确理解并且被宗教加以夸大的那个时代留下来的传统。”[1]基督教在公元 4 世纪被罗马帝国宣布为国教之后得到了迅速发展，教会至高无上的权力和地位促成了教会法的形成。教会法涉及教会组织、教徒的宗教和道德生活等多个方面，教会法直接约束着婚姻家庭的多个方面。“婚姻不可离异”就是由基督教分化出的天主教所信奉的准则。《新约全书》提及：“那起初造人的，是造男造女，因此，人们要离开父母与妻子结合，二人成为一体。既然如此，夫妻不再是两个人，乃是一体的了。所以，神配合的，人不

---

〔1〕《马克思恩格斯全集》（第 21 卷），人民出版社 1965 年版，第 96 页。

可分开。”[2]除此之外,禁止离婚还基于道德原因以及未成年人利益的考虑,其认为离婚是不道德的行为,父母的离婚会对子女的利益产生不利影响。

基督教坚持一夫一妻和婚姻不得解除的原则受到了现实中夫妻冲突的挑战,夫妻关系的恶化以致不能共同生活时,禁止离婚往往导致更为严重的家庭冲突。因此,教会法采用宣告婚姻无效、设立未完成婚的“消解制度”以及别居制度作为禁止离婚的补救。宣告婚姻无效是以欠缺结婚意思、近亲婚等事由拟制婚姻不成立。未完成婚是指举行结婚仪式但未发生性关系,以婚姻未完成否认婚姻的存在。别居制度也称为桌床离异,在夫妻关系存在的前提下,夫妻分开居住,免除夫妻同居义务,别居者不得再婚。因此别居制度可谓是离婚的替代产物。

禁止离婚主义所造成的现实家庭的不和谐使禁止离婚主义受到质疑,发端于16世纪的宗教改革,自然法思想和教会法思想产生了激烈碰撞和斗争,“婚姻还俗运动”使婚姻的立法权、司法权从教会回归国家,教会法的地位开始动摇,禁止离婚主义开始衰落。随着现代文明和法律制度的发展,禁止离婚主义已经被大多数国家摒弃。

2. 许可离婚主义

许可离婚主义对应禁止离婚主义,即在符合一定条件的前提下,允许解除婚姻关系的立法主张。许可离婚主义经历了自身发展演变的过程。主要包括专权离婚主义、限制离婚主义和自由离婚主义。

(1)专权离婚主义。专权离婚主义是指离婚权由丈夫享有,妻子不享有离婚权或者妻子的离婚权受到严格限制的立法主张。专权离婚主义盛行于奴隶社会和封建社会,古巴比伦王国《汉谟拉比法典》规定,丈夫可因妻子通奸、不育以及浪费家财等理由离弃她,可以在负债时出卖妻子或者将妻子交给债权人抵债。《古兰经》规定,男人的权利比妇女高一级,男人至多可以娶四个妻子,丈夫可以休妻。中国古代的出妻制度也是专权离婚的体现。专权离婚是男女社会地位和经济地位不平等的表现,离婚作为男子的特权表明了男尊女卑的社会价值观。

(2)限制离婚主义。限制离婚主义是指法律允许离婚,但是法律对离婚的条件和程序作出限制的立法主张。资产阶级革命的胜利,自由、平等、天赋人权等思想广泛传播,法律认可婚姻是民事契约,离婚自由的同时应当对离婚予以严格限制。婚姻的不可离异性被否认,男女享有平等的离婚权。限制离婚主义又被称为“有因离婚”,男女双方都有离婚请求权,符合法律规定的离婚理由和条件,双方才可以离婚。其经历了从有责离婚主义到无责离婚主义的发展过程。

第一,有责离婚主义。有责离婚主义也称过错离婚主义,其以夫妻一方存在过

---

[2] 《新约全书》,英文新国际1984年版,马太福音第19章第4~6节。

错行为为前提，离婚是对婚姻中过错方的惩罚和对无过错方的补偿。离婚的权利主体是无过错方，有过错方不得提出离婚。通常在一方有严重过错时，无过错方可以请求离婚，这种严重过错主要包括通奸、被判重罪、虐待、遗弃、重婚、谋害配偶、吸毒、嗜赌等。

第二，无责离婚主义。无责离婚主义也称为干扰主义、目的主义，是指因一定客观事实的存在，而非因当事人的过错，从而使婚姻的目的无法实现，当事人可以据此提出离婚的主张。这种客观事实主要包括一方有生理缺陷、患有严重的精神疾病或恶性疾病、生死不明、夫妻分居达到一定期限等。

(3)自由离婚主义。自由离婚主义是指允许根据夫妻双方或一方的意愿离婚，法律不要求必须具备一定理由的立法主张，又被称为平权离婚主义。自由离婚主义和限制离婚主义相对应，尊重和保护个人的离婚权，尊重当事人离婚的合意，在维护个人利益和社会利益中寻求了平衡。在双方未能就离婚达成合意，一方请求离婚，另一方有明显过错或有其他原因使得夫妻无法共同生活的，法律允许双方解除婚姻关系。第二次世界大战之后资本主义国家在离婚改革中确立了婚姻破裂的离婚原则。离婚逐渐不再被用作对过错方的惩罚，越发走向对婚姻破裂事实的认定。只要婚姻无可挽回地破裂或者夫妻无法继续共同生活，法律则准予离婚，这被称为破裂主义或破绽主义。从世界各国的立法来看，绝大多数国家和地区的离婚法是婚姻破裂主义与有责主义的结合，从限制离婚主义向自由离婚主义不断过渡。可以说，近现代社会的离婚制度经历了从“有责主义”向“无责主义”再向“破裂主义”发展的趋势。

(二)我国离婚制度的历史沿革

1. 我国古代的离婚制度

我国奴隶社会和封建社会中的离婚制度主要是专权离婚制度。以男性为中心的宗法家族制使男性享有离婚专权。我国古代主要的离婚方式包括七出、和离、义绝、诉离。

(1)七出。“七出”源于奴隶社会末期，在封建社会加以固定，是典型的男子专权离婚制度，体现了男性的权利本位。“七出”又称为出妻、休妻、弃妻，包括七种允许男子休妻的理由，《大戴礼记·本命篇》云：“妇有七出：不顺父母去，无子去，淫去，妒去，有恶疾去，多言去，盗窃去。不顺父母，为其逆德也。无子，为其绝世也。淫，为其乱族也。妒，为其乱家也。有恶疾，为其不可共粢盛也。多言，为其离亲也。盗窃，为其反义也。”妻子违反“七出”中的任何一条，丈夫就可以休弃她。但是如果妻子有“三不去”的情形，则丈夫不可以依据“七出”而休妻。《大戴礼记·本命篇》云：“妇有三不去：有所取无所归，不去。与更三年丧，不去。前贫后富贵，不去。”妻子若无娘家可归，给公婆服过三年丧，曾与丈夫一起贫贱后来富贵的，均不能被休弃。

(2)和离。和离即两愿离婚，夫妻双方可以协商解除婚姻关系。《唐律·户婚律》云："若夫妻不相安谐而和离者，不坐。"夫妻感情不和，可以自愿协议离婚，不会因此受到惩罚。在不具备"七出"的情形时，男方提出离婚，女方也同意的，法律允许双方离婚。然而，和离并不能完全实现男女离婚权的平等，女性由于缺乏经济保障，并受到贞操观念和"三从四德"观念的约束，往往无法实现真正的和离。离婚权仍然主要由男性掌握，因此，和离并不是现代意义的协议离婚。

(3)义绝。义绝是我国封建社会的一种强制离婚制度，因夫妻之间或夫妻与对方的亲属之间发生严重的伤害或杀害行为而导致婚姻关系被强制解除。《唐律疏议》规定义绝的事由有五项：第一，丈夫殴打妻子的祖父母、父母或杀害妻子的外祖父母、伯叔父母、兄弟、姑、姐妹。第二，夫妻双方的祖父母、父母、外祖父母、伯叔父母、兄弟、姑、姐妹自相杀害。第三，妻子殴打辱骂丈夫的祖父母、父母或杀伤丈夫的外祖父母、伯叔父母、兄弟、姑、姐妹。第四，妻子与丈夫的缌麻以上亲属相奸或丈夫与妻子的母亲相奸。第五，妻子欲杀害丈夫。有前述任何一项事由的，经官府处断，夫妻的婚姻关系强行解除，否则会受到处罚。《唐律·户婚律》规定："诸犯义绝者离之。违者徒一年。"《明律》规定："若犯义绝应离而不离者，杖八十。"到民国初年，义绝制度仍然被北洋军阀政府大理院判例所沿用。

(4)诉离。诉离是基于特定原因的呈诉离婚，由夫妻一方向官府诉请离婚，由官府判决离婚。男方诉请离婚的理由有"妻背夫在逃""男妇虚执翁奸""妻杀妾子""妻魇魅其夫""妻殴夫"等。女方诉请离婚的理由有"夫抑勒或纵容妻与人通奸""夫逃亡三年不还""夫典雇妻妾""翁欺奸男妇""夫殴妻至折伤以上"等。

2. 我国近代的离婚制度

清末颁布的《大清现行刑律》作为一部诸法合体的法律，对婚姻家庭关系的规范与之前的规范基本没有差异。1911 年，"民律草案"对离婚制度的规定有所变化，但该草案并未公布实施。1930 年，国民党政府公布民法亲属编，将离婚分为两愿离婚和判决离婚。

(1)两愿离婚。两愿离婚是对和离制度的继承，采取民间协议的方式。《中华民国民法》第 1049 条规定："夫妻两愿离婚者，得自行离婚，但未成年人，应得法定代理人之同意。"第 1050 条规定了形式要件："两愿离婚应以书面为之，有二人以上证人之签名，并应向户政机关为离婚之登记。"夫妻双方两愿离婚的原因不是法律关注的对象，只要夫妻双方就离婚达成一致，即可离婚。

(2)判决离婚。判决离婚采用过错原则，法律对判决离婚的理由作出了规定。《中华民国民法》第 1052 条规定："重婚者；与人通奸者；夫妻之一方受他方不堪同居之虐待者;妻对夫之直系尊亲属之虐待,至不堪为共同生活者;夫妻之一方以恶意遗弃他方在继续状态中者;夫妻之一方意图杀害他方者;有不治之恶疾者;有重大不治之精神病者;生死不明已逾3年者;被判处3年以上之徒刑或因犯不名誉之罪被处徒刑者。”只要具备上述条件之一,无过错方即可诉请离婚,有过错的一方不得请求离婚。无过错方诉请离婚受到时效的限制,对第1项和第2项,无过错方事前同意或事后宥恕,或者知悉后已逾6个月,或者自情事发生已逾2年的,丧失离婚请求权。对第6项至第10项原因,自知悉后已逾1年,或者自情事发生已逾5年的,丧失离婚请求权。判决离婚的法律后果包括:第一,子女监护适用两愿离婚的规定,但法院为子女利益,得酌定监护人。第二,夫妻一方因判决离婚而受到损害时,无过错方可向有过错方请求给予财产或者非财产损害赔偿。第三,无过错方如因离婚而陷入生活困难的,对方应当给予一定数额的赡养费。第四,离婚后,双方取回各自固有财产,婚姻存续期间交给夫管理的妻之财产,如有短缺且有可归责于夫的理由,夫得予以补足。

3. 我国现代的离婚制度

我国现代的离婚制度是新中国成立之后的离婚制度。1950年《婚姻法》是新中国成立之后的第一部婚姻法,其对离婚制度作了系统的规定。该法确立了离婚的四项原则,即离婚自由原则、反对轻率离婚原则、保护未成年人合法权益原则、保护妇女合法权益原则。

1980年《婚姻法》对1950年《婚姻法》作出了修改,将“夫妻感情确已破裂”作为法院判决离婚的实质条件。1980年《婚姻法》公布之后,1986年民政部发布实施了《婚姻登记办法》,1994年2月1日《婚姻登记管理条例》颁布,这些构成了1980年《婚姻法》的基本离婚规范。

2001年,第九届全国人民代表大会常务委员会第二十一次会议通过了《关于修改〈中华人民共和国婚姻法〉的决定》,对1980年《婚姻法》作出了修正。对离婚方面所作的修正主要包括:第一,补充了认定感情确已破裂的情形。第二,补充了一方被宣告失踪,另一方诉请离婚,应当准予离婚的规定。第三,修改了现役军人配偶请求离婚的规定。第四,补充女方终止妊娠后6个月内,男方不得提出离婚。第五,补充离婚后不直接扶养子女的父或母有探望子女的权利。第六,夫妻财产分割中,夫妻土地承包经营权的规定。第七,补充了离婚经济补偿的规定。修订后的《婚姻法》与《婚姻法司法解释一》、《婚姻法司法解释二》、《婚姻法司法解释三》等司法解释以及相关的条例等均涉及对离婚制度的规定,构成了离婚制度较为全面系统的规定。

我国长期以来处理离婚问题的指导思想是保障离婚自由、反对轻率离婚、保护妇女、儿童和老年人的合法权益。《民法典》婚姻家庭编第1041条第3款增加了保护残疾人合法权益的原则性规定。保障离婚自由是由婚姻关系的本质决定的,婚姻的缔结以双方的自愿和感情为基础,当双方感情消失,婚姻就失去了存在的基础。只有充分保障双方的离婚自由才能够使男女双方从痛苦中解脱出来,建立新的婚姻家庭关系。离婚自由不仅仅保障了男女双方的个人利益,还有利于社会的稳定与和谐。

反对轻率离婚与保障离婚自由是相辅相成的。保障离婚自由不是对当事人的离婚自由没有任何限制。离婚应当秉持谨慎的态度,经过深思熟虑,而不能轻率离婚,轻率离婚与保障离婚自由的目的是相违背的。对离婚条件和程序的规定既体现了保障离婚自由,也体现了反对轻率离婚。保障离婚自由与反对轻率离婚应当并重,共同作为离婚制度的核心和指导思想。

第二节 协议离婚

协议离婚又称为登记离婚或自愿离婚,是指夫妻双方在协商一致的基础上,按照行政程序解除婚姻关系的离婚方式。协议离婚是较为简便的离婚方式,这种离婚方式成本低,充分尊重当事人的意愿,不追究离婚的理由和细节,不激化矛盾,能够保护当事人的隐私,有利于双方在离婚后继续建立良好的关系。只要离婚协议书是当事人的真实意愿表达,且不违反法律、社会公共利益和公序良俗,就能够在较短的时间内完成离婚。因此,我国目前选择协议离婚来解除婚姻关系的人占了离婚总人口的绝大多数。1804 年《法国民法典》首次以法典的形式规定了协议离婚,各国对协议离婚的具体程序和方式的规定有所不同,但基本都以尊重当事人的意愿,谨慎对待离婚,保护子女和女性利益,符合法定程序等作为指导。

一、协议离婚的条件

《民法典》婚姻家庭编第 1076 条规定了协议离婚的条件:"夫妻双方自愿离婚的,应当签订书面离婚协议,并亲自到婚姻登记机关申请离婚登记。离婚协议应当载明双方自愿离婚的意思表示和对子女抚养、财产以及债务处理等事项协商一致的意见。"

第一,以存在合法有效的婚姻关系为前提。《民法典》婚姻家庭编第 1076 条在规范用语上更趋精准,将《婚姻法》第 31 条中的"男女"改为"夫妻",离婚的前提条件是男女两性间已经确立了合法有效的婚姻关系,双方具有配偶身份关系,称为"夫妻"更为准确。

第二,夫妻双方具有完全民事行为能力。协议离婚的双方具有完全民事行为能力是民事法律行为的基本要求,只有具有完全民事行为能力的人才能够决定自己婚姻关系的解除与否、财产分割和子女抚养等问题。无民事行为能力或限制民事行为能力人不能采用协议离婚方式,只能用诉讼离婚方式解除婚姻关系,并由其法定代理人代理。

第三,双方意思表示真实,达成离婚的合意。依据《民法典》婚姻家庭编第 1076 条,夫妻双方协议离婚应当完全自愿,且应当签订书面离婚协议。协议离婚双方对离婚与否以及相关的财产分割和子女抚养的意思表示需真实且一致,没有受到欺诈或胁迫,没有重大误解,这是双方法律行为的基本要求。

第四,签订书面离婚协议。《民法典》婚姻家庭编第 1076 条删除了《婚姻法》第 31 条"准予离婚"的表述,增加了"应当签订书面离婚协议"。这将协议离婚的条件在《民法典》中进一步明确,签订书面离婚协议是协议离婚的必备条件。夫妻双方自愿离婚的,不能直接准予离婚,而应当具备一定的条件。这不仅改变了《婚姻法》第 31 条"男女双方自愿离婚的,准予离婚"的规定,也与《民法典》"协议离婚冷静期"的规定相协调,自愿离婚并不能直接准予离婚。

《民法典》婚姻家庭编第 1076 条中增补了第 2 款,说明了书面离婚协议的内容,包括两个方面:一是双方自愿离婚的意思表示;二是对子女抚养、财产分割、债务处理等事项达成协商一致的意见。在离婚协议书中,双方应当就夫妻共同财产的分割,共同债务的清偿,对困难一方的经济帮助,子女由谁直接抚养,子女生活费与教育费等费用的给付数额、方式和期限,探望权的行使方式等事项达成一致。离婚协议书需由双方当事人签字或盖章。

第五,书面离婚协议的内容合法。离婚协议的内容应当符合法律法规的规定,不得违反法律法规的强制性规定,不得损害国家、集体和第三人的利益,不得违反社会公序良俗。

二、协议离婚的程序

我国内地协议离婚需要按照行政程序进行,夫妻双方需要办理离婚登记手续。依据《民法典》婚姻家庭编第 1077、1078、1080 条,2003 年《婚姻登记条例》第 2～14、17 条,协议离婚应当符合以下程序。

(一)申请

协议离婚的第一步需由男女双方到婚姻登记机关申请离婚登记。内地居民自愿离婚的,男女双方应当共同到一方当事人常住户口所在地的婚姻登记机关办理离婚登记。中国公民同外国人在中国内地自愿离婚的,内地居民同香港特别行政区居民、澳门特别行政区居民、台湾地区居民、华侨在中国内地自愿离婚的，男女双方应当共同到内地居民常住户口所在地的婚姻登记机关办理离婚登记。

内地居民办理婚姻登记的机关是县级人民政府民政部门或者乡（镇）人民政府，省、自治区、直辖市人民政府可以按照便民原则确定农村居民办理婚姻登记的具体机关。中国公民同外国人，内地居民同香港特别行政区居民、澳门特别行政区居民、台湾地区居民、华侨办理婚姻登记的机关是省、自治区、直辖市人民政府民政部门或者省、自治区、直辖市人民政府民政部门确定的机关。

内地居民申请离婚登记需要的证件和证明材料包括本人户口簿、居民身份证、内地婚姻登记机关或中国驻外使（领）馆颁发的结婚证、双方当事人共同签署的离婚协议书、双方的近期照片。香港特别行政区居民、澳门特别行政区居民、台湾地区居民还应当出具本人的有效通行证、身份证，华侨、外国人还应当出具本人的有效护照或者其他有效国际旅行证件。

（二）撤回

《民法典》婚姻家庭编第 1077 条规定："自婚姻登记机关收到离婚登记申请之日起三十日内，任何一方不愿意离婚的，可以向婚姻登记机关撤回离婚登记申请。前款规定期限届满后三十日内，双方应当亲自到婚姻登记机关申请发给离婚证；未申请的，视为撤回离婚登记申请。"这是针对"离婚冷静期"或者"离婚熟虑期"的规定，"离婚冷静期"是指夫妻双方自愿申请离婚，自婚姻登记机关收到申请之日起一定期间内，任何一方都可以撤回离婚申请、终结离婚程序的冷静思考期间。"离婚冷静期"不是离婚审查期，这以离婚自由自愿为前提，给予夫妻双方自登记机关收到离婚登记申请之日起 30 日的时间。通过设置一个期间，让夫妻双方深思熟虑，从而避免申请即可离婚。在此期间内，任何一方都享有撤回权，可以撤回离婚登记申请，从而使离婚冷静期结束。此立法的目的在于避免轻率离婚、冲动离婚，维护婚姻家庭的稳定性，保护未成年人的权益。如果经过离婚冷静期，夫妻双方仍然确定离婚，应当亲自到婚姻登记机关申请发给离婚证。

（三）审查与登记

《民法典》婚姻家庭编第 1078 条规定："婚姻登记机关查明双方确实是自愿离婚，并已经对子女抚养、财产以及债务处理等事项协商一致的，予以登记，发给离婚证。"婚姻登记机关应当对离婚登记当事人出具的证件、证明材料进行审查并询问相关情况，应当向当事人说明《民法典》关于协议离婚的条件，询问当事人的离婚意愿以及对离婚协议内容的意愿。对当事人确属自愿离婚，并已对子女抚养、财产、债务等问题达成一致处理意见的，应当予以登记，发给离婚证。

当事人应当向婚姻登记机关提供真实有效的证明材料。结婚证、离婚证遗失或者损毁的,当事人可以持户口簿、身份证向原办理婚姻登记的机关或者一方当事人常住户口所在地的婚姻登记机关申请补领。婚姻登记机关对当事人的婚姻登记档案进行查证,确认属实的,应当为当事人补发结婚证、离婚证。完成离婚登记,发给离婚证,即解除婚姻关系。

第三节　诉讼离婚

一、诉讼离婚制度概述

诉讼离婚又被称为裁判离婚、判决离婚,是指夫妻基于法定的理由,向法院提出离婚诉讼,由法院判决或者调解而解除婚姻关系的法律制度。诉讼离婚有直接强制力。在协议离婚中,当事人达成协议,但一方不履行,需由一方向人民法院起诉,经判决后方可强制执行。一方不履行已生效的诉讼离婚的判决书或调解书,另一方可以直接申请强制执行。

诉讼离婚的立法例主要包括:

按照立法原则区分,可以分为有责主义、无责(目的)主义和破裂主义。有责主义以一方有法定的过错作为另一方提出离婚的理由。无责(目的)主义以违背婚姻目的的事由作为婚姻关系解除的理由,如精神病久治不愈、失踪达一定期限、不能人道等。破裂主义以婚姻关系的破裂作为离婚的理由或依据。

按照离婚理由的表现形式区分,可以分为列举主义、概括主义和例示主义。列举主义是在法律中列举离婚的具体理由,非依法定情形不得诉请离婚,即列举事项之外的事项不能成为离婚理由。概括主义是仅概括性规定诉讼离婚的理由,如夫妻感情破裂,不列举具体的离婚理由。例示主义是在概括性规定离婚理由的同时明文列举离婚的具体理由,但这种列举仅具有例示的作用。

二、我国诉讼离婚的程序

(一)诉讼外调解

诉讼外调解不是解决离婚纠纷的必经程序,也不是诉讼离婚的必经程序。《民法典》婚姻家庭编第 1079 条第 1 款规定,夫妻一方要求离婚的,可以由有关组织进行调解或者直接向人民法院提起离婚诉讼。此种调解可由夫妻双方决定是否进行调解,可由夫妻一方或双方向有关部门请求调解。此种调解所形成的调解协议书不具有强制执行力。

调解的结果主要有：第一，调解和好。夫妻双方经调解后自愿和好，继续维持夫妻关系。第二，调解无效。一种情况是一方坚持离婚，另一方不同意离婚。另一种情况是双方同意离婚，但就子女抚养、财产分割、债务清偿等不能达成协议。在诉讼外调解无效时，坚持离婚的一方可以向人民法院起诉离婚。第三，自愿离婚。夫妻双方经调解后，同意离婚，并就子女抚养、财产分割和债务清偿等达成一致，双方可以通过协议离婚的方式解除婚姻关系。

（二）诉讼离婚的程序

离婚诉讼是民事诉讼，其程序需要按照《民法典》婚姻家庭编和《民事诉讼法》的规定进行。主要涉及诉讼管辖、诉讼内调解、离婚判决三方面。

1. 诉讼管辖

起诉离婚首先要确定可以审理该离婚案件的人民法院，对案件有管辖权的法院才能够审理该离婚案件。离婚诉讼确定管辖法院的一般原则是“原告就被告”。《民事诉讼法》第 21 条规定，对公民提起的民事诉讼，由被告住所地人民法院管辖；被告住所地与经常居住地不一致的，由经常居住地人民法院管辖。公民的住所地是指公民的户籍所在地，公民的经常居住地是指公民离开住所地至起诉时已连续居住 1 年以上的地方，但公民住院就医的地方除外。

依据最高人民法院《关于适用〈中华人民共和国民事诉讼法〉的解释》第 6 条至第 8 条、第 11 条至第 17 条的规定，可以确定离婚诉讼的管辖：

被告被注销户籍的，依照《民事诉讼法》第 22 条规定确定管辖；〔3〕原告、被告均被注销户籍的，由被告居住地人民法院管辖。当事人的户籍迁出后尚未落户，有经常居住地的，由该地人民法院管辖；没有经常居住地的，由其原户籍所在地人民法院管辖。双方当事人都被监禁或者被采取强制性教育措施的，由被告原住所地人民法院管辖。被告被监禁或者被采取强制性教育措施 1 年以上的，由被告被监禁地或者被采取强制性教育措施地人民法院管辖。双方当事人均为军人或者军队单位的民事案件由军事法院管辖。夫妻一方离开住所地超过 1 年，另一方起诉离婚的案件，可以由原告住所地人民法院管辖。夫妻双方离开住所地超过 1 年，一方起诉离婚的案件，由被告经常居住地人民法院管辖；没有经常居住地的，由原告起诉时被告居住地人民法院管辖。

---

〔3〕《民事诉讼法》第 22 条：下列民事诉讼，由原告住所地人民法院管辖；原告住所地与经常居住地不一致的，由原告经常居住地人民法院管辖：（一）对不在中华人民共和国领域内居住的人提起的有关身份关系的诉讼；（二）对下落不明或者宣告失踪的人提起的有关身份关系的诉讼；（三）对被采取强制性教育措施的人提起的诉讼；（四）对被监禁的人提起的诉讼。

在国内结婚并定居国外的华侨，如定居国法院以离婚诉讼须由婚姻缔结地法院管辖为由不予受理，当事人向人民法院提出离婚诉讼的，由婚姻缔结地或者一方在国内的最后居住地人民法院管辖。在国外结婚并定居国外的华侨，如定居国法院以离婚诉讼须由国籍所属国法院管辖为由不予受理，当事人向人民法院提出离婚诉讼的，由一方原住所地或者在国内的最后居住地人民法院管辖。中国公民一方居住在国外，一方居住在国内，无论哪一方向人民法院提起离婚诉讼，国内一方住所地人民法院都有权管辖。国外一方在居住国法院起诉，国内一方向人民法院起诉的，受诉人民法院有权管辖。中国公民双方在国外但未定居，一方向人民法院起诉离婚的，应由原告或者被告原住所地人民法院管辖。已经离婚的中国公民，双方均定居国外，仅就国内财产分割提起诉讼的，由主要财产所在地人民法院管辖。

2. 诉讼内调解

相对于诉讼外调解，诉讼内调解是离婚诉讼的必经程序，未经诉讼内调解，不能直接作出离婚判决。《民法典》婚姻家庭编第 1079 条第 2 款规定，人民法院审理离婚案件，应当进行调解。调解需双方自愿且程序和内容合法，审判人员不能强迫双方接受调解协议，也不能久调不决。依据最高人民法院《关于适用〈中华人民共和国民事诉讼法〉的解释》第 147～149 条的规定，人民法院调解案件时，当事人不能出庭的，经其特别授权，可由其委托代理人参加调解，达成的调解协议，可由委托代理人签名。离婚案件当事人确因特殊情况无法出庭参加调解的，除本人不能表达意志的以外，应当出具书面意见。诉讼内调解后，法院制作的调解书与判决书具有同等法律效力，对调解书内容有异议的，不能上诉，只能通过申诉程序再审。当事人自行和解或者调解达成协议后，请求人民法院按照和解协议或者调解协议的内容制作判决书的，人民法院不予准许。无民事行为能力人的离婚案件，由其法定代理人进行诉讼。法定代理人与对方达成协议要求发给判决书的，可根据协议内容制作判决书。

诉讼内调解的结果包括：第一，双方和好，原告撤诉。第二，双方自愿达成离婚协议，法院制作调解书。调解书需经当事人签收后才发生法律效力的，以最后收到调解书的当事人签收的日期为调解书生效日期，婚姻关系解除。第三，调解无效，双方不能调解和好，也不能达成调解协议，由人民法院依法判决。

3. 离婚判决

调解无效的离婚案件，人民法院应当依法判决。离婚判决书生效，夫妻双方解除婚姻关系。审理离婚案件，当事人必须亲自出庭，不能表达意志的除外。离婚是关系当事人身份关系的法律行为，因而不能代理。离婚案件可以公开或不公开审理，当事人可以申请不公开审理。无论审理是否公开，判决均需公开作出。对一审法院的判决不服的，当事人可以在收到判决书之日起 15 日内上诉。上诉期内双方都没有上诉的，一审判决生效。上诉期内任何一方或双方上诉的，一审判决不生效，案件进入二审程序。二审法院作出的判决是终审判决,判决自签发之日起生效,双方婚姻关系解除。人民法院可以判决驳回原告的诉讼请求,不准离婚。人民法院也可以判决离婚,同时在判决宣告时告知当事人在判决发生法律效力前不得另行结婚。判决不准离婚和调解和好的离婚案件,没有新情况、新理由,原告在6个月内不得重新起诉。但是被告并不受此种限制,可以在此期限内起诉离婚。

(三)诉讼离婚的特别规定

1. 现役军人配偶离婚诉权的限制

《民法典》婚姻家庭编第1081条规定:"现役军人的配偶要求离婚,应当征得军人同意,但是军人一方有重大过错的除外。"这是对现役军人配偶离婚诉权的限制,从而给予现役军人的婚姻以特殊保护。现役军人保卫祖国、巩固国防,对其婚姻予以特殊保护是国家和人民根本利益的需要。需要明确的是,第一,这里的现役军人是指具有中国国籍和军籍,在中国人民解放军或者人民武装警察部队服现役、具有现役军籍的军人。退役军人、转业军人、复员军人、在军事单位工作没有取得军籍的职工不属于现役军人。正在服刑的军人不享受现役军人的待遇。第二,现役军人的配偶是指与现役军人登记结婚,具有合法夫妻关系的人。该条仅适用于现役军人的配偶是非军人的情形,如果双方均为现役军人或现役军人向非军人一方提出离婚,则不适用本条,作为一般离婚案件处理。若现役军人与其配偶协议离婚,也不适用本条。第三,现役军人的重大过错包括:重婚或者与他人同居;实施家庭暴力或者虐待、遗弃家庭成员;有赌博、吸毒等恶习屡教不改。

2. 男方离婚诉权的限制

《民法典》婚姻家庭编第1082条规定:"女方在怀孕期间、分娩后1年内或者终止妊娠后六个月内,男方不得提出离婚;但是,女方提出离婚或者人民法院认为确有必要受理男方离婚请求的除外。"这是对特殊时期内男方离婚诉权的限制,具有暂时性,是为了保护特殊时期内女性的身心健康,有助于胎儿或婴幼儿的健康成长,体现了对妇女、胎儿和儿童利益的保护。需要明确的是,第一,该条所限制的离婚起诉权仅是男方的离婚诉权,女方的离婚诉权不受此种限制。第二,对男方起诉权的限制只是一种程序上的限制,对男方离婚的实体权利没有影响,男方可以在上述期限届满后行使离婚的起诉权。第三,女方分娩后一年内,无论其所生子女是否死亡,在此期间内对男方离婚诉权的限制仍然适用本条。第四,男方离婚诉权的限制并不是绝对的,在法院认为"确有必要"时,可以受理男方的离婚诉讼。法院对"确有必要"的自由裁量应当是为了保护妇女、胎儿和儿童的利益,或者是为了社会公共利益或一方当事人的合法权益,如女方婚后与他人发生性关系而怀孕;在该条所规定的期限内,男方的生命受到女方威胁或合法权益受到女方侵害;女方存在虐待、遗弃婴儿等行为；夫妻矛盾十分尖锐，法院若不及时受理男方的离婚诉讼，可能导致爆发更为严重的矛盾，造成杀害、伤害等严重后果。

三、我国诉讼离婚的条件

依据《民法典》婚姻家庭编第 1079 条第 2 款规定："人民法院审理离婚案件，应当进行调解；如果感情确已破裂，调解无效的，应当准予离婚。"这是对我国诉讼离婚法定条件的规定，是人民法院处理离婚案件的原则。调解作为程序性要求，当调解无效，夫妻感情无可挽回地破裂时，法院可以判决离婚。夫妻感情是婚姻关系的基础，是否准予离婚只能以夫妻感情作为判断的基础，如果夫妻感情已经消失，离婚对夫妻双方都是最好的选择。法律不能强制性解除有感情基础的婚姻，也不能强行维持夫妻感情已经破裂的婚姻。

（一）"夫妻感情确已破裂"的具体标准

"夫妻感情确已破裂"是法院准予离婚的条件，但是如何衡量夫妻感情确已破裂，则需要有更为具体的标准。1989 年最高人民法院《关于人民法院审理离婚案件如何认定夫妻感情确已破裂的若干具体意见》中列举了 14 种可以被认定为夫妻感情确已破裂的情形，长期指导着司法实务。《民法典》婚姻家庭编第 1079 条规定的具体裁判标准是在借鉴了《婚姻法》第 32 条和前述具体意见的基础上拟订的，具体包括以下情形。

1. 重婚或者与他人同居

重婚是指有配偶者与他人登记结婚，或者虽未登记结婚，但双方事实上以夫妻名义同居生活。也就是说，重婚可以是前婚和后婚都是登记结婚，也可以是前婚是登记结婚，而后婚是事实婚姻。这里的事实婚姻就是指双方虽未登记结婚，但事实上以夫妻名义同居生活，周围群众也认为其为夫妻关系的。《民法典》婚姻家庭编第 1042 条第 2 款规定："禁止重婚。禁止有配偶者与他人同居。"《刑法》第 258 条对重婚罪作出了规定："有配偶而重婚的，或者明知他人有配偶而与之结婚的，处二年以下有期徒刑或者拘役。"与他人同居是指有配偶者与婚外异性，不以夫妻名义，持续、稳定地共同居住，双方对外不以夫妻名义同居生活。依据我国《刑法》第 259 条破坏军婚罪的规定："明知是现役军人的配偶而与之同居或者结婚的，处三年以下有期徒刑或者拘役。利用职权、从属关系，以胁迫手段奸淫现役军人的妻子的，依照本法第二百三十六条的规定定罪处罚。"该法第 236 条是对强奸罪的规定。重婚和与他人同居均是重大的过错行为，一方以此为由诉请离婚，调解无效后，法院可以据此判决准予离婚。

2. 实施家庭暴力或者虐待、遗弃家庭成员

《民法典》婚姻家庭编第 1042 条第 3 款规定："禁止家庭暴力。禁止家庭成员间的虐待和遗弃。"依据《反家庭暴力法》第 2 条，"家庭暴力"是指家庭成员之间以殴打、捆绑、残害、限制人身自由以及经常性谩骂、恐吓等方式实施的身体、精神等侵害行为。持续性、经常性的家庭暴力，构成虐待。虐待包括积极的和消极的，包括肉体上的和精神上的。积极的行为如打骂、伤害等，消极的行为如故意冻饿、不给治病等。精神上的虐待如关禁闭、精神恐吓、人格凌辱等。性虐待也属于虐待的范畴，是指在夫妻性生活方面粗鲁地对待对方，将对方作为泄欲的机器等。遗弃是指对需要扶养的家庭成员，负有扶养义务而拒绝扶养。我国《刑法》第 260 条第 1 款和第 261 条对虐待罪和遗弃罪作出了规定："虐待家庭成员，情节恶劣的，处二年以下有期徒刑、拘役或者管制。""对于年老、年幼、患病或者其他没有独立生活能力的人，负有扶养义务而拒绝扶养，情节恶劣的，处五年以下有期徒刑、拘役或者管制。"虐待和遗弃家庭成员的行为可能构成犯罪行为。家庭暴力、虐待和遗弃行为均是重大过错行为，是离婚的法定理由之一。

3. 有赌博、吸毒等恶习屡教不改

除赌博、吸毒恶习之外的其他恶习包括好逸恶劳、不务正业、不履行家庭义务、卖淫嫖娼、酗酒等。有赌博、吸毒等恶习，并且屡教不改才能构成重大过错。屡教不改是指针对赌博、吸毒等恶习，经反复多次劝说后仍然没有改正。一方有此种恶习，对婚姻家庭的稳定会带来极大危害，也对夫妻感情有很大伤害，一方以此为由诉请离婚，法院经调解无效后应当判决离婚。

4. 因感情不和分居满 2 年

这里的分居是指因为夫妻感情不和，夫妻不再共同居住，停止性生活和经济上的合作，在生活上互不关心。此种分居的前提是夫妻感情不和，而不是因为学习、工作、住房等原因而分居。因感情不和分居满 2 年，视为夫妻感情确已破裂，一方可以据此诉请离婚，经调解无和好可能的，法院应当判决离婚。

典型案例

王某与刘某于 2005 年相识相恋，2007 年 5 月结婚，2008 年 3 月刘某随王某去往瑞士生活，婚后未生育，夫妻关系较好。2013 年 2 月刘某与王某回国探亲期间，刘某被查出患有慢性肾衰竭，于是留在国内父母家中治疗。2014 年 1 月，王某返回瑞士工作。自此，刘某与王某处于长期分居生活的状态。2015 年 6 月，王某起诉离婚，被判决不准离婚。2019 年 7 月，王某再次起诉离婚，至 2019 年 7 月，王某一直在瑞士生活，与刘某及其家人基本没有联络。诉讼中，王某坚决表示要离婚，并愿意向

刘某一次性给付补偿金16万元。本案中王某与刘某是否达到夫妻感情确已破裂的标准?

分析:王某与刘某初结婚时感情基础较好,但在2015年6月,王某起诉离婚,被判决不准离婚后,双方处于长期分居且几乎无联络的状态,没有共同的夫妻生活,彼此也不关心对方。王某第二次诉讼离婚的态度坚决,双方关系没有和好的可能性。由此可见,王某与刘某的夫妻感情确已破裂,符合判决离婚的条件。判断夫妻感情是否破裂,应当从婚姻基础、婚后感情、离婚原因、夫妻关系现状和有无和好可能多方面判定。法条所列举的情形,需要结合案件的具体情形进行具体分析和综合判断。

5. 判决不准离婚后,分居满1年

《民法典》婚姻家庭编第1079条第5款规定:经人民法院判决不准离婚后,双方又分居满1年,一方再次提起离婚诉讼的,应当准予离婚。据此判决离婚的条件包括:一是判决不准离婚后,若夫妻双方仍然因感情不和又分居满1年;二是一方再次起诉离婚,如果并未再次起诉离婚则不适用此条;三是先后起诉的主体是同一方当事人,不包括对方当事人的起诉。此时可认定夫妻感情确已破裂。该条规定与因感情不和分居满2年的规定不同,该规定针对第一次诉讼离婚后,被判决不准离婚的情形。判决不准离婚后,若夫妻双方仍然分居达到1年的,说明夫妻关系的确没有继续维系的基础,因此可判决离婚。而因感情不和分居满2年,可直接被认定为夫妻感情确已破裂,准予离婚。

6. 其他导致夫妻感情破裂的情形

除了前述认定夫妻感情确已破裂的情形之外,还有其他可以认定夫妻感情确已破裂的情形,法律的列举并不能穷尽所有情形,此条规定是一个兜底条款。其他情形如夫妻一方婚后患有严重疾病,妨害婚姻目的的实现,如一方患有精神病且久治不愈;夫妻一方有生理缺陷或其他原因不能发生性行为且难以治愈或改善;双方登记结婚后没有同居生活,且无和好可能;一方被判处刑罚或因违法、犯罪行为严重伤害夫妻感情的。人民法院应当根据案件的具体情况,秉持立法的精神,实事求是地判断夫妻感情是否已经破裂。

(二)准予离婚的客观标准

《民法典》婚姻家庭编第1079条第4款规定:“一方被宣告失踪,另一方提起离婚诉讼的,应当准予离婚。”一方被宣告失踪,婚姻的目的难以实现,因此在另一方起诉离婚时,准予离婚是较为妥善的做法。这是准予离婚的客观标准,与夫妻感情是否破裂无关,而是将一方被宣告失踪的事实作为离婚的理由。夫妻一方被宣告失踪,另一方据此提出离婚诉讼的,人民法院应当判决离婚。《民法典》总则编第40

条规定:"自然人下落不明满二年的,利害关系人可以向人民法院申请宣告该自然人为失踪人。"下落不明的时间自其失去音讯之日起计算。战争期间下落不明的,下落不明的时间自战争结束之日或者有关机关确定的下落不明之日起计算。最高人民法院《关于适用〈中华人民共和国民事诉讼法〉的解释》第217条规定:"夫妻一方下落不明,另一方诉至人民法院,只要求离婚,不申请宣告下落不明人失踪或者死亡的案件,人民法院应当受理,对下落不明人公告送达诉讼文书。"

司考真题

甲与乙离婚,甲乙的子女均已成年,与乙一起生活,甲与丙再婚后购买了一套房屋,登记在甲的名下,后甲因中风不能自理,常年卧床。丙见状离家出走长达3年之久。甲乙的子女和乙想要回房屋,进行法律咨询,下列哪些意见是错误的?(2011年卷三第52题)

A. 因房屋登记在甲的名下,故属于甲个人财产

B. 丙在甲中风后未尽妻子责任和义务,不能主张房产份额

C. 甲乙的子女可以申请宣告丙失踪

D. 甲本人向法院提交书面意见后,甲乙的子女可代理甲参与甲与丙的离婚诉讼

答案:ABC

解析[4]:第一,依据《婚姻法》第17条的规定,除非法律另有规定或者夫妻双方另有书面约定,在婚姻关系存续期间,夫妻一方或者双方取得的财产属于夫妻共同共有的财产。甲与丙婚后购买的房屋,虽然登记在甲一人名下,但属于夫妻共同共有的财产。故A选项错误。《民法典》婚姻家庭编第1062条增加劳务报酬和投资收益为夫妻共同财产,立法思路与《婚姻法》第17条相同。第二,《婚姻法》和《物权法》均未规定,夫妻一方对另一方不履行扶养义务的,丧失其对夫妻共同共有财产的权益。故B选项错误。《民法典》也没有此种规定。第三,《民法通则》第20条第1款规定:"公民下落不明满二年的,利害关系人可以向人民法院申请宣告他为失踪人。"《民通意见》第24条规定:"申请宣告失踪的利害关系人,包括被申请宣告失踪人的配偶、父母、子女、兄弟姐妹、祖父母、外祖父母、孙子女、外孙子女以及其他与被申请人有民事权利义务关系的人。"甲乙的子女与丙无法律上的利害关系,从而不能申请宣告丙失踪。故C选项错误。《民法典》总则编第40条规定相同:"自然人下落不明满二年的,利害关系人可以向人民法院申请宣告该自然人为失踪人。"第四,《民事诉讼法》第62条规定:"离婚案件有诉讼代理人的,本人除不能表

---

〔4〕　题目解析依据出题时法律规范判断,并结合《民法典》予以说明,下同。

达意思的以外，仍应出庭；确因特殊情况无法出庭的，必须向人民法院提交书面意见。”因此，甲若不能出庭，应当出具书面意见，并委托自己的子女向法院出具书面意见，但此时甲的子女并不是甲的代理人。除离婚的意思表示不能代理外，有关甲丙夫妻财产分割的诉讼，甲可以委托其子女代理。故 D 选项正确。

第四节 离婚的法律效力

一、离婚对夫妻身份关系的效力

离婚生效之后，夫妻身份关系解除，依据夫妻身份关系而产生的一切权利义务关系随之消灭。离婚在夫妻身份关系上所产生的效力包括：

第一，恢复再婚自由。婚姻关系的解除使得男女双方均恢复单身，取得再次结婚的资格，相互不得干涉。

第二，扶养义务终止。夫妻在婚姻关系存续期间有相互扶养的义务，这种扶养义务基于夫妻身份关系，当夫妻身份关系解除时，相互的扶养义务也随之终止，任何一方均不承担对对方扶养的义务。

第三，同居义务、忠实义务终止。夫妻同居义务和忠实义务是夫妻生活的重要内容，夫妻关系的解除使夫妻双方同居共同生活、彼此忠实的义务也随之消失。

第四，姻亲关系终止。因男女双方结婚所产生的姻亲关系会随着夫妻身份关系的终止而消失。

第五，法定继承人资格丧失。夫妻互为第一顺序的法定继承人，夫妻身份关系解除后，夫妻不能再以配偶身份取得法定继承权。

第六，夫妻相互代理权消灭。夫妻间的相互代理权以夫妻身份和共同生活为基础，离婚自然使此种代理权消灭。

二、离婚对父母子女关系的效力

（一）离婚后的父母子女关系

《民法典》婚姻家庭编第 1084 条第 1、2 款规定：“父母与子女间的关系，不因父母离婚而消除。离婚后，子女无论由父或者母直接抚养，仍是父母双方的子女。离婚后，父母对于子女仍有抚养、教育、保护的权利和义务。”父母子女间的关系不因父母离婚而改变，夫妻关系虽然解除，但父母子女间的权利义务关系依然存在。婚姻关系存续期间关于父母子女权利义务关系的规定仍然适用于离婚后的父母子女关系。离婚后父母仍然对子女有抚养、教育和保护的权利和义务。父母不得因离婚而拒绝履行抚养教育子女的义务，子女不得因父母离婚而拒绝履行赡养和扶助父母的义务。

父母子女关系通常为直系自然血亲，不因父母之间婚姻关系的变化而变化，不被法定程序所解除。因收养而形成的拟制血亲关系，除依法变更收养关系之外，不因父母离婚而消灭。生父（生母）与继母（继父）离婚时，已经形成抚养教育关系的继父母不愿意继续抚养教育继子女的，继子女由其生父母抚养。若继父母愿意继续抚养继子女，经生父母同意的，应当准许。

（二）离婚后子女的抚养和变更

1. 离婚后子女抚养关系的确定

离婚后子女的抚养关系子女的切身利益，子女的抚养问题往往成为离婚案件争议的焦点。离婚后子女的抚养可以由双方当事人协商，协商不成的，可以做出不同的处理。

（1）不满2周岁的子女，以由母亲直接抚养为原则。《民法典》婚姻家庭编第1084条第3款规定，离婚后，不满2周岁的子女，以由母亲直接抚养为原则。这是对两周岁以内子女直接扶养的规定。这修改了《婚姻法》第36条的规定，去除了“哺乳期内”的界定。让母亲抚养2周岁以下的子女是出于婴幼儿特点的考虑，是为了子女的健康成长。依据最高人民法院《关于人民法院审理离婚案件处理子女抚养问题的若干具体意见》第1条，如果母亲有下列情形之一，子女可随父亲生活：第一，母亲患有久治不愈的传染病或其他严重疾病，子女不宜与其共同生活的；第二，母亲有抚养条件不尽抚养义务，而父亲要求子女随其生活的；第三，因其他原因，子女确无法随母亲生活的。如母亲工作性质特殊，被监禁等。若父母双方协商两周岁以下的子女随父亲生活，且对子女健康成长没有不利影响的，可以准许。

典型案例

黄男与何女于2009年结婚，婚后生有一女，3岁，双方均工作稳定，收入较高，但何女脾气暴躁，常常因生活琐事打骂其女儿，常常疏于照顾其女儿。2014年2月，黄男因与何女感情不和，协议离婚协商无果后，向法院起诉离婚，何女同意离婚，但不同意黄男抚养女儿，请问应当如何确定子女的抚养权归属？

分析：应当由黄男取得其女儿的抚养权。虽然黄男和何女的工作和生活条件相当，且女儿较为年幼，但何女经常打骂女儿，对女儿疏于照顾的行为不利于子女的健康成长，因此应当由女儿的父亲黄男承担抚养责任。

(2)2 周岁以上 18 周岁以下的未成年子女由哪方抚养,由父母在自愿协商的基础上决定。《民法典》婚姻家庭编第 1084 条第 3 款规定:“……已满两周岁的子女,父母双方对抚养问题协议不成的,由人民法院根据双方的具体情况,按照最有利于未成年子女的原则判决。子女已满八周岁的,应当尊重其真实意愿。”对 2 周岁以上 18 周岁以下子女的抚养,应当首先秉持父母自愿协商的原则,协商不成的,才由法院判决确定抚养关系。若父母协商确定子女由父母轮流抚养的,只要符合子女的权益,可以准许。法院确定子女由哪方抚养时,要全面考虑子女的权益和父母双方的实际状况。依据最高人民法院《关于人民法院审理离婚案件处理子女抚养问题的若干具体意见》,当父母双方均要求抚养子女时,一方有下列情形之一的,可以优先考虑:一是已做绝育手术或因其他原因丧失生育能力的。二是子女随其生活时间较长,改变生活环境对子女健康成长明显不利的。三是无其他子女,而另一方有其他子女的。四是子女随其生活,对子女成长有利,而另一方患有久治不愈的传染病或其他严重疾病,或者有其他不利于子女身心健康的情况,不宜与子女共同生活的。后者通常是对方道德败坏,有赌博、吸毒等恶习,有虐待、遗弃子女的行为等不利于子女身心健康的情况。五是双方条件基本相当,且双方均要求抚养子女,但子女随祖父母或外祖父母生活多年,且祖父母或外祖父母要求并且有能力帮助子女照顾孙子女或外孙子女,可作为子女随父或随母生活的优先条件予以考虑。

(3)能够表达意愿的未成年子女的意愿应当被尊重。在确定子女由哪方抚养时,应当考虑子女的意愿,这是确定子女由谁抚养的重要参考。尤其是 8 周岁以上的未成年子女,作为限制民事行为能力人,具有一定的识别能力,应当适当听取和尊重其意愿。当子女选定的一方父母不愿意抚养的,法院应当做好该方父母的工作。若子女的选择不利于子女的成长,法院也不能完全按照子女的意愿来确定。

2. 离婚后子女抚养关系的变更

子女抚养关系确定后,可能因为父母抚养条件的变化或者子女的要求而改变抚养关系。离婚后子女抚养关系的变更可以由双方协商变更抚养关系;协商不成的,可以由人民法院根据双方的情况,在保护子女利益的前提下判决。依据最高人民法院《关于人民法院审理离婚案件处理子女抚养问题的若干具体意见》第 16 条,一方有下列情形且要求变更子女抚养关系的,应当予以支持:(1)与子女共同生活的一方因患有严重疾病或因伤残无力继续抚养子女的。(2)与子女共同生活的一方不尽抚养义务或有虐待子女行为,或其与子女共同生活对子女身心健康确有不利影响的。(3)10 周岁以上未成年子女愿随另一方生活,而该方又有抚养能力的。(4)有其他正当理由需要变更的。需要说明的是,由于限制民事行为能力人年龄已经修改为 8 周岁以上的未成年人,因此,这里的“十周岁以上未成年人”应当相应修改为“八周岁以上未成年人”。

(三)离婚后子女抚养费的负担和变更

《民法典》婚姻家庭编第1085条规定:“离婚后,子女由一方直接抚养的,另一方应当负担部分或者全部抚养费。负担费用的多少和期限的长短,由双方协议;协议不成的,由人民法院判决。前款规定的协议或者判决,不妨碍子女在必要时向父母任何一方提出超过协议或者判决原定数额的合理要求。”抚养费包括子女生活费、教育费、医疗费等费用。离婚后,父母双方在抚养教育子女的义务方面是平等的,任何一方不得以子女随对方生活为由拒绝承担抚养费。如果双方协议决定由一方承担抚养费的全部,且该方有负担能力的,可以允许对方不负担抚养费。反之,若抚养方的抚养能力不足以保障子女生活所需的,则另一方应当承担部分抚养费。

1. 抚养费的负担主体

离婚后子女的抚养费由未直接抚养子女的一方负担,直接抚养子女的一方已经承担了直接抚养子女的义务,因此另一方可以金钱的方式承担抚养费。但是,依据最高人民法院《关于人民法院审理离婚案件处理子女抚养问题的若干具体意见》第10条,父母双方可以协议子女随一方生活并由抚养方负担子女全部抚育费。但经查实,抚养方的抚养能力明显不能保障子女所需费用,影响子女健康成长的,不予准许。

2. 抚养费的数额

依据最高人民法院《关于人民法院审理离婚案件处理子女抚养问题的若干具体意见》第7条,抚养费应当包括子女必要的生活费和教育费的一部或全部,具体的数额应当根据子女的实际需要、父母的负担能力和当地生活水平确定。给付抚养费的一方,有固定收入的,抚养费一般可以按其月总收入的20%~30%给付。两个以上子女抚养费的比例可以适当提高,但不超过月总收入的50%。无固定收入的,抚养费的数额可以参照当年总收入或同行业平均收入,参照上述比例确定。有特殊情况的,可以适当提高或降低给付的比例。

3. 抚养费的给付期限

依据最高人民法院《关于人民法院审理离婚案件处理子女抚养问题的若干具体意见》第11、12条,抚养费的给付期限一般到子女年满18周岁为止。16周岁以上不满18周岁,以其劳动收入为主要生活来源,并能维持当地一般生活水平的,父母可以停止给付抚养费。尚未独立生活的成年子女在下列情形,其父母仍然应当负担抚养费,但前提是父母有负担能力:(1)丧失劳动能力或虽未完全丧失劳动能力,但其收入不足以维持生活的;(2)尚在校就读的;(3)确无独立生活能力和条件的。尚在校就读的学生是指尚在校接受高中及其以下学历教育的学生。

4. 抚养费的给付方式

子女抚养费的给付可以金钱或实物的方式进行,可以一次性给付,也可以定期给付。在农村地区,可以按收益季度或年度给付。离婚协议书、调解书或判决书当中应当明确说明抚养费给付的数额、期限和方法。

抚养费的负担确定之后,随着客观情况的变化,抚养费也需要变更。抚养费的变更可以是增加或者是减少。依据最高人民法院《关于人民法院审理离婚案件处理子女抚养问题的若干具体意见》第 18 条,子女要求增加抚养费,且父母有负担能力的,可以考虑下列情形后予以增加:(1)原定抚育费数额不足以维持当地实际生活水平的;(2)因子女患病、上学,实际需要已超过原定数额的;(3)有其他正当理由应当增加的。如负有给付义务的一方父母收入增加,使子女与其生活水平相差悬殊。

在特定情况下,负有给付义务的一方可以提出减少或免除其抚养费给付义务:(1)有给付义务的一方由于长期患病或丧失劳动能力,失去经济来源,确实无力按原协议、调解书或判决书确定的数额给付,而抚养子女的一方有抚养能力;(2)有给付义务的一方因犯罪被收监改造,无力给付;(3)抚养子女方再婚,继父母愿意承担子女抚养费的部分或全部,负有给付义务的一方所承担的抚育费数额可以相对减少或免除。

(四)离婚后父母一方对子女的探望权

探望权是指离婚后,父母中不与子女共同生活的一方有探望子女的权利。《民法典》婚姻家庭编第 1086 条第 1 款规定:“离婚后,不直接抚养子女的父或者母,有探望子女的权利,另一方有协助的义务。”该条所规定的探望权是不直接抚养子女的父或母享有的,其他亲属探望的实现需要与享有探望权的一方父母一同前往探望。探望权是亲权的内容之一,依据家庭成员间的亲属身份而产生。当父母离婚,父或母一方有直接的抚养权,而另一方则享有探望子女的权利。

1. 探望权的行使

《民法典》婚姻家庭编第 1086 条第 2 款规定:“行使探望权利的方式、时间由当事人协议;协议不成的,由人民法院判决。”探望权的行使不以父或母支付了抚养费为前提,即使暂时未支付抚养费,其探望子女的权利仍然不受影响。无论与子女共同生活的父或母一方是否再婚,另一方都有探望子女的权利。在探望权的行使中,另一方的协助义务是指与子女共同生活的一方要为对方探望权的行使提供条件,不能设置障碍或者教唆子女拒绝探望。故意不协助对方探望权行使的行为是违法的。

根据探望权行使的时间长短,探望权可以分为暂时性的探望和逗留性的探望两种。前者的探望时间短,方式灵活。后者探望的时间较长,探望人可以将子女接走,并在双方确定的时间送回子女。双方就探望权行使的时间、地点、方式等发生争议时,应当本着有利于子女身心健康的原则协商解决,协商不成的,一方可以向人民法院起诉。也就是说,探望权可以成为单独的诉讼请求,尤其当有义务协助的一方拒绝协助对方实现探望权,或者阻挠对方实现探望权时,享有探望权的一方可以向人民法院起诉。

2. 探望权的中止和恢复

《民法典》婚姻家庭编第1086条第3款规定:"父或者母探望子女,不利于子女身心健康的,由人民法院依法中止探望;中止的事由消失后,应当恢复探望。"探望权中止是因为有损子女身心健康的情况发生,而经法定程序中止探望权,这是探望权的暂时停止,不是权利的消灭。探望权的消灭是探望权基于法定事由而终止,如权利人的死亡。可以提起中止探望权之诉的主体是未成年子女、直接抚养子女的父或母、其他对未成年子女负担抚养教育义务的监护人。不利于子女身心健康的情形如探望人患有严重的传染病、精神病、痴呆症等,有赌博、吸毒等恶习,对子女有暴力行为,引诱子女从事不法或不利于子女健康成长的行为,有骚扰子女的行为,有损害子女身心健康的其他行为等。当事人在履行生效判决、裁定或者调解书的过程中,请求中止行使探望权的,人民法院在征询双方当事人意见后,认为需要中止行使探望权的,依法作出裁定。

探望权被中止之后,探望权仍然存在,中止探望的情形消失后,人民法院应当根据当事人的申请通知其恢复探望权的行使。探望权中止和恢复的程序均依照民事诉讼法的规定进行,并且秉持"儿童最大利益原则",保护未成年子女的利益。

3. 探望权的强制执行

对探望权的强制执行不同于其他民事判决或裁定的强制执行。对拒不执行有关探望子女的判决和裁定的,由人民法院依法强制执行,是指对拒不履行协助另一方行使探望权的有关个人和单位采取拘留、罚款等强制措施,不能对子女的人身、探望行为进行强制执行。

三、离婚对夫妻财产关系的效力

离婚除了对夫妻身份关系产生影响之外,还会对夫妻财产关系产生影响。离婚对财产关系的效力主要有夫妻共同财产的分割,夫妻共同债务的清偿,离婚经济补偿,离婚经济帮助和离婚损害赔偿。

(一)夫妻共同财产的分割

《民法典》婚姻家庭编第1087条规定:"离婚时,夫妻的共同财产由双方协议处理;协议不成的,由人民法院根据财产的具体情况,按照照顾子女、女方和无过错方权益的原则判决。对夫或者妻在家庭土地承包经营中享有的权益等,应当依法予以保护。"夫妻共同财产的分割首先需要尊重当事人的意愿,协议优先。夫妻共同财产的分割主要涉及夫妻共同财产的认定、分割的原则和分割的具体方法。

1. 夫妻共同财产的认定

夫妻共同财产的认定是夫妻共同财产分割的前提,认定夫妻共同财产就是划定夫妻共同财产的范围。夫妻离婚时财产分割的对象只能是夫妻共同财产而不是个人财产。若夫妻双方没有共同财产,则不存在财产分割的问题。若夫妻双方对财产的归属有约定则从约定,若夫妻双方对财产的归属无约定,即依照法定财产制确定夫妻的共同财产。

《民法典》婚姻家庭编规定了夫妻共同财产的范围和夫妻个人财产的范围。《民法典》第1062条规定:"夫妻在婚姻关系存续期间所得的下列财产,为夫妻的共同财产,归夫妻共同所有:(一)工资、奖金、劳务报酬;(二)生产、经营、投资的收益;(三)知识产权的收益;(四)继承或者受赠的财产,但是本法第一千零六十三条第三项规定的除外;(五)其他应当归共同所有的财产。夫妻对共同财产,有平等的处理权。"对比《婚姻法》第17条,《民法典》第1062条增加夫妻一方或双方取得的劳务报酬和投资收益,作为夫妻共同财产。此规定符合社会生活实际,夫妻双方的收入来源中,除工资、奖金、生产、经营收益外,劳务报酬与投资收益也是重要的收入来源。

《民法典》第1063条规定了夫妻个人财产:"下列财产为夫妻一方的个人财产:(一)一方的婚前财产;(二)一方因受到人身损害获得的赔偿或者补偿;(三)遗嘱或者赠与合同中确定只归一方的财产;(四)一方专用的生活用品;(五)其他应当归一方的财产。"相比《婚姻法》第18条,《民法典》修改了第2项,将"一方因身体受到伤害获得的医疗费、残疾人生活补助费等费用"修改为"一方因受到人身损害获得的赔偿或者补偿",界定更为准确且全面。人身损害赔偿或补偿具有人身专属性,应当被认定为个人财产。若夫妻对财产的归属没有约定,对个人财产或是共同财产难以确定的,主张权利的一方有责任举证。不能举证且人民法院无法查实的,按照夫妻共同财产对待。

司考真题

刘山峰、王翠花系老夫少妻,刘山峰婚前个人名下拥有别墅一栋。关于婚后该别墅的归属,下列哪一选项是正确的?(2016年卷三第20题)

A. 该别墅不可能转化为夫妻共同财产

B. 婚后该别墅自动转化为夫妻共同财产

C. 婚姻持续满 8 年后该别墅即依法转化为夫妻共同财产

D. 刘、王可约定婚姻持续 8 年后该别墅转化为夫妻共同财产

答案:D

解析:《婚姻法司法解释一》第 19 条规定:“婚姻法第十八条规定为夫妻一方所有的财产,不因婚姻关系的延续而转化为夫妻共同财产。但当事人另有约定的除外。”因此,刘山峰婚前个人名下拥有的别墅不会因婚姻关系的延续而转化为夫妻共同财产。但是立法尊重当事人之间的约定,如果当事人约定某财产在婚姻关系持续一定期间后转化为夫妻共同财产的,约定有效。因此 D 选项正确。

2. 夫妻共同财产分割的原则

(1)男女平等。夫妻共同财产的分割应当体现男女平等,原则上由双方平分。

(2)照顾子女、女方和无过错方权益。在夫妻共同财产分割中,应当照顾子女和女方的利益,他们是相对弱势的群体,需要充分保护弱势群体的利益,尽量满足女方和子女的合理要求,从而实现真正的公平分割。夫妻共同财产的分割应当照顾无过错方,对无过错方适当多分,对有过错方适当少分。对比《婚姻法》第 39 条,《民法典》第 1087 条增加了夫妻财产分割中对无过错方权益的保护原则。

(3)尊重当事人意愿。夫妻双方应当尊重双方对财产分割的约定,即约定优先于法定。无法定理由或特定的损害当事人的事由,双方应当按照约定处理财产。

(4)有利生产、方便生活。在财产分割中应当本着有利于生产、方便生活的原则,发挥物的最大效用,方便当事人对物的利用。尤其是某些特定的财产,如与某一方生活或工作本身直接相关的财产,如土地承包经营权、福利住房等。不得因财产的分割损害财产的使用价值和价值。

(5)不损害国家、集体和他人利益的原则。离婚时,夫妻财产的分割不得将属于国家、集体和他人的财产作为夫妻共同财产分割。非法所得的财产也不能进行夫妻共同财产分割。

3. 夫妻共同财产分割的具体规则

(1)夫妻共同财产中以一方名义在有限责任公司的出资额,另一方不是该公司股东,分为不同的情形处理:一是夫妻双方协商一致将出资额部分或全部转让给该股东的配偶,过半数股东同意,其他股东明确表示放弃优先购买权的,该股东的配偶可以成为该公司的股东。二是夫妻双方就出资额转让份额和转让价格等事项协商一致后,过半数股东不同意转让,但愿意以同等价格购买该出资额的,人民法院可以对转让出资额所得的财产进行分割。三是过半数股东不同意转让,也不同意以同等价格购买该出资额的,视为其同意转让,该股东的配偶成为该公司股东。用于证明过半数股东同意的证据,可以是股东会决议,也可以是当事人通过其他合法

途径取得的股东的书面声明材料。

(2)夫妻共同财产中以一方名义在合伙企业中的出资额,另一方不是该企业合伙人,夫妻双方协商一致,将一方合伙企业中的财产份额全部或部分转让给对方的,分为不同的情形处理:一是其他合伙人一致同意的,该配偶依法取得合伙企业合伙人的地位;二是其他合伙人不同意其转让,但是愿意在同等条件下优先受让的,可以对转让所得的财产进行分割;三是其他合伙人不同意转让,也不行使优先受让权,但同意该合伙人退伙或退还部分财产份额的,可以对退还的财产进行分割;四是其他合伙人既不同意转让,也不行使优先受让权,又不同意该合伙人退伙或退还部分财产份额的,视为全体合伙人同意转让,该配偶依法取得合伙人地位。

司考真题

甲、乙因离婚诉至法院,要求分割实为共同财产而以甲的名义对丙合伙企业的投资。诉讼中,甲、乙经协商,甲同意将其在丙合伙企业中的财产份额转让给乙。法院对此作出处理,下列哪些选择是正确的?(2010 年卷三第 66 题)

A. 其他 2/3 以上合伙人同意转让的,乙取得合伙人地位

B. 其他合伙人不同意转让,在同等条件下行使优先受让权的,可对转让所得的财产进行分割

C. 其他合伙人不同意转让,也不行使优先受让权,但同意甲退伙或退还其财产份额的,可对退伙财产进行分割

D. 其他合伙人对转让、退伙、退还财产均不同意,也不行使优先受让权的,视为全体合伙人同意转让,乙依法取得合伙人地位

答案:BCD

解析:参见《婚姻法司法解释二》第 17 条。

(3)夫妻以一方名义投资设立独资企业的,分割夫妻在该独资企业中的共同财产应当分不同的情形处理:一是一方主张经营该企业的,对企业资产评估后,由取得企业一方给予另一方相应的补偿;二是双方均主张经营该企业的,在双方竞价的基础上,由取得企业的一方给予另一方相应的补偿;三是双方均不愿经营该企业的,按照《中华人民共和国个人独资企业法》等有关规定处理。

(4)夫妻双方分割共同财产中的股票、债券、投资基金份额等有价证券以及未上市股份有限公司股份时,协商不成或者按市价分配有困难的,人民法院可以根据数量按比例分配。

(5)发放给军人的复员费、自主择业费等一次性费用。以夫妻婚姻关系存续年限乘以年平均值,所得的数额为夫妻共同财产。年平均值,是指将发放到军人名下

的复员费、自主择业费等按具体年限均分得出的数额。其具体年限为人均寿命70岁与军人入伍时实际年龄的差额。夫妻双方原则上均分此笔财产。

(6)双方共同居住、承租的公房。依据最高人民法院《关于审理离婚案件中公房使用、承租若干问题的解答》,有下列情形之一的,离婚后,双方均可承租:一是婚前由一方承租的公房,婚姻关系存续5年以上的;二是婚前一方承租的本单位的房屋,离婚时,双方均为本单位职工的;三是一方婚前借款投资建房取得的公房承租权,婚后夫妻共同偿还借款的;四是婚后一方或双方申请取得公房承租权的;五是婚前一方承租的公房,婚后因该承租房屋拆迁而取得房屋承租权的;六是夫妻双方单位投资联建或联合购置的共有房屋的;七是一方将其承租的本单位的房屋,交回本单位或交给另一方单位后,另一方单位另给调换房屋的;八是婚前双方均租有公房,婚后合并调换房屋的;九是其他应当认定为夫妻双方均可承租的情形。

夫妻双方均可承租的公房,应当按照下列原则处理:其一,照顾抚养子女的一方;其二,男女双方在同等条件下,照顾女方;其三,照顾残疾或生活困难的一方;其四,照顾无过错一方。夫妻双方均可承租的公房由一方承租的,承租方可以给对方适当的补偿。这种补偿可以是双方协议达成,或者依据法院的判决。

(7)双方对夫妻共同财产中的房屋价值和归属无法达成协议时,由人民法院按以下情形分别处理:一是双方均主张房屋所有权并且同意竞价取得的,应当准许;二是一方主张房屋所有权,由评估机构按市场价格对房屋作出评估,取得房屋所有权的一方应当给予另一方相应的补偿;三是双方均不主张房屋所有权的,根据当事人的申请拍卖房屋,对所得价款进行分割。

(8)婚后一方父母出资为子女购买的不动产,产权登记在出资人子女名下的,可以视为只对自己子女的赠与,该不动产应认定为夫妻一方的个人财产。双方父母出资购买的不动产,产权登记在一方子女名下的,该不动产可以认定为双方按照各自父母的出资份额按份共有,但当事人另有约定的除外。这里的不动产主要包括房产、地产、建筑物、构筑物等。不动产物权以登记为公示方法,此种登记具有公信力,将不动产登记在谁的名下,对推定产权归属具有重要意义。然而,婚后一方父母出资购买的不动产,若产权登记在自己子女的配偶名下,或者双方父母出资购买的不动产,产权登记在双方子女名下的,该出资应当认定为对夫妻双方的赠与,但父母明确表示赠与一方的除外。不动产应当认定为夫妻双方共同共有,而不是按份共有。这里的"视为""应当认定"是基于传统习惯和社会常情的推定,当事人可以提供证据予以推翻。

典型案例

张男与李女于2006年8月登记结婚,2006年12月,两人准备在北京购买一套价值37万元的经济适用房,因户口限制,房屋产权登记在拥有北京户口的张男名下,两人支付了2万元购房定金。2007年1月,张男的母亲用自己的银行账户给自己儿子的银行账户中打了17.5万元。之后,张某将自己银行卡中的17.7849万元打入房主指定账户,其余房款办理了按揭贷款。2015年7月,李女起诉要求确认房产为夫妻共同财产。2015年9月,本案开庭,李女声称在买房时她与丈夫共同支付了首付款,共同贷款和还贷。现在张男提出离婚且拒绝在房产证上增加自己的名字,有独占房产的意图,因此她要求法院确认自己对该房屋的共有产权。张男辩称该首付款是自己父母出资的,且房屋登记在自己名下,根据《婚姻法司法解释三》的规定,应当属于夫妻一方的个人财产,张男还请自己的母亲出庭作证,但李女不认同张男母亲的说法,表示购房款中有夫妻共同存款。法院认为,该房屋是李女和张男在婚姻关系存续期间购买的,但房屋首付款是张男母亲支付的,且产权登记在张男的名下,根据《婚姻法司法解释三》第7条的规定,该不动产为婚后由一方父母出资为子女购买的不动产,产权登记在出资人子女名下的,视为只对自己子女一方的赠与,该不动产应认定为夫妻一方的个人财产。该房屋为张男的个人财产,李女的诉讼请求不予支持。该案的判决是否恰当?

分析:该案是男方父母部分出资的情况。父母全部出资购房可以适用《婚姻法司法解释三》第7条的规定,但是部分出资并不能直接认定房屋归出资人的子女所有,具体分析参见下文的疑难问题论争。

(9)夫妻一方婚前签订不动产买卖合同,以个人财产支付首付款并在银行贷款,婚后用夫妻共同财产还贷,不动产登记于首付款支付方名下的,离婚时该不动产由双方协议处理。双方不能达成协议的,人民法院可以判决该不动产归产权登记一方,尚未归还的贷款为产权登记一方的个人债务。双方婚后共同还贷支付的款项及其相对应财产增值部分,离婚时应当根据照顾子女和女方利益的原则,由产权登记一方对另一方进行补偿。

(10)离婚时双方对尚未取得所有权或者尚未取得完全所有权的房屋有争议且协商不成的,人民法院不宜判决房屋所有权的归属,应当根据实际情况判决由当事人使用。当事人就此房屋取得完全所有权后,有争议的,可以另行向人民法院提起诉讼。

(11)婚姻关系存续期间,双方用夫妻共同财产出资购买以一方父母名义参加房改的房屋,产权登记在一方父母名下,离婚时另一方主张按照夫妻共同财产对该房屋进行分割的,人民法院不予支持。购买该房屋时的出资,可以作为债权处理。

参加房改的房屋就是“房改房”，即根据国家现行房改政策，单位将原来的公房以优惠的形式出售给已经承租或者使用该公房的职工，职工对其享有部分产权或全部产权的居住用房。房改房的购房者具有一定的身份性，一般必须是单位的职工。夫妻以父母名义参加房改，夫妻并无购房资格，房改房登记在一方父母名下，夫妻并无所有权，该房改房不是夫妻的共同财产，除非产权登记人将该房屋赠与夫妻双方，否则不应当作为夫妻共同财产进行分割。

(12)离婚时夫妻一方尚未退休、不符合领取养老保险金条件，另一方请求按照夫妻共同财产分割养老保险金的，人民法院不予支持；婚后以夫妻共同财产缴付养老保险费，离婚时一方主张将养老金账户中婚姻关系存续期间个人实际缴付部分作为夫妻共同财产分割的，人民法院应予支持。养老保险是指国家通过立法强制建立养老保险基金，劳动者达到法定退休年龄退出劳动岗位时，可以从养老保险金中领取养老金，这是一种社会保险制度。养老保险金主要来源于国家、单位和个人三方面，各自按照职工工资的比例分担缴存，它是国家通过社会养老保险机构向退休职工发放的主要收入和生活保障，具有工资的性质，其实质就是职工在退休时所得的工资，因而是夫妻共同财产。

(13)当事人达成的以登记离婚或者到人民法院协议离婚为条件的财产分割协议，如果双方协议离婚未成，一方在离婚诉讼中反悔的，人民法院应当认定该财产分割协议没有生效，并根据实际情况依法对夫妻共同财产进行分割。以登记离婚或者到人民法院协议离婚为条件的财产分割协议是一种附生效条件的合同。一方在离婚诉讼中反悔，则该协议不生效，一方不能要求另一方履行未生效的协议。赋予双方反悔的权利是为了使双方更愿意履行财产约定，减少后续纠纷。

(14)婚姻关系存续期间，夫妻一方作为继承人依法可以继承的遗产，在继承人之间尚未实际分割，起诉离婚时另一方请求分割的，人民法院应当告知当事人在继承人之间实际分割遗产之后另行起诉。继承开始后，享有继承权的人并不立即取得所继承的财产，需要经过继承的实现，才能实际取得遗产。只有在继承权真正实现之后，继承人实际取得遗产时，才能够在夫妻间分割此项财产。这说明离婚财产分割应当以实际取得且能够查明的财产为限。婚姻关系存续期间，夫妻一方获得的遗产份额将会成为夫妻共同财产，另一方享有获得该共同财产的权利，且该权利不因离婚而消灭。

(15)夫妻之间订立借款协议，以夫妻共同财产出借给一方从事个人经营活动或用于其他个人事务的，应视为双方约定处分夫妻共同财产的行为，离婚时可按照借款协议的约定处理。夫妻订立借款协议，将共同财产出借给一方的行为是夫妻处分共同财产的行为，债权人是夫妻，债务人是夫妻中借贷的一方，这是一种共同债权，清偿所得财产仍为夫妻共同财产。如果双方对借款的偿还没有约定，也无法达成一致意见的，共同债权平等分割给双方当事人，借款人向另一方偿还借款的一半，而借款人因分得的债权与债务混同，债权债务归于消灭。

司考真题

甲（男）、乙（女）结婚后，甲承诺，在子女出生后，将其婚前所有的一间门面房，变更登记为夫妻共同财产。后女儿丙出生，但甲不愿兑现承诺，导致夫妻感情破裂离婚，女儿丙随乙一起生活。后甲又与丁（女）结婚。未成年的丙因生重病住院急需医疗费20万元，甲与丁签订借款协议从夫妻共同财产中支取该20万元。下列哪一表述是错误的？（2014年卷三第23题）

A. 甲与乙离婚时，乙无权请求将门面房作为夫妻共同财产分割

B. 甲与丁的协议应视为双方约定处分共同财产

C. 如甲、丁离婚，有关医疗费按借款协议的约定处理

D. 如丁不同意甲支付医疗费，甲无权要求分割共有财产

答案：D

解析：甲与乙约定，将甲所有的房屋变更为甲乙夫妻共同共有，是基于双方法律行为的不动产物权变动。依据《物权法》第9条的规定，因未办理过户登记，未发生物权变动，仍属甲个人所有，因此A正确。《民法典》物权编第209条与《物权法》第9条的规定基本相同，仅有词句的修改。丙与丁未形成抚养关系，丁对丙没有抚养义务。因此甲、丁借给甲的20万元用于甲的个人事务。依据《婚姻法司法解释三》第16条规定："夫妻之间订立借款协议，以夫妻共同财产出借给一方从事个人经营活动或用于其他个人事务的，应视为双方约定处分夫妻共同财产的行为，离婚时可按照借款协议的约定处理。"因此B、C正确。依据《婚姻法司法解释三》第4条规定："婚姻关系存续期间，夫妻一方请求分割共同财产的，人民法院不予支持，但有下列重大理由且不损害债权人利益的除外：（一）一方有隐藏、转移、变卖、毁损、挥霍夫妻共同财产或者伪造夫妻共同债务等严重损害夫妻共同财产利益行为的；（二）一方负有法定扶养义务的人患重大疾病需要医治，另一方不同意支付相关医疗费用的。"如丁不同意甲支付医疗费，甲有权要求分割共有财产。因此，D错误。《民法典》婚姻家庭编第1066条有类似的规定。

（16）夫妻共同财产的再次分割。《民法典》婚姻家庭编第1092条规定："夫妻一方隐藏、转移、变卖、毁损、挥霍夫妻共同财产，或者伪造夫妻共同债务企图侵占另一方财产的，在离婚分割夫妻共同财产时，对该方可以少分或者不分。离婚后，另一方发现有上述行为的，可以向人民法院提起诉讼，请求再次分割夫妻共同财产。"在婚姻关系存续期间，只要一方有该条所列举的侵害夫妻共同财产或侵占另一方财

产的行为,就可在离婚时给该方少分或者不分。若离婚后发现此类行为,则可以请求再次分割夫妻共同财产。

(17)夫妻共同财产的补充分割。离婚后,一方以尚有夫妻共同财产未处理为由向人民法院起诉请求分割的,经审查该财产确属离婚时未涉及的夫妻共同财产,人民法院应当依法予以分割。

典型案例

王某(男)与黄某(女)于2006年5月登记结婚,2011年3月,王某将一套住房以27万元的价格卖给了李某,并签订了房屋买卖合同,合同签订当日,李某先支付了10万元,并约定房款缴清后交付房屋产权证书。后李某缴清了房款,并办理了产权登记。然而,王某的妻子黄某在得知此事后,坚决不同意卖房,于是王某要求解除合同,但李某不同意。随后王某向法院起诉要求收回房屋,提出其妻子对此不知情,他是擅自处分共有房屋,合同无效。后法院查明,李某与王某经中介介绍签订了房屋买卖合同,双方意思表示真实。

分析:依据《婚姻法司法解释三》第11条第1款的规定,一方未经另一方同意出售夫妻共同共有的房屋,第三人善意购买、支付合理对价并办理产权登记手续,另一方主张追回该房屋的,人民法院不予支持。因此,房屋买卖合同有效,王某不能追回该房屋。这里适用《物权法》不动产善意取得制度,李某对王某妻子不同意卖房的事实并不知情,支付合理对价且办理产权登记手续,符合不动产善意取得的条件。这是善意取得制度在婚姻法中的适用。《民法典》物权编第311条对善意取得制度作出了规定。

(二)夫妻共同债务的清偿

夫妻共同债务是指夫妻为共同生活,为履行抚养、赡养义务以及夫妻一方或双方治疗疾病等需要所负的债务。个体工商户、农村承包经营户所负的债务,若为夫妻共同经营的,则为夫妻共同债务。夫妻共同清偿的仅限于共同债务,不包括夫妻的个人债务。债权人就一方婚前所负个人债务向债务人的配偶主张权利的,人民法院不予支持。但债权人能够证明所负债务用于婚后家庭共同生活的除外。

1. 夫妻共同债务的认定

夫妻共同债务的认定一直是理论与实务界研究的热点与难点问题。回顾有关夫妻共同债务的立法可见,夫妻共同债务的认定标准和举证责任的分配始终是核心。2001年《婚姻法》第41条规定:“离婚时,原为夫妻共同生活所负的债务,应当共同偿还。共同财产不足清偿的,或财产归各自所有的,由双方协议清偿;协议不成时,由人民法院判决。"2004 年实施的《婚姻法司法解释二》第 24 条是对《婚姻法》第 41 条的解释,该条规定:"债权人就婚姻关系存续期间夫妻一方以个人名义所负债务主张权利的,应当按夫妻共同债务处理。但夫妻一方能够证明债权人与债务人明确约定为个人债务,或者能够证明属于婚姻法第十九条第三款规定情形的除外。"《婚姻法》第 19 条第 3 款规定的除外情形是:"夫妻对婚姻关系存续期间所得的财产约定归各自所有的,夫或妻一方对外所负的债务,第三人知道该约定的,以夫或妻一方所有的财产清偿。"《婚姻法司法解释二》第 24 条出台的目的是减少当时夫妻双方共同恶意逃避债务,损害债权人利益的问题。既然《婚姻法司法解释二》第 24 条是对《婚姻法》第 41 条的解释,那么在法条适用中,就应当坚持《婚姻法》第 41 条"用途论"的标准,将为夫妻共同生活所负的债务认定为夫妻共同债务。然而在实践中,大量案例直接适用《婚姻法司法解释二》第 24 条,发生在婚姻关系存续期间的夫妻一方以个人名义所负债务,只要没有例外的两种情形,直接被推定为夫妻共同债务,而不考虑债务的用途。因此,《婚姻法司法解释二》第 24 条被认为过分保护了债权人利益,不合理加重了夫妻中非举债方的证明责任,过度保护交易安全而牺牲了婚姻中一方的利益,不符合日常家事代理权范围有限性,导致了实质上的不公平。

基于此背景,2018 年 1 月 18 日最高人民法院施行了《关于审理涉及夫妻债务纠纷案件适用法律有关问题的解释》,试图解决《婚姻法司法解释二》第 24 条所带来的问题。《民法典》吸收了该解释的内容。在夫妻共同债务的认定上,《民法典》婚姻家庭编第 1064 条规定:"夫妻双方共同签名或者夫妻一方事后追认等共同意思表示所负的债务,以及夫妻一方在婚姻关系存续期间以个人名义为家庭日常生活需要所负的债务,属于夫妻共同债务。夫妻一方在婚姻关系存续期间以个人名义超出家庭日常生活需要所负的债务,不属于夫妻共同债务;但是,债权人能够证明该债务用于夫妻共同生活、共同生产经营或者基于夫妻双方共同意思表示的除外。"《民法典》婚姻家庭编第 1060 条对日常家事代理权作出了规定:"夫妻一方因家庭日常生活需要而实施的民事法律行为,对夫妻双方发生效力,但是夫妻一方与相对人另有约定的除外。夫妻之间对一方可以实施的民事法律行为范围的限制,不得对抗善意相对人。"

夫妻共同债务的认定规则既涉及民事权利规范,又涉及民事证据规则。这包括三个方面的内容:一是基于共同意思表示的认定,基于签字等共同意思表示所形成的债务为夫妻共同债务,这包括夫妻事前共同签字和事后追认。二是基于对日常家事代理权和日常生活需要目的的认定,一方在婚内以个人名义所负债务,能够证明用于家庭日常生活需要的,可以认定为夫妻共同债务。三是基于对日常生活需要对应的"共同用途论"的认定,一方在婚内以个人名义所负债务,超出家庭日常生活需要的,不能认定为夫妻共同债务。但债权人有证据证明此债务被用于夫妻共同生活、共同生活经营或来源于夫妻共同意思表示的,可以认定为夫妻共同债务。债权人若要将夫妻一方以个人名义所负且超出日常生活需要的债务认定为夫妻共同债务,需要证明该债务的“共同用途”。夫妻共同债务的认定和清偿关涉夫妻一方、夫妻另一方和债权人之间的利益平衡,对这三方的利益需要平等保护。在具体债务的认定中,需要结合案件事实分析,并对“日常家事代理权”“共同意思表示”“夫妻共同生活”“共同生活经营”“家庭日常生活需要”作出适当的解释。

对于担保之债,2015 年最高人民法院民一庭《关于夫妻一方对外担保之债能否认定为夫妻共同债务的复函》规定:“夫妻一方对外担保之债不应当适用《最高人民法院关于适用〈中华人民共和国婚姻法〉若干问题的解释(二)》第二十四条的规定认定为夫妻共同债务。”即不能将发生在婚内的以夫妻一方名义对外所付担保之债直接认定为夫妻共同债务。《民法典》婚姻家庭编第 1064 条对夫妻共同债务的认定作出了统一规定,则夫妻一方对外担保之债同样适用该条的规定。

此外,2017 年 3 月 1 日起施行的最高人民法院《关于适用〈中华人民共和国婚姻法〉若干问题的解释(二)的补充规定》在第 24 条的基础上增加两款,分别作为该条第 2 款和第 3 款:夫妻一方与第三人串通,虚构债务,第三人主张权利的,人民法院不予支持。夫妻一方在从事赌博、吸毒等违法犯罪活动中所负债务,第三人主张权利的,人民法院不予支持。该规定进一步明确了非法债务不是夫妻共同债务。

2. 夫妻共同债务的清偿

《民法典》婚姻家庭编第 1089 条规定:“离婚时,夫妻共同债务应当共同偿还。共同财产不足清偿或者财产归各自所有的,由双方协议清偿;协议不成的,由人民法院判决。”可见,夫妻共同债务的清偿方式包括三种:共同清偿、协议清偿和判决清偿。

夫妻对共同债务承担连带清偿责任。当事人的离婚协议或人民法院的判决书、裁定书、调解书已经对夫妻财产分割问题作出处理的,债权人仍有权就夫妻共同债务向男女双方主张权利。一方就共同债务承担连带清偿责任后,基于离婚协议或人民法院的法律文书向另一方主张追偿的,人民法院应当支持。夫或妻一方死亡的,生存一方应当对婚姻关系存续期间的共同债务承担连带清偿责任。

司考真题

黄某和唐某自愿达成离婚协议并约定财产平均分配,婚姻关系存续期间的债务全部由唐某偿还。经查,黄某以个人名义在婚姻关系存续期间向刘某借款 10 万元用于购买婚房。下列哪一表述是正确的?(2011 年卷三第 21 题)

A. 刘某只能要求唐某偿还10万元

B. 刘某只能要求黄某偿还10万元

C. 如黄某偿还了10万元,则有权向唐某追偿10万元

D. 如唐某偿还了10万元,则有权向黄某追偿5万元

答案:C

解析:黄某以个人名义向刘某借款10万元的事实发生在婚姻关系存续期间,依据约定优先于法定的原则,按照夫妻双方的离婚协议,婚姻关系存续期间的债务全部由唐某偿还。该债务为唐某的个人债务,如果黄某偿还了这10万元债务,就是代替唐某偿还了唐某的个人债务,因此黄某偿还后,可以向唐某追偿全部10万元,而不是10万元的一半。

典型案例

2014年3月21日,张某向袁某出具借条一张,载明:因公司业务发展需要,向袁某借款人民币65万元整,年息2分,借期一年,从2014年3月21日起至2018年3月21日止。到期后连本带利一次性还清。逾期还款的利息为:每日借款本息总额的1%。借条右下方,张某亲笔书写:"今收到袁某借款共计65万元整(650000元),转账入我招商银行卡。现金收取:零。"当日,张某招商银行卡上收到袁某转账62万元。2018年1月14日,张某与其配偶孙某离婚。债务到期后,经袁某多次索要,张某一直未还款。2019年4月22日,袁某诉请法院判决张某及其配偶孙某共同偿还该65万元的本金、利息及违约金。张某对该借条的真实性予以认可,但认为借款金额应以银行转账凭证为准,应为62万元整。张某的配偶孙某则认为该借款是张某以个人名义所借款项,且未用于夫妻共同生活,不能认定为夫妻共同债务。在举证中,债权人袁某没有证据证明该笔借款被用夫妻共同生活、共同生产经营或者基于夫妻双方共同意思表示产生。

分析:依据借条和转账凭证,可认定张某与袁某之间形成了借款合意。借款合同为实践性合同,借款金额应以借条为准,借条显示借款均以转账方式完成,因此借款金额应以银行转账凭证为准,共计62万元整。张某的配偶孙某是否为共同债务人取决于该笔债务是否能被认定为夫妻共同债务。依据2018年1月18日最高人民法院《关于审理涉及夫妻债务纠纷案件适用法律有关问题的解释》第3条规定:"夫妻一方在婚姻关系存续期间以个人名义超出家庭日常生活需要所负的债务,债权人以属于夫妻共同债务为由主张权利的,人民法院不予支持,但债权人能够证明该债务用于夫妻共同生活、共同生产经营或者基于夫妻双方共同意思表示的除外。"该笔债务总额为62万元,已经超出家庭日常生活需要,张某的举债目的

为“因公司业务发展需要”，且债权人袁某没有证据证明该笔借款被用夫妻共同生活、共同生产经营或者基于夫妻双方共同意思表示产生。因此，虽然该笔债务发生于张某和孙某婚姻关系存续期间，但只能将该债务认定为张某的个人债务，而不是夫妻共同债务，由张某个人偿还。若适用《民法典》婚姻家庭编第 1089 条，会得出同样的结论。

（三）离婚经济补偿

《民法典》婚姻家庭编第 1088 条规定：“夫妻一方因抚育子女、照料老年人、协助另一方工作等负担较多义务的，离婚时有权向另一方请求补偿，另一方应当给予补偿。具体办法由双方协议；协议不成的，由人民法院判决。”该条的规定删除了离婚经济补偿需以夫妻分别财产制为前提的规则，删除了《婚姻法》第 40 条适用离婚经济补偿的限制性条件，从而使离婚经济补偿的适用更加符合我国民众生活实际。根据该条的规定，离婚经济补偿的适用条件是：

第一，一方为抚育子女、照料老人、协助另一方工作等付出较多义务，这种义务通常体现为家务劳动。付出义务较多的一方享有补偿请求权，对付出义务较多一方的经济补偿是对该方家务劳动价值的肯定。家务劳动不直接产生经济效益，但家务劳动可以节省家庭支出，间接增加家庭财富。

第二，经济补偿的性质不是赔偿，不是合同责任或侵权责任。长期从事家务劳动，对配偶、子女和老人付出较多的一方往往使自己在学习、工作、晋升等方面受到影响，收入常常明显偏低，可能往往在生活上处于困境。因此，需要给予付出义务较多的一方一定的补偿，但这并不是基于合同或侵权行为而产生的。

第三，经济补偿数额的确定。经济补偿的数额首先应当由夫妻双方协商，人民法院可以对经济补偿的数额进行调解。调解无效时，人民法院应当根据当事人结婚时间的长短、家务劳动的强度、持续的时间、给对方提供帮助的多少等因素来确定。

司考真题

2003 年 5 月王某（男）与赵某结婚，双方书面约定婚后各自收入归个人所有。2005 年 10 月王某用自己的收入购置一套房屋。2005 年 11 月赵某下岗，负责照料女儿及王某的生活。2008 年 8 月王某提出离婚，赵某得知王某与张某已同居多年。法院应支持赵某的下列哪些主张？（2009 年卷三第 66 题）

A. 赵某因抚育女儿、照顾王某生活付出较多义务，王某应予以补偿

B. 离婚后赵某没有住房，应根据公平原则判决王某购买的住房属于夫妻共同

财产

C. 王某与张某同居导致离婚,应对赵某进行赔偿

D. 张某与王某同居破坏其家庭,应向赵某赔礼道歉

答案:AC

解析:依据《婚姻法》第40条,A选项正确。依据《婚姻法》第42条和《婚姻法司法解释一》第27条,若赵某离婚后没有住房,属于生活困难,王某应当给予赵某住房方面的帮助,但"根据公平原则判决王某购买的住房属于夫妻共同财产"没有法律依据,因此B选项错误。《民法典》婚姻家庭编第1090条对离婚经济帮助也作出了规定。王某与张某同居,若法院判决离婚,赵某有权请求王某承担财产损害赔偿和精神损害赔偿。C选项正确。张某应当受到道德谴责,但不对赵某承担侵权责任,因而不承担赔礼道歉的法律责任。D选项错误。

(四)离婚经济帮助

离婚经济帮助是指,在夫妻离婚时,一方生活有困难,经双方协商或法院判决,有条件的一方给予另一方适当财物资助的行为。《民法典》婚姻家庭编第1090条规定:"离婚时,如果一方生活困难,有负担能力的另一方应当给予适当帮助。具体办法由双方协议;协议不成的,由人民法院判决。"这是对离婚经济帮助的规定。

离婚经济帮助的本质是帮助,这意味着有条件帮助的一方并没有提供财物资助的义务。该制度设立的目的是对离婚时经济能力较弱的一方给予适当的帮扶,是出于人道主义的考虑。夫妻间相互扶养的义务随着婚姻关系的终止而消灭,离婚后一方对另一方的财物资助并不是基于夫妻间的扶养义务。但是基于曾经存在的婚姻关系,离婚经济帮助是原婚姻关系派生出的责任。一些国家立法例对此有所规定,如美国、法国、德国等。

离婚经济帮助适用的条件包括:第一,一方确实生活困难。这是指一方依靠个人财产和离婚时分得的财产无法维持当地基本生活水平。一方离婚后没有住处的,属于生活困难。第二,经济帮助仅限于离婚时。第三,给予经济帮助的一方有负担能力。第四,经济帮助是适当的,一方从其住房或个人财产中给予对方短期或一次性的经济帮助。经济帮助的形式可以是金钱、实物或生活用品等。一方以个人财产中的住房对生活困难者进行帮助的形式,可以是房屋居住权或者房屋所有权。如一方可以依据《民法典》物权编第十四章居住权的规定,为生活困难的一方设立居住权。

受帮助一方另行结婚或另有经济收入能够维持生活时,经济帮助可以终止。原定的经济帮助执行完毕之后,一方又要求继续给付经济帮助的,人民法院一般不予支持。

（五）离婚损害赔偿

离婚损害赔偿，是指配偶一方侵害另一方基于配偶身份享有的合法权利，其过错行为导致婚姻关系破裂的，离婚时，无过错方有权请求对方赔偿，有过错方则负有赔偿责任的民事法律制度。《民法典》婚姻家庭编第 1091 条规定："有下列情形之一，导致离婚的，无过错方有权请求损害赔偿：（一）重婚；（二）与他人同居；（三）实施家庭暴力；（四）虐待、遗弃家庭成员；（五）有其他重大过错。"该条在《婚姻法》第 46 条离婚损害赔偿规则的基础上，增加了一个兜底条款：有其他重大过错。需要注意的是，《民法典》婚姻家庭编第 1054 条第 2 款增加"婚姻无效或者被撤销的，无过错方有权请求损害赔偿"。此损害赔偿并非离婚损害赔偿。

1. 离婚损害赔偿的构成要件

（1）一方有重大过错，而对方没有过错。实施违法行为的一方存在故意或重大过失，主观过错的判断与一般侵权行为主观过错的判断方法相同。夫妻一方有《民法典》婚姻家庭编第 1091 条规定的过错行为，对方没有该条规定的过错行为。有过错的一方为离婚损害赔偿的责任主体，另一方为离婚损害赔偿请求权人。这里所说的对方没有过错，仅仅指没有第 1091 条规定的重大过错行为。如果夫妻双方均有前述重大过错行为，一方或者双方向对方提出离婚损害赔偿请求的，人民法院不予支持。"其他重大过错"是指与所列举的情形类似的重大过错，不包括一般过错。

（2）过错方的损害行为和无过错方的损害之间存在因果关系。一方配偶的损害行为与另一方配偶的损害之间有因果关系，另一方配偶因此种损害行为而受到损害。

（3）离婚损害赔偿原则上在离婚时提出。没有离婚作为前提，无过错方不能提出离婚损害赔偿请求。人民法院判决不准离婚的案件，当事人提起损害赔偿请求的，人民法院不予支持。婚姻关系存续期间，当事人不起诉离婚而单独提起损害赔偿请求的，人民法院不予受理。

（4）无过错方遭受损害。无过错方遭受了实际的损害。

2. 离婚损害赔偿数额的确定

离婚损害赔偿包括物质损害赔偿和精神损害赔偿，精神损害赔偿适用最高人民法院《关于确定民事侵权精神损害赔偿责任若干问题的解释》的有关规定。人民法院对离婚财产损害赔偿金、精神损害赔偿金、抚慰金数额的确定，应根据保护合法的婚姻家庭关系，保护无过错方配偶合法权益的原则，综合考虑以下因素来确定。

财产与精神损害赔偿金：（1）无过错方财产的实际损失（因离婚所致的财产期待权损失除外）。（2）侵权人的过错程度。结合过错行为的故意、过失的轻重、动机等因素加以考虑。法律另有规定除外。(3)侵害的手段、场合、行为方式等具体情节。(4)侵权行为所造成的后果:是否导致离婚,无过错方遭受损害的权益和损害程度,精神上所受痛苦的程度。(5)侵权人的获利情况。(6)过错方承担责任的经济状况、谋生能力等。(7)结婚时间长短,无过错方对配偶和家庭所尽义务的多少和贡献大小、年龄、健康状况等。(8)受诉法院所在地平均生活水平。

导致配偶残疾的,应当赔偿残疾人抚慰金;导致其他损害的,赔偿精神抚慰金。

3. 离婚损害赔偿的程序

无过错方作为原告提出损害赔偿请求的,必须在离婚诉讼的同时提出。无过错方作为被告的离婚诉讼案件,如果被告不同意离婚也不提起损害赔偿请求的,可以在离婚后1年内就此单独提起诉讼。无过错方作为被告的离婚诉讼案件,一审时被告未提出损害赔偿请求,二审期间提出的,人民法院应当进行调解,调解不成的,告知当事人在离婚后1年内另行起诉。

当事人在婚姻登记机关办理离婚登记手续后,一方向人民法院提出损害赔偿请求的,人民法院应当受理。但当事人在协议离婚时已经明确表示放弃该项请求,或者在办理离婚登记手续1年后提出的,不予支持。

司考真题

1. 乙女与甲男婚后多年未生育,后甲男发现乙女因不愿生育曾数次擅自中止妊娠,为此甲男多次殴打乙女。乙女在被打住院后诉至法院要求离婚并请求损害赔偿,甲男以生育权被侵害为由提起反诉,请求乙女赔偿其精神损害。法院经调解无效,拟判决双方离婚。下列哪些选项是正确的?(2017年卷三第65题)

A. 法院应支持乙女的赔偿请求　　B. 乙女侵害了甲男的生育权

C. 乙女侵害了甲男的人格尊严　　D. 法院不应支持甲男的赔偿请求

答案:AD。

解析:依据《婚姻法》第46条:“有下列情形之一,导致离婚的,无过错方有权请求损害赔偿:(一)重婚的;(二)有配偶者与他人同居的;(三)实施家庭暴力的;(四)虐待、遗弃家庭成员的。”甲男多次殴打乙女的行为构成了家庭暴力,符合《婚姻法》第46条第3项的规定。《婚姻法司法解释一》第29条规定:“承担婚姻法第四十六条规定的损害赔偿责任的主体,为离婚诉讼当事人中无过错方的配偶。人民法院判决不准离婚的案件,对于当事人基于婚姻法第四十六条提出的损害赔偿请求,不予支持。在婚姻关系存续期间,当事人不起诉离婚而单独依据该条规定提起损害赔偿请求的,人民法院不予受理。”乙女已经诉请法院离婚,并提出了损害赔偿请求。因此法院应当支持乙女的赔偿请求,因此A正确。《民法典》婚姻家庭编

第1091条的基本规定与该条类似。《妇女权益保障法》第51条第1款规定:"妇女有按照国家有关规定生育子女的权利,也有不生育的自由。"但我国立法并未明确规定生育权,因此B错误。立法和司法实务并未对人格尊严作出准确的界定,人格尊严通常是指民事主体作为平等的人所应当享有的受到国家保护的社会地位和基本尊重。乙女的行为并未侵害甲男的人格尊严,因此C错误。《民法典》总则编第109条规定:"自然人的人身自由、人格尊严受法律保护。"但《民法典》未对人格尊严作出界定。离婚损害赔偿仅无过错方可以提出,因此甲男提出损害赔偿请求没有法律依据,因此D正确。

2. 钟某性情暴躁,常殴打妻子柳某,柳某经常找同村未婚男青年杜某诉苦排遣,日久生情。现柳某起诉离婚,关于钟、柳二人的离婚财产处理事宜,下列哪一选项是正确的?(2016年卷三第19题)

A. 针对钟某家庭暴力,柳某不能向其主张损害赔偿

B. 针对钟某家庭暴力,柳某不能向其主张精神损害赔偿

C. 如柳某婚内与杜某同居,则柳某不能向钟某主张损害赔偿

D. 如柳某婚内与杜某同居,则钟某可以向柳某主张损害赔偿

答案:C

解析:依据《婚姻法》第46条:"有下列情形之一,导致离婚的,无过错方有权请求损害赔偿:(一)重婚的;(二)有配偶者与他人同居的;(三)实施家庭暴力的;(四)虐待、遗弃家庭成员的。"钟某常殴打妻子柳某,构成了家庭暴力,柳某作为无过错方,可依据该条主张损害赔偿,因此A错误。《民法典》婚姻家庭编第1091条的基本规定与该条类似。《婚姻法司法解释一》第28条规定:"婚姻法第四十六条规定的'损害赔偿',包括物质损害赔偿和精神损害赔偿。涉及精神损害赔偿的,适用最高人民法院《关于确定民事侵权精神损害赔偿责任若干问题的解释》的有关规定。"因此,柳某能够主张精神损害赔偿,B错误。若柳某婚内与杜某同居,则柳某也成为过错方,柳某和钟某均为过错方,彼此均不能向对方主张离婚损害赔偿,因此C正确,D错误。

疑难问题论争　"离婚冷静期"的规定是否限制了离婚自由?还有哪些值得探讨的问题?

我国《民法典》规定的"离婚冷静期"制度是在借鉴外国法的基础上,结合我国实际确定的。韩国法和英国法中有关于"离婚冷静期"或"离婚熟虑期"的规定,此种立法设计在韩国和英国均取得了减少离婚数量的作用。在《民法典》征求意见的过程中,有观点认为,"离婚冷静期"的规定限制了民事主体的离婚自由,离婚自由

属于婚姻自由原则的内容，因此不应当受到限制和干涉。也有观点认为，“离婚冷静期”是为了保障离婚自由，而不是限制离婚自由，这正符合我国长期坚持的保护婚姻自由、反对轻率离婚的政策。任何一种自由都需要受到限制，婚姻自由不例外，离婚自由也不例外，没有不受任何拘束、干涉和限制的自由。《民法典》对“离婚冷静期”的规定看似限制离婚自由，实为保护离婚自由。

作为一项制度，“离婚冷静期”是否应当有更具系统性和针对性的规定，从而更好发挥对婚姻自由的保障？有些问题仍待探讨：第一，“离婚冷静期”是否需区别设立？值得探讨的问题例如：是否需要针对不同情况设置长短不同的“离婚冷静期”？在存在家庭暴力、虐待等人身危险性行为的婚姻中，出于对受害方的保护，是否不应当适用“离婚冷静期”？如果有证据表明非轻率离婚，是否不适用“离婚冷静期”？而对某些冲动离婚的夫妻，是否可以适当延长“离婚冷静期”？第二，针对“离婚冷静期”的配套制度如何完善？在“离婚冷静期”内，如何设置相应的措施，缓解夫妻双方矛盾，真正实现双方冷静审慎地对待婚姻关系，达到“离婚冷静期”的目的。第三，“离婚冷静期”未来是否也可以适用于诉讼离婚？在《民法典》草案征求意见的过程中，这曾是一个有争议的问题，最终《民法典》选择仅在登记离婚中适用“离婚冷静期”，但是仍有观点支持在诉讼离婚中也适用“离婚冷静期”，因为诉讼离婚中也存在不少冲动离婚的民事主体。第四，“离婚冷静期”内，如何充分保护未成年人利益？“离婚冷静期”的目的是减少冲动离婚，但也需要同时协调婚姻家庭中未成年人利益的保护，避免使其成为未成年人利益保护的“空窗期”。

疑难问题论争 夫妻共同债务认定中，举证责任分配的争议与认定标准的解释

《民法典》对夫妻共同债务的认定规则沿用了2018年最高人民法院《关于审理涉及夫妻债务纠纷案件适用法律有关问题的解释》的规定。该解释实施之后，有观点认为：该解释加重了债权人的举证责任，债权人难以证明夫妻有共同举债的意思表示、一方名义所负的债务被用于夫妻共同生活或共同生活经营。虽然该解释改变了《婚姻法司法解释二》第24条仅依据债务人的夫妻身份来认定夫妻共同债务，而不考虑举债用途的弊端，但也产生了新的利益失衡。债权人无法深入夫妻生活，债权人对夫妻共同的意思表示、债务是否用于夫妻共同生活或共同生活经营难以证明，增加了举证的难度，债权人承担了过重的举证责任。

债权人是否承担了过重的举证责任，与对夫妻共同的意思表示、夫妻共同生活、共同生产经营、家庭日常生活需要的解释和适用直接相关。对这些问题需要进行系统性的考虑，并关注司法实务的回应。

何为夫妻共同的意思表示？对夫妻共同的意思表示应当结合《民法典》总则编

对意思表示的规定,进行体系化的解释。夫妻共同的意思表示不宜仅理解为有夫妻共同的签字等明示的意思表示。默示的意思表示也能被认定为夫妻共同的意思表示,如非举债方配偶主动偿还借款等。该标准从夫妻双方共同一致的意思表示来认定夫妻共同债务,不考虑举债用途。

何为夫妻共同生活?参考司法实务的处理,2018 年 5 月 23 日发布的《浙江省高级人民法院关于妥善审理涉夫妻债务纠纷案件的通知》的界定是,"夫妻共同生活",在概念外延上大于"家庭日常生活",只要是夫妻双方共同消费支配或者用于形成夫妻共同财产的支出,都属于"夫妻共同生活"的范围。2019 年 7 月发布的江苏省高级人民法院《家事纠纷案件审理指南(婚姻家庭部分)》第 47 条规定,"夫妻共同生活"是指夫妻为履行经济扶养、生活照顾、精神抚慰义务而进行共同消费或者积累夫妻共同财产的情形。该两省高级人民法院的界定较为接近。

何为共同生产经营?参考司法实务的处理,2018 年 5 月 23 日发布的《浙江省高级人民法院关于妥善审理涉夫妻债务纠纷案件的通知》的界定,"夫妻共同生产经营",较常见的有夫妻双方共同决定生产经营事项、一方授权另一方决定生产经营事项等情形。审判实践中,判断经营活动是否属于夫妻共同生产经营,要根据经营活动的性质以及夫妻双方在其中的地位作用等综合认定。有证据证明存在以下情形的,可以考虑认定为夫妻共同债务:(1)负债期间购置大宗资产等形成夫妻共同财产的;(2)举债用于夫妻双方共同从事的工商业或共同投资;(3)举债用于举债人单方从事的生产经营活动,但配偶一方分享经营收益的。2019 年 7 月发布的江苏省高级人民法院《家事纠纷案件审理指南(婚姻家庭部分)》第 47 条规定,"夫妻共同生产经营"是指夫妻共同决定生产经营事项或者一方授权另一方决定生产经营事项或者夫妻另一方在生产经营中受益的情形。并从正反两面列举了"夫妻共同生活、共同生产经营"的考量因素。但也有学者认为,"共同生产经营"规则的独立性值得商榷,因经营者兼具夫妻身份,而忽略了经营形式、债之发生原因和经营者过错,一概认定为夫妻共同债务,则违背了商事组织运行规则。[5]

何为家庭日常生活需要?目前没有统一的解释,参考 2018 年 5 月 23 日发布的浙江省高级人民法院《关于妥善审理涉夫妻债务纠纷案件的通知》中对"家庭日常生活需要"的界定,"家庭日常生活需要"是指夫妻双方及其共同生活的未成年子女在日常生活中的必要开支事项,如正常的衣食住行消费、日用品购买、医疗保健、子女教育、老人赡养、文化消费等。审理中,判断负债是否超出"家庭日常生活需要",可以结合负债金额大小、家庭富裕程度、夫妻关系是否安宁、当地经济水平及交易习惯、借贷双方的熟识程度、借款名义、资金流向等因素综合予以认定。2019 年 7

---

〔5〕 陈凌云:《夫妻共同债务认定规则中的伪命题:共同生产经营》,载《当代法学》2020 年第 2 期。

月发布的江苏省高级人民法院《家事纠纷案件审理指南(婚姻家庭部分)》第47条规定,“家庭日常生活需要”是指家庭日常生活中的必要支出,包括衣食住行、医疗保健、交通通信、文娱教育及服务等。认定是否为“家庭日常生活需要”所负的债务,应当结合债务金额、举债次数、债务用途、家庭收入状况、消费水平、当地经济水平和一般社会生活习惯等予以综合判断。可以说,对家庭日常生活需要的界定需要结合日常生活的多个方面进行综合判定。

疑难问题论争 关于父母出资购买不动产中“父母出资”的理解

《婚姻法司法解释三》第7条第1款规定:“婚后由一方父母出资为子女购买不动产,产权登记在出资人子女名下的,可按照婚姻法第十八条第(三)项的规定,视为只对自己子女一方的赠与,该不动产应认定为夫妻一方的个人财产。”其中的“出资”并没有说明是出全资还是部分出资。如果父母出全资,且产权登记在出资人子女名下,则视为对自己子女的赠与,该不动产为夫妻一方的个人财产,此种情况基本没有争议。但现实的情况是,父母往往没有出全资,而是支付了不动产首付款或者仅支付了一部分不动产购买款项,这种类型的出资具有一定的普遍性,对此种出资状况下不动产的归属存在争议。主要的观点有:第一,父母部分出资,且产权登记在自己子女名下,也应当认定为夫妻一方的个人财产。最高人民法院《关于婚姻法司法解释(三)的理解与适用》中就持此种观点。第二,婚后父母部分出资购买不动产,不动产应当认定为共同共有,但此出资应当认定为对自己子女的赠与。离婚时,该出资对应的增值也应当属于个人财产。第三,婚后父母部分出资购买不动产,不动产应当认定为共同共有,但此出资应当认定为对自己子女的赠与。由于不动产是共同共有的,不动产的增值部分也应当是共同共有的。第四,该条所提出的出资就是指出全资,如果是部分出资,就应当适用《婚姻法司法解释二》第22条的规定,父母为双方购置房屋出资的,应当认定为对夫妻双方的赠与,但父母明确表示赠与一方的除外。第五,婚后一方父母的部分出资应当认定为对子女的借贷,父母为债权人,夫妻双方为债务人,不动产产权及其增值部分均为夫妻共有。笔者同意第三种观点,婚后父母部分出资购买不动产,不动产产权本身应当是夫妻共有的,而不因父母的出资发生不动产权属的变化,父母的出资仅仅作为对自己子女的赠与,但是能够证明此出资为借贷关系的,则按照借贷关系处理。同时,不动产的增值部分也是夫妻共有的,并不因父母的部分出资而将出资部分对应的增值分出归个人所有。这符合我国婚后所得共同制的基本理念,将不动产所有权与出资分离,实现了相对公平。

疑难问题论争　关于一方婚前贷款购买不动产的"不动产权属与增值"的理解

《婚姻法司法解释三》第10条规定:"夫妻一方婚前签订不动产买卖合同,以个人财产支付首付款并在银行贷款,婚后用夫妻共同财产还贷,不动产登记于首付款支付方名下的,离婚时该不动产由双方协议处理。依前款规定不能达成协议的,人民法院可以判决该不动产归产权登记一方,尚未归还的贷款为产权登记一方的个人债务。双方婚后共同还贷支付的款项及其相对应财产增值部分,离婚时应根据婚姻法第三十九条第一款规定的原则,由产权登记一方对另一方进行补偿。"

该条第2款涉及了不动产所有权取得的时间和夫妻婚姻关系缔结的时间。这两者时间的先后对不动产权利的归属有一定影响。如果不动产所有权取得在婚姻关系缔结之前且登记在一方名下,房屋的买受人是夫妻一方,且合同义务在婚前履行,则该房屋是该买受人的婚前个人财产,婚姻关系存续期间用共同财产还贷的部分,由享有所有权的一方予以返还。如果不动产所有权的取得在婚姻关系存续期间,房屋所有权的归属则产生了争议。一种观点认为,此种不动产是在婚后取得所有权的,无论产权登记在谁的名下,均为夫妻共同财产,离婚时作为夫妻共同财产分割。一方婚前支付的首付款,由另一方返还一半,贷款作为夫妻共同债务,由双方返还。[6] 另一种观点认为,由于买卖合同在婚前形成,还贷的义务属于买受人单方的个人债务。婚姻关系存续期间双方共同还贷,可以认定为夫妻用共同财产偿还个人债务,但是不动产所有权的权利归属不因他人参与还贷而发生转移,虽然此类不动产的所有权系夫妻婚后取得,但购买不动产的价金却是登记名义人的婚前个人财产,由于这笔财产并不因婚姻关系的成立而成为共有财产,那么,不动产作为这笔价金的另一种表现形式,也同样应当认定为婚前个人财产,这也反映了婚姻法对"转化论"的否认。[7]

该条中涉及不动产增值部分的法律性质,学界对此有不同的观点。主流的观点有两种:一种观点认为,房屋增值部分属于投资收益,是婚后所得,这是在婚姻关系存续期间双方合法取得、没有被双方约定为个人所有及约定无效的婚后所得、法定个人特有财产以外的双方婚后所得财产,从而应当作为夫妻共同财产。另一种观点认为,财产的收益属于孳息,孳息分为天然孳息和法定孳息,而房屋增值属于法定孳息,应当属于个人所有。即婚前财产的孳息不因婚姻关系转化为共同财产,孳息的归属应当与原物相同,原物为夫妻一方所有,因此孳息也应当为夫妻一方的

〔6〕 参见2005年江苏省高级人民法院《关于适用〈中华人民共和国婚姻法〉若干问题的讨论纪要》(征求意见稿)。

〔7〕 田韶华:《婚姻领域内物权变动的法律适用》,载《法学》2009年第3期。

个人财产。虽然在此问题上,学界的观点不一,但是主流的观点仍然认为,在财产分割时,需要考虑非所有权人对房屋增值的贡献,获得所有权的一方应当给予对方适当的补偿。例外的情形是,如果夫妻一方对不动产的所有权归属问题另有约定,则从其约定。如果有证据证明支付首付款并在银行贷款的行为由夫妻双方共同完成,则任何一方都有权取得不动产所有权,即使不动产仅登记在一方名下也是如此。

拓展阅读

1. 林秀雄:《夫妻财产制之研究》,中国政法大学出版社2001年版。
2. [日]滋贺秀三:《中国家族法原理》,张建国、李立译,法律出版社2003年版。
3. [美]加里·斯坦利·贝克尔:《家庭论》,王献生、王宇译,商务印书馆2005年版。
4. 陈苇、陈彬主编:《中国家事审判改革暨家事法修改理论与实务研究》,中国人民公安大学出版社2018年版。
5. 夏吟兰、龙翼飞主编:《家事法实务2018年卷》,法律出版社2019年版。
6. 王礼仁:《夫妻债务的司法认定与立法完善》,人民法院出版社2019年版。
7. 赵玉:《司法视域下夫妻财产制的价值转向》,载《中国法学》2016年第1期。
8. 张晓远、杨遂全:《生活或营利之分与夫妻共同债务认定之立法变革》,载《河南社会科学》2019年第1期。
9. 蔡立东、杨柳:《侵权纠纷中夫妻共同债务认定的困境与立法回应——以机动车交通事故责任纠纷为研究对象》,载《法学论坛》2020年第3期。
10. 陈凌云:《夫妻共同债务认定规则中的伪命题:共同生产经营》,载《当代法学》2020年第2期。
11. 王雷:《〈民法典(草案)〉婚姻家庭编夫妻共同债务制度的举证责任配置》,载《当代法学》2020年第3期。

讨论题

1.《民法典》规定“离婚冷静期”制度的价值是什么?
2.《民法典》对离婚经济补偿制度和离婚损害赔偿制度的修改有哪些意义?
3.《民法典》婚姻家庭编对离婚时夫妻共有财产分割的规定与物权编、债权编的规定有何关联?
4. 探望权执行中存在的问题与困难有哪些?
5. 夫妻共同债务认定与清偿中的难点问题是什么?如何解决?
6. 离婚时,夫妻房产分割具体规则的立法理念是什么?
7. 如何理解日常家事代理权?

第七章　亲 子 关 系

学习目标

通过本章的学习，掌握我国《民法典》婚姻家庭编中有关父母子女之间的权利义务，全面了解婚生子女与非婚生子女、继子女与人工授精子女以及亲子鉴定等相关规定，同时，了解并思考亲权的基本内容及其与监护的关系。

第一节　亲子关系概述

一、亲子关系概述

（一）亲子关系的概念

亲子关系，即我国现行《民法典》婚姻家庭编规定的父母子女关系，亲指父母，子指子女。父母子女是最近的直系血亲，也是家庭中的重要成员，相互享有法律规定的权利和义务。父母子女关系可分为自然血亲的父母子女关系和法律拟制的父母子女关系两种，前者可分为父母与婚生子女关系和父母与非婚生子女关系；后者包括继父母与形成抚养教育关系的继子女关系和养父母子女关系。

（二）亲子关系的特征

亲子关系，即父母子女关系有着不同于夫妻关系和其他法律关系的特点：

第一，亲子关系具有不可选择性。亲子关系是家庭中由血统继承相连接的社会关系。从子女出生乃至从母体孕育生命开始，父母与子女的关系就存在了，即使由于过继、失散等原因，父母未能尽对子女的抚养义务，也无法改变以血缘为纽带的亲子关系存在的客观事实。

第二，亲子关系具有永久性。亲子关系作为一种法律关系，是由出生的法律事实或者收养、事实抚养的法律行为所产生的，并受到法律的确认和保护。即使父母离异,不抚养孩子的一方依然不能解除与孩子的关系。《民法典》婚姻家庭编第1084条第1、2款明确规定:“父母与子女间的关系,不因父母离婚而消除。离婚后,子女无论由父或者母直接抚养,仍是父母双方的子女。离婚后,父母对于子女仍有抚养、教育、保护的权利和义务。”

第三,亲子关系具有亲密性。亲子之间有着天然的骨肉联系,包含着生命延传的深刻内容。父辈在抚育子女过程中体验到自己的神圣职责,内心获得充实和完善;子辈在父母的抚育下才获得了成为社会人的基本条件。而且亲子关系是人生最初建立起来的人与人之间的关系,是发展其他社会关系的起点和基础。从衣食住行等家庭物质条件的共同分享,到精神上、情感上的相互依存,都表现出亲子之间的亲密关系。

第四,亲子关系具有权利义务的特殊性。亲子关系即父母子女关系,是指父母子女之间的权利义务关系,包括父母对子女的抚养、教育、保护、管教和子女对父母的赡养、扶助,是双方之间平等的权利和义务。亲子关系不同于其他法律关系,具有一定的人伦性。

二、父母子女之间的权利义务

(一)父母对子女抚养教育的义务

《民法典》婚姻家庭编第1068条规定:“父母有教育、保护未成年子女的权利和义务……”第1067条第1款规定:“父母不履行抚养义务的,未成年子女或者不能独立生活的成年子女,有要求父母给付抚养费的权利。”

1. 抚养义务

抚养义务是父母对子女所负的最主要的义务,所谓抚养,是指父母从物质上供养子女和在日常生活中照顾子女,为其生活、学习提供一定的物质条件,使子女得以健康成长,具体的抚养费包括生活费、教育费、医疗费等。抚养义务包含三个层次:首先,对未成年子女而言,抚养是父母的法定义务,是无条件的,任何时候都不能免除该义务;其次,对成年子女而言,抚养是有条件限制的,仅限于“不能独立生活的子女”,《婚姻法司法解释一》第20条对此作出了规定,“不能独立生活的子女”是指尚在校接受高中及其以下学历教育,或者丧失或未完全丧失劳动能力等非因主观原因而无法维持正常生活的成年子女;最后,对于有独立生活能力的成年子女,父母可自愿提供物质帮助,法律并不干预。父母抚养子女的义务,始于子女的出生,无论男婴还是女婴,父母都有义务予以抚养。司法实践中,父母侵害婴儿权益的现象屡见不鲜,尤其是溺婴、弃婴等违法行为,所谓“溺婴”,是指将刚出生的婴儿淹死,“弃婴”是指将刚出生的婴儿丢弃。

当未成年子女或者不能独立生活的成年子女的受抚养的权利受到侵害时,一方面,子女可通过向法院提起给付抚养费之诉,请求父母给付抚养费;另一方面,对于拒不履行抚养义务,恶意遗弃未成年子女,情节恶劣,构成犯罪的,依法追究其刑事责任。

2. 教育义务

教育是指父母在日常生活中对子女的思想、品质、智力、文化科学知识、体质、美育、劳动等方面予以关怀和培养,引导子女树立正确的思想及高尚的情操,成长为对社会有益的人。首先,父母应当以健康的思想、品行和适当的方法教育子女,对子女在思想上、品质上加以正确的引导和教诲,并注意儿童的智力开发及文化科学知识的正确传授,培养和形成子女良好的学习和受教育的习惯及环境,以利于子女的健康成长。其次,适龄儿童都享有接受学校教育的权利,普及九年义务教育是父母对子女应尽的义务。因此,父母有义务让子女接受正规的、系统的学校教育,并为子女实现受教育的权利提供必要的条件。

(二)父母对子女有保护和教育的权利和义务

《民法典》婚姻家庭编第 1068 条规定 :“父母有教育、保护未成年子女的权利和义务。未成年子女造成他人损害的,父母应当依法承担民事责任。”

1. 教育义务

未成年子女在法律上属于无行为能力人或者限制行为能力人,对事物的认知能力和水平是有限的,行为不计后果,因此法律赋予父母管教子女的义务,要求父母按照法律和道德要求,采取科学可行的教育方法,对未成年子女进行教诲,并对其行为进行必要的约束,其目的是保障未成年子女的身心健康,同时,也可以防止未成年子女侵害他人或者社会利益。

2. 保护义务

保护,是指父母应当保护其未成年子女的人身安全和合法权益,预防和排除来自外界的危害,使其未成年子女的身心处于安全状态。保护义务包含以下几个方面:首先,父母本身不得侵害未成年子女的人身权和财产权。《民法典》总则编第 35 条第 1 款规定,监护人应当按照最有利于被监护人的原则履行监护职责,保护被监护人的人身、财产及其他合法权益,除为被监护人的利益外,不得处分被监护人的财产。父母作为未成年子女的法定监护人应当履行保护子女人身和财产权益的义务。监护人应当履行监护职责,保护被监护人的人身、财产及其他合法权益,除为被监护人的利益外,不得处理被监护人的财产。父母作为未成年子女的法定监护人应当履行保护子女人身和财产权益的义务。其次,父母有义务保护子女免受来自外界的侵害,当未成年子女受到伤害时,父母作为法定监护人和法定代理人,有权代替子女主张赔偿。最后,在未成年子女侵害他人权利时,父母有承担民事责任的义务。《民法典》侵权责任编第1189条规定："无民事行为能力人、限制民事行为能力人造成他人损害，监护人将监护职责委托给他人的，监护人应当承担侵权责任；受托人有过错的，承担相应的责任。"

值得提出的是，2020年10月17日新修订的《未成年人保护法》（以下简称未保法），在强化家庭监护责任、加强未成年人网络保护等方面亮点颇多，其中特别是发展完善了家庭监护制度，体现在加强家庭保护、细化家庭监护职责，明确列举了未成年人父母或其他监护人应履行的监护职责和不得实施的行为；完善留守儿童委托照护制度，解决农村留守儿童等群体的监护缺失问题；明确国家监护制度，为未成年人保护兜底等，立法聚焦公众关注的敏感领域，逐一明确了家庭、国家等主体的保护职责，形成了未成年人保护的"闭合链路"，有利于"一站式"保护未成年人权益。

父母及家庭在未成年人成长中扮演着不可替代的作用。联合国《儿童权利公约》规定父母要对孩子的成长和发展承担首要、共同责任。但什么是父母或者其他监护人的职责？父母应当做什么、不能做什么？我国法律对此一直缺乏明确的规定，原来未保法对此也只是笼统规定。这次大修后的未保法不仅明确规定了父母或其他监护人必须履行的10项具体职责，还明确规定了不得实施的11项具体行为，这些规定对未来父母或其他监护人更好履行监护职责提供了法律支撑。

本次未保法修订用三个条款创设了对未成年人的代为照护制度。在"家庭保护"一章主要规定了什么情况下可以代为照护、哪些人不能作被委托人、对委托人和被委托人有什么特殊要求。在"社会保护"一章规定了村委会、居委会有协助政府有关部门对代为照护者的监督责任。"代为照护"强调的只是代为照顾、看护的职责，监护人很多具体监护职责，比如承担抚养费、教育、情感联系等都是不可能对外委托的。"代为照护"是父母或其他监护人履行职责的其中一种方式，但父母或其他监护人仍然要承担起很多具体监护职责。

本次修订后的未保法在"家庭保护"部分强调了父母或其他监护人对儿童安全的保障义务，不仅明确规定不得使未满8周岁或者由于身体、心理原因需要特别照顾的未成年人处于无人看护状态，更是专门用一条规定了父母或其他监护人在保障儿童安全方面的具体义务。根据国际组织相关数据，全世界每天有2000多个家庭因非故意伤害或"意外事故"而失去孩子，我国每年因为交通事故死亡的未成年人就达到3000人左右，伤残达到14000人左右。修订后的未保法明确规定父母或其他监护人应当为未成年人提供安全的家庭生活环境，及时排除引发触电、烫伤、跌落等伤害的安全隐患；采取配备儿童安全座椅、教育未成年人遵守交通规则等措施，防止未成年人受到交通事故的伤害；提高户外安全保护意识，避免未成年人发生溺水、动物伤害等事故。这种规定具体明确,有助于更多父母或其他监护人来落实。[1]

(三)子女对父母有赡养扶助的义务

《民法典》婚姻家庭编第1067条第2款规定 :"成年子女不履行赡养义务的,缺乏劳动能力或者生活困难的父母,有要求成年子女给付赡养费的权利。"

1. 赡养义务

赡养义务,是指子女对父母的供养,即在物质上和经济上为父母提供必要的生活条件的义务。赡养义务的承担者是有独立生活能力的成年子女,根据《老年人权益保障法》的规定,赡养义务包括以下几方面:(1)赡养人应当履行对老年人经济上供养、生活上照料和精神上慰藉的义务,照顾老年人的特殊需要;(2)赡养人应当使患病的老年人及时得到治疗和护理;对经济困难的老年人,应当提供医疗费用;(3)赡养人应当妥善安排老年人的住房,不得强迫老年人居住或者迁居条件低劣的房屋;(4)赡养人有义务耕种或者委托他人耕种老年人承包的田地,照管或者委托他人照管老年人的林木和牲畜等,收益归老年人所有。

2. 扶助义务

扶助义务,是指子女对父母在精神上和生活上的关心、帮助和照料的义务。在社会福利事业发展的今天,国家和社会对老年人提供物质帮助,家庭养老和国家养老相结合正逐步解决老年人"物质赡养"问题。与此同时,对老年人"精神赡养"的问题得到了社会的广泛关注,尤其是随着社会老龄化程度的加深,空巢老人越来越多,已经成为一个不容忽视的社会问题,当子女由于工作、学习、结婚等原因而离家后,独守"空巢"的中老年夫妇因此而产生心理失调等问题。

子女对父母的赡养扶助义务是法定义务,无论子女是否与父母居住在一起,无论父母的婚姻关系是否变化,都应当履行赡养扶助父母的义务。但是父母对子女有遗弃、虐待的行为,且情节严重的,就不再享有该子女的赡养权。除此情形外,当父母受赡养的权利受到侵害时,一方面,父母可请求家庭成员所在组织或者居民委员会、村民委员会调解,也可向法院提起给付赡养费之诉,请求子女给付赡养费;另一方面,对于拒不履行赡养义务,恶意遗弃父母,情节恶劣,构成犯罪的,依法追究其刑事责任。

---

[1] 参见佟丽华:《未保法修订的十个变化》,载儿童权利在线,http://www.chinachild.org/,2020年10月18日最后访问。

典型案例 子女的赡养义务不因父母的经济状况而免除

两原告系夫妻关系，共生育子女三人，现均已成家，被告系长女，双方及其他子女之间的关系融洽。2014年，因两原告所居住的村庄被整体征迁，家庭成员在分配征迁置换面积时关系恶化，原、被告发生纠纷诉讼至法院，法院判决原告邱某1(父亲)向被告邱某2(长女)交付房产并承担相应费用共计17万余元。案件在执行过程中，原告邱某1被司法拘留15日，导致双方积怨加深。两原告认为，为履行判决义务，两原告不得不举借外债，导致生活陷入困境，开始要求三个子女履行赡养义务，而被告作为长女，不履行赡养义务，故两原告只好向法院提起诉讼，要求判令被告邱某2也应每月支付两原告生活费1000元。本案立案后，法院组织双方进行调解，原告坚持诉讼请求，被告表示原告有失地农民保险养老金，条件比被告好，被告自己患病，且没有固定经济收入，还要抚养女儿，生活困难，每月只有能力支付两原告生活费50元。且各执一词，针锋相对，未达成调解协议。

分析:《民法典》婚姻家庭编第1067条第1款规定:“成年子女不履行赡养义务的，缺乏劳动能力或者生活困难的父母，有要求成年子女给付赡养费的权利。”该条明确了子女对父母的赡养是一项基本的法定义务，其涉及最基本的身份血缘关系和基本的社会公德，属于法定强制性义务，不能附加任何条件，更不能随意解除。给付赡养费并非履行赡养义务的唯一方式，赡养父母除了物质上的帮助外，更应当在精神上、生活上给予父母全方位的关心和爱护，使其在情感和精神上得到慰藉。故本案在计算赡养费用的同时，不仅考虑到本地平均生活水平、两原告的健康情况、收入状况及实际需要、子女数量及赡养人的给付能力等因素，并顾及赡养人对被赡养人生活上的照料、情感上的慰藉等因素。在处理赡养纠纷案件时，父母在子女经济条件不宽裕的情况下，也不应苛求子女仅以给付赡养费的方式履行赡养义务。父母、子女之间应相互体谅、相互关爱，子女应顾念父母的养育之情，父母亦应体谅子女的现实难处，在赡养问题上，多商量、多沟通，妥善处理各方矛盾，让父母子女间的亲情关系回归和谐。

疑难问题论争 离婚诉讼中未成年子女抚养权的归属

《婚姻法》第36条第3款规定:“离婚后，哺乳期内的子女，以随哺乳的母亲抚养为原则。”《民法典》婚姻家庭编第1084条规定:“父母与子女间的关系，不因父母离婚而消除。离婚后，子女无论由父或者母直接抚养，仍是父母双方的子女。离婚后，父母对于子女仍有抚养、教育、保护的权利和义务。离婚后，不满两周岁的子女，以由母亲直接抚养为原则。已满两周岁的子女，父母双方对抚养问题协商不成的，由人民法院根据双方的具体情况，按照最有利于未成年子女的原则判决。子女已满八周岁的，应当尊重其真实意愿。”该条文的修订为司法实践中离婚时未成年子女抚养权的归属问题提供了裁判指引，不仅充分考虑到不满2周岁的子女由于年龄幼小和母亲更具天然的依恋关系，同时也进一步明确了法院在处理已满2周岁子女的抚养权问题时，应按照有利于未成年子女的原则判决。此外，为相应《民法典》总则编对限制民事行为能力人的规定，8周岁以上子女有一定的行为能力，应当遵循其意愿。

（四）子女应当尊重父母的婚姻权利

《民法典》婚姻家庭编第1069条规定：“子女应当尊重父母的婚姻权利，不得干涉父母离婚、再婚以及婚后的生活。子女对父母的赡养义务，不因父母的婚姻关系变化而终止。”

婚姻自由是婚姻法的重要原则，子女尊重父母的婚姻权利，包括父母离婚的自主权和再婚的自主权，尤其是老年人的再婚权利，子女不得因为私利和世俗的偏见阻挠干涉父母再婚。子女尊重父母的婚姻的另一表现是：子女赡养父母的义务，不因父母婚姻关系的变化而终止。

（五）父母子女之间有相互继承遗产的权利

《民法典》婚姻家庭编第1070条规定：“父母和子女有相互继承遗产的权利。”

父母子女作为最近的直系血亲，基于双方的特殊身份，《民法典》继承编规定，子女和父母均为第一顺位的法定继承人，相互享有继承权，即子女可以继承其父母的遗产，父母可以继承其子女的遗产，享有继承权的父母包括：生父母、养父母和有抚养教育关系的继父母；享有继承权的子女包括：婚生子女、非婚生子女、养子女和有抚养教育关系的继子女。

第二节　婚生子女与非婚生子女

一、婚生子女与非婚生子女的概念

（一）婚生子女的概念

婚生子女，是指在婚姻关系存续期间受胎或出生的子女。其基本特征有：一是其父母要有婚姻关系存在，这是区分婚生与非婚生的关键所在；二是其子女要为夫之子女，如果其受胎是夫以外的男子，就是非婚生子女；三是其子女要为妻所生；四是一定要在婚姻关系存续期间受胎，如果是在婚前受胎而于婚姻中出生的子女，严格上说也不算是婚生子女。如《日本民法典》规定，妻于婚姻中受胎的子女即自婚姻成立起200日后，或自婚姻解除或撤销之日起300日内所生子女为婚生子女。

当人类社会确立了一夫一妻的婚姻制度之后，生育就从自然状态下的行为转化为开始由法律来调整的社会行为。早先的法律区分婚生子女和非婚生子女的目的，一是为了传宗接代，延续香火，避免出现血缘上的混乱；二是为了家庭财产继承时确认继承人。而进入近现代以来，立法的意义更多的则是倾向了保障婚姻当事人的合法权益及未成年子女的利益。

我国法律对婚生子女并没有明确的规定，但是新中国成立以来，自1950年第一部《婚姻法》至今，均在法律中规定了婚生子女的称谓。现实生活中，由于我国实行计划生育的基本国策，新婚夫妇要接受所在单位或街道计划生育部门的指导，子女出生前就有医院、街道方面实行计划生育的部门进行母子登记，而且要到指定医院接生。子女出生后，医院就会发给出生证明，据此证明母子关系。父子关系的确认是根据母子关系的确认而推定的。

（二）非婚生子女的概念

非婚生子女，旧时称“私生子”，是指没有婚姻关系受胎所生的子女。非婚生子女包括：未婚男女所生的子女、已婚男女与第三人所生子女、无效婚姻和可撤销婚姻当事人所生子女，以及子女受胎或出生时没有婚姻关系，之后取得婚姻关系的男女所生的子女等。

我国《民法典》婚姻家庭编第1071条虽然规定了婚生子女和非婚生子女的称谓，但是无论是《民法典》本身，还是最高人民法院公布的司法解释，均未对婚生子女与非婚生子女作出过明确的定义。我国台湾地区学者认为，非婚生子女谓非由婚姻关系受胎而生之子女。妾所生之子女及由苟合、无效婚姻所生子女皆属之。由于人具有社会属性，所以历来都排斥合法婚姻关系以外的两性行为和生育行为，因而非婚生子女历来都受到社会的歧视。英国普通法称非婚生子女为“无亲之子”，非婚生子女不属于任何人的子女，与生父和生母均不发生法律上的权利义务关系。1840年的《法国民法典》规定，非婚生子女不得请求其父认领，只许其母认领；非婚生子女不得主张婚生子女的权利，即使经过认领的非婚生子女，如与婚生子女同时继承，其应继份额只为婚生子女的1/3。直到20世纪初，各国法律才开始关注对非婚生子女的法律保护。

典型案例　王国成与李某抚养费纠纷案

原告李某出生于1995年12月4日,系李某2与被告王某成的非婚生子。原告系智力残疾二级,随其生母李某2生活。李某2已再婚,系第八师一三四团十八连职工。被告王某成于2019年1月起拒绝给付原告抚养费,原告李某遂诉至法院。本案经过二审,法院认为王某成应当支付抚养费用,但一审标准不当,予以调整。

分析:我国《民法典》婚姻家庭编第1071条规定:"非婚生子女享有与婚生子女同等的权利,任何组织或者个人不得加以危害和歧视。不直接抚养非婚生子女的生父或生母,应当负担未成年子女或者不能独立生活的成年子女的抚养费。"非婚生子女享有与婚生子女同等的权利,原告李某系智力残疾二级,生活不能完全自理,现虽已成年,仍然没有独立生活能力。作为被告的父亲理应对其承担抚养义务。故应当结合原告李某的日常生活需要、本地实际生活水平、被告的收入状况等确定抚养费用。

二、婚生子女的推定与否认

(一)婚生子女的推定

婚生子女的推定,是指妻子在婚姻关系存续中受胎,所生子女得推定为夫的婚生子女的制度。这种婚生子女的推定制度,是对子女婚生性和合法性的法律认定,之所以设定这种制度是为了保护子女的合法权益,以及善意当事人的合法权益,维护家庭的和谐与稳定。

婚生子女的推定制度,是婚生子女确定前的一种强制性规定。为了对婚生子女进行推定,当今世界各国法律大都规定了不同的推定标准,但总结起来大致有三种推定方式:一是在婚姻关系存续期间受胎所生的子女应推定为婚生子女。依照一般的医学经验,女子怀孕期间至少得满6个月,最多不超过10个月。如《法国民法典》规定,子女系在婚姻关系存续期间受胎者,夫即为父。受胎期为子女出生前的300日至180日,期间的121日为受胎期。结婚满180日以上出生的子女,推定为婚生子女;二是以子女是婚姻存续期间所出生为标准,是一种最简单的推定方法。由于以上两种推定方法都具有很强的片面性,所以第三种方法是由第一、二种方法综合形成的,即子女在婚姻关系存续期间出生或在婚姻关系存续期间受胎且在婚姻关系解除之后300日内出生的,一律推定为婚生子女。这种方法不仅有助于维护夫妻关系、巩固社会秩序,而且更有利于对子女的合法权益进行保护。当今世界许多国家都是采用此种立法来推定子女的婚生性。

典型案例

抚养费给付的基础是有血缘上的亲缘关系或拟制血缘关系。

刘先生和张女士系夫妻,2年前张女士生下了一个儿子。张女士生下儿子不久后,双方就因性格不合自愿协议离婚。当时,双方签订了《离婚协议书》,并在《离婚协议书》中约定:儿子小明(化名)由妈妈张女士抚养,随同张女士一起生活,由刘先生每月支付抚养费1500元,直至儿子年满18周岁。双方签订《离婚协议书》后,共同前往民政局办理了离婚登记手续。但是办理离婚手续后,刘先生才知道小明并非自己的亲生儿子。当时,张女士承认了这一事实,并向刘先生出具了一份《承诺书》,承认自己所生儿子小明为"婚内私生子",不是刘先生的孩子。刘先生为此诉起至法院,请求法院判决确认刘先生与小明之间的亲子关系不存在,并解除双方签订的离婚协议第2条第2款,刘先生无须对小明承担支付抚养费等义务。张女士拒绝配合进行亲子鉴定,未按通知时间带儿子到达现场,司法鉴定中心无法进行鉴定,张女士在法院告知相关法律后果后,仍表示拒绝鉴定。法院审理认为,刘先生提供了张女士签名的《承诺书》证明其与小明不存在亲子关系。张女士未提交相反的证据又拒绝做亲子鉴定,并当庭承认小明与刘先生不存在亲子关系,因此法院依法推定小明和刘先生不存在亲子关系。小明非刘先生亲生子。

分析:根据《民法典》婚姻家庭编第1085条第1款规定:"离婚后,子女由一方直接抚养的,另一方应当负担部分或全部抚养费。负担费用的多少和期限的长短,由双方协议;协议不成的,由人民法院判决。"父母对子女的抚养、教育的义务是基于其血缘上的亲缘关系或拟制的血亲关系。本案中,刘先生和小明不存在上述关系,刘先生没有向小明支付抚养费用的义务。

(二)婚生子女的否认

婚生子女的否认,是指当事人依法享有否认婚生子女为自己亲生子女的诉讼请求制度,简称否认权。婚生子女的否认实际上是对婚生子女推定的一种限制,其目的就是保障当事人的合法权益及子女的利益,避免应尽义务的当事人逃脱抚养责任,实现法律的公正性。

关于否认的事由,世界各国法律大多作了笼统性的规定,即只要能举证足以推翻子女为婚生子女的事实者均可。如《法国民法典》规定,如夫提出事实证明其不能为父时,得在法律上否认该子女。从世界各国的司法实践来看,具有法律效力的事实证据主要有三个:一是夫妻在妻受胎期间没有同居的事实;二是夫没有生育能力或具有生理缺陷,包括时间上的不能、空间上的不能及生理上的不能等;三是亲子鉴定。关于否认权人,则是指法定具有否认子女为婚生的诉讼请求权人。目前,世界各国及各个地区立法的规定都不一样，有些国家规定只有丈夫拥有否认权，如法国、日本、罗马尼亚、比利时等；有些国家规定丈夫和子女均拥有否认权，如瑞士、保加利亚等；还有些国家规定丈夫、妻子及子女均拥有否认权，如德国等。我国《民法典》婚姻家庭编第1073条吸纳了《婚姻法司法解释三》的规定，“对亲子关系有异议且有正当理由的，父或者母可以向人民法院提起诉讼，请求确认或者否认亲子关系。对亲子关系有异议且有正当理由的，成年子女可以向人民法院提起诉讼，请求确认亲子关系”。即只有父母具有否认权。该规定在立法层面规范了亲子关系的确认与否认之诉，明确了提起亲子关系确认之诉的主体是父、母、成年子女，为了避免成年子女逃避履行赡养父母的义务，法条限制了成年子女提起亲子关系否认之诉的权利，仅规定了其确认亲子关系的请求权，由此明确了婚生子女的父母提起亲子关系确认与否认之诉的主体资格，不仅保障了当事人的个体权利，而且有利于维护家庭和睦和社会稳定及人伦秩序。

关于婚生子女否认权的构成要件：首先，婚生子女否认的权利人必须适格。应当包括夫、妻、子女中的任何一方。只要是现存夫妻、子女关系的主体，均为婚生子女否认确认之诉的权利主体，可以提起这种否认身份关系的诉讼。不过，我国《民法典》婚姻家庭编规定，只有父和母才有权否认亲子关系。由夫起诉者，以妻及子女为共同被告；由妻起诉者，以夫及子女为共同被告。其次，须有婚生子女的推定。在婚姻关系存续期间妻受胎，如无反证，不会有人否认妻所生之子女的婚生子地位。故凡是在婚姻关系中出生的子女，即为婚生子女。最后，须有否认婚生子女的客观事实。真正事实与法律上的推定相反，即构成此要件。该客观事实仅以妻与人通奸尚不能构成，因该事实不足以推翻婚生子女的推定。否认婚生子女的客观事实包括：一是性交不能，包括外在的不能和内在的心理不能，前者如空间阻隔，一方出差远离另一方相当的期间，后者如夫妻反目分居。二是与受胎无因果关系，如夫无生殖能力等。三是子女外在特征非与种族相同或相似，如皮肤颜色，子女与妻之情人特征相似等。四是亲子鉴定否认为婚生子女。上述4项客观事实，必须有充分的证据确实证明的，才能推翻婚生子女推定。法院审查确认该子女的非婚生性的，即可否定亲子关系，父亲与该子女的权利义务关系不复存在。

关于否认之诉的时效，民法理论界认为，婚生子女否认权依除斥期间完成而消灭，但各国规定的时限不一，《法国民法典》规定为6个月；《德国民法典》规定为2年；《日本民法典》规定为1年。时效的起算时间，一般都是从丈夫知道或应当知道子女出生之日开始。也有的国家从丈夫在知悉生育及知悉其本人并非子女之父或第三人在妻受胎期间与妻同居的事实之后起算，如《瑞士民法典》就规定，在知悉生育及知悉其本人并非子女之父或第三人在妻受胎期间与妻同居的事实之后，可在1年的期限内起诉。对此，我国民法典没有规定。可以考虑的做法是，该否认权为形成权，应当适用除斥期间的规定，即知道或者应当知道子女为非婚生之日起1年内行使，超过1年的，否认权消灭。以及子女已死亡，婚生子女否认权消灭，因为否认子女的非婚生性已经没有必要。如果夫同意承认出生子女为婚生，即夫在明知其子女为非婚生的事实后，明确承认其为婚生的，不得再提出婚生子女否认。

疑难问题论争 女子受胎期间的推定

根据现代民法的一般原理，婚生子女则是指必有婚姻关系受胎所生子女。而是否由夫受胎，不易证明，故有些国家和地区设有受胎期间之规定，以为婚生子女之推定。按一般医学上研究，胎儿受胎以迄于分娩，通常最短不少于181日，最长不多于302日。其最长期与最短期相差之期间内，如有婚姻关系存在，则推定妻所生之子女，系由夫所受胎。此项期间，称为受胎期间。依各立法，而有长短不同。根据德国民法第1592条的规定，以自出生日回溯自181日起至302日止，其第181日及第302日均算入受胎期间之内，即以其间之122日为受胎期间。

依据法国民法第312条的规定，以自出生日回溯，自第180日起至300日止，其间之121日为受胎期间。瑞士民法未有直接规定，唯间接地以180日为最短，300日为最长之怀胎期间。其第254条规定："子女至少在结婚后180日出生者，夫惟因证明其不可能为其子女之父时，始得提起撤销婚生之诉。"即在第180日出生者，亦受婚生之推定。第252条规定："子女于婚姻中或婚姻解除后300日之期间内出生者，认为婚生，较此为迟之出生者不推定为婚生。"此期间在离婚，自判决确定之日起算，其离婚日不算入。最后之300日于午夜12时终了，即在星期日或休假日亦不例外。

日本民法亦未直接地规定，依据其第772条第2项："自婚姻成立之日起200日后，又自婚姻解除或撤销之日起300日以内所生子女，推定为婚姻中之受胎。"即以200日为最短，300日为最长之怀胎期间。怀胎期间不以时而以日计算，期间之初日不算入，自翌日起算，即自婚姻成立之翌日午前零时起算，第200日午前零时以后所生子女及自婚姻解除或撤销之日之翌日起至第300日午后12时止所生子女，皆推定为婚姻中所怀胎，亦系以终期算入怀胎期内。在日本民法及瑞士民法规定，计算上较为简易，在德国民法则计算较为复杂。

德国民法为计算受胎期间，制有详细计算表，我国台湾地区"民法"规定系仿自德国民法，自可作为一参考，现将一简明略表，列出如下：

表1 我国台湾地区计算受胎期间

出生日	月	1	2	3	4	5	6	7	8	9	10	11	12
	日	1	1	1	1	1	1	1	1	1	1	1	1

续表

受胎期间	月	3	4	5	6	7	8	9	10	11	12	1	2
	日	5	5	3	3	3	3	2	3	3	3	3	2
	至	↓	↓	↓	↓	↓	↓	↓	↓	↓	↓	↓	↓
	月	7	8	9	10	11	12	1	2	3	4	5	6
	日	4	4	1	2	1	2	1	1	4	3	4	3

表1系以平年之月计算,各以其月之始日为例,其余推算。在闰年,如出生在3月1日至8月28日,则表中始日及终日均移后1日。在8月29日至12月27日(闰月落在受胎期间之内时),则仅始日移后1日。如出生在2月29日则受胎期间为5月3日至9月1日(注:至某月某日,其某日亦包括在内)。[2]

三、非婚生子女的准正与认领

(一)非婚生子女的准正

非婚生子女的准正,是指非婚生子女因生父母结婚或法院宣告而取得婚生子女资格的制度。这种制度巧妙地将尊重正式婚姻与保护非婚生子女两种理念相连接,而具有鼓励促进非婚生子女之生父、生母正式结婚的功能。[3]

现代各国大多设有非婚生子女准正制度。而这一制度源于罗马法,在古罗马君士坦丁堡统治时期,国家希望并鼓励那些在姘合中生活的人们结婚。之所以作出这样的规定,在这些人结婚后,所有已经出生的子女将能够取得婚生子女地位(准正)。但是这一规定只针对现存的姘合关系,只是在快进入优士丁尼时代时,因随后结婚而实现的准正,才变成一种正规的制度。

准正的条件主要包括:一是非婚生子女与父母之间,须有血缘上的子女与父母的关系,如果血缘不能确定,可通过亲子鉴定等手段予以确定,生物学上的血缘关系是准正的前提条件;二是生父母已办理婚姻登记拥有合法有效的婚姻关系或有司法程序上的宣告;三是准正为法律要件,而非法律行为,它是结婚的附随效力,其发生无须父母有何能力,亦不以任何人批准为要件,无须经其他任何程序。

准正的形式主要有:一是生父与生母结婚而准正。在一些国家的立法例中,因父母结婚而准正又可分为两种情况:一为生父母结婚即可实现准正。如我国台湾地区"民法典"第1064条规定:"非婚生子女,其生父与生母结婚者,视为婚生子

〔2〕参见史尚宽:《亲属法论》,中国政法大学出版社2000年版,第538~549页。
〔3〕梁慧星教授主持起草的《中国民法典草案建议稿》(亲属编)第1715~1718条。

女。”二为生父母结婚和生父的认领二者缺一不可。如《瑞士民法典》第259条规定：“婚前所生子女，如其生父母结婚，并经认领或判决确定了父权，同样适用关于婚姻存续期间所生子女的规定。”二是因法官宣告而准正。法官宣告准正，是指生父母已订婚，因一方死亡或存在其他婚姻障碍而无法结婚，从而准正不能时，经子女或另一方的请求，法官得宣告非婚生子女取得婚生子女的资格。如《法国民法典》第330条规定：“非婚生子女，得因父母结婚，或以法院裁判而取得婚生子女资格。”第333条规定：“如生父、生母未能结婚，则只要对其提出要求取得婚生子女资格之父、母一方占有非婚生子女身份，法院得裁判赋予该子女以婚生子女的资格。”[4]一般情况下，法官宣告准正的前提条件即非婚生子女生父母双方有缔结婚姻关系的真实意思表示，且该意思表示有相应的证据相佐证，法官根据证据规则对该意思表示的真实性进行判断，决定是否对非婚生子女予以准正。

准正的法律效力是指非婚生子女准正后即取得婚生子女的资格和身份。但是效力发生的时间因各国法律规定的不同而有差异，有些国家规定自父母结婚之日起发生，如《法国民法典》第332-1条规定：“取得婚生子女资格的子女享有与婚生子女同等的权利和义务。非婚生子女取得婚生子女资格，在其父母结婚之日即发生法律效力。”有些国家如日本、瑞士等则规定自子女出生之日起发生婚生的法律效力。

疑难问题论争 “代孕生育”是否应当合法化

代孕生育，简称“代孕”，原本是一个医学概念，是指将受精卵子或者胚胎植入代孕母亲的子宫，由孕母替他人完成孕育子女的过程。[5]在法律上确定代孕的概念，属于亲属法律行为，是指根据约定，将委托方丈夫的精子注入自愿的代孕母亲体内进行人工授精，或将委托夫妻的精子、卵子进行体外授精后形成的授精卵植入代孕母亲体内，在代孕母亲体内怀孕生产的行为。从医学临床上来看，代孕需求在中国社会是强烈存在的。其原因不仅在于“不孝有三，无后为大”的传统伦理道德，也在于现代医疗技术的发展，使代孕能够在现实生活中具有操作性。更为重要的是，由于中国社会的保障机制尤其是养老机制不健全，“养儿防老”依然是中国养老的主要形式。而对于无法通过自身生育来获得子女的夫妻而言，通过代孕实现拥有后代的愿望就成为保障自己老有所养的有效途径。这也大大催生了代孕在中国的强烈需求。代孕生育是一种医疗技术，不加区分的完全禁止并不能解决它所带

---

〔4〕 2009年最新公布的《法国民法典》已取消婚生子女与非婚生子女的区别，而统称为“亲子关系”。

〔5〕 王贵松：《中国代孕规制的模式选择》，载《法制与社会发展》2009年第4期。

来的社会问题,相反,我们应当采取理解包容的态度。代孕生育的存在即有一定的合法性:(1)涉及“代孕技术”的部门规章不能否认代孕行为的合法性。(2)现行收养法中对收养人要求过于苛刻,不能有效保障不孕夫妇对子女的需求。(3)代孕合法化是对代孕母亲身体权、生育权行使的尊重。(4)代孕合法化是对不孕夫妇生育权和建立完整家庭权的保障,符合中国传统文化血脉传承的要求。(5)代孕合法化不构成对代孕母亲人格尊严的侵害。

对于代孕,我国立法和司法持禁止立场,但社会现状是“禁而不止”,其原因不仅在于禁止代孕缺乏具体的执行规则,还在于我国对代孕不加区分的绝对化禁止。代孕行为完全禁止并不可取,其带来的弊端日益显露。地下代孕市场呈现繁荣趋势,其缺乏有效的监督管理与法律规制,致使子宫商品化、社会伦理危机更加严重。代孕合法化是未来立法的必然趋势。与此同时,立法中也面临诸多制度上的问题,譬如,如何与现行的《婚姻法》及《民法典》婚姻家庭编相衔接、对代孕如何监管和代孕监管机关如何确定及代孕母亲权益及如何保障等,都应当是未来立法所必须面对的问题。如何使这些问题得到有效的解决,我们期待能在未来的立法中作出具体规范。但令人遗憾的是,这次《民法典》婚姻家庭编并未规定人工生殖技术特别是代孕的内容。

(二)非婚生子女的认领

非婚生子女的认领,是指在非婚生子女无法依准正制度取得婚生子女资格时,可由生父对于非婚生子女承认为其父而领为自己子女的行为。我国《民法典》婚姻家庭编第1073条规定的亲子关系的确认即非婚生子女因生父的认领而取得婚生子女资格,但该规定有待细化。所谓非婚生子女的认领,是指通过法律程序使非婚生子女婚生化的法律制度。从现代各国有关立法的规定来看,就确定非婚生父子女关系的依据而言,主要有如下两种立法例:一是血统主义(客观主义),即不经过任何形成的行为,非婚生子女与其生父之间当然发生法律上的亲子关系,产生有限度的权利义务关系,普通法系的英美就采用此立法例;二是认领主义(主观主义),即须经形成行为始承认非婚生子女与其生父之间有法律上的亲子关系,多数大陆法系国家或地区采用此立法例。

非婚生子女的认领可分为任意认领和强制认领两种:

1. 任意认领

任意认领,又称为“自愿认领”,是指生父基于其自由意思而决定是否承认非婚生子女为自己子女的行为。认领非婚生子女的意思可以明示或默示方式作出。非婚生子女认领法律效力的发生,须同时具备生父承认其为非婚生子女之父的事实与领为自己子女的意思表示,二者缺一不可。

非婚生子女任意认领的有效要件主要有:(1)认领人要有意思能力。根据大多数国家或地区的立法规范，认领人只需要具备意思能力即可，无须为完全民事行为能力。如《日本民法典》第780条规定："认领的父亲或母亲即便是未成年人或成年被监护人，亦无须其法定代理人同意。"只要认领人与非婚生子女有真实的血缘关系，一旦认领，即使认领人的行为能力欠缺，均不得撤销。(2)须为非婚生子女的生父本人认领。不具有生父身份的人不得认领，其法定代理人不得代理认领。生父认领非婚生子女，须在其生存期间为之，生父死亡后，他人不得认领。认领权归于生父，非婚生子女或其母可请求认领，但最终认领应由生父同意或经法院裁判。(3)被认领人要为非婚生子女。认领乃使非婚生子女取得婚生子女之资格，若该子女已被推定为婚生子女或经准正而取得婚生子女资格，自无须认领。"胎儿就其利益视为已出"，因而胎儿也可以成为被认领的对象。已经他人认领的，非经判决确认其父子关系不存在，也不得认领。他人被推定为婚生子女，非经否认之诉经法院判决后，不得认领。对已死亡之非婚生子女、乱伦子女，是否可以认领，以保护非婚生子女的合法权益考虑，应采肯定说，认定其可以被认领。(4)须认领人与被认领人间有事实上的父子关系。即认领人要为非婚生子女的生父，即所谓生父，是指与非婚生子女间存在事实上血缘关系的亲生父亲，若认领人与被认领的非婚生子女间并不存在事实上的血缘，即使有认领行为，也是无效的。认领行为属于身份行为，则要由认领人亲自为之，不得由他人代理。(5)认领行为要征得生母或成年非婚生子女的同意。如《意大利民法典》第250条第3款规定："子女年满16周岁的，未经该子女同意的认领无效。未经已认领子女的另一生父或生母的同意，对未满16周岁的子女认领无效。"

通常情况下，生父认领非婚生子女之后，不得任意撤销认领。但是在认领以后，如果发现父母子女关系并非事实或者认领人认领的意思表示存在错误、被欺诈、胁迫等瑕疵时，认领人可以向法院提起撤销之诉。世界各国法律一般还规定了不同的诉讼时效，赋予了有关当事人以否认权，使其可依有关程序申请撤销。

2. 强制认领

所谓强制认领，也称为"亲之寻认"，是指应被认领人对于应认领而不为认领的生父，向法院请求确定生父关系存在的行为。强制认领适用于生父逃避认领责任，而母及子女要求认领的场合，以国家进行干预，体现了国家的强制力。父不为任意认领时，非婚生子女及其他法定代理人得据事实，诉请其父认领。

强制认领的事实依据，请求人在向法院提出请求的同时，须负举证责任，即提供请求所依据的事实证据，一般而言这些证据都包含以下两个方面的内容：一是未婚所生子女，经生母指认的生父不承认该子女与其具有血缘关系；二是已婚所生子女，经生母指认该子女的生父为其丈夫以外的第三人而遭否认时，生母可向法院提起确认生父之诉。强制认领的事实，以与生父有父子关系的事实证据证明为已足。

具体事实包括：一是受胎期间生父与生母有同居事实的；二是由生父所作的文书可证明其为生父的；三是生母为生父强奸、奸污、诱奸所生子女的；四是生母因生父滥用权势奸污的；五是有其他证据证明认领人与要求认领人为亲子关系的。要求认领人提出认领主张后，被告应举出反证证明认领请求不存在事实上的依据，否则即可确认强制认领。

强制认领的请求权人，一般理论界认为，强制认领的请求权人是非婚生子女本人、非婚生子女的生母或其他法定代理人。如我国台湾地区"民法"第1067条规定，非婚生子女本人、非婚生子女的生母或其他法定代理人为请求权人，但是各国及地区法律规定不一，有的规定请求权人仅限于非婚生子女本人，特殊情况下，可由他人行使。如法国、我国香港特别行政区《父权鉴定诉讼程序条例》规定的请求权人为非婚生子女及其生母。

强制认领的诉讼对象，即是强制认领之诉的被告人，一般都是非婚生子女的生父，但对于是否以生父尚在人世为限，各国立法却有不同的规定。如德国现行法允许在生父死亡后，由子女向家事法院请求认领。瑞士民法规定，作为被告的生父死亡时，其直系血亲卑亲属、父母或其兄弟姐妹可以提起诉讼，如以上亲属均不存在时，得以管辖生父最后住所的民政部门提起诉讼。

强制认领的请求权的限制，认领属于一种形成权，一经行使即在生父与非婚生子女间建构了一种法律上的亲子关系，因此应受一定期间（除斥期间）的限制。但同时其属于身份法上的权利不应因时间的经过而消灭。笔者认为，我们应当借鉴《日本民法典》的规定，在生父生前不受限制，而自生父死亡后得受到一定期间的限制。这样的规定，既可以保障该认领请求权不受时间限制，父子女间的血缘关系不会因时间的经过而改变，也可以兼顾认领请求权的形成权与身份权利的属性。

非婚生子女一经认领，即为婚生子女，无论是任意认领，还是其强制认领，其法律后果都是一样的，即产生父亲与子女间的权利义务关系，经父认领的非婚生子女对于生父之配偶，母之非婚生子女对于生母的配偶，均为姻亲关系，而无父母子女的血亲关系。一般认为，认领具有溯及既往的效力，如《日本民法典》第784条规定，效力的发生溯及子女出生之时，但不得侵害第三人已取得的权利。一是关于认领后子女的姓氏，父母单方认领的，随认领方的姓；父母共同认领的，或母先认领父后认领的，随父姓。二是生父的偿还责任，如生父对生母在妊娠、生育等费用方面的补偿责任等。

总之，在《民法典》出台之前，《婚姻法司法解释三》第2条也规定了亲子关系推定的内容，但限定的主体是"夫妻一方"，如果是没有缔结婚姻关系的，则提出亲子关系确认之诉将有一定的障碍。而本次《民法典》扩大了可以申请亲子关系确认的主体，直接将有权申请亲子关系确认的主体扩大为父或母，不再要求有"夫妻关系"。并且成年子女也可以单独提出确认亲子关系之诉，这是目前的规定中所没有的。这一条的影响主要有两个方面：

第一，对于父或母来说，提出亲子关系确认之诉，可以借此为非婚生子女的抚养费给付提供法律支持。如果抚养的婚生子女并非自己亲生，则也可以通过否认亲子关系之诉作为要求另一方返还已承担的抚养费、重新分配财产、请求精神损害赔偿抚慰金的依据。第二，对于孩子来说，无论是未成年时由父或母代为提出，还是成年之后独立提出，这对于孩子的权利保障，都是重要进步，尤其是非婚生子女的权利得到了进一步的保护。

四、非婚生子女的法律地位

在我国古代，父母子女的类别、种类很多。在自然血统的亲生子女方面，有嫡子、庶子、奸生子和婢生子。严格来说，无论是嫡子还是庶子都是父母婚姻关系存续中所出生，非婚生子女仅指私生子，主要就是指“奸生子”和“婢生子”。中国封建法律对“婢生子”“奸生子”倍加歧视，清末颁行的《大清现行刑律》中还规定“奸生子”“婢生子”在继承财产时，依子量予半分。《大清民律草案》亲属编第92条仿日本民法规定，“私生子及其法定代理人，得据事实请求其父认领”，这就是我国有关非婚生子女强制认领的规定。对于强制认领不列具体原因，采概括主义，只要事实上父子关系存在即可请求生父认领。[6] 近代，国民政府颁行民法亲属编废除了嫡子、庶子、嗣子、私生子等名分，将子女分为婚生子女与非婚生子女，规定婚生子女的推定、否认，非婚生子女的准正、认领，并设置了亲权制度。该法条基本上是从父母子女平等的立场，以及子女平等的原则来确立亲子法律关系的。近代社会对非婚生子女态度已有了很大转变，认识到无论是婚生还是非婚生，都与子女无关，是其父母所为，没有理由歧视非婚生子女。但是，限于当时的历史条件，这一亲子法仍带有浓厚的亲本位色彩。欧洲各国非婚生子女之历史，可谓系从否定出发，经消极的肯定，而臻于今日之积极的肯定等于平等对待。[7]

1949年后，从1950年《婚姻法》、1980年《婚姻法》到2001年修正后的《婚姻法》，再到2020年公布的《民法典》第五编婚姻家庭均贯彻子女平等的原则，明确了婚生子女与非婚生子女的称谓，并赋予非婚生子女与婚生子女相同的法律地位。《民法典》婚姻家庭编第1071条规定：“非婚生子女享有与婚生子女同等的权利，任何组织和个人不得加以危害和歧视。不直接抚养非婚生子女的生父或者生母，应当负担未成年子女或者不能独立生活的成年子女的抚养费。”我国《民法典》继承编第1127条规定：“遗产按照下列顺序继承：（一）第一顺序：配偶、子女、父

---

〔6〕 林秀雄：《婚姻家庭法之研究》，中国政法大学出版社2001年版，第177页。

〔7〕 陈其炎、黄宗乐、郭振恭：《民法亲属新论》，台北，三民书局股份有限公司2013年版，第283页。

母。……本编所称子女,包括婚生子女、非婚生子女……” 从我国《民法典》继承编的规定来看,其立法原意就是给予所有自然血亲之子女以同等的法律地位,是将婚生子女与非婚生子女一视同仁,所以非婚生子女在要求父母抚养、教育、继承遗产,以及赡养父母等方面享有同婚生子女同等的权利和义务。

典型案例 非亲子关系的抚养费返还和精神损害赔偿

最高人民法院官刊《人民司法(案例)》2020 年第 14 期

原告:李某。被告:石晓某。李某与石晓某经人介绍于 1998 年 10 月相识相恋,当年年底订婚并开始同居,1999 年 11 月登记结婚,2000 年 6 月生育一女李雨某。2009 年 6 月,双方在民政局协议离婚,约定李雨某由其父李某自行抚养。后李雨某一直由李某独自抚养至 2014 年 10 月。2014 年 11 月初,石晓某将李雨某接走,与其共同居住至 2016 年 12 月底。在此期间,李某每月给付李雨某一定金额的抚养费。自 2017 年开始,石晓某自行抚养其女李雨某。2017 年 2 月 10 日,李某委托司法鉴定所对其与李雨某进行 DNA 亲子鉴定,结论为排除李某是李雨某的生物学父亲。石晓某认可该份鉴定意见书的真实性和证明目的。

分析:1992 年最高人民法院《关于夫妻关系存续期间男方受欺骗抚养非亲生子女离婚后可否向女方追索抚养费的复函》表示:“在夫妻关系存续期间,一方与他人通奸生育了子女,隐瞒真情,另一方受欺骗而抚养了非亲生子女,其中离婚后给付的抚育费,受欺骗方要求返还的,可酌情返还;至于在夫妻关系存续期间受欺骗方支出的抚育费用应否返还,因涉及的问题比较复杂,尚需进一步研究。就你院请示所述具体案件而言,因双方在离婚时,其共同财产已由男方一人分得,故可不予返还。以上意见供参考。”根据这一复函,对于一方隐瞒真情,另一方受欺骗而抚养了非亲生子女的,可以要求返回离婚后支付的抚育费。本案医学鉴定后,李某得知非亲生女儿后,诉请前妻石晓某返还抚养费,并主张精神损害赔偿金,争议焦点在于:一是抚养费应否返还及返还数额;二是精神抚慰金是否应当赔偿及赔偿金额。法院应当根据子女的实际需要、父母双方的负担能力及当地的实际消费支出水平确定返还数额。关于返还金额的确定,在双方的举证基础上,法官应当发挥自由裁量权综合考量上述多方面的因素。此类案件需要在查清事实的前提下,考量个案特殊性,确定一个合适的返还数额。

根据我国《民法典》侵权责任编第 1182 条规定:“侵害他人人身权益造成财产损失的,按照被侵权人因此受到的损失或者侵权人因此获得的利益赔偿;被侵权人因此受到的损失以及侵权人因此获得的利益难以确定,被侵权人和侵权人就赔偿数额协商不一致,向人民法院提起诉讼的,由人民法院根据实际情况确定赔偿数额。”一般来说,精神损害赔偿金的确定应当综合考察侵权时间的长短、侵权行为的严重程度、侵权行为的损害后果等因素,在家事案件中,法官应当更加重视个案的特殊性,本着照顾妇女、儿童、无过错方的原则,既尊重传统的伦理道德,又能平衡各方利益,最终作出合理的裁判。

疑难问题论争 亲子关系确认与否认制度

我国《民法典》婚姻家庭编第1073条规定:“对亲子关系有异议且有正当理由的,父或者母可以向人民法院提起诉讼,请求确认或者否认亲子关系。对亲子关系有异议且有正当理由的,成年子女可以向人民法院提起诉讼,请求确认亲子关系。”该条赋予“亲子关系异议权”。但该条文只规定了亲子关系异议的纠纷解决办法,而成年子女若发现与“父亲”不存在亲子关系,如何处理?按该条规定,成年子女只能起诉确认存在亲子关系。故看似只能由“父亲”起诉,要求确认不存在亲子关系,从而亦会导致请求返还抚养费、精神损害赔偿等一系列纠纷。确认或者否认亲子关系的背后,一般都存在着经济矛盾或利益。另外,亲子关系当中其实也涉及父母对子女抚养的义务,不抚养则应该承担什么法律责任?反过来,子女对父母的赡养问题,这个也是非常重要的,笔者认为对上述问题的应对都应当予以具体细化,即亲子关系确认与否认制度有待完善。

第三节 继子女与人工授精子女

一、继子女

(一)概念

继父母子女关系是由于父或母再婚而形成的姻亲关系。继子女是指配偶一方对另一方与前配偶所生的子女的称谓,继父母是指子女对父亲或母亲的再婚配偶的称谓。继父母子女关系的发生以生父或生母再婚的婚姻关系为纽带。但是当继父母与继子女形成抚养关系或者继父母将继子女收养为养子女时,法律直接将其拟制为直系血亲关系。

(二)继父母子女之间的权利义务关系

我国《民法典》婚姻家庭编第1072条规定:“继父母与继子女间,不得虐待或者歧视。继父或者继母和受其抚养教育的继子女间的权利义务关系,适用本法关于父母子女关系的规定。”本规定明确了继父母与继子女的法律地位,继父母继子女之间是否发生法律规定的父母间的权利义务关系,取决于他们之间是否有抚养教育这一客观事实。继子女未受继父母抚养教育的,属姻亲关系,他们之间不产生法律规定的父母子女间的权利义务关系。继子女受继父母抚养教育的,形成抚育关系,继父母子女间的权利义务,是完全等同于生父母子女之间的权利义务的。

根据《民法典》婚姻家庭编第1067条及第1070条的规定,形成抚养关系的继父母与继子女之间在抚养、赡养、继承等方面拥有与亲生父母子女相同的权利和义务。继父母有抚养教育继子女的义务,继子女有赡养扶助继父母的义务,继父母与继子女之间有相互继承遗产的权利。同时,继子女与没有同其共同生活的生父或生母的关系仍然存在,他们之间的自然血亲关系并不会因不在一起共同生活而消灭。生父母对该子女仍然负有抚养教育的义务,该子女对生父母仍负有赡养扶助的义务,生父母与该子女有权相互继承遗产。此时,继子女和生父母以及与其形成抚养关系的继父母之间形成双重的权利义务关系。未形成抚养关系的继父母与继子女之间仅仅是一种名义上的父母子女关系。而继子女被继父母依法收养的,则形成收养关系,享有同生父母子女关系相同的权利义务。可见,继父母子女之间因具体情况不同,具有不同的权利义务关系。

1. 仅形成直系姻亲关系

当继子女的生父或生母与继母或继父再婚时,继子女已经独立生活,或者继子女虽未成年但是由其生父母抚养,继父母没有尽抚养的义务,继子女也没有对继父母尽到赡养的义务时,继子女与继父母间未形成抚养教育关系。因此,继子女与继父母间是直系姻亲关系,一般没有权利义务关系。

2. 形成拟制血亲关系

这里又有两种情况:一是根据《民法典》婚姻家庭编第1072条第2款的规定,即“继父或者继母和受其抚养教育的继子女间的权利义务关系,适用本法关于父母子女关系的规定”,这种类型是一种因相互间存在抚养事实而产生的法律拟制血亲关系。二是继父或继母依照《民法典》婚姻家庭编第1103条的规定,经继子女及其生父或生母的同意,明确收养了继子女,该继子女与不共同生活在一起的生父或生母相互间的权利义务关系即告消除,是一种因收养事实而直接产生的养父母子女关系,也是法律拟制血亲关系。

继父母与继子女之间并不必然产生父母子女间的权利义务关系,只有继父母与继子女之间形成抚养教育关系,他们之间才产生与父母子女间的权利义务关系一样的关系。我国立法对如何认定抚养教育关系的成立没有作具体规定,但通常在以下两种情况下可以认定为抚养教育关系成立:(1)继子女与继父母长期共同生活,继父或继母负担了继子女生活费和教育费的一部或全部,继子女受继父或继母的抚养教育;(2)继子女的生活费和教育费虽主要由生父或生母负担,但与继父或继母长期共同生活,继父或继母对继子女进行了生活上的照料和教育。至于何谓长期共同生活,司法实务中一般认为继父或继母与继子女间共同生活达5年以上。

继父母与继子女间虽无血缘上的联系,但是继父母对继子女的抚养教育是继子女健康成长的保证,所以应认定他们之间有拟制血亲关系。继子女在成年后,也应对继父母进行赡养。那么继子女与继父或继母发生抚养关系后,与不和其共同生活的生父或生母间的权利义务是否还存在?按照我国《婚姻法》的规定,父母子女之间的关系,不因父母离婚而消除。离婚后子女仍是双方的子女,双方仍有抚养教育子女的权利和义务。子女成年后,仍有赡养生父母的义务。因此,上述权利义务是仍然存在的,即继子女与其生父母的权利义务关系并未因此而免除,继子女与其有抚养教育关系的继父或继母间,与不和其共同生活的生父或生母间,是有双重权利义务的。处理有关抚养、赡养和继承等问题时,都应当特别注意这一点。另外,成年继子女虽未受到继父母的抚养教育,但对继父母却尽了主要赡养义务的,我们也应认定他们之间形成拟制血亲关系,发生父母子女间的权利和义务。

《民法典》婚姻家庭编第1103条规定:"继父或者继母经继子女的生父母同意,可以收养继子女……"事实上,这种继父母子女关系已转化为养父母子女关系,也形成拟制血亲关系。与前述一种情况不同的是,一旦形成收养关系,继子女与其不共同生活的生父或生母及其近亲属间的权利义务关系即行消除,不再具有双重的法律地位,使其地位单一化,从而避免双重权利义务关系的发生,有利于我国家庭关系的稳定。

(三)继父母子女关系的终止

继父母和继子女间未形成抚养关系的,在生父(母)与继母(父)离婚时,原则上该继父母子女关系因离婚而终止;生父或生母死亡的,该继父母继子女关系是否终止,根据当事人的意愿确定。

继父母和继子女间形成抚养关系的,可分为两种具体情况:

第一,若继父(母)的再婚关系仍在存续期间,则尚未成年的继子女与继父母的关系,原则上不能解除。但是经生父母、继父母协商一致,并经有识别能力的继子女同意,可以协议解除。不能达成协议的,可向人民法院起诉,由人民法院裁决是否解除。受继父母抚养成人并已独立生活的继子女,与继父母关系恶化的,可与继父母协议解除继父母子女关系,也可以向法院起诉。人民法院根据具体情况裁决是否解除继父母子女关系。但继父母有权要求继子女补偿在共同生活期间或在抚养期间所支出的费用。在继父母年老缺乏劳动能力又没有生活来源时,子女仍有义务承担其晚年的生活费用。

第二,若继父(母)的再婚关系已经终止,父母子女间的抚养关系作为一种独立的权利义务关系并不当然终止。一方起诉要求解除这种权利义务关系的,人民法院应视具体情况作出是否准许解除判决的判决或调解。

在继父(母)与生母(父)离婚的情形下,如果未成年继子女被生父母一方带走,或继父母不同意继续抚养的,仍由生父母抚养,继父母与未成年继子女间的拟制血亲关系终止。受继父母抚养成人并独自生活的继子女与继父母间的抚养关系并不能自然消灭,仍应承担赡养继父母的义务。在继子女与继父母关系恶化时,可由双方协商或由人民法院判决解除其权利义务关系。但是,成年继子女仍须承担丧失劳动能力生活困难的继父母的晚年生活费用。

在与继父或继母共同生活的生父母一方死亡的情形下,继父母应继续抚养未成年的继子女。如果生存的另一方生父或生母要求将子女领回抚养,但继父或继母不同意的,应由双方协商解决。协议不成的,由人民法院根据子女利益判决。如果继父或继母要求解除抚养关系,只有在该继子女生存的另一方生父或生母有抚养能力时,才允许解除。

典型案例

继子女关系的解除与遗产继承纠纷。

潘某(男)与潘某某(女)系继父女关系。潘某某母亲陆某在潘某某5岁时与潘某结婚,潘某某由原来的冯姓改姓潘,陆某带潘某某与潘某共同生活在一起。2004年潘某某母亲因车祸意外身亡,半年后潘某结识了另一女子张某并很快结婚,为家庭琐事潘某、张某经常与潘某某发生吵骂,并导致潘某某的外婆舅舅等参与家庭纠纷之中,使家庭矛盾越来越大。2007年潘某某在又一次与继父发生争执后,向太仓市人民法院起诉,要求解除继父女关系,此时潘某某已年满18周岁,而潘某此时46岁尚未退休。潘某收到起诉书后到法院称愿意解除继父女关系,但要求潘某某退还这几年来为抚养潘某某所支付的费用。潘某某称其母在世时有婚前房产一套,现在由潘某占有,要求按照遗产继承分割该套房子。

分析:本案例涉及的是已构成抚养关系的继父子女能否在亲生父母死亡后解除继父子女关系的问题。形成抚养关系的继父母子女关系,他们之间即存在姻亲关系,也存在抚养关系。继子女受继父母抚养教育的事实不能消失,他们之间已形成的权利义务关系不能自然终止,既不能因为双方不在一起共同生活而"自然解除",也不能因为继子女的生父或生母死亡或与继父或继母离婚而"自然解除",一方起诉要求解除这种权利义务关系的，人民法院应视具体情况作出是否准许解除的调解或判决。

本案例中，潘某与潘某某是已构成抚养的继父女关系，潘某某已年满18周岁，潘某尚在工作有固定收入，潘某与潘某某都愿意解除继父女关系，法院应当准许，在潘某某愿意返还抚养费的情况下，潘某某今后不再对潘某负有赡养义务，潘某去世后潘某某也无权继承其遗产。潘某、潘某某及其外婆可以共同继承该房产，各得1/3该房产份额，但三人应另外签订遗产继承协议或可向法院起诉。

司考真题

陈某与潘某离婚后，潘某带着2岁的儿子煜改嫁包某。陈某、潘某、包某三人订立收养协议，陈煜由包某收养，今后一切与陈某概无关系，但未办理收养登记。5年后，潘某与包某生下一女，取名包红。陈某离婚后，与洪某结婚，生女取名陈婴。几年后，陈某、包某相继去世。下列说法中正确的是？(2013年司考真题)

A. 因未办理收养登记，包某与陈煜之间不存在法律上父子关系

B. 陈煜作为包某生前抚养且无经济来源的人，可适当分得包某遗产

C. 陈某的遗产由洪某与陈婴继承，陈煜不能继承

D. 陈煜既可以继承陈某的遗产，也可以继承包某的遗产

正确答案：D。因包某与陈煜之间形成扶养关系，陈煜得继承包某遗产，AB项错误；由于包某与陈煜间不成立收养关系，故陈煜与陈某的父子关系继续存在，其能够继承陈某的遗产，C项错误，D项正确。

二、人工授精子女

（一）概述

人工授精子女是指利用人工生殖技术受胎而出生的子女。

随着医学技术的迅速发展，人工生殖技术逐渐得到广泛的应用，人工生育子女问题向法律和伦理提出了新的挑战。在亲子关系领域，现代人工生殖技术推翻了传统认定父母子女关系的血缘关系，使人伦基础的来源有所谓生物学上的母亲、遗传学上的父母，以及法律和社会上的父母之分。传统的父母子女关系的分类已不能涵盖人工生育的亲子关系。如何协调由此引发的伦理道德、婚姻家庭、血统以及法律等领域的冲突，已为世人所关注。

我国自1982年首次使用冷冻精液进行人工授精获得成功以来，人工生殖技术已取得迅速发展。为保证人类辅助生殖技术安全、有效、健康发展，卫生部于2001年2月20日发布了《人类辅助生殖技术管理办法》。根据该办法的规定，辅助生殖

技术的应用应当在医疗机构中进行，以医疗的目的，并符合国家计划生育政策、伦理原则和有关法律规定；禁止医疗机构和医务人员实施任何形式的代孕技术；实施人类辅助生殖技术应当遵循知情同意原则，但为了明确人工授精子女的法律地位，减少、避免人工生育纠纷，稳定婚姻家庭关系，应该在婚姻立法中完善人工授精子女相关法律制度。

（二）人工授精子女的分类

根据人工生殖的技术方式可将人工授精子女分为三种类型：人工体内授精子女、人工体外授精子女、代理母亲所生的子女。

人工体内授精，一般是指以人工方法将精子注入女子体内而授精。按照精子的来源不同，又可将其分为同质人工授精和异质人工授精。同质人工授精是采用丈夫的精子，而异质人工授精则是采用第三人的精子。

人工体外授精，是在夫妻不能依自然方法生育子女时，用人工方法将自体内取出的精子和卵子在培养皿内授精，再将受精卵分裂的胚胎移入子宫内授精、着床、生育而分娩。依此方法而生育的子女，被称为“试管婴儿”。人工体外授精比人工体内授精的技术要求更高，同时，也涉及更多的主体，除实施人工生育的夫妻之外，还包括精子捐赠人和卵子捐赠人，从而所引起的法律问题也极为复杂。[8]

代理母亲所生的子女，是指借助第三人的子宫，使受精卵在其内发育而分娩的子女，分娩的第三人称为代理母亲。精子和卵子的供体可以是夫妻双方，也可以是捐赠的第三人。

典型案例

最高人民法院指导案例——人工授精子女的地位

1998 年 3 月 3 日，原告李某与郭某顺登记结婚。2002 年，郭某顺以自己的名义购买了涉案建筑面积为 45.08 平方米的 306 室房屋，并办理了房屋产权登记。2004 年 1 月 30 日，李某和郭某顺共同签订了人工授精协议书，对李某实施了人工授精，后李某怀孕。2004 年 4 月，郭某顺因病住院，其在得知自己患了癌症后，向李某表示不要这个孩子，但李某不同意人工流产，坚持要生下孩子。5 月 20 日，郭某顺在医院立下自书遗嘱，在遗嘱中声明他不要这个人工授精生下的孩子，并将 306 室房屋赠与其父母郭某和、童某某。郭某顺于 5 月 23 日病故。李某于当年 10 月 22 日产下一子，取名郭某阳。原告李某无业，每月领取最低生活保障金，另有不固定的打工收入，并持有夫妻关系存续期间的共同存款 18705.4 元。被告郭某和、童某某系

---

〔8〕 杨遂全：《亲属与继承法论》，四川大学出版社 2005 年版，第 123 页。

郭某顺的父母，居住在同一个住宅小区的305室，均有退休工资。2001年3月，郭某顺为开店，曾向童某某借款8500元。本案争议焦点之一是郭某阳是否为郭某顺和李某的婚生子女。

分析：最高人民法院《关于夫妻离婚后人工授精所生子女的法律地位如何确定的复函》中指出："在夫妻关系存续期间，双方一致同意进行人工授精，所生子女应视为夫妻双方的婚生子女，父母子女之间权利义务关系适用《中华人民共和国婚姻法》的有关规定。"郭某顺因无生育能力，签字同意医院为其妻子即原告李某施行人工授精手术，该行为表明郭某顺具有通过人工授精方法获得其与李某共同子女的意思表示。只要在夫妻关系存续期间，夫妻双方同意通过人工授精生育子女，所生子女均应视为夫妻双方的婚生子女。

（三）人工授精子女的法律地位

我国《民法典》婚姻家庭编未明确规定人工授精子女的法律地位，司法实践中争议较大。1991年7月8日，最高人民法院在《关于夫妻关系存续期间以人工授精所生子女的法律地位的复函》中指出："在夫妻关系存续期间，双方一致同意进行人工授精，所生子女应视为夫妻双方的婚生子女，父母子女间的权利义务关系适用《中华人民共和国婚姻法》的有关规定。"但该规定过于抽象和原则，无法涵盖人工生育的一些复杂情况。而对于此种情况下亲子关系的确定，我国《民法典》婚姻家庭编第1073条规定："对亲子关系有异议且有正当理由的，父或者母可以向人民法院提起诉讼，请求确认或者否认亲子关系。对亲子关系有异议且有正当理由的，成年子女可以向人民法院提起诉讼，请求确认亲子关系。"以及《婚姻法司法解释三》第2条："夫妻一方向人民法院起诉请求确认亲子关系不存在，并已提供必要证据予以证明，另一方没有相反证据又拒绝做亲子鉴定的，人民法院可以推定请求确认亲子关系不存在一方的主张成立。当事人一方起诉请求确认亲子关系，并提供必要证据予以证明，另一方没有相反证据又拒绝做亲子鉴定的，人民法院可以推定请求确认亲子关系一方的主张成立。"根据上述规定，人民法院在没有亲子鉴定的科学依据的情况下，也可以根据当事人双方的证据对抗力推定亲子关系存在或者不存在。但关于人工授精子女的法律地位，在我国立法上仍然有许多空白。因此，应借鉴西方发达国家的立法经验，通过立法对人工授精子女的法律地位予以明确规定。

1. 人工体内授精子女的法律地位

同质授精的精卵细胞来自夫妻双方，夫妻与所生子女具有真实的血缘联系，与自然授精的父母子女关系相同。依据婚生子女关系推定，该子女应为夫妻双方的婚生子女。

异质授精的精子由丈夫以外的第三人提供，这就使异质授精所生子女存在两个父亲：一是生物学之父，与之存在真正的血缘关系；二是社会学之父，即生母之夫，与之没有任何血缘联系。究竟哪一个是其法律上的父亲？该子女的法律地位如何？则依丈夫是否同意实施人工授精而不同。

丈夫同意妻子实施异质人工授精的，因受胎期间在双方婚姻关系存续中，该子女应推定为婚生子女，丈夫不得否认。而该子女的社会学之父成为其法律上的父亲，从而割裂了其与供精者的所有法律联系。因而无论是依诚实信用原则或保护子女利益原则，丈夫事先同意的异质人工授精所生子女应为婚生子女。从各国的立法及判例来看，赋予异质授精子女婚生地位已成为普遍的趋势。

丈夫不同意或因妻子隐瞒而不知情的情况下实施异质人工授精的，因有婚姻关系的存在，所生子女仍属于推定婚生子女的范畴。但由于欠缺丈夫的同意，丈夫可以提出婚生否认之诉，从而推翻其父亲身份的推定，使该子女成为非婚生子女，由其生母尽抚养义务。

2. 人工体外授精子女的法律地位

人工体外授精的子女，根据精卵细胞的供体不同具有不同的法律地位。

来自夫妻双方的精卵细胞所生的子女，其法律地位应视为夫妻双方的婚生子女。但在欠缺丈夫的同意时，丈夫可以提出婚生否认之诉。

来自第三人捐卵的人工体外授精则会导致母子身份的认定困难。传统的生育方法，母体的卵子与子宫有不可分离性，分娩的母体必须是提供卵子的母体。因此，自罗马法以来即有"谁分娩，谁为母"的法谚，母子身份以分娩的事实而确定。但随着现代医学及遗传科学的发达，在第三人捐卵的情形下，母体卵子与子宫的一致性被割裂。法律上的母亲究竟是捐卵者，还是分娩者？学说上有三种不同的主张：(1)血统说。此说强调自然血统是身份发生的基础，卵子的提供者当然为所生子女的法律上的母亲。(2)分娩说。此说认为，生母在生育功能上不同于生父，母亲除提供卵子外，尚需以其子宫怀孕足月方能分娩，生理上的联系重于血统基因的联系，同时也与传统的"谁分娩、谁为母"原则相一致。因此，应以分娩者为所生子女法律上的母亲。(3)人工生殖目的说。此说认为，究竟何人是法律上的母亲，应根据夫妻实施人工生殖的目的来确定。

3. 代理母亲所生子女的法律地位

这种情况下的子女法律地位尤为复杂，特别是代理母亲已婚时，更影响代理者与其丈夫的婚姻生活，子女身份的确定也与传统民法的亲子关系相抵触。因此，有些国家已通过立法明文禁止代孕行为。我国《人类辅助生殖技术管理办法》明确规定禁止任何形式的代孕技术。但这种一律禁止代孕行为的规定过于武断，一定条件下的代孕行为，体现了法律对公民生育权的承认和尊重，也有一定的积极意义。我国应通过立法对此予以规制完善。

典型案例 丧偶妻子是否有权进行试管婴儿手术

原告小琴和其丈夫因为婚后一直无子,前往江苏无锡一家医院进行"试管婴儿"的手术。2016年8月签订协议后,院方为小琴夫妇实施了胚胎移植手术,但没有成功。2017年5月再次进行人工助孕并通过低温保存技术保存胚胎,后二人签署了系列协议后决定调理好身体进行体外受精手术。不料在此期间小琴的丈夫却因事故意外死亡,小琴决定继续前往医院进行胚胎移植手术,却遭到医院拒绝,后经协商双方决定诉诸法庭。法院认为,小琴作为丧偶妇女,有别于法规所说的要求实施人类辅助生殖技术的"单身妇女"的概念,因此并不违反社会公益原则。首先,小琴及其丈夫至医院订立医疗服务合同的目的是生育子女,虽然丈夫死亡,但小琴夫妇共同在医院两次接受人类生殖辅助治疗,尤其在本次医疗服务合同中签署了多项知情同意书,并进行培育和冷冻胚胎的事实,均表明了小琴丈夫明确地要求通过人类辅助生殖技术生育子女的意愿,且可推知继续实施胚胎移植手术并不违反小琴丈夫的生前意愿。之所以没有立即实施胚胎移植,仅是女方身体原因,既有的医疗服务合同尚未完成。小琴单独要求医院继续履行其夫妻早已与医院订立的医疗服务合同,并不违反当事人的真实意思表示。法院判决确认原先的合同、协议继续有效,要求院方继续履行相应义务。

分析:本案中小琴作为丧偶妇女不属于"单身",且夫妇二人已多次向医院表示过进行手术的合意,进行胚胎移植手术时丧偶妇女不需要"丈夫"签字,但是目前我国单身女性的生育权问题以及单身女性"冻卵"是否应当被禁止有待商榷。

疑难问题论争 单身女性"冻卵"是否应被禁止?

"冻卵"就是冷冻卵子,从母体里把卵子取出来冷冻保存以阻止卵子跟随人体衰老,等到自己想生育时,再取出来使用。有生殖专家表示,44岁以上的女性,受孕率很低。而处于25~35岁的女性受孕率是最高的。然而在我国单身女性是否享有选择冻卵的权利?

2020年"两会"期间,全国人大代表、山东中医药大学第二附属医院生殖医学科主任医师孙伟的一份关于"禁止医疗机构开展单身女性冻卵"的提案将此话题推上风口浪尖。其提案指出的理由有二:一是冻卵有害女性健康。因为冷冻卵子需要人为服用或注射激素,刺激排卵,可能导致一部分人产生卵巢过度刺激综合征,严重者甚至爱会导致血栓。二是单身女性冻卵不合法。目前,在我国只有已婚女性,还必须不孕不育,结婚证、身份证、准生证三证齐全,才能合法冻卵。与之相反的是,全国政协委员、重庆静昇律师事务所创始合伙人彭静提交了《保障女性平等生育权》

的提案,建议赋予单身女性实施辅助生育技术权利。

《人工与计划生育法》明确规定了公民有生育的权利,而否认单身女性生育权的规范又出自卫健委。由于缺失具体的法律解释,目前,中国仍未有对生育权的普适定义。2019年12月,单身女性徐某某将北京首都医科大学附属北京妇产医院告上法庭,因为该医院以违反《人类辅助生殖技术规范》为由拒绝提供冻卵服务。这是中国第一例与女性冻卵相关的诉讼。那么,因为技术问题取消单身女性主体的选择权是否不妥?《民法典》响应我国人口新形势,删去了计划生育的相关条文,而我们应当发展冻卵技术,在保障身体健康的情况下赋予单身女性以选择权还是禁止它,仍值得商榷。

第四节　亲　　权

亲权源于罗马法和日耳曼法,在罗马法称为家父权,有支配权利之意义,在日耳曼法称为Mundium(Munt,Mund),有保护权利之意义。现代亲权制度就是在罗马法和日耳曼法的父权制度的基础上经历了两千多年的历史变迁发展而成的,是大陆法系国家所普遍采用的用来规范父母子女之间权利义务关系的一项重要制度。

一、亲权概述

亲权制度是大陆法系国家所普遍采用的用来规范父母子女之间权利义务关系的一项重要制度,关于亲权的概念,在学术界有以下几种观点:(1)亲权是指父母对于未成年子女之身体上和财产上的养育管教和保护管理的权利义务制度。[9](2)亲权在近代立法,谓以教养和保护未成年子女为中心之职能,不仅为权利,同时为义务。[10](3)亲权是父母对于未成年子女的身心抚养教育、监护和财产管理的权利。[11]以上这些定义虽然在表述上有所差异,但是其基本内涵却是一致的,都表明了亲权是基于亲子关系身份所产生的一种专属于父母对未成年子女的在人身上和财产上的权利义务。

亲权具有以下特征:

---

〔9〕杨大文:《亲属法》,法律出版社1997年版,第262页。

〔10〕史尚宽:《亲属法论》,中国政法大学出版社2000年版,第657页。

〔11〕张俊浩:《民法学原理》,中国政法大学出版社2000年版,第161页。

第一,亲权作为一种民事权利,属于身份权。亲权是父母基于身份,依照法律规定而发生的权利和义务。亲权不是人格权,人格权是以权利人自身的人身、人格利益为客体的民事权利,例如,名誉权、荣誉权、肖像权等,因此,亲权为身份权,与人格权是相区别的。

第二,亲权是父母对于未成年子女的一种权利义务。一方面,亲权是父母作为尊长的一种权利和权威,未成年子女要服从父母的养育与教诲;另一方面,为了使子女的利益得到保障,亲权不但是父母的权利,也是一种法定义务,父母应对未成年子女的养育和照顾尽全责,不得抛弃、转让或被非法剥夺,对父母而言,亲权之行使,具有职责性质,父母基于天生自然之权利义务,应全责养育及照顾子女。

第三,亲权以保护教养未成年子女为目的。亲权虽名为父母的权利,但其设立的目的在于,未成年子女尚未成年,需要给予教育和保护,从而使之成为合格的社会一分子。同时,亲权具有一定的支配性质,但这种支配性质并非专制的人身支配,而是以教养、保护未成年子女为目的,对亲权利益进行支配。因此,父母的亲权并非无限制,亲权的行使,仅限于法律所规定并且符合未成年子女利益的范围之内。

第四,亲权也是一种绝对权、专属权。亲权作为父母保护教养未成年子女的权利,由亲权人依法自主行使,一般不需要借助于他人的积极行为,只要义务人不加妨害和侵犯,亲权就可以实现。亲权是专属权,其自然只能由父母来行使,不具备父母身份的人是不能行使亲权的。而此处所称的"父母"包括生父母、养父母、形成抚养关系的继父母以及实施人工生殖技术的父母。

疑难问题辨析 亲权与监护的比较

在传统民法上,监护与亲权是两种不同的法律制度。亲权是基于父母与子女之间既存的亲子关系而产生的,为权利义务的统一体,由父母共同行使或承担。而监护是指对无父母或父母不能行使亲权的未成年人及部分限制民事行为能力的成年人,根据法律的规定,设置监护人予以监督、保护的制度。亲权制度与监护制度之间既有联系,更有区别,两者在性质、主体、权利义务、立法等方面均存在差异。但是,我国《民法典》中未能严格区分亲权与监护,在关于监护的规定中也涉及亲权的内容,而没有确立亲权的概念,这种立法模式存在以下弊端:首先,这种监护与亲权合并处理的立法模式,忽略了监护与亲权不同的制度价值。其次,这种立法模式不利于被监护人的保护。因此,有必要确立亲权概念,完善监护制度。

二、亲权的内容

（一）人身方面的亲权

1. 抚养权

抚养是指父母对未成年子女生活上照顾，经济上供养，保障未成年人的基本生存条件，为其健康成长提供必要的物质条件。亲权人具有的抚养权利和义务，被称为抚养权，抚养权是亲权的一部分，也是父母双方共同享有的权利和承担的义务。一般情况下，父母与未成年子女生活在一起，由父母双方共同行使抚养权，但是在特殊情况下，如父母离婚时，与未成年子女共同生活的一方成为主要亲权人，直接抚养子女；不与子女共同生活的父母一方，以提供抚养费、履行部分照料子女的义务间接行使抚养权。

2. 教育权

教育是指父母按照法律和道德的要求，采用正确的方法，培养未成年人全面、健康的成长，对子女的行为进行引导及必要的约束，对未成年子女的日常行为进行监督管理。父母有义务使未成年子女接受义务教育，并应充分考虑未成年子女的才能爱好，为未成年子女接受教育提供条件。父母在行使其教育权的范围内，可以要求未成年子女承担义务，或者限制未成年子女的权利。《瑞士民法典》规定："父母应依其状况教育其子女，并应促进和保护其体育、智育及德育的发展。""父母决定子女的宗教教育。"

3. 住所指定权

住所指定权是亲权人对未成年子女进行教养和保护的重要内容，未成年子女是否与父母住在一起，或者是否住在由父母指定的地方，是亲权人能否有效地行使亲权的一个重要的前提。为了保护未成年子女的安全，保障未成年子女身心的健康发展，各国立法均规定亲权人对未成年子女的住所或居所享有指定权，子女不得随意离开亲权人所指定的住所或者居所。

4. 惩戒权

惩戒权是父母对于未成年子女于必要时可予以必要程度惩戒的权利，它是由保护教育权引申出的一项权能。当未成年子女不听从父母的管教有劣迹时，法律赋予亲权人在必要的范围内，对子女进行适当的惩戒，目的仍然是教育子女改掉恶习，健康成长。

5. 子女交还请求权

即亲权人在未成年子女被非法诱骗、拐卖、隐匿或者扣留时，有请求返还其子女的权利。这是亲权人为尽保护教养的责任应具备的权利。《德国民法典》第1632条规定："人的照顾包括向一切不法地对父母双方或一方扣留子女的人请求返还子女的权利。”

6. 身份行为同意权与代理权

身份行为具有专属性，与特定主体不可分离，原则上不得代理，但在法律特别规定时，亲权人可代未成年子女为身份行为，即父母是未成年子女的法定代理人。如《瑞士民法典》第 304 条第 1 款规定：“父母在其亲权范围内，对第三人，依法得为子女的代理人。”《日本民法典》规定，亲权人作为法定代理人，有代理子女的权限。关于身份方面的代理权限有充当否认婚生子女之诉的对方（第 775 条），变更子女姓氏（第 791 条），代诺收养（第 791 条），接受或放弃继承（第 917 条）各种事由。我国《民法典》总则编第 19 条规定：“八周岁以上的未成年人为限制民事行为能力人，实施民事法律行为由其法定代理人代理或者经其法定代理人同意、追认；但是，可以独立实施纯获利益的民事法律行为或者与其年龄、智力相适应的民事法律行为。”

（二）财产方面的亲权

1. 子女财产管理权

财产管理，是指父母对属于未成年子女的财产有进行保管的权利，是保存或增加财产价值的行为。根据国外民法的规定，将子女的财产分为特有财产和非特有财产。特有财产是指未成年子女因继承、赠予或其他无偿方式取得的财产。非特有财产是指子女因劳力或其他行为有偿取得的财产。未成年子女对其取得的独立于父母的财产欠缺管理能力，为了保障未成年人之利益，法律因此赋予亲权人财产管理权，以保存、利用或改良子女财产，同时，父母管理财产，应尽到何种程度之注意，法国、瑞士民法规定应尽善良管理人之注意，德国、日本、韩国民法规定应与处理自己事项为同一注意。

2. 子女财产使用收益权

财产使用收益权，是指亲权人对未成年子女的财产在不损害子女财产的前提下有利用和收益的权利。如我国台湾地区“民法”第 1088 条第 2 款前段规定：“父母对于未成年子女之特有财产，有使用、收益之权。”未成年人财产所获的收益归于父母。但现代一些国家，基于对未成年子女独立人格和利益的保护，对亲权人的收益权多采取否定的态度，认为未成年子女的特有财产收益，应给子女所有，父母只有在为了未成年子女的成长、受教育的需要时可以使用。《德国民法典》第 1649 条第 1 款规定：“无需用于财产的规范管理的子女的财产收入，用作子女的生活费。在财产收入不敷使用的情况下，可以使用子女的劳动所得或依本法第一百一十二条允许子女独立从事的经营所得的收入。”

3. 子女财产处分权

财产处分权，是指父母对未成年子女的财产在特定条件下有一定处分的权利，因为处分是处置财产并决定其命运的行为，关系未成年人利益甚大，故各国亲权法往往对父母之处分权予以限制。《德国民法典》第1641、1643、1645条规定，父母不得代理子女赠与，但与依道德应尽之义务或应予考虑之体面相符合的赠与除外；父母代为子女拒绝遗赠以及放弃特留份额时，须经家庭法院批准；父母未经家庭法院批准，不得以子女的名义开始新的经营业务；如果父母以子女的资金购置动产，则所有权随购置而转移给子女。我国台湾地区“民法”第1088条第2款但书规定：“非为子女利益，不得处分之。”因此，父母处分权之行使应以子女利益为条件。

三、亲权的丧失、恢复和消灭

（一）亲权的丧失

亲权的丧失，是指亲权人因法定的原因而失去行使亲权的资格，但这种丧失并非永久，当导致亲权丧失的原因消失时，可以通过法定的程序予以恢复，因发生原因不同，分为以下几种情况：

1. 亲权因剥夺而丧失

亲权因剥夺而丧失，是指亲权人违反行使亲权的法律规定，被有关机关宣告停止亲权。之所以要设置亲权因剥夺而丧失的制度，是因为亲权制度的一个重要的原则和目的就是保护未成年子女的利益，当亲权人违反行使亲权的原则，滥用亲权，从而对未成年子女人身或者财产造成威胁或者损害的时候，法律应当作出规定，对亲权人采取剥夺亲权的惩罚措施。

2. 亲权因中止而丧失

亲权因中止而丧失，是指亲权人因事实上的原因或实际困难不能行使亲权时，经法定程序宣告其暂时停止行使亲权，亲权中止必须具有法定事由，如亲权人丧失行为能力，父母离异后同子女共同生活的一方失去行为能力等。当亲权人因上述法定事由不能行使亲权时，未成年子女相当于处在无亲权保护的状态之下，此时可以通过法定的程序将亲权人的亲权宣告暂停，启动监护程序，由监护人来继续履行保护未成年子女的职责，从而使对未成年子女的保护得以连续，防止了无保护的真空状态的出现。但有学者认为，此种情形仅可称为亲权的中止或停止，而非“丧失”。

3. 亲权因转移而丧失

亲权因转移而丧失，是指亲权人通过协议的方式或者经过法院的宣告，使亲权由亲权人转移给第三人或社会救济机构来行使。亲权作为亲权人的法定义务是不得抛弃和让与的，但是为了未成年子女的利益，法律允许在一定条件下转移对该子女的亲权，如子女被依法收养。亲权的转移生效后，原亲权人丧失亲权，受转移人取得亲权。

（二）亲权的恢复

亲权的恢复是指丧失亲权的人在法定条件下重新获得亲权。亲权的恢复是从子女的最大利益出发而作出的规定，它有利于子女的健康成长，使未成年子女及时地处于亲权的照护之下。一般情况下，在宣告丧失亲权的理由消失以后，在确认不会再给子女造成任何损害的情况下，法官可以宣布恢复丧失亲权的父亲或母亲的权利。

（三）亲权的消灭

亲权的消灭是指基于法定事由致使亲权人无须或无法履行亲权，从而使亲权归于消灭。亲权的消灭与亲权的丧失不同，亲权丧失者，若丧失的原因不复存在，可得恢复；亲权的消灭则是亲权的彻底终止，没有恢复之可能。亲权的消灭包括绝对消灭和相对消灭两种。亲权的绝对消灭指由于子女方面的原因而使亲权无存在必要，如子女死亡，子女成年或子女被收养等。亲权的相对消灭是指因亲权人的原因而使亲权不再能履行，须更换亲权人或由监护人继续行使，如亲权人死亡、亲权人被宣告停止亲权、收养关系终了等。

拓展阅读

1. 黄娟：《从歧视走向平等——非婚生子女法律地位的变迁》，载《政法论丛》2006 年第 4 期。
2. 刘耀东：《非婚生子女的准正与认领制度研究》，载《石河子大学学报》（哲学社会科学版）2013 年第 3 期。
3. 林德伟：《两岸非婚生子女法律保护之比较研究》，载《福建法学》2013 年第 4 期。
4. 薛宁兰、解燕芬：《亲子关系确认制度的反思与重构——基于婚姻法司法解释三的讨论》，载《中华女子学院学报》2011 年第 2 期。
5. 夏吟兰、高蕾：《建立我国的亲权制度》，载《中华女子学院学报》2005 年第 4 期。
6. 徐国栋：《普通法中的国家亲权制度及其罗马法根源》，载《甘肃社会科学》2011 年第 1 期。
7. 周成泓：《亲子关系诉讼中的亲子鉴定协力义务论——兼评〈婚姻法解释（三）〉第 2 条》，载《法律科学》2012 年第 2 期。
8. 姜成涛：《中国 DNA 鉴定结论应用与发展现状》，载《证据理论与科学——首届国际研讨会论文集》。
9. 张燕玲：《人工生殖法律问题研究》，法律出版社 2006 年版。
10. 王竹青、魏小莉：《亲属法比较研究》，中国人民公安大学出版社 2004 年版。
11. 李善国等：《辅助生殖技术法研究》，法律出版社 2005 年版。
12. 薛宁兰：《社会转型中的婚姻家庭法制新面向》，载《东方法学》2020 年第 2 期。
13. 王歌雅：《民法典婚姻家庭编的价值阐释与制度修为》，载《东方法学》2020 年第 4 期。

域外立法例

1.《日本民法典》

第 775 条:亲权人作为法定代理人,有代理子女的权限。关于身份方面的代理权限有充当否认婚生子女之诉的对方。

第 780 条:认领的父亲或母亲即便是未成年人或成年被监护人,亦无须其法定代理人同意。

第 784 条:认领溯及出生时发生效力,但不得侵害第三人的既得权利。

第 791 条:子女姓氏的变更

(一)子女于父或母姓氏不同时,家庭法院许可,可以称其父或母的姓氏。

(二)因父或母改姓氏,致子女姓氏与父母姓氏不同时,以父母在婚姻中为限,子女可不得前款许可,依户籍法所定进行申报后,可以称其父母的姓氏。

(三)子女未满十五岁时,其法定代理人可以代其实施前二款行为。

(四)依前三款规定变更姓氏的未成年人子女,自其达成年时起一年内,依户籍法规定为申报后,可以恢复从前的姓氏。

第 826 条:亲权人与子女利益相反的行为

(一)关于行使亲权的父或母与其子女利益相反的行为,行使亲权人应请求家庭法院为子女选任特别代理人。

(二)行使亲权人对数名子女行使亲权时,关于某一子女与其他子女利益相反的行为,如为其中一方的利益,准用前款规定。

2.《德国民法典》

第 1632 条:人的照顾包括向一切不法地对父母双方或一方扣留子女的人请求返还子女的权利。

第 1649 条:无须用于财产的规范管理的子女的财产收入,用作子女的生活费。在财产收入不敷使用的情况下,可以使用子女的劳动所得或依本法第 112 条允许子女独立从事的经营业所得的收入。

讨论题

1. 论述父母子女之间的权利义务。
2. 如何理解《民法典》婚姻家庭编关于亲子关系的确认和否认的规定?
3. 论述非婚生子女的法律保护。
4. 论述人工授精子女的法律地位。
5. 如何看待"代孕"?
6. 论述亲权的特征。

第八章　收 养 关 系

学习目标

通过本章学习,熟练掌握收养的概念及特征、收养关系成立的条件和程序、收养的拟制效力和解消效力、无效收养、收养关系解除的程序和后果等基本知识;灵活运用收养的法律规则分析、处理实际生活中的收养纠纷;理性思考有关收养成年人、试养期、不完全收养等问题。

第一节　概　　论

一、收养的概念及特征

关于收养的概念,我国立法上未作界定。在亲属法学中,往往从两种不同意义上使用"收养"一词。一是指收养行为,它是就拟制血亲的亲子关系借以发生的法律事实而言的;二是指收养关系,即养父母养子女关系,它是就拟制血亲的亲子关系本身而言的。[1]

从行为的角度进行表述,收养是指自然人按照法律规定的条件和程序,领养他人子女为自己的子女,从而产生法律拟制的父母子女关系的法律行为。其中,领养他人子女为自己子女的人是收养人,将未成年人送给他人收养的个人或组织为送养人,被收养的未成年人为被收养人。收养法律行为非一般的法律行为,它变更了被收养人的身份关系,因此,尽管被收养的是被收养人,但被收养人却非收养法律行为的标的,而是收养法律行为的主体,故收养法律行为的当事人为收养人、被收养人和送养人。

收养关系,是基于收养行为的法律效力而发生的拟制血亲的亲子关系,即收养

〔1〕 杨大文主编:《婚姻家庭法》,中国人民大学出版社2012年版,第185页。

人与被收养人之间的父母子女关系。在收养关系中,其当事人仅为收养人和被收养人。

收养具有以下法律特征:

第一,收养是产生法律拟制血亲关系的身份法律行为。收养是重要的法律行为,收养成立,就会在收养人与被收养人之间产生父母子女的权利义务关系,即法律拟制的直系血亲关系,同时,被收养人与其生父母之间的权利义务关系则因收养的成立而消除。不仅如此,收养变更亲属关系及其权利义务关系的效力,还会及于收养人与被收养人的其他亲属。故收养行为的性质,属于法律行为中的身份法律行为。

第二,收养只能发生在非直系血亲的自然人之间。法律设立收养的目的,是使原无父母子女关系的人之间产生法律拟制的父母子女关系,这就决定了收养人与被收养人须是自然人,自然人之外的法人、非法人组织不能成为收养人。比如,在我国兴办的儿童福利机构,虽然对儿童进行抚养教育,但其与儿童之间并不产生父母子女关系,它只是一种社会救济措施,与收养产生拟制血亲关系、属于身份法律行为且需当事人之间的合意不同。另外,原本就有直系血亲关系的自然人之间,辈分分明,若允许收养,反会造成亲属关系的重叠或冲突,因此,直系血亲之间不发生收养关系。

第三,收养须符合法定的条件和程序方能成立。由于收养不仅涉及收养人、送养人以及被收养人的利益,而且还关乎社会公共利益及善良风俗,因此,法律对收养行为会进行较多的干预。收养行为不仅要适用《民法典》总则编关于民事法律行为的规定,还须符合《民法典》婚姻家庭编关于收养的规定。《民法典》婚姻家庭编除对收养人、送养人及被收养人应具备的法定条件作出规定外,还对收养成立的程序作出了要求,即收养的成立须采取法定的形式,符合之,收养始得成立,因此,收养为要式法律行为。

为了更好地理解收养的概念,有必要将收养与寄养加以区别。寄养是父母基于某些特殊情形,无法或不能直接抚养子女,委托他人代其抚养子女,受托人与被寄养人之间不产生拟制血亲的亲子关系。寄养情况下,抚养子女的形式虽有所变化,但被寄养的子女与其亲生父母之间的身份关系并未变更,父母子女之间的权利义务亦未发生转移。因此,无论寄养时间有多长,都不会产生父母子女之间的关系,被寄养人随时可以被其父母领回。我国《民法典》婚姻家庭编第1107条规定:"孤儿或者生父母无力抚养的子女,可以由生父母的亲属、朋友抚养;抚养人与被抚养人的关系不适用本章规定。"另外,收养也不同于民政部门开展的"家庭寄养"。所谓"家庭寄养"是指经过规定的程序,将民政部门监护的儿童委托在符合条件的家庭中养育的照料模式。[2] “家庭寄养”是通过儿童福利机构与寄养家庭主要照料人签订寄养协议方式进行的。寄养儿童在寄养期间不改变与民政部门的监护关系，寄养儿童与寄养家庭生活在一起，也不产生法律上的拟制血亲关系，当然，如寄养家庭符合收养条件、有收养意愿的，可以依法优先收养被寄养儿童，使“寄养”转“收养”。“家庭寄养”有利于寄养儿童的抚养和健康成长，政府鼓励、支持符合条件的家庭参与家庭寄养工作。

收养亦不同于立嗣。立嗣又称过继，是指男子无子，许立同宗辈分相当的他人之子为嗣子。[3] 立嗣是以男性为中心，其目的在于宗祧继承、传宗接代，故只有在男子无后时才能立嗣，且只能立男子为嗣子，而收养则不分男女均可被收养；立嗣可由立嗣者生前进行，亦可在其死后，由其配偶或族中尊长代为立嗣，而收养只能在收养人生前进行；立嗣的条件很严格，应在辈分相当的同宗近支内按照一定的顺序择立嗣子，立异姓男子为嗣子，是礼、法所不许的，而收养则无论被收养人与收养人是同姓抑或异姓均可。

除立嗣外，还有与嗣子并存的同宗养子和异姓养子。同宗养子是以同宗卑亲属为养子但不立其为嗣子，异姓养子大多为自幼收养的弃儿，明清律称之为乞养。乞养是指非亲属收养，主要是基于怜悯心，无论同姓异姓，亦不分男女，均可被收养。收养人为义父母，被收养人为义子女。由于乞养的养子女无关宗祧继承，也不得以无子为由将义子立为嗣子，故义子女的地位远较嗣子为低。[4]

二、收养的类型

依据不同的标准，可以对收养进行不同的分类，主要有：

（一）法定收养与事实收养

按照收养是否依法成立，可将收养分为法定收养和事实收养。法定收养是指依照法律规定的收养实质要件和形式要件成立的收养。法定收养为有效收养；事实收养是指不具备法律规定的收养的实质要件和形式要件，但已经形成了事实上的父母子女关系的收养。[5] 在我国《收养法》实施之前，如收养人与被收养人之间长期以养父母与养子女关系共同生活，实际存在抚养与赡养的客观事实，亲友、群众也公认他们是父母子女关系，且被收养人与生父母的权利义务关系实际上确已消除的，即使未办理合法收养手续，原则上也承认事实收养的效力。《收养法》实施

〔2〕 民政部《家庭寄养管理办法》(2014 年 12 月 1 日施行)第 2 条。

〔3〕 夏吟兰主编:《婚姻家庭继承法》,中国政法大学出版社 2012 年版,第 181 页。

〔4〕 王歌雅主编:《婚姻家庭继承法学》,中国人民大学出版社 2009 年版,第 145 页。

〔5〕 杨立新主编:《婚姻家庭继承法》,北京师范大学出版社 2010 年版,第 129 页。

之后,则不再承认事实收养的效力。

(二)共同收养与单独收养

按照收养人数量的不同,可将收养分为共同收养和单独收养。共同收养是指收养人为二人以上的收养。共同收养仅限于夫妻双方收养子女,非夫妻的二人以上进行收养是为法律所禁止的;单独收养是指收养人为一人的收养,包括无配偶者收养和已婚夫妇单方收养。无配偶者收养,我国《民法典》婚姻家庭编第 1102 条有专门的规定。已婚夫妇的单方收养,在我国《收养法》施行前,夫或妻一方收养子女,对方始终反对的,承认其单独收养的效力。《收养法》施行后,禁止已婚夫妇单方收养。

(三)未成年人收养和成年人收养

按照被收养人的年龄,可将收养分为未成年人收养和成年人收养。未成年人收养是指被收养人为未成年人的收养;成年人收养是指被收养人为成年人的收养。我国《民法典》规定被收养人须为未成年人,可见我国仅认可未成年人收养,不承认成年人收养。

(四)公开收养与秘密收养

按照收养事实是否保密,可将收养分为公开收养和秘密收养。公开收养,是指收养当事人不要求保守收养秘密的收养;秘密收养,是指收养当事人要求保守收养秘密的收养。我国《民法典》婚姻家庭编第 1110 条规定:“收养人、送养人要求保守收养秘密的,其他人应当尊重其意愿,不得泄露。”

(五)完全收养与不完全收养

按照收养效力的不同,可将收养分为完全收养和不完全收养。完全收养是指收养成立后,养子女与其生父母及其近亲属之间的权利义务关系完全消除,仅与养父母及其近亲属之间发生权利义务关系的收养。我国收养为完全收养。不完全收养是指收养成立后,养子女不但与其养父母及其近亲属发生权利义务的关系,而且与其生父母及其近亲属之间仍保留一定的权利义务关系的收养。

(六)国内收养与涉外收养

按照收养是否含有涉外因素,可将收养分为国内收养和涉外收养。国内收养,是指不含有涉外因素的收养,即收养当事人为同一国籍且在该国内进行的收养;涉外收养是指具有涉外因素的收养,即收养当事人属于不同国籍或收养行为超越国境的收养。我国《民法典》婚姻家庭编第1109条规定，外国人依法可以在我国收养子女。外国人在我国收养子女，应当经其所在国主管机关依照该国法律审查同意。收养人应当提供由其所在国有权机构出具的有关其年龄、婚姻、职业、财产、健康、有无受过刑事处罚等状况的证明材料，该证明材料应当经其所在国外交机关或者外交机关授权的机构认证，并经我国驻该国使领馆认证，但是国家另有规定的除外。收养人应与送养人签订书面协议，亲自向省、自治区、直辖市人民政府民政部门登记。

三、我国的收养立法及其基本原则

（一）我国的收养立法

中华人民共和国成立后，封建的立嗣被废除。1950年的《婚姻法》（1950年5月1日中央人民政府公布）承认并保护收养关系，该法第13条规定，养父母与养子女相互间的关系，适用父母子女之间的关系。但该法对收养成立的条件、程序及解除等问题，未有规定。

1979年2月2日颁布实施的最高人民法院《关于贯彻执行民事政策法律的意见》（1996年12月31日已废止）规定了收养的条件及程序、养父母或生父母中途反悔及养父母和已长大成人的养子女之间因关系恶化或有其他正当理由而要求解除收养关系的处理原则。

1980年9月10日，第五届全国人民代表大会第三次会议通过的《婚姻法》第20条规定："国家保护合法的收养关系。养父母和养子女间的权利和义务，适用本法对父母子女关系的有关规定。养子女和生父母间的权利和义务，因收养关系的成立而消除。"〔6〕1980年的《婚姻法》明确了收养关系成立后，养子女与养父母、生父母之间权利义务关系的变更，但对收养成立的条件、程序及解除等问题仍未作出具体规定。

1984年8月30日颁布实施的最高人民法院《关于贯彻执行民事政策法律若干问题的意见》（2019年7月20日废止）规定了收养的条件及程序，承认事实收养及收养养孙子女，并就收养的解除及其所产生的人身、经济方面的法律后果作出了相应规定。

由上可知，在相当长的时期内，收养关系是由《婚姻法》中的原则性规定及司法解释加以调整的。

1991年12月29日，第七届全国人民代表大会常务委员会第二十三次会议通

〔6〕 2001年4月28日，第九届全国人民代表大会常务委员会第二十一次会议通过了《关于修改〈中华人民共和国婚姻法〉的决定》，该条款内容在修正后的《婚姻法》中为第26条。

过了新中国第一部调整收养关系的法律,即《收养法》(1992 年 4 月 1 日起施行)。该法对规范收养行为,保护合法的收养关系,维护收养当事人的权利,发挥了重要的作用。

《收养法》实施后,其存在的一些问题逐渐显现,主要表现在:收养条件规定过严,因收养难导致事实收养形成;收养程序不统一等。为此,修改《收养法》就显得十分必要。1998 年 11 月 4 日,第九届全国人民代表大会常务委员会第五次会议通过了《关于修改〈中华人民共和国收养法〉的决定》。《收养法》的修改主要涉及两方面的内容:一是适当放宽收养条件;二是统一收养的程序。修正后的《收养法》分别规定了总则、收养关系的成立、收养的效力、收养关系的解除、法律责任及附则共六章内容,计 34 条。修正后的《收养法》自 1999 年 4 月 1 日起施行。

2020 年 5 月 28 日,第十三届全国人民代表大会常务委员会第三次会议通过的《民法典》将收养置于第五编婚姻家庭的第五章。从体例结构上,删除了《收养法》第一章总则、第五章法律责任、第六章附则;将《收养法》其余三章"收养关系的成立""收养的效力""收养关系的解除"编纂至《民法典》婚姻家庭编第五章收养下设的同名三节,计 26 条;从内容上,为与国家计划生育政策调整相协调,删除了《收养法》第 3 条"收养不得违背计划生育的法律、法规"、第 19 条"送养人不得以送养子女为理由违反计划生育的规定再生育子女"的规定;修改完善了收养人收养的条件;扩大了被收养人的范围;放宽了收养人数的限制;新增了收养评估程序等。《民法典》自 2021 年 1 月 1 日起施行的同时,《收养法》废止。

此外,国务院所属有关部门针对收养问题所制定的规范性文件,以及最高人民法院关于收养问题的司法解释、我国缔结或参加的有关解决收养关系法律冲突的国际条约等,都是我国收养立法的表现形式。

(二)收养的基本原则

《民法典》婚姻家庭编第 1044 条规定了收养的基本原则,即"收养应当遵循最有利于被收养人的原则,保障被收养人和收养人的合法权益。禁止借收养名义买卖未成年人"。结合《民法典》总则编第 4 条"民事主体在民事活动中的法律地位一律平等"、第 5 条"民事主体从事民事活动,应当遵循自愿原则,按照自己的意思设立、变更、终止民事法律关系"、第 8 条"民事主体从事民事活动,不得违反法律,不得违背公序良俗"之规定,收养的基本原则可归纳为以下四项基本原则。

1. 最有利于被收养人的原则〔7〕

保障未成年人的健康成长是实行收养制度的首要目的，也是世界各国收养立法的共识。1989 年 11 月 20 日，联合国大会通过的《儿童权利公约》第 21 条规定："凡承认和（或）许可收养制度的国家应确保以儿童的最大利益为首要考虑。"我国于 1991 年 12 月 29 日经第七届全国人民代表大会常务委员会第二十三次会议批准加入该公约。

收养的首要目的就是使被收养的未成年人，能够在收养人的抚育下健康成长。《民法典》婚姻家庭编第 1044 条第 1 款明确规定收养应当遵循最有利于被收养人的原则，第 2 款从反面禁止借收养名义买卖未成年人，《民法典》有关收养成立的条件规定，以及收养解除的某些规定等，均体现了最有利于被收养人的原则。

2. 保障被收养人和收养人合法权益的原则〔8〕

收养在被收养人和收养人之间产生拟制的血亲关系，关乎被收养人和收养人双方的利益，因此，收养自当保障双方的利益得到实现。

3. 平等自愿的原则

收养是法律行为，必须在平等的基础上进行，不允许任何一方享有超越法律的特权。任何一方的合法权益受到侵害时，都有权请求法律保护。收养是身份法律行为，具有浓厚的感情色彩，须各方在自愿的基础上进行协商，任何一方不得将自己的意志强加于他人。

4. 不得违背公序良俗的原则

收养不仅关系收养当事人的利益，还直接涉及社会公共利益和善良风俗，因此，有必要从维护公序良俗的立场，对收养行为加以制约。比如，无配偶者收养异性子女须有法定年龄的限制，就是该原则的具体体现。

第二节 收养关系的成立

收养关系的成立，是指收养当事人按照《民法典》婚姻家庭编第五章第一节规

---

〔7〕 收养制度因时代之变迁而所附目的各有不同，可分为三阶段。第一期可谓为"为家之收养"，即为家族法上血统之继续而收养；及至第二期，家族或宗族制度衰微，血统继续之观念减弱，于是为娱慰晚景或增加亲方劳力而收养，可称之为"为亲之收养"；第三期形态，为"为子女之收养"，其形成以第一次世界大战及第二次世界大战为契机。因大战后的社会，产生多数孤儿及非婚生子女，而为与此等无依无靠之子女以家庭及父母，实为新收养法之根本理想。参见史尚宽：《亲属法论》，中国政法大学出版社 2000 年版，第 585 页。

〔8〕 收养虽以子女利益为重，然也要保障收养人的利益，即为亲子目的实际并存。

定的条件和程序设立收养关系。收养只有符合法律规定的条件,履行法定的程序才能发生法律效力。

一、收养关系成立的条件

收养关系成立的条件,是指收养成立必须满足的实质要件。《民法典》婚姻家庭编第五章第一节分别从被收养人、送养人和收养人应具备的条件以及收养合意四个方面对一般情形下收养关系成立的条件进行了规定,可称为一般收养关系成立的条件。针对某些特殊的情形,《民法典》婚姻家庭编第五章第一节对其收养关系成立的条件作出了特别的规定,可称为特殊收养关系成立的条件。

(一)一般收养关系成立的条件

1. 被收养人的条件

《民法典》婚姻家庭编第 1093 条规定,下列未成年人,可以被收养:

(1)丧失父母的孤儿。孤儿是指其父母死亡或人民法院宣告其父母死亡的未成年人。

(2)查找不到生父母的未成年人。作为被收养人的未成年人,应以查找不到生父母为要件。

(3)生父母有特殊困难无力抚养的子女。具体判断生父母是否有特殊困难无力抚养子女,应根据当事人的具体情况具体认定。比如,生父母没有经济负担能力、或患有严重疾病等无法或不宜抚养子女的,可视为生父母有特殊困难无力抚养子女。

关于被收养人的年龄,《收养法》将其限定于不满 14 周岁的未成年人,《民法典》删除了这一限制,规定符合条件的未成年人均可被收养,使被收养人的范围扩大了。

2. 送养人的条件

《民法典》婚姻家庭编第 1094 条规定,下列个人、组织可以作为送养人:

(1)孤儿的监护人。依据我国《民法典》总则编第 27 条的规定,孤儿的监护人由下列有监护能力的人按顺序担任监护人:祖父母、外祖父母;兄、姐;其他愿意担任监护人的个人或者组织,但是须经孤儿住所地的居民委员会、村民委员会或者民政部门同意。对担任监护人有争议的,依据《民法典》总则编第 31 条的规定,由孤儿住所地的居民委员会、村民委员会或者民政部门指定监护人。有关当事人对指定不服的,可以向人民法院申请指定监护人,也可以直接向人民法院申请指定监护人。居民委员会、村民委员会、民政部门或者人民法院应当尊重被监护孤儿的真实意愿,按照最有利于孤儿的原则在依法具有监护资格的人中指定监护人。没有依法具有监护资格的人的,依据《民法典》总则编第 32 条的规定,由民政部门担任监护人,也可以由具备履行监护职责条件的孤儿住所地的居民委员会、村民委员会担任。

为了保护孤儿的合法权益,《民法典》婚姻家庭编第1096条对监护人送养孤儿作了必要的限制性规定,即“监护人送养孤儿的,应当征得有抚养义务的人同意。有抚养义务的人不同意送养、监护人不愿意继续履行监护职责的,应当依照本法第一编的规定另行确定监护人”。有抚养义务的人,是指有负担能力的祖父母、外祖父母及兄、姐。

(2)儿童福利机构。儿童福利机构是指民政部门设立的,主要收留抚养由民政部门担任监护人的未满18周岁儿童的机构。儿童福利机构包括按照事业单位法人登记的儿童福利院、设有儿童部的社会福利院等。[9] 依据《儿童福利机构管理办法》第9条的规定,儿童福利机构应当收留抚养下列儿童:无法查明父母或者其他监护人的儿童;父母死亡或者宣告失踪且没有其他依法具有监护资格的人的儿童;父母没有监护能力且没有其他依法具有监护资格的人的儿童;人民法院指定由民政部门担任监护人的儿童;法律规定应当由民政部门担任监护人的其他儿童。儿童福利机构对于符合条件、适合送养的儿童,依法安排送养。

(3)有特殊困难无力抚养子女的生父母。生父母作为送养人,除了必须具备有特殊困难无力抚养子女这一条件外,还须符合:其一,生父母送养子女,应当双方共同送养。因子女是生父母双方的子女,自当取得双方的同意,即使父母离婚,子女随一方生活,也须征得另一方的同意。只有在客观上无法共同送养的,即生父母一方不明或者查找不到的,才可以单方送养。其二,生父母一方死亡,另一方送养未成年子女的,死亡一方的父母有优先抚养的权利。如果死亡一方的父母,即未成年子女的祖父母、外祖父母,有抚养孙子女、外孙子女的能力和意愿,法律自然赋予其优先抚养的权利。在这种情况下,“死亡一方的父母有优先抚养的权利”构成送养的法定障碍,生父母另一方不得将未成年子女送养。此外,未成年人的父母均不具备完全民事行为能力的,该未成年人的监护人不得将其送养,除非未成年人的父母可能严重危害该未成年人的,该未成年人的监护人才可以将其送养。

3. 收养人的条件

《民法典》婚姻家庭编第1098条规定,收养人应当同时具备下列条件:

(1)无子女或者只有一名子女。《民法典》较之《收养法》,将收养人无子女的条件修改为收养人无子女或者只有一名子女,这是根据计划生育政策的变化而放宽了收养条件。收养是生育制度的补充,无子女或者只有一名子女会产生收养的要求。无子女包括未婚者无子女、已婚者无子女。已婚者无子女包括因欠缺生育能

---

[9] 民政部《儿童福利机构管理办法》(2019年1月1日起施行)第2条。

力不能生育或不愿生育或子女死亡等各种情形。无子女或者只有一名子女的“子女”包括婚生子女、非婚生子女及拟制血亲的子女。

(2)有抚养、教育和保护被收养人的能力。收养的基本原则之一,就是应当遵循最有利于被收养人的原则,这就必然要求收养人应具有抚养、教育和保护被收养人的能力。收养人有抚养、教育和保护被收养人的能力,既包括有抚养被收养人的经济负担能力,也包括具有良好道德品质以及教育和保护被收养人的能力。

(3)未患有在医学上认为不应当收养子女的疾病。这里所说的“疾病”,是指影响被收养人身体健康及人身安全的传染性疾病、精神性疾病或其他严重疾病。这是对收养人应具有的身体上能力的要求。

(4)无不利于被收养人健康成长的违法犯罪记录。《民法典》将此纳入收养人应同时具备的条件中,是为了进一步强化对被收养人利益的保护,也是最有利于被收养人原则的一个具体体现。

(5)年满30周岁。收养是为了在收养人与被收养人之间产生父母子女的关系,因此,收养人的年龄不宜过低。《民法典》对收养人年龄上的最低要求为30周岁,是对无配偶者或有配偶者双方的共同要求,有配偶者须双方均年满30周岁。

关于收养人的条件,我国《民法典》还有下列限制:一是有配偶者收养子女,应当夫妻共同收养。这一规定有利于收养关系的稳定,使养子女能够在养父母双方的抚养、教育和保护下健康成长。二是收养子女人数的限制。《民法典》婚姻家庭编第1100条较之《收养法》,将收养人只能收养一名子女的限制修改为无子女的收养人可以收养两名子女,有子女的收养人只能收养一名子女。也就是说,除了法律另有规定外,收养人最多可以收养两名子女,即《民法典》放宽了收养人数的限制。三是无配偶者收养异性子女的,收养人与被收养人的年龄应当相差40周岁以上。这是基于伦理道德的考量,《民法典》婚姻家庭编第1102条特别做出的规定,但无配偶的女性收养女性或无配偶的男性收养男性,则不受年龄相差40周岁以上的限制。实践中,在收养人与被收养人年龄差距过大时,收养人更愿意把被收养人作为孙子女进行收养,进而形成收养的一种特殊形式,即隔代收养。

隔代收养,是指收养人收养他人的子女为自己的孙子女。《民法典》对隔代收养未有规定。就实践中出现的隔代收养问题,1984年8月30日颁布实施的《最高人民法院关于贯彻执行民事政策法律若干问题的意见》(2019年7月20日废止)对隔代收养予以承认。最高人民法院《关于贯彻执行民事政策法律若干问题的意见》第29条曾规定,收养人收养他人为孙子女,确已形成养祖父母与养孙子女关系的,应予承认。解决收养纠纷或有关权益纠纷时,可依照《婚姻法》关于养父母与养子女的有关规定,合情合理地处理。1985年9月11日颁布实施的最高人民法院《关于贯彻执行〈中华人民共和国继承法〉若干问题的意见》第22条规定:“收养他人为养孙子女，视为养父母与养子女的关系的，可互为第一顺序继承人。”可见，收养他人为养孙子女，相互之间形成除称谓不同的父母子女关系，适用我国关于养父母与养子女的有关规定。

4. 当事人的收养合意

收养行为是法律行为，须当事人就收养的意思表示达成一致。按照《民法典》婚姻家庭编第1104条的规定，当事人收养的合意包括两方面的要求：

(1)收养人收养与送养人送养，应当双方自愿。收养人一方自愿，在无配偶者收养子女时，为无配偶者自愿。有配偶者收养子女时，须配偶双方自愿；送养人一方自愿，是指孤儿的监护人、儿童福利机构自愿。有生父母送养子女时，须生父母双方自愿。生父母一方不明或者查找不到的，为生父母一方自愿。收养人收养与送养人送养，须双方在自愿的基础上达成合意。

(2)收养8周岁以上未成年人的，应当征得被收养人的同意。8周岁以上的未成年人是限制民事行为能力人，具有一定的识别能力或行为能力，可以进行与其年龄、智力相适应的民事法律行为。收养是确定身份关系的法律行为，其法律后果直接发生在被收养人身上，因此，对于是否愿意被收养，应当征求被收养人意见。若被收养人不同意，则会构成收养合意的法律障碍，即使收养人与送养人双方同意，收养仍不能成立。

(二)特殊收养关系成立的条件

《民法典》婚姻家庭编第五章第一节除了规定一般收养关系成立的条件外，还针对一些特殊情形，作出了适当放宽收养成立条件的规定。

1. 收养三代以内旁系同辈血亲的子女

新中国成立后，虽然废除了封建的立嗣制度，但在民间收养兄弟姐妹、堂兄弟姐妹、表兄弟姐妹的子女为自己子女的情况依然存在。为了照顾民间亲属间收养的实际需要，《民法典》对收养三代以内旁系同辈血亲的子女，在收养关系成立的条件上予以放宽。放宽的条件为：其一，生父母无特殊困难且有能力抚养的子女，可以作为被收养人；其二，生父母无特殊困难且有能力抚养子女，可作为送养人；其三，无配偶者收养异性子女的，不受收养人与被收养人的年龄应当相差40周岁以上的限制。华侨收养三代以内旁系同辈血亲的子女，还可以不受收养人无子女或者只有一名子女的限制。

2. 收养孤儿、残疾未成年人或者儿童福利机构抚养的查找不到生父母的未成年人

收养孤儿、残疾未成年人或者儿童福利机构抚养的查找不到生父母的未成年人，有利于其在养父母的抚养、教育和保护下健康成长，法律放宽收养的条件，既是

出于保护孤儿、残疾未成年人或者查找不到生父母未成年人的需要，也是对此类收养行为的鼓励。依据《民法典》婚姻家庭编第1100条第2款的规定，放宽的条件为：其一，不受收养人无子女或者只有一名子女的限制；其二，不受收养人数的限制。如收养人确实具有抚养、教育和保护被收养人的能力，自不以收养一名或者两名为限，但收养人拟收养多名时，须满足收养人应同时具备的其他条件，否则无益于被收养人的健康成长。

司考真题

吴某（女）16岁，父母去世后无其他近亲，吴某的舅舅孙某（50岁，离异，有一个19岁的儿子）提出愿将吴某收养。孙某咨询律师收养是否合法，律师的下列哪一项答复是正确的？（2008年卷三第18题）

A. 吴某已满16岁，不能再被收养

B. 孙某与吴某年龄相差未超过40岁，不能收养吴某

C. 孙某已有子女，不能收养吴某

D. 孙某可以收养吴某

答案：D

解析：孙某收养吴某，系收养三代以内旁系同辈血亲的子女，因此，即使无配偶的孙某与吴某年龄相差未超过40岁，也不影响收养的成立。

3. 继父母收养继子女

为了增进家庭的和谐与稳定，有些继父或继母愿意收养继子女，将继父或继母与继子女的关系变成养父或养母与养子女的关系，进而消除继子女与继父母及生父母之间双重的权利义务关系，为此，《民法典》婚姻家庭编第1103条以法律的形式肯定了这一做法，规定继父或者继母经继子女的生父母同意，可以收养继子女，同时对收养的条件予以放宽。放宽的条件为：其一，生父母无特殊困难且有能力抚养的子女，可以作为被收养人；其二，生父母无特殊困难且有能力抚养子女，可作为送养人；其三，不受收养人应同时具备条件的限制，即不受无子女或者只有1名子女；有抚养、教育和保护被收养人的能力；未患有在医学上认为不应当收养子女的疾病；无不利于被收养人健康成长的违法犯罪记录；年满30周岁的限制；其四，不受无子女的收养人可以收养2名子女；有子女的收养人只能收养1名子女的限制。

二、收养关系成立的程序

收养关系成立的程序，是指为确保收养关系的合法性和稳定性，收养关系成立必须履行一定的法律手续，此为收养关系成立的形式要件。

《民法典》规定的收养程序为收养登记，收养登记是收养关系成立的法定程序。1999 年 5 月 25 日民政部发布施行、根据 2019 年 3 月 2 日《国务院关于修改部分行政法规的决定》修订的《中国公民收养子女登记办法》，就收养登记的具体程序作出了专门规定。

（一）收养登记

1. 收养登记机关

《民法典》婚姻家庭编第 1105 条第 1 款规定："收养应当向县级以上人民政府民政部门登记……"具体登记机关，依据《中国公民收养子女登记办法》第 3 条规定，为：(1)收养社会福利机构[10]抚养的查找不到生父母的弃婴、儿童和孤儿[11]的，在社会福利机构所在地的收养登记机关办理登记；(2)收养非社会福利机构抚养的查找不到生父母的弃婴和儿童的，在弃婴和儿童发现地的收养登记机关办理登记；(3)收养生父母有特殊困难无力抚养的子女或者由监护人监护的孤儿的，在被收养人生父母或者监护人常住户口所在地（组织作监护人的，在该组织所在地）的收养登记机关办理登记；(4)收养三代以内旁系同辈血亲的子女，以及继父或者继母收养继子女的，在被收养人生父或者生母常住户口所在地的收养登记机关办理登记。

2. 收养登记的程序

收养登记的程序包括申请、审查和登记三个步骤。

(1)申请。收养关系当事人应当亲自到收养登记机关办理成立收养关系的登记手续。夫妻共同收养子女的，应当共同到收养登记机关办理登记手续；一方因故不能亲自前往的，应当书面委托另一方办理登记手续，委托书应当经过村民委员会或者居民委员会证明或者经过公证。

依据《中国公民收养子女登记办法》第 5 条规定，收养人应当向收养登记机关提交收养申请书和下列证件、证明材料：收养人的居民户口簿和居民身份证；由收养人所在单位或者村民委员会、居民委员会出具的本人婚姻状况和抚养教育被收养人的能力等情况的证明，以及收养人出具的子女情况声明。对收养人出具的子女情况声明，登记机关可以进行调查核实；县级以上医疗机构出具的未患有在医学上认为不应当收养子女的疾病的身体健康检查证明。

收养查找不到生父母的弃婴、儿童的，并应当提交收养人经常居住地计划生育部门出具的收养人生育情况证明；其中收养非社会福利机构抚养的查找不到生父

---

[10] 依据《民法典》为儿童福利机构。

[11] 依据《民法典》为查找不到生父母的未成年人。

母的弃婴、儿童的,收养人还应当提交收养人经常居住地计划生育部门出具的收养人无子女[12]的证明和公安机关出具的捡拾弃婴、儿童报案的证明。

收养继子女的,可以只提交居民户口簿、居民身份证和收养人与被收养人生父或者生母结婚的证明。

依据《中国公民收养子女登记办法》第6条规定,送养人应当向收养登记机关提交下列证件和证明材料:送养人的居民户口簿和居民身份证(组织作监护人的,提交其负责人的身份证件);法律规定送养时应当征得其他有抚养义务的人同意的,并提交其他有抚养义务的人同意送养的书面意见。

社会福利机构为送养人的,并应当提交弃婴、儿童进入社会福利机构的原始记录,公安机关出具的捡拾弃婴、儿童报案的证明,或者孤儿的生父母死亡或者宣告死亡的证明。

监护人为送养人的,并应当提交实际承担监护责任的证明,孤儿的父母死亡或者宣告死亡的证明,或者被收养人生父母无完全民事行为能力并对被收养人有严重危害的证明。

生父母为送养人的,并应当提交与当地计划生育部门签订的不违反计划生育规定的协议;有特殊困难无力抚养子女的,还应当提交送养人有特殊困难的声明。其中,因丧偶或者一方下落不明由单方送养的,还应当提交配偶死亡或者下落不明的证明;对送养人有特殊困难的声明,登记机关可以进行调查核实;子女由三代以内旁系同辈血亲收养的,还应当提交公安机关出具的或者经过公证的与收养人有亲属关系的证明。

被收养人是残疾儿童的,并应当提交县级以上医疗机构出具的该儿童的残疾证明。

《中国公民收养子女登记办法》第11条规定:"为收养关系当事人出具证明材料的组织,应当如实出具有关证明材料。出具虚假证明材料的,由收养登记机关没收虚假证明材料,并建议有关组织对直接责任人员给予批评教育,或者依法给予行政处分、纪律处分。"

(2)审查。收养登记机关收到收养登记申请书及有关材料后,应当自次日起30日内进行审查。审查的内容包括收养当事人的条件是否符合法律规定,提交的证件、证明材料是否齐备,收养当事人的意思表示是否真实等。《民法典》婚姻家庭编第1105条第2款规定:"收养查找不到生父母的未成年人的,办理登记的民政部门应当在登记前予以公告。"公告期间不计算在登记办理期限内。

---

[12] 依据《民法典》,收养人经常居住地计划生育部门出具的应为收养人无子女或只有一名子女的证明。

(3)登记。经审查,收养登记机关对符合法律规定条件的,为当事人办理收养登记,发给收养登记证,收养关系自登记之日起成立;对不符合法律规定条件的,不予登记,并对当事人说明理由。

《民法典》婚姻家庭编第1106条规定:"收养关系成立后,公安机关应当按照国家有关规定为被收养人办理户口登记。"

(二)收养协议与收养公证

1. 收养协议

《民法典》婚姻家庭编第1105条第3款规定:"收养关系当事人愿意签订收养协议的,可以签订收养协议。"据此,收养协议是出于当事人的意愿进行的程序,签订收养协议不是收养成立的必经程序,也不具有强制性。收养协议自收养当事人签订之日起生效。

2. 收养公证

《民法典》婚姻家庭编第1105条第4款规定:"收养关系当事人各方或者一方要求办理收养公证的,应当办理收养公证。"收养公证属于可选择性程序,只有在收养关系当事人各方或一方要求办理时,才应当办理,收养公证亦不是收养成立的必经程序。

典型案例

刘某(男)与史某(女)于2015年结婚,2016年育有一子刘云。婚后因刘某赌博屡教不改,史某与刘某于2018年离婚,刘云由史某抚养。史某的姐姐见史某带着刘云生活困难,刘某又不支付刘云的生活费,亦很少探视刘云,于是提出收养刘云。2019年5月,史某与其姐姐及姐夫签订了收养协议,并就收养协议进行了公证。后刘某父母知道后,立即让刘某找到史某的姐姐和姐夫,提出刘云是刘家的独苗,要把刘云领回家由刘某自己抚养。史某的姐姐与姐夫以签订了收养协议和办理了收养公证予以拒绝。

问题:本案收养行为是否有效,为什么?

分析:收养的成立须符合法律规定的实质要件和形式要件。本案中,史某未征得刘某同意,单方将刘云送养,违反生父母送养子女,须双方共同送养之规定;史某的姐姐和姐夫虽与史某签订了收养协议,并就收养协议进行了收养公证,但收养协议、收养公证并不具有强制性,亦非收养成立的法定程序,因而本案收养不成立。

(三)收养评估

收养评估系《民法典》新增程序。关于收养评估,民政部早在2012年就在上海、江苏、湖北、广东、重庆等地开展收养能力评估试点工作。收养评估是对收养人抚养教育被收养人能力的综合评定。[13] 2014 年 11 月 19 日，民政部办公厅颁布《民政部办公厅关于确定第二批收养评估试点单位的通知》（民办函〔2014〕393 号），至此，全国已有 28 个省份开展了收养评估的试点工作。

民政部为科学评估收养家庭抚养教育能力，进一步明确收养能力评估的对象、流程、标准和评估方式，规范评估报告的内容及格式，确保收养能力评估工作规范、准确地开展，于 2015 年 9 月 7 日颁布《收养能力评估工作指引》。依照《收养能力评估工作指引》，中国公民在中国境内收养子女的，要进行收养能力评估。收养继子女的，不进行收养能力评估；收养评估工作可以由收养登记机关委托的第三方机构或者收养登记机关开展。民政部门优先采取委托第三方方式开展收养能力评估，评估人员为社会工作师、律师、医生、心理咨询师、婚姻家庭咨询师等专业人员。暂时不具备条件的，也可以由收养登记机关自行评估，评估人员为公务人员或具备专业资质的聘用人员。收养能力评估流程包括评估告知、评估前准备、实施评估并出具报告等。收养能力评估期间不计算在收养登记办理日期内。《收养能力评估工作指引》将收养能力评估标准分为基本标准和否决性标准两类。基本标准是指评估收养申请人抚养教育能力所依据的全部基本条件，包括收养动机、年龄、健康状况、道德品行情况、经济及住房条件、婚姻家庭关系、共同生活家庭成员意见、抚育计划；否决性标准是指若收养申请人具有以下情况之一则不得收养，即参加非法组织、邪恶教派的；有买卖、虐待或遗弃儿童行为的；有持续性、经常性的家庭暴力的；有故意犯罪行为，判处或者可能判处徒刑以上刑罚的；患甲类或乙类传染病在传染期，患重型精神病在发病期的。评估人员运用面谈、查阅资料和走访等形式进行综合评估。

为规范收养评估工作，有些省市还出台了相应的办法或实施细则等，比如，《重庆市收养评估工作实施方案》（2013 年 4 月 18 日实施）、《云南省收养能力评估暂行办法》（2018 年 11 月 8 日实施，2021 年 11 月 8 日失效）、《山东省收养评估办法》（2019 年 1 月 1 日施行，有效期至 2023 年 12 月 31 日）、《北京市收养家庭能力评估实施细则（试行）》（2019 年 1 月 1 日实施）。

收养能力评估试点工作的开展，为建立收养评估制度奠定了基础。《民法典》婚姻家庭编第 1105 条第 5 款规定："县级以上人民政府民政部门应当依法进行收养评估。"鉴于收养评估结论是民政部门审核收养申请人是否具备收养条件的重要依据，关乎收养关系的成立与否，因此，《民法典》所规定的收养评估程序尚待进一步地细化。

---

〔13〕 民函〔2012〕189 号《民政部关于开展收养评估试点工作的通知》。

疑难问题论争 “试养期”与“收养后回访”

所谓试养期制度，是指收养之前，预期的养父母与被收养人一起共同生活一段时间后才允许成立收养关系的制度。在比较法上，很多国家都规定了试养期制度，通常为6个月或1年。有学者认为收养评估制度无法替代试养期，基于有利于民政部门充分审查收养关系是否符合被收养人最大利益、维持收养关系的稳定，避免被收养人受到“二次伤害”，以及有利于跨国收养中被收养人的保护等理由，我国可以考虑设置试养期制度。〔14〕有学者就我国涉外收养，也提出应建立“试养期”制度，并在立法与司法实践中完善跨国收养的跟踪机制，为养子女营造和谐的家庭生活环境，但在我国由于资金、机构、人员配置方面的不足，还将有很长的一段路要走。〔15〕我国《民法典》虽未明确规定“试养期”制度，但已有省市的民政部门在依法进行收养评估时，将试养期、收养后回访作为收养评估的内容，只是将试养期称为融合期。比如，《山东省收养评估办法》规定的收养评估，包括收养能力评估、融合期调查和收养后回访。所谓融合期调查，是指在收养登记办理前，对收养关系当事人融合情况进行评估。主要包括对被收养人与收养申请人及其家庭成员共同生活、相处和情感交融等情况、收养申请人履行临时监护职责情况、对被收养人的照料抚育情况和(被)收养意愿等进行调查评估。融合期一般不少于5日不超过30日。确有必要延长的，经双方协商同意可以续签。所谓收养后回访，是指收养登记办理后，对收养人与被收养人共同生活的情况进行评估。主要包括收养人对被收养人的养育教育情况、被收养人健康成长和受教育情况、双方情感交融情况等进行调查评估。送养人要求进行收养后回访的，可以与收养人协商。收养人同意的，应当签署《收养后回访协议书》；收养后回访可以由评估小组或送养人(以下简称回访小组)开展。回访时间和回访次数由回访小组与收养人协商确定，一般不少于3次。回访小组应当制作《收养后回访报告书》并于回访结束后5个工作日内录入信息系统。〔16〕再如，《北京市收养家庭能力评估实施细则(试行)》(2019年1月1日实施)规定，在收养意向评估合格后，收养申请人与送养人达成收养意向的，被收养人进入收养家庭生活与融入，融合期为90日。民政部门办理收养登记，征求收养人回访意见，签署《收养家庭回访协议》，并在收养登记满6个月、18个月，评估机构各回访一次，了解被收养人融入家庭情况和生活成长情况，出具《北京市收养家庭回

〔14〕 周友军：《我国民法典编纂中收养制度的完善》，载《广东社会科学》2019年第4期。

〔15〕 蒋新苗、张融：《我国涉外收养立法研究——湖南师范大学博士生导师蒋新苗教授访谈》，载《社会科学家》2018年第4期。

〔16〕 参见《山东省收养评估办法》(2019年1月1日起施行，有效期至2023年12月31日)第3、32、37、38、39条。

访报告》。[17] 至于融合期、收养后回访将面临哪些困难或障碍等尚待进一步研究。

第三节 收养的效力

收养的效力，是指收养关系成立后所引起的法律后果。按照《民法典》关于收养效力的规定，可将收养的效力分为收养的拟制效力与收养的解消效力。另外，《民法典》还对无效收养行为及其后果作出了规定。

一、收养的拟制效力

收养的拟制效力，亦可称为收养的积极效力，是指收养依法在被收养人与收养人及其近亲属之间创设新的亲属关系及其权利义务关系的效力。

（一）对养子女与养父母的拟制效力

《民法典》婚姻家庭编第1111条第1款规定："自收养关系成立之日起，养父母与养子女间的权利义务关系，适用本法关于父母子女关系的规定……"

收养成立，即在养父母与养子女之间产生与父母子女之间相同的权利和义务。《民法典》有关父母对子女的抚养教育及保护、成年子女对父母的赡养义务以及父母和子女有相互继承遗产的权利等规定，均适用于养父母与养子女。

关于养子女的姓氏，《民法典》婚姻家庭编第1112条规定："养子女可以随养父或者养母的姓氏，经当事人协商一致，也可以保留原姓氏。"养子女可以随养父或者养母姓，这与子女可以随父姓也可以随母姓的规定是一致的。经当事人协商一致，养子女也可以保留原姓氏。法律并没有规定，养子女必须改姓养父或养母的姓氏。

（二）对养子女与养父母近亲属间的拟制效力

《民法典》婚姻家庭编第1111条第1款规定："……养子女与养父母的近亲属间的权利义务关系，适用本法关于子女与父母的近亲属关系的规定。"养子女与养父母近亲属之间存在权利义务关系的范围，包括养子女与养父母的父母产生养祖孙关系，适用法律关于祖孙之间权利义务之规定；养子女与养父母的其他子女之间产生养兄弟姐妹关系，适用法律关于兄弟姐妹之间权利义务的规定。

关于养子女的晚辈直系血亲与养父母间的权利义务关系，《民法典》虽未有规

〔17〕 参见《北京市收养家庭能力评估实施细则（试行）》（2019年1月1日实施）第11条。

定，但依据法理和民间习惯，应当肯定养子女的晚辈直系血亲与养父母产生祖孙之间的权利义务关系。对此，最高人民法院《关于贯彻执行〈中华人民共和国继承法〉若干问题的意见》第26条之规定已予以认可，即被继承人的养子女的生子女可代位继承；被继承人养子女的养子女可代位继承。

二、收养的解消效力

收养的解消效力，亦可称为收养的消极效力，是指收养依法消灭被收养人与生父母及其近亲属之间的身份关系及其权利义务关系的效力。《民法典》婚姻家庭编第1111条第2款规定："养子女与生父母以及其他近亲属间的权利义务关系，因收养关系的成立而消除。"《民法典》采完全收养的立场，不承认不完全收养。

（一）对养子女与生父母的解消效力

收养关系成立后，养子女与生父母之间不仅消灭身份关系，而且他们之间的权利义务关系同时消除。

（二）对养子女与生父母近亲属间的解消效力

养子女与生父母近亲属间的权利义务关系，因收养关系的成立而消除。养子女被收养后，与生父母的父母不再具有祖孙之间的权利义务关系；与生父母其他子女之间，亦不再具有兄弟姐妹之间的权利义务关系。

应当注意的是，收养的解消效力，仅仅是消除了养子女与生父母以及其他近亲属之间法律意义上的权利义务关系，养子女与生父母以及其他近亲属之间基于血缘而形成的自然血亲关系不能通过人为手段加以改变，因此，《民法典》有关直系血亲或者三代以内的旁系血亲禁止结婚的规定仍然适用。

疑难问题论争 送养人的探视权

关于送养人的探视权或探望权。有学者认为，在完善我国收养立法时，应增设送养人的探望权。送养人的探望权，是指在试收养期间和收养关系成立后，送养人所享有探望被收养人的权利。设立这一权利的目的，一是及时了解被收养人被收养后的生活、健康状况和与收养人的关系如何等基本情况，监督收养人认真履行监护职责；二是有利于相互沟通，更好地照顾抚养被收养人；三是有利于及时发现问题，并通过协商解决或者通过行政、司法等救济手段维护被收养人的合法权益。享有探望权的主体，因被收养的对象的不同和收养类型的不同而有所区别。对孤儿、弃婴等被收养人的探望权，由社会福利机构行使；对生父母有特殊困难无力抚养的子女的探望权，由生父母或收养登记机关行使。在完全收养情况下，为了稳定收养关系，可由收养登记机关代为行使；在不完全收养情况下，可由生父母行使。如生父母无力或不便行使探望权的，也可委托收养登记机关行使。在行使探望权时，应当履行相关批准手续，并充分尊重收养人要求保守秘密的意愿。如果探望权人因主观过错泄密造成收养关系不稳定或者致使收养人遭受损失的，应承担相应的民事责任。[18] 有学者认为，对于秘密收养而言，如果增设送养人的探视权，不仅不利于保护收养人的合法权益，而且也不利于被收养人的健康成长。其实，要强化对被收养的未成年人利益的维护，更多地应采事先防范措施，如规定收养登记机关应对收养人的资格实行实质审查，规定试收养期。[19] 我国《民法典》虽未规定送养人的探视权或探望权，但有些省市民政部门在依法进行收养评估时，将融合期、收养后回访作为收养评估的内容，此做法亦可实现设立送养人探视权制度欲达成的目的。

三、无效收养

《民法典》在肯定合法有效收养的同时，亦对无效收养作出了规定。

（一）无效收养的概念及原因

1. 无效收养的概念

无效收养，是指欠缺收养成立的法定有效条件，因而不能产生收养法律效力的收养行为。

收养行为为民事法律行为，民事法律行为分无效民事法律行为与可撤销的民事法律行为。我国《民法典》未区分无效收养行为与可撤销收养行为，仅规定单一的无效收养行为。

2. 无效收养的原因

《民法典》婚姻家庭编第 1113 条第 1 款规定，有《民法典》第一编关于民事法律行为无效规定情形或者违反第五编规定的收养行为无效。据此，无效收养的原因：一是有民事法律行为无效规定的情形而无效；二是违反收养关系成立条件和程序的规定而无效。收养行为有效抑或无效，是以《民法典》关于民事法律行为的有效要件和无效情形，以及关于收养成立条件和程序的规定为判断的依据。

---

〔18〕 吴国平：《收养立法完善的思考》，载《福建政法管理干部学院学报》2007 年第 4 期。

〔19〕 余延满：《亲属法原论》，法律出版社 2007 年版，第 426 页。

(二)确认无效收养的程序及后果

1. 确认无效收养的程序

确认无效收养的程序有两种:一是人民法院以诉讼程序确认收养无效;二是收养登记机关依行政程序确认收养无效。《中国公民收养子女登记办法》对收养无效的行政程序作出了规定。依据《中国公民收养子女登记办法》第12条规定:"收养关系当事人弄虚作假骗取收养登记的,收养关系无效,由收养登记机关撤销登记,收缴收养登记证。"

2. 收养无效的后果

《民法典》婚姻家庭编第1113条第2款规定:"无效的收养行为自始没有法律约束力。"收养行为被人民法院确认无效的,从行为开始时起就没有法律约束力,亦即在收养当事人之间不产生收养的拟制效力和解消效力。同样,收养行为经收养登记机关依行政程序确认无效的,亦自始无效。

第四节 收养关系的解除

收养关系的解除,是指收养发生法律效力之后,因出现重大事由致使收养关系无法维持的,收养关系可通过法定程序予以解除。

当代各国对收养关系的解除有不同的立法例。有些国家采禁止主义或部分禁止主义,有些国家采许可主义。[20] 我国《民法典》婚姻家庭编第五章第三节专门规定"收养关系的解除",表明立法认可收养关系作为法律拟制的亲属关系,可以通过法律行为依法设立,当然也可以在收养关系难以维系等情形出现时经由一定的法律程序予以解除。

收养关系的解除不同于无效收养。收养关系解除的原因主要是在收养期间,出现了难以继续收养关系的重大事由,通过法定程序解除收养关系,自解除之时消灭养子女与养父母及其他近亲属之间的权利义务关系;而无效收养则是违反了收养成立的条件及程序规定,或者有民事法律行为无效规定情形,而自始无效,人民法院或登记机关确认收养无效的效力溯及既往。

---

〔20〕 马忆南编著:《婚姻家庭继承法学》,北京大学出版社2007年版,第202页。

一、收养关系解除的程序

依据当事人对收养解除是否达成一致,《民法典》规定了两种不同的解除方式,即协议解除和诉讼解除。

(一)协议解除

收养关系成立后,在被收养人成年之前,收养人和送养人可通过协议解除收养关系;在被收养人成年之后,收养人与被收养人亦可通过协议解除收养关系。夫妻共同收养的,解除收养亦须夫妻共同解除。

1. 协议解除的条件

(1)被收养人成年以前,协议解除须收养人和送养人就收养的解除达成合意。为维护收养当事人特别是未成年被收养人的利益,《民法典》婚姻家庭编第 1114 条第 1 款特别规定收养人在被收养人成年以前,不得解除收养关系,但是收养人、送养人双方协议解除收养关系的,法律亦无禁止之必要,自当尊重收养人与送养人解除收养的真实意愿,由收养人与送养人协议解除收养关系。如果养子女 8 周岁以上的,应当征得本人同意。

(2)被收养人成年之后,协议解除收养须收养人和被收养人就收养的解除达成合意。如养父母与成年养子女关系恶化、无法共同生活的,养父母与成年养子女就解除收养的意思表示一致时,可以协议解除收养关系。

协议解除收养,当事人除了就解除收养关系达成合意外,还应根据具体情况就解除收养关系所涉及的有关财产和生活等问题达成协议。

2. 协议解除的程序

《民法典》婚姻家庭编第 1116 条规定:“当事人协议解除收养关系的,应当到民政部门办理解除收养关系的登记。”《中国公民收养子女登记办法》第 9、10 条对登记的具体程序作出了规定,即收养关系当事人协议解除收养关系的,应当持居民户口簿、居民身份证、收养登记证和解除收养关系的书面协议,共同到被收养人常住户口所在地的收养登记机关办理解除收养关系登记。收养登记机关收到解除收养关系登记申请书及有关材料后,应当自次日起 30 日内进行审查;对符合法律规定的,为当事人办理解除收养关系的登记,收回收养登记证,发给解除收养关系证明。

(二)诉讼解除

收养当事人就解除收养关系不能达成协议时,收养人、送养人以及成年的被收养人均可向人民法院起诉,通过诉讼方式由人民法院裁决是否解除收养关系。

1. 诉讼解除的条件

依据《民法典》婚姻家庭编第 1114 条第 2 款、第 1115 条的规定，诉讼解除收养关系的条件为：

（1）收养人不履行抚养义务，有虐待、遗弃等侵害未成年养子女合法权益行为的，送养人有权要求解除养父母与养子女间的收养关系。送养人、收养人不能达成解除收养关系协议的，可以向人民法院提起诉讼。

（2）养父母与成年养子女关系恶化、无法共同生活的，养父母和成年养子女不能达成解除收养关系协议的，双方均可以向人民法院提起诉讼解除收养关系。

2. 诉讼解除的程序

诉讼解除收养关系，应依据《民事诉讼法》的规定，向有管辖权的人民法院提起民事诉讼。人民法院审理解除收养关系的案件，应查明解除收养关系的事实和理由，依据《民法典》的有关规定，作出准予解除或不准解除的判决。一般情况下，因送养人反悔主张解除收养关系的，人民法院应从保护合法收养关系原则出发，驳回送养人的诉讼请求；如果因收养人不履行抚养义务，有虐待、遗弃等侵害未成年养子女合法权益行为的，人民法院应判决解除收养关系。被收养人成年后，如养父母与养子女关系尚未恶化到无法共同生活的程度，应着重调解和好；如双方关系恶化，致使无法共同生活的，人民法院应判决准予解除收养关系。

二、收养关系解除的后果

（一）拟制血亲关系的消除

《民法典》婚姻家庭编第 1117 条规定："收养关系解除后，养子女与养父母以及其他近亲属间的权利义务关系即行消除……"

收养关系解除的直接后果是养父母与养子女之间的拟制血亲关系消除，双方不再具有父母子女之间的权利义务关系；同时，养子女与养父母近亲属之间的权利义务关系亦随之消除。

（二）自然血亲关系的恢复

收养关系解除后，被收养人与生父母以及其他近亲属间的权利义务关系是否恢复，《民法典》婚姻家庭编第 1117 条根据被收养人是否成年分别作出了规定，即未成年的养子女与生父母以及其他近亲属间的权利义务关系自行恢复；成年养子女与生父母以及其他近亲属间的权利义务关系是否恢复，可以协商确定。

如成年养子女与生父母协商确定恢复父母子女之间的权利义务关系，则该子女与生父母其他近亲属之间的权利义务关系随之恢复，要求该子女与所有的近亲属去协商是没有必要的。[21] 如成年养子女与生父母协商不成的，则不予恢复。

（三）其他效力

为保护收养人的利益，妥善解决收养关系解除后的善后事宜，《民法典》婚姻家庭编第 1118 条规定了收养关系解除后，成年养子女的生活费给付义务及养父母的补偿请求权。

1. 成年养子女的生活费给付义务

收养关系解除后，经养父母抚养的成年养子女，对缺乏劳动能力又缺乏生活来源的养父母，应当给付生活费。关于生活费的具体数额，应根据养父母的实际需要和成年养子女的负担能力酌情确定。

2. 养父母的补偿请求权

因养子女成年后虐待、遗弃养父母而解除收养关系的，养父母可以要求养子女补偿收养期间支出的抚养费。养父母行使这一权利，不受其是否存在“缺乏劳动能力又缺乏生活来源”情形的限制。生父母要求解除收养关系的，养父母可以要求生父母适当补偿收养期间支出的抚养费，但是，因养父母虐待、遗弃养子女而解除收养关系的除外。

抚养费的具体数额，可根据养子女在收养期间的实际花费、生父母的经济能力和当地的生活水平酌情确定。

收养关系解除后，如送养人与收养人、成年的养子女与收养人自愿恢复收养关系的，应当准许。恢复收养关系的程序应与建立新的收养关系的程序一样。关于收养关系的恢复，《民法典》并无规定。

典型案例

1990 年，罗某夫妇收养一女（3 岁），取名罗兰。后罗兰从邻居张三处得知自己非罗某夫妇的亲生女儿，就心存芥蒂，与养父母感情冷淡，工作后基本不回家。2017 年，罗某的妻子因病去世，罗兰与养父罗某关系日趋恶化。后罗某多种疾病缠身，也无固定收入来源，罗兰亦不闻不问。2019 年，罗某向法院起诉，坚决要求与罗兰解除收养关系，同时要求罗兰支付生活费。

问：罗某的主张能否得到法院支持？

分析：罗某与罗兰关系恶化，无法共同生活，法院可以判决解除收养关系。收养关系解除后，经养父母抚养已成年的罗兰，对缺乏劳动能力又缺乏生活来源的养父

---

〔21〕 马忆南编著：《婚姻家庭继承法学》，北京大学出版社 2011 年版，第 217 页。

罗某,应当给付生活费。

拓展阅读

1. 杨立新:《家事法》,法律出版社2013年版。
2. 余延满:《亲属法原论》,法律出版社2007年版。
3. 蒋新苗:《收养法比较研究》,北京大学出版社2005年版。
4. 史尚宽:《亲属法论》,中国政法大学出版社2000年版。

讨论题

1. 随着老龄化时代的到来,为解决老有所养及老年人心理孤单问题,《收养法》(修订草案)曾规定:“无配偶的人年满55周岁无子女或者夫妻双方均年满55周岁无子女的,可以收养1名14周岁以上的子女;但是,被收养人与收养人年龄应当相差25周岁以上。”修正后的《收养法》最终未采纳该条,因为“收养法是解决被收养的未成年人的抚养、成长的问题,至于收养成年人养老的问题,其收养目的和条件等与收养法都不相同”。[22]《民法典》亦未规定成年人收养。你认为在我国有设立收养成年人制度的必要吗?其利弊何在?
2.《民法典》规定了完全收养制度,但在现实生活中,存在被收养人未与其生父母完全断绝关系的情形,你认为在立法上应否确立不完全收养制度?为什么?

---

〔22〕 全国人民代表大会法律委员会关于《中华人民共和国收养法(修订草案)》审议结果的报告。

第九章　其他家庭成员关系

|学习目标|

其他家庭成员关系主要是指家庭关系中除了夫妻关系、父母子女关系之外的较为密切的关系，主要包括：祖孙关系和兄弟姐妹关系。本章学习的重点是掌握祖孙之间、兄弟姐妹之间抚养、赡养和相互扶养的条件，祖孙之间、兄弟姐妹之间的继承关系。

我国1950年《婚姻法》调整的家庭关系的范围仅包括夫妻、父母子女之间的关系。1980年《婚姻法》和2001年修订后的《婚姻法》所调整的家庭关系增加了祖父母、外祖父母与孙子女、外孙子女间的关系、兄弟姐妹间的关系。家庭关系范围的扩大有助于养老育幼的实现和社会传统美德的发扬。《民法典》婚姻家庭编在第三章"家庭关系"第二节"父母子女关系和其他近亲属关系"中对其他家庭成员的关系进行了规定。《民法典》第1045条规定的家庭成员包括：配偶、父母、子女和其他共同生活的近亲属。

第一节　祖孙关系

一、祖孙间的抚养、赡养义务

祖孙关系是指祖父母、外祖父母和孙子女、外孙子女之间的关系，他们是二亲等直系血亲。祖孙关系包括自然血亲的祖孙关系和拟制血亲的养祖孙关系。祖孙间的抚养和赡养仅发生于特定的情形下，因为一般的抚养和赡养关系发生在父母子女之间。

《民法典》第1074条规定："有负担能力的祖父母、外祖父母，对于父母已经死亡或者父母无力抚养的未成年孙子女、外孙子女，有抚养的义务。有负担能力的孙子女、外孙子女，对于子女已经死亡或者子女无力赡养的祖父母、外祖父母，有赡养的义务。"该条相比《婚姻法》第28条，没有实质性修改。祖孙之间抚养义务和赡养义务的产生需要具备特定的条件，这是附条件的抚养义务和赡养义务。

（一）祖父母、外祖父母抚养孙子女、外孙子女所需具备的条件

第一，抚养人有负担能力。祖父母、外祖父母在经济上、生活上、身体上有抚养孙子女、外孙子女的能力，在满足自己生活和第一顺序法定扶养义务人（配偶、子女、父母）的合理生活需要之后，还有负担的能力。

第二，被抚养人的父母已经死亡或一方死亡、另一方确无抚养能力，或者父母均丧失抚养能力。父母丧失抚养能力的情形如父母患有严重疾病、生活不能自理，父母的收入不足以维持其个人消费支出，父母为残疾人、缺乏劳动能力等。

第三，被抚养人为未成年人。即被扶养人未成年且不能维持生活。如果孙子女、外孙子女虽然未成年，但是能够以自己财产维持生活的，不需要被抚养。已经成年的孙子女、外孙子女，无论其是否有独自生活能力，祖父母、外祖父母均无抚养义务。

在同时具备上述条件时，祖父母、外祖父母才承担孙子女、外孙子女的抚养义务。祖父母和外祖父母均有抚养能力，且均愿意承担抚养义务的，需要在他们之间合理分配抚养责任，选择最有利于未成年人健康成长的抚养方式。适用上述条款时，不以是否同居一家、共同生活为限。

（二）孙子女、外孙子女赡养祖父母、外祖父母所需具备的条件

第一，孙子女、外孙子女有赡养的能力，且为成年人。孙子女、外孙子女在经济、生活条件、工作、身体和精神状况等方面有能力承担赡养义务，即以自己的劳动收入或其他收入满足自己生活需要和第一顺序法定扶养义务人（配偶、父母、子女）生活需要后，还有承担赡养祖父母、外祖父母的能力。若孙子女、外孙子女中有多人均有负担能力的，应当根据经济状况共同负担。

第二，被赡养人的子女已经死亡或子女无力赡养。被赡养人的子女死亡，则承担赡养义务的主体消灭，或者被赡养人的子女无力赡养的，则需要由其他人承担赡养义务。

第三，被赡养人有被赡养的需要。即祖父母、外祖父母失去劳动能力、生活困难、没有经济来源，或经济来源不足以维持当地基本生活水平。

同时具备上述条件的，孙子女、外孙子女才需要承担赡养义务。祖孙之间的赡养和抚养关系不以双方共同居住、共同生活为条件。

二、祖孙间的继承权

《民法典》继承编第 1127 条第 1、2 款规定："遗产按照下列顺序继承：（一）第一顺序：配偶、子女、父母；（二）第二顺序：兄弟姐妹、祖父母、外祖父母。继承开始后，

由第一顺序继承人继承,第二顺序继承人不继承;没有第一顺序继承人继承的,由第二顺序继承人继承。"在法定继承中,祖父母、外祖父母是孙子女、外孙子女的第二顺序法定继承人,在没有第一顺序法定继承人或第一顺序法定继承人均放弃或丧失继承权时,可以继承孙子女、外孙子女的遗产。然而,孙子女、外孙子女通常不是祖父母、外祖父母的法定继承人,仅在代位继承时可参与法定继承。

《民法典》继承编第1128条第1、3款规定:"被继承人的子女先于被继承人死亡的,由被继承人的子女的直系晚辈血亲代位继承。""代位继承人一般只能继承被代位继承人有权继承的遗产份额。"在法定继承中,孙子女、外孙子女可以在其父母先于祖父母、外祖父母死亡时,以代位继承人的资格继承祖父母、外祖父母的遗产,其所继承的遗产份额以其父母所能继承的遗产份额为准。

第二节　兄弟姐妹关系

一、兄弟姐妹间的扶养义务

《民法典》婚姻家庭编第1045条规定:"亲属包括配偶、血亲和姻亲。配偶、父母、子女、兄弟姐妹、祖父母、外祖父母、孙子女、外孙子女为近亲属。配偶、父母、子女和其他共同生活的近亲属为家庭成员。"因此兄弟姐妹是近亲属,也可能基于共同生活的事实成为家庭成员。兄弟姐妹之间是同辈旁系血亲关系,包括全血缘兄弟姐妹、半血缘兄弟姐妹、有抚养关系的继兄弟姐妹和养兄弟姐妹。兄弟姐妹之间通常没有扶养义务,相互间没有权利义务关系。仅在特定条件下,兄弟姐妹之间才发生扶养关系,这是附条件的扶养义务。

《民法典》婚姻家庭编第1075条规定:"有负担能力的兄、姐,对于父母已经死亡或者父母无力抚养的未成年弟、妹,有扶养的义务。由兄、姐扶养长大的有负担能力的弟、妹,对于缺乏劳动能力又缺乏生活来源的兄、姐,有扶养的义务。"该条相比《婚姻法》第29条,并未有实质性修改。

(一)兄、姐扶养弟、妹需要具备的条件

第一,兄、姐有负担能力,且成年。兄、姐需为有负担能力的成年人,在经济、生活和身体上均能够承担弟、妹的扶养,即在兄、姐以劳动收入和其他收入维持自己及其第一顺序的法定扶养义务人(配偶、子女、父母)的合理的生活需要后,还有扶养弟、妹的能力。

第二,被扶养人的父母已经死亡或父母确实无力抚养。父母死亡是抚养义务

主体的消灭，父母无力抚养是父母的经济、身体等状况确实不能抚养子女。

第三，弟、妹为未成年人，且有被扶养的需要。

兄、姐对弟、妹承担扶养义务不一定要同居一家、共同生活。当兄、姐、祖父母、外祖父母均有负担能力时，应当在他们之间合理分配扶养责任，从而有利于被扶养人的成长。

（二）弟、妹扶养兄、姐需要具备的条件

第一，弟、妹有负担能力。弟、妹以自己的劳动收入和其他收入在能够满足本人和第一顺序法定扶养义务人（配偶、子女、父母）的合理生活需要之后，有扶养兄、姐的能力。

第二，弟、妹由兄、姐扶养长大。弟、妹成年，且其曾长期依靠兄、姐提供全部或主要扶养费用，直到能够依靠自己的收入作为主要生活来源。

第三，兄、姐缺乏劳动能力和生活来源。缺乏劳动能力是指缺乏或丧失一般正常的劳动能力。缺乏生活来源是指缺乏生存必需的生活费用和用品。

同时具备上述条件，弟、妹才需要承担对兄、姐的扶养义务。同样，此义务不以同居一家、共同生活为限。

祖孙之间、兄弟姐妹之间的扶养义务是对父母子女间扶养义务的补充，是第二位的。当条件具备时，权利人可以因义务人不履行扶养义务的行为向人民法院起诉，要求法院强制义务人履行扶养义务。

二、兄弟姐妹间的继承权

依据《民法典》继承编第 1127 条的规定，兄弟姐妹互为第二顺序的法定继承人，在没有第一顺序法定继承人或第一顺序继承人均放弃或丧失继承权时，被继承人的兄弟姐妹有权继承遗产。《民法典》继承编第 1128 条第 2、3 款规定："被继承人的兄弟姐妹先于被继承人死亡的，由被继承人的兄弟姐妹的子女代位继承。""代位继承人一般只能继承被代位继承人有权继承的遗产份额。"被继承人兄弟姐妹的子女可以在其父母先于被继承人死亡时，以代位继承人的身份参与继承。这是《民法典》对代位继承人和被代位人范围的扩大，在一定程度上可以减少遗产成为无人承受遗产的可能性，更有利于保护被继承人的财产权。

讨论题

1. 祖孙之间的扶养关系与祖孙之间的继承关系的关联性是什么？
2. 法律规定祖孙之间、兄弟姐妹之间在特定情况下产生扶养义务的意义是什么？
3.《民法典》扩大代位继承人和被代位人范围的意义和存在的问题是什么？

第十章 扶 养

学习目标

本章学习的目标是掌握扶养的概念、特征和分类，扶养的范围和顺序，扶养的成立、变更和终止。

第一节 扶养概述

一、扶养的概念和演进

（一）扶养的概念

扶养是一定范围的亲属相互之间承担供养和扶助义务的法律关系。履行扶养义务的人为义务人，享有为他人所扶养之权益的人为权利人。

根据扶养权利人和义务人的年龄、辈分的不同，我国法律将扶养分为抚养、赡养和扶养。抚养是就长辈对晚辈而言，指父母对未成年子女的供养扶助义务；赡养是就晚辈对长辈而言，指子女对父母，孙子女、外孙子女对祖父母、外祖父母的供养扶助义务；扶养是就平辈之间而言，指夫妻之间和兄弟姐妹之间的供养扶助义务。但大多数国家对亲属之间的经济供养义务不做区分，统称为扶养。

扶养有广义和狭义之分，广义的扶养，是指一定范围的亲属之间相互供养和扶助的法定权利义务关系。它没有亲属身份、辈分的区分，是抚养、赡养和扶养的统称。狭义的扶养是指平辈亲属之间相互供养和扶助的法定权利义务关系。我国采用了狭义的扶养概念。实际上，对扶养作抚养、赡养和扶养的区分并不具有法律上的意义，以下不专做区分。

（二）扶养制度的演进

人类的扶养制度大致经历了四个阶段：一是原始社会以集体为中心的群体式

扶养;二是以家长为中心的家族式扶养;三是以扶养人为重心的夫权式、亲权式扶养;四是以被扶养人为重心的保障式扶养。

1. 外国扶养制度的发展

近现代国家对于弱者的保障所采取的方法主要有三种:(1)国家或地方自治团体自己负担此扶助责任。(2)国家以公法法规强制个人或法人负扶助义务。(3)司法上令个人扶养个人。英美法系国家大多采用第二种方法。大陆法系国家则多采取私法上令个人扶养个人的方法,使一定范围近亲属负担法律上的扶养义务,唯亲属扶养制度仍不足以应付生活、不能维持需要时,国家设有各种社会保障制度(劳工保险、社会保险、地方自治团体之救济)作为补充。

现代亲属法上的扶养,在家庭核心化和亲属关系日益淡漠、女权运动和男女平等、人格独立和自由发展、公共福利和社会保障体系建立等多重时代因素的强力冲击下,呈现四个必然发展趋势:一是扶养权利人和义务人的范围日益缩小;二是生活保持义务的地位减弱,夫妻之间的生活保持义务消退,一般扶养义务的强制属性淡化;三是扶养责任的社会保障机制逐步建立,扶养方式由家庭化、亲属化走向社会化、社区化和专业化;四是扶养内容此消彼长,尤其是对老年人经济供养的物质压力减轻,但精神上、情感上的扶助慰藉和生活照料凸显重要。

2. 我国扶养制度的演进

我国古代扶养制度以宗法家族制为背景,“敬宗所以收族”就有扶养的含义。随着宗法制的衰败,收族制也随之消失,但尚有祭田或族产,以其中的一部分赡赈族中贫寒孤寡之用。在一家之内只有家庭共同财产,家属不能有私财,一家老小全靠家长扶养。若祖父母、父母在,而子孙别籍异财则列为十恶中不孝之一。其他亲属之间的供养,唐律规定:“诸鳏寡孤独、贫穷老疾、不能自存者,令近亲收养。若无近亲令乡邻安恤。”也就是说,先由亲属扶养,没有亲属的由乡邻扶养,扶养义务人并不局限于亲属。近现代社会的扶养制度以 1930 年《中华民国民法》亲属编的颁布作为我国婚姻家庭法从形式上由古代转向近现代的标志,但仍然带有宗族与家族生活的色彩。

新中国成立后,1950 年《婚姻法》规定了家庭成员之间尊老爱幼、平等互助的扶养关系。1980 年《婚姻法》增加了对祖孙关系和兄弟姐妹关系的法律调整,扩大了扶养亲属的范围,有利于发挥家庭养老育幼的功能,有利于保护老人和儿童的合法权益。《民法典》在第 1059、1074、1075 条分别规定了夫妻之间、祖孙之间和兄弟姐妹之间的扶养关系。

二、扶养的特征

第一,扶养具有身份属性。扶养关系基于一定的亲属身份关系而发生。亲属身份是扶养成立的法律事实,扶养关系是亲属身份的法律后果。《民法典》婚姻家庭编第1045条规定的近亲属范围包括:配偶、父母、子女、兄弟姐妹、祖父母、外祖父母、孙子女、外孙子女。非一定范围内的亲属,虽然也会发生扶养的权利义务,如基于遗赠扶养协议或基于道德义务而发生扶养,但都不是严格意义上婚姻家庭法领域的扶养,而是民事扶养或道义上的扶养。

第二,扶养具有人身专属性。扶养义务虽然具有财产给付的内容,但扶养请求权具有人身专属性。在扶养关系存续期间,其为权利人和义务人的专属权利义务,不得继承、处分或抵销。

第三,扶养具有条件性。以扶养义务人具有扶养能力和权利人不能维持生活而无谋生能力为条件。一定范围的亲属,如果不具备法定条件则无扶养义务。扶养义务人如果没有扶养能力或者权利人能够维持生活或具有谋生能力,不需要扶养的,则义务人不必再履行扶养义务。

第四,扶养具有相互性。亲属之间的扶养权利和义务是相互的,配偶之间、父母子女之间、祖孙之间、兄弟姐妹之间均有相互扶养的权利和义务。亲属之间的扶养在形式上是对应、对等的,权利义务具有平等性和一致性,但不具有对价的关系,不是利益交换关系。

第五,扶养具有无时效性。扶养关系不因为时效的消灭而消灭,只随亲属关系或扶养条件的消灭而消灭。扶养权利人到期不要求支付扶养费,并不是对受扶养权的放弃,只要亲属关系存续且具备扶养条件,扶养权利人就持续地享有受扶养权。

三、扶养的分类

扶养可以从不同的角度进行分类:

依扶养主体间辈分不同,可分为长辈亲对晚辈亲的抚养、平辈亲之间的扶养、晚辈亲对长辈亲的赡养。

依扶养方式的不同,可分为同居共同生活的扶养与不同居共同生活而给付扶养费的扶养。同居共同生活的扶养,是指扶养人与被扶养人共同居住、共同生活,扶养人通过经济上的供养和生活上的扶助,对被扶养人履行扶养义务。不同居共同生活而给付扶养费的扶养,是指扶养人与被扶养人不同居共同生活,由扶养人定期支付扶养费来履行扶养义务。

依扶养的程度不同,可分为生活保持义务与生活扶助义务。此种分类旨在明确扶养的程度,以便义务人履行义务。生活保持义务,是夫妻之间的扶养和父母对未成年子女的扶养,是扶养人必须履行的,并且使扶养人和被扶养人保持同一生活水平的义务,又称“共生义务”。生活保持义务中,即使扶养义务人的扶养能力不足,降低自己的生活水平也要履行扶养义务。生活扶助义务,是指除夫妻间的扶养和父母子女之间的扶养之外,其他的法定亲属之间的扶养,扶养人与被扶养人不需保持同一生活水平,以扶养人有扶养能力且被扶养人无独立生活能力为前提。对于生活扶助义务,扶养义务人仅在不降低自身生活水平的前提下给予扶养,扶养能力不足,可以免除其扶养义务。

依扶养产生的依据不同,可分为法定扶养、协议扶养和遗嘱扶养。法定扶养是指产生于法律强制性规定的扶养。协议扶养是指基于合同而产生的扶养,如没有法定扶养义务的遗赠人和受遗赠人之间订立遗赠扶养协议,受遗赠人根据协议对遗赠人负担扶养义务。遗嘱扶养是指产生于遗嘱的扶养,如立遗嘱人在遗嘱中规定其遗嘱继承人或受遗赠人负担扶养义务。协议扶养和遗嘱扶养被统称为"基于法律行为的扶养",与基于亲属身份关系的法定扶养不同,不属于婚姻家庭法中的扶养。原本我国将协议扶养和遗嘱扶养规定于《继承法》中,因此,《婚姻法》中的扶养仅指法定扶养。现在扶养被统一规定在《民法典》中,但也分别居于继承编和婚姻家庭编,与先前体例相同,协议扶养和遗嘱扶养位于继承编,法定扶养位于婚姻家庭编。

第二节 扶养的范围与顺序

一、扶养的范围

扶养的范围是指负有法定扶养权利义务的亲属的界限。由于各国经济发展水平、国情、习俗、文化背景的不同,法律确定的负有法定扶养权利义务的亲属的界限也不同。总的来说,夫妻间的扶养和父母子女之间的扶养是各国立法的通例,但对其他直系血亲、旁系血亲、直系姻亲的规定,各国各有不同。从我国的立法来看,扶养的范围主要包括:

(一)父母子女间的扶养

这里所说的子女包括婚生子女、非婚生子女、养子女和形成扶养关系的继子女。这里所说的父母包括亲生父母、养父母和形成扶养关系的继父母。扶养教育未成年子女是父母的法定义务,父母对未成年子女的扶养是无条件的。父母对成年子女的扶养是有条件的,需以子女不能独立生活为限。子女对父母的扶养是有条件的,需以子女为成年人且有扶养能力为限。

典型案例

陈某(男)和李某(女)于2010年登记结婚,婚后李某于2016年3月生育一男孩,取名陈方方。后因两人多次吵架、感情破裂,于2019年5月协议离婚,并商定由李某直接抚养陈方方,由陈某每月支付抚养费2500元。离婚后,李某未与陈某商量,便将陈方方改姓李,陈某知道后,曾要求李某将孩子的姓过来,但李某不同意。陈某以李某擅自更改孩子姓氏为由,不再支付孩子的抚养费。

分析:最高人民法院《关于子女姓氏问题的批复》中认为:"父母离婚,除因协议变更子女姓氏或子女年已长成得以自己意志决定其从父姓或母姓外,并无使其子女改变原用姓氏的必要。"结合最高人民法院《关于变更子女姓氏问题的复函》和最高人民法院《关于人民法院审理离婚案件处理子女抚养问题的若干具体意见》第19条规定:"父母不得因子女变更姓氏而拒付子女抚育费。"李某单方面修改子女姓氏的做法是不妥当的,但是子女可以随父姓,也可以随母姓,不能据此而拒付抚养费。因此,陈某应当继续支付抚养费。《民法典》人格权编第1015条也对自然人的姓氏选取做出了规定:"自然人应当随父姓或者母姓,但是有下列情形之一的,可以在父姓和母姓之外选取姓氏:(一)选取其他直系长辈血亲的姓氏;(二)因由法定扶养人以外的人扶养而选取扶养人姓氏;(三)有不违背公序良俗的其他正当理由。少数民族自然人的姓氏可以遵从本民族的文化传统和风俗习惯。"

(二)夫妻间的扶养

《民法典》婚姻家庭编第1059条规定:"夫妻有相互扶养的义务。需要扶养的一方,在另一方不履行扶养义务时,有要求其给付扶养费的权利。"夫妻之间的扶养源于婚姻的效力,合法的婚姻关系是夫妻之间成立扶养关系的基础,婚姻关系的解除将导致扶养关系的消灭。也就是说,扶养关系的产生、存在和消灭依赖于夫妻之间身份关系的产生和维系。夫妻之间的扶养关系的存在是婚姻的必然要求,婚姻关系的成立要求处于同一生活共同体中的夫妻维持相同的生活水平,所以说,夫妻间的扶养义务是维持夫妻之间同一生活水平的生活保持义务。

(三)祖孙间的扶养

祖孙之间的扶养是有条件的扶养,是隔代直系血亲间的扶养。《民法典》婚姻家庭编第1074条规定:"有负担能力的祖父母、外祖父母,对于父母已经死亡或者父母无力抚养的未成年孙子女、外孙子女,有抚养的义务。有负担能力的孙子女、外孙子女,对于子女已经死亡或者子女无力赡养的祖父母、外祖父母,有赡养的义务。"

（四）兄弟姐妹间的扶养

很多国家都规定了兄弟姐妹之间的扶养关系，如瑞士、苏联、古巴、保加利亚、南斯拉夫、日本等。这里的兄弟姐妹包括同父同母的兄弟姐妹、同父异母和同母异父的兄弟姐妹、养兄弟姐妹和形成扶养关系的继兄弟姐妹。兄弟姐妹之间的扶养是有条件的扶养。《民法典》婚姻家庭编第 1075 条规定："有负担能力的兄、姐，对于父母已经死亡或者父母无力抚养的未成年弟、妹，有扶养的义务。由兄、姐扶养长大的有负担能力的弟、妹，对于缺乏劳动能力又缺乏生活来源的兄、姐，有扶养的义务。"

（五）公婆与儿媳、岳父母与女婿间的扶养

公婆与儿媳、岳父母与女婿之间是直系姻亲关系，很多国家对这种直系姻亲之间的相互扶养关系都没有规定。在我国，公婆与儿媳、岳父母与女婿之间没有法定的扶养义务。他们之间的扶养关系根据当事人的自愿形成，是事实上的扶养关系。此种扶养关系的主体应当遵守家庭成员间不得实施家庭暴力、虐待和遗弃的规定。公婆与儿媳、岳父母与女婿之间扶养关系的形成，是丧偶儿媳和丧偶女婿成为第一顺序法定继承人的前提。《民法典》继承编第 1129 条规定："丧偶儿媳对公婆，丧偶女婿对岳父母，尽了主要赡养义务的，作为第一顺序继承人。"丧偶女性的继承权和财产权受到法律保护。《妇女权益保障法》第 34 条第 2 款规定："丧偶妇女有权处分继承的财产，任何人不得干涉。"

二、扶养的顺序

当扶养权利人和义务人只有一人时，不发生扶养的顺序问题。扶养的顺序是指扶养义务人或扶养权利人有数人时，确定履行扶养之义务人、享有扶养之权利人的先后顺序。扶养的顺序受到国情、文化传统和风俗习惯的影响，所以各国规定不尽相同。

（一）扶养义务人的顺序

关于扶养义务人的顺序，主要有两种立法例：

1. 概括主义的方式

对扶养义务人的顺序只作原则性的规定，如《日本民法典》第 878 条规定，当扶养义务人有数人且出现冲突时，由当事人协议解决，协议不成或不能协议时，由家庭法院确定。《日本民法典》的规定是基于家庭情况多样性和扶养权利人与扶养义务人复杂性的考虑，当事人达成一致的协议具有更强的执行力。法院仅对重要的、必须迫切解决的问题作出处理。

2. 列举主义的方式

对扶养义务人的顺序加以具体、明确的规定。如《德国民法典》第1606条规定,扶养义务人的顺序分别是:直系血亲卑亲属先于直系血亲尊亲属承担扶养义务;直系血亲卑亲属和直系血亲尊亲属之间,近亲等者先于远亲等者承担扶养义务;同亲等的亲属有数人时,按其收入和财产状况分担义务。根据我国台湾地区"民法"亲属编第1115、1116－1条的规定,扶养义务人有数人时,确定履行扶养义务人的顺序是:配偶、直系血亲卑亲属;直系血亲尊亲属;家长;兄弟姐妹;家属;子妇、女婿;夫妻之父母。同是直系尊亲属或直系卑亲属,以亲等近者为先。扶养义务人亲等相同时,依其经济能力分担义务。

(二)扶养权利人的顺序

1. 概括主义的方式

对扶养权利人的顺序只作原则性的规定。如《日本民法典》第878条规定,扶养权利人为数人,义务人的经济能力不足以扶养其全体时,关于受扶养者的顺序,应采用由当事人协议的办法解决;协议不成或不能协议时,由家庭法院确定。

2. 列举主义的方式

对扶养权利人的顺序做明确的规定。如《德国民法典》第1609条规定,扶养权利人为数人,并且扶养义务人不能为全部扶养时,第一顺序是未成年且未结婚的子女,仍与父母或一方父母共同生活及接受一般学校教育的未满21周岁之未结婚成年子女。第二顺序是因照顾子女而有扶养权利之一方配偶,或在离婚时,该配偶与其离婚配偶有长期婚姻。确定婚姻长短时,应特别考虑其是否因婚姻造成之不利益,而使其不能以自己收入扶养之。不利益包括长期照顾及教养共同子女、婚姻关系存续中从事家务或就业及婚姻存续期间之长短。第三顺序是配偶与未被第二顺序所包括的离婚配偶。第四顺序是未被第一顺序包括之子女。第五顺序是孙子女及其直系血亲卑亲属。第六顺序是父母。第七顺序是其他尊亲属,亲等近者先于亲等远者。我国台湾地区"民法"亲属编第1116、1116－1条规定,扶养权利人有数人,而负扶养义务者之经济能力不足扶养全体时,扶养权利人的顺序为:配偶、直系血亲尊亲属;直系血亲卑亲属;家属;兄弟姐妹;家长;夫妻之父母;子妇、女婿。同是直系尊亲属或直系卑亲属,以亲等近者为先。扶养权利人有数人而亲等同一时,按需要之状况,酌为扶养。

(三)我国的扶养顺序

我国《民法典》和相关的法律都没有明确规定扶养的顺序。根据立法关于扶养条件的规定,可以推出扶养的顺序为:第一顺序是夫妻间和父母子女间的扶养权利义务;第二顺序是祖孙间及兄弟姐妹间的扶养权利义务。

第三节　扶养的成立、变更与终止

一、扶养的成立

(一)扶养成立的含义

扶养的成立是指特定的当事人通过一定的形式和程序在他们之间建立扶养权利义务关系。也就是说,首先,扶养的成立对主体的要求是特定的,即只能发生在特定的当事人之间,扶养权利人和扶养义务人都必须具备相应的条件和资格。其次,扶养的成立需以一定的形式和程序表现出来。最后,扶养成立的后果是在当事人之间建立扶养权利义务关系。一方当事人作为扶养权利人,享有被扶养的权利,另一方当事人作为扶养义务人,承担扶养的义务。

(二)扶养成立的要件

扶养成立的要件是指扶养的成立所必须具备的条件。扶养的成立需具备的要件有两个:

第一,扶养权利人有扶养的必要。目前,对这个要件的认识是比较统一的,这是扶养发生的前提。“有扶养的必要”是指当事人不能维持基本生活并且没有谋生能力,只有这两个条件同时具备才能构成被扶养的前提条件。如果当事人不能维持基本生活但有谋生能力或者当事人虽然没有谋生能力但是能够维持基本的生活,那么都不能够构成“有扶养的必要”。这是扶养成立的绝对要件。

第二,扶养义务人有扶养能力。传统的对扶养成立要件的认识,一般都认为扶养义务人有扶养能力也是扶养成立的绝对要件。但是,有学者认为,“有扶养能力”应当区分不同的情形。父母对未成年子女的扶养和成年子女对生活困难或无劳动能力需要帮助的父母的扶养,不以扶养义务人有扶养能力为条件。无论扶养义务人是否具备扶养能力都应当承担扶养责任,这属于生活保持义务,扶养义务人即使降低自己的生活水平,也要履行扶养义务。其他直系血亲和一定范围亲属之间的扶养,需扶养义务人在保持自身生活的前提下仍然有能力,并且在扶养权利人需要扶养的情况下,才履行扶养义务。扶养义务人在这种情况下履行的是生活扶助义务。也就是说,这是扶养成立的相对条件,而非绝对条件。笔者认为,传统对扶养成立要件的认识没有区分不同的情形,一概要求扶养义务人需具有扶养能力,其弊端是显而易见的。在父母对未成年子女的扶养和成年子女对生活困难或无劳动能力需要帮助的父母的扶养中,若坚持此要件,则扶养义务人完全可以以缺乏扶养能力为由,不负担扶养义务。这显然不利于保护未成年子女和生活困难或无劳动能力需要帮助的父母的利益。当然,这仅针对一般情形,若父母确实无力扶养,则不再承担扶养义务,由有负担能力的祖父母、外祖父母对未成年孙子女、外孙子女承担扶养义务。

二、扶养的变更

(一)扶养变更的含义

扶养的变更是指扶养义务人、扶养权利人以及扶养方式或程度的变化。《民法典》对扶养的变更没有作系统的规定,但第 1074、1075 条对扶养义务人的变更作出了规定,父母对未成年子女无力扶养时,可以变更由祖父母、外祖父母或兄姐承担扶养义务。

最高人民法院《关于人民法院审理离婚案件处理子女抚养问题的若干具体意见》第 16 条对离婚后子女扶养的变更作出了规定:"离婚后,一方要求变更子女抚养关系有下列情形之一的,应予支持。(1)与子女共同生活的一方因患严重疾病或因伤残无力继续抚养子女的;(2)与子女共同生活的一方不尽抚养义务或有虐待子女的行为,或其与子女共同生活对子女身心健康确有不利影响的;(3)十周岁以上未成年子女,愿随另一方生活,该方又有抚养能力的;(4)有其他正当理由需要变更的。"由于限制民事行为能力人年龄已经修改为 8 周岁以上的未成年人,因此,这里的"十周岁以上未成年人"应当相应修改为"八周岁以上未成年人"。该意见第 13 条规定:"生父与继母或生母与继父离婚时,对曾受其抚养教育的继子女,继父或继母不同意继续抚养的,仍应由生父母抚养。"这些属于扶养义务人的变更,此种扶养义务人的变更相应引起了扶养方式的变更。该意见第 18 条规定:"子女要求增加抚育费,有下列情形之一,父或母有给付能力的,应予支持。(1)原定抚育费数额不足以维持当地实际生活水平的;(2)因子女患病、上学,实际需要已超过原定数额的;(3)有其他正当理由应当增加的。"这是扶养程度的变更。扶养的变更应当基于正当的理由,扶养变更最主要的考虑因素就是被扶养人的实际需要和扶养人的扶养能力。离婚双方不得因子女与自己感情的疏远、姓氏的变更等擅自变更扶养。

(二)扶养变更的方式

扶养当事人一方或双方在经济和生活状况发生变化时,当事人双方均享有请求变更原扶养顺序、扶养协议或判决的权利。原为双方协议的,仍可以协议方式变更;协议不成或无法协议的,可起诉至法院判决决定。扶养变更的方式可采先协议后判决的方式。需要注意的是,离婚诉讼期间,双方拒绝扶养子女的,可先行裁定暂由一方扶养。

三、扶养的终止

扶养的终止,指基于法定的原因和一定的事实,当事人之间的扶养权利和扶养义务归于消灭。从外国立法例来看,扶养终止的原因主要有:

第一,当事人死亡。扶养权利的享有和义务的履行具有人身性,扶养权利人和扶养义务人一方或双方的死亡均导致扶养权利义务的消灭。如《意大利民法典》在第一编"人及家庭"第13章第448条中规定,扶养费的义务因义务人的死亡而终止。扶养费的义务,即使义务人是因执行判决而履行给付义务的,同样因义务人的死亡而终止。

第二,当事人身份关系的解除。扶养是基于一定的亲属身份关系发生的,亲属身份关系的消灭必然导致亲属之间扶养关系的消灭。例如,在完全收养中,收养关系的确立,阻断了子女与其生父母及其近亲属之间的扶养权利义务关系,建立养父母子女之间的扶养权利义务关系。此外,夫妻之间的身份关系解除时,夫妻之间及直系姻亲之间的扶养权利义务终止。如《法国民法典》第206条规定,女婿与儿媳对岳父母和公婆的扶养义务,可因产生姻亲关系的夫妻一方及其与另一方配偶在婚姻中所生子女均死亡而终止。

第三,扶养要件消灭。当扶养关系当事人的条件发生变化,扶养的要件不再具备时,即扶养权利人丧失扶养能力或扶养义务人不再需要扶养,扶养关系则消灭。当事人之间重新具备扶养的要件时,扶养关系则恢复。

第四节 现代扶养法的发展趋势和我国扶养关系立法的完善

一、现代扶养法的发展趋势

扶养立法的发展经历了以家族为核心到以夫妻父母子女为核心的发展过程。扶养立法的宗旨从古代的维护宗法家族制度和家族利益逐步发展为注重对个人利益的保护。履行扶养职责不再是尊长对卑幼的单向义务,而是负有扶养义务的主体间相互的义务。现代社会的发展为扶养立法提出了新问题。核心式家庭的普遍化和人口结构的老龄化,使老年人的赡养问题成为扶养立法需要解决的问题。"丁克"家庭的出现,救济制度和社会保障制度的完善和加强,使一部分人开始质疑亲属扶养制度的发展前景。但是,在现代社会,家庭仍然是人类生活的基本单位,家庭肩负着最基本的社会保障职能,人们总是更愿意在家庭的系统内寻求保障。基于家庭成员之间的血缘联系和伦理道德的要求,养老育幼的职能仍然主要由家庭来承担。扶养制度设立的目的,就是要规制和保障家庭养老育幼功能的实现。所以,总的来说,现代扶养法的发展趋势就是继续实现养老育幼的基本家庭职能。

二、我国扶养关系立法的完善

(一)统一"扶养"的含义

《民法典》延续了我国有关扶养的界定,将扶养分为抚养、赡养和扶养,而我国《刑法》中则没有这种区分,统一使用"扶养"。从实际的运用来看,这种区分并不具有实际的必要性。从世界各国的立法例来看,大多数国家都使用广义的扶养,不对扶养作上述区分。因此,笔者认为,不必再对"扶养"作上述三种区分,而应当统称为"扶养"。

(二)对扶养范围的立法完善

根据我国《民法典》的规定,扶养的范围限于配偶、父母子女、兄弟姐妹、祖孙之间,公婆与儿媳、岳父母与女婿之间的扶养是基于当事人自愿而形成的。继父母子女之间扶养关系的形成标准,直系姻亲是否应当纳入扶养的范围之内,我国《民法典》并没有作出明确的规定。对离婚后原配偶一方对另一方的扶养义务也没有明确规定,仅在《民法典》婚姻家庭编第1090条中规定:"离婚时,如果一方生活困难,有负担能力的另一方应当给予适当帮助。具体办法由双方协议;协议不成的,由人民法院判决。"这是有关离婚经济帮助的规定,也常被认为是离婚后一方对另一方的扶养。

1. 离婚后原配偶一方对另一方的扶养义务。我国《民法典》对离婚后原配偶一方对另一方的扶养义务没有作出规定,学界对此持有不同的观点。一种观点认为,不应当增加离婚后原配偶一方对另一方的扶养义务。理由是,亲属身份是发生扶养关系的前提,是发生扶养的法律事实,扶养关系是亲属身份的法律后果。法定的扶养权利义务关系不能发生在亲属之外的人之间。夫妻之间的扶养关系以夫妻的配偶身份为前提,配偶身份关系的终止必然导致夫妻扶养关系的终止。另一种观点认为,应当增加离婚后原配偶一方对另一方的扶养义务。理由是,我国现行的离婚经济帮助制度不足以保护离婚当事人的合法权益,离婚经济帮助的适用条件过于严苛,适用的案件极少;离婚经济帮助的数额确定标准不够具体;离婚经济帮助的具体执行欠缺必要的保障措施。因此,规定离婚后原配偶一方对另一方的扶养义务能够更好地维护离婚当事人的合法权益,实现法律的公平和正义。笔者认为,第一种观点更可采。从扶养关系的发生依托于一定的亲属身份关系的角度来说，离婚后原配偶一方对另一方的扶养义务显然不具有发生扶养关系的身份前提。从离婚后原配偶一方对另一方的扶养义务的产生来看，其产生的背景是西方妇女解放运动的开展和女权主义思想的发展，英美法系国家对离婚后原配偶一方对另一方的扶养义务规定较多，其目的主要是保障离婚后失业和无业女性的生活。然而，我国没有规定离婚后原配偶一方对另一方扶养义务的历史传统。从现实的适用来看，离婚后原配偶一方对另一方扶养义务的适用可能会导致不公正的结果，加重承担扶养义务一方的负担。

2. 继父母子女之间扶养关系的形成。根据《民法典》的规定，继父母子女之间的关系分为两种：一是形成扶养教育关系的继父母子女，他们之间形成法律拟制的直系血亲关系；二是没有形成扶养教育关系的继父母子女，他们之间是直系姻亲关系。但是，《民法典》没有对形成扶养教育关系的依据作出规定。通常可依据继父母子女之间共同生活的时间，继父母是否对继子女扶养、照料和教育，继父母实际支付了继子女的扶养教育费用等来综合判定。

3. 直系姻亲是否应当纳入扶养的范围之内，学界对此存在一定的争议。一种观点认为，应当将直系姻亲纳入扶养的范围之内。理由是：第一，我国的经济尚不发达，社会保障体系还不完善，将直系姻亲纳入扶养的范围之内有利于社会养老功能的实现。第二，生活在一起的直系姻亲之间互负扶养义务是最基本的道德要求。另一种观点认为，不应当将直系姻亲纳入扶养的范围之内。理由是：其一，规定直系姻亲之间扶养义务的必要性不强。在婚后所得共同制下，夫妻双方的财产是分不开的，履行扶养义务的物质来源亦是夫妻共同财产。其二，规定直系姻亲之间的扶养义务也有妨碍婚姻自由之嫌。一方面，如果法律规定直系姻亲之间的扶养义务，准备结婚的男女不但要考虑对方本人的经济状况，还要更现实地考虑对方父母等未来直系姻亲的生活状况。另一方面，在夫妻一方死亡后，仍然要求他方对直系姻亲承担扶养义务，无疑增加了生存一方再婚的难度，干涉了生存一方的再婚自由。笔者认为，将直系姻亲纳入扶养的范围之内符合扶养法的发展趋势，有利于家庭养老育幼功能的实现，符合伦理道德的要求。但是，不能将所有的直系姻亲纳入扶养的范围，负担扶养义务的直系姻亲应当仅限于存在共同生活事实的直系姻亲，从而避免加重直系姻亲的扶养义务，也有利于扶养功能的真正实现。

拓展阅读

1. 冉启玉：《离婚扶养制度研究》，群众出版社 2013 年版。

2. 李洪祥：《我国民法典立法之亲属法体系研究》，中国法制出版社 2014 年版。

3. 陶希圣:《中国社会之史的分析 外一种:婚姻与家族》,商务印书馆2017年版。
4. 邓学仁:《离婚后未成年子女之抚养费问题》,载《月旦法学教室》2020年第6期。

讨论题

1. 夫妻间扶养义务的承担与夫妻财产制之间的关联是什么?
2. 我国有关扶养顺序的立法应当如何完善?
3.《民法典》背景下扶养制度的特点是什么?

第十一章　继承法律制度

学习目标

了解继承权的基本概念、特征，掌握继承权的取得、丧失的构成要件以及继承权放弃的条件。全面掌握法定继承、遗嘱继承、遗赠、遗赠扶养协议的概念、特征、构成要件、区别，知晓继承开始的时间、地点、通知和遗产的范围、分割及处理。熟知：代位继承与转继承的区别、遗嘱继承与法定继承的区别、遗嘱继承与遗赠的区别、被继承人债务清偿的相关规则。

第一节　概　　述

一、继承权的概念与特征

（一）继承权的概念

在民法学中，继承一般指死者将其生前所享有的权利在死亡时依法转移于其他主体所有的制度。继承权在法律上分为客观意义的继承权与主观意义的继承权，客观继承权发生于继承开始前，属于期待权之一种；主观继承权产生于被继承人死亡后，属于既得权利。

在继承法律关系中，将生前所享有的权利于死亡时转移给其他主体的死者为被继承人，依法享有被继承人权利的为继承人，被继承人死亡后遗留给继承人的合法权利为遗产，继承人依法享有的继承被继承人合法利益的权利为继承权。

（二）继承权的特征

继承权作为一项民事权利，一般而言具有以下特征：

第一，继承权的存在以一定的身份关系为基础。首先，继承权的主体一般为自然人。法人、非法人组织等可能接受死者权利的主体只能是遗赠或遗赠扶养协议的主体。无论是法定继承还是遗嘱继承,享有继承权利的主体一般皆为自然人。当然,根据法律的特殊规定,国家、集体可在一定情形下成为继承权的主体。其次,继承权的享有以一定身份关系的存在为前提。并非所有的自然人皆可继承,亦非所有享有身份关系的自然人皆享有继承权,该身份关系范围的界定一般由法律明文规定。继承权的身份基础关系主要存在于婚姻、血缘、扶养等关系中,如有扶养关系的继子女、继父母可享有继承权。

第二,继承权的产生以一定的法律事实为前提。一般而言,客观意义的继承权转化为主观意义的继承权须具备以下法律事实:第一,被继承人死亡。《民法典》继承编第1121条第2款规定:"继承从被继承人死亡时开始。"无论是生理死亡还是宣告死亡,被继承人在法律意义上民事主体资格的消灭才能引起继承法律关系的产生。第二,被继承人生前享有合法权利。无论是有形财产还是无形财产抑或其他权利,被继承人必须在生前享有合法利益,否则,继承不会产生。另外,遗嘱继承权的产生还以合法的遗嘱存在为前提。

第三,继承权的标的是遗产。继承权的标的为被继承人死后所遗留的利益,该利益既包括动产也包括不动产,既包括有形财产也包括无形财产。除了常见的有形财产、财产权利、知识产权中的财产权等外,互联网中的虚拟财产等亦可成为遗产,但专属性权利不得成为遗产。

疑难问题论争　继承权的性质与继承标的

目前国内教材基本将继承权的性质归于财产权,继承标的——遗产限定为财产。[1]《民法典》总则编第124条第2款规定:"自然人合法的私有财产,可以依法继承。"《民法典》继承编第1122条第1款规定:"遗产是自然人死亡时遗留的个人合法财产。"可见,我国现行法继承的对象为"合法的私有财产",遗产的范围亦为"个人合法财产"。诚然,我国现行法关于继承的标的仅限于财产,但作为学理,笔者个人有不同的看法。继承法与继承法学的区别在于继承法是具体法律规则,而继承法学是学说理论,继承法学不应紧紧、仅仅围绕继承法而展开,继承法学应具有理论性、包容性与前瞻性,而非仅仅对继承法进行条文解读。虽然我国现行能够继承的标的仅限于财产,但不能否认的是,我国几千年的文明传承中,身份大多是能够继承的对象,比如皇权爵位,即便是当今社会,泰国、英国、一些阿拉伯国家亦存在身份继承,如王位传承。可见,无论是我国历史还是当今国外,身份皆是可继承的

---

〔1〕王利明主编:《民法学》,高等教育出版社2019年版,第377、378、383页。韩松等:《民法分论》,中国政法大学出版社2014年版,第582、587页。

对象,作为继承法学,不能因为我国目前没有身份继承就否认继承的范围包括身份。笔者认为,继承法学作为学理,宜将继承权的定性类比知识产权,兼具财产性与身份性,继承标的既包含财产亦包含身份。

二、继承权的取得与丧失

(一)继承权的取得

继承权的取得,是指继承人根据法律的规定或遗嘱的指定而取得继承权。根据我国现行法律的规定,继承权主要通过法定继承、遗嘱继承取得,因此,其取得原因主要有:(1)基于婚姻关系取得,配偶之间相互享有继承权;(2)基于血缘关系取得,该血缘关系包括法律拟制血亲,血缘的范围一般由法律明文规定;(3)基于扶养关系取得,如丧偶儿媳、丧偶女婿、有扶养关系的继子女等;(4)基于被继承人生前所立的合法有效遗嘱取得。

(二)继承权的丧失

继承权的丧失,是指依照法律规定在发生法定事由时剥夺继承人继承被继承人合法利益的资格。根据《民法典》继承编第 1125 条的规定,继承权丧失的原因主要有:

1. 故意杀害被继承人的

构成该法定事由的构成要件为:(1)主观要件必须为"故意",主观要求为故意而非过失,但不要求"故意"产生之动机。(2)客观行为必须为"杀害",客观行为表现为杀害而非伤害,且无论既遂抑或未遂。(3)杀害对象限定为"被继承人",故所产生的法律后果为定向丧失继承权,即仅丧失其所害之被继承人的继承权而非丧失被继承人之外的第三人的继承权。以甲杀甲父为例,甲丧失继承权须甲主观故意、客观实施杀害行为,后果为甲丧失对甲父遗产之继承权,仍不妨害甲对甲母享有继承权。

2. 为争夺遗产而杀害其他继承人的

构成该法定事由的构成要件为:(1)主观要件必须为"故意"。(2)客观行为必须为"杀害",但不要求既遂。(3)动机限定为"为争夺遗产"。为商业利益或情杀等杀害其他继承人的,不丧失继承权。(4)杀害对象限定为"其他继承人",但不要求是同一顺序之继承人。符合以上条件后,继承人丧失其对所争夺之被继承人的继承权,但仍不妨害其对其他被继承人之继承权的享有。

3. 遗弃被继承人的,或虐待被继承人情节严重的

继承人遗弃被继承人的,直接丧失继承权,因遗弃行为本身性质严重,故不要求情节严重。继承人虐待被继承人的,必须达到情节严重的程度,方产生丧失继承

权的后果。根据最高人民法院《关于贯彻执行〈中华人民共和国继承法〉若干问题的意见》(以下简称《继承法意见》)第10条的规定,“继承人虐待被继承人情节是否严重,可以从实施虐待行为的时间、手段、后果和社会影响等方面认定。虐待被继承人情节严重的,不论是否追究刑事责任,均可确认其丧失继承权”。

4. 伪造、篡改、隐匿或者销毁遗嘱,情节严重的

继承人伪造、篡改、隐匿或者销毁遗嘱,必须达到情节严重的程度,方产生丧失继承权的后果。关于“情节严重”的认定,根据《继承法意见》第14条,如果侵害了缺乏劳动能力又无生活来源的继承人的利益,且造成其生活困难的,应认定其行为“情节严重”。

5. 以欺诈、胁迫手段迫使或者妨碍被继承人设立、变更或者撤回遗嘱,情节严重的

遗嘱应是被继承人真实意思的表示,应是被继承人自由意志的表达,故当继承人以非法手段影响被继承人在遗嘱法律行为中的意思表示,且情节严重时,应剥夺继承人的继承权。[2] 但《民法典》并未明确规定,何谓“情节严重”?这将导致司法实践并无统一标准,只能有待司法解释的细化,但我国现在的司法解释大多并非由《立法法》第45条规定的法律解释权的唯一归属者全国人大常委会颁布,而是由《立法法》第46条所规定的可以向全国人大常委会“提出法律解释要求”的机关颁布,这就会导致将来所颁布的司法解释如果由其他机关颁布则不符合《立法法》规定,如果由全国人大常委会颁布则由于时间、程序等原因不能及时满足实践需求。《民法典》新增继承人丧失继承权的情形,却不明确细化标准,导致司法实践无具体操作标准,只能有待《民法典》的修改或司法解释的出台,影响了《民法典》的适用性与稳定性、权威性,不得不说是一种遗憾。

继承权的丧失分为绝对丧失与相对丧失。绝对丧失是指由法律明确规定继承权丧失的法律后果不可更改,不受被继承人意志的影响。如《民法典》第六编第1125条第1款的第1、2项规定的情形,即属于绝对丧失,根据《继承法意见》第12条的规定,继承人有第1、2项之行为,而被继承人以遗嘱将遗产指定由该继承人继承的,可确认遗嘱无效,也就是说,在继承人有第1、2项规定的情形时,即便被继承人愿意恢复继承人的继承权,继承人依法律规定也丧失继承权。相对丧失是指虽然法律明确规定继承人丧失继承权,但符合一定条件,继承人可以恢复继承权。如《民法典》第六编第1125条第1款的第3、4、5项规定的情形,即属于相对丧失。《民法典》第六编第1125条第2款规定,如继承人有第1款第3、4、5项规定行为,但确有悔改表现,被继承人表示宽恕或事后在遗嘱中将其列为继承人的,该继承人不丧

---

〔2〕 参见《民法典》继承编第1125条第1款第5项。

失继承权。与《继承法意见》第13条相比,《民法典》第六编第1125条第2款的规定进步之处在于:第一,扩大继承权相对丧失的范围,更加尊重被继承人的意思。《继承法意见》第13条仅适用于第3项情形,而《民法典》第六编第1125条第2款将继承权相对丧失的范围扩大至第3、4、5项。第二,增加继承权恢复方式。《民法典》第六编第1125条第2款除规定宽恕外,还规定被继承人"事后在遗嘱中将其列为继承人"的,亦可使继承人恢复继承权。第三,明确继承权相对丧失的法律后果,更加尊重被继承人对自己财产的处分权。《民法典》第六编第1125条第2款规定,丧失继承权的继承人,只要达到法律规定的条件,则"继承人不丧失继承权",而《继承法意见》第13条规定的法律后果为"可不确认其丧失继承权",其后果具有不确定性。继承人是否丧失继承权,涉及的是继承人是否拥有继承被继承人遗产的资格,对被继承人处分自身财产权利的实现具有一定影响。第3、4、5项的行为虽然恶劣,但影响只涉及个体当事人之间,在消除影响后法律应尊重被继承人对自己财产的处分权,尊重被继承人的真实意思表示,不应擅自剥夺继承人的继承权。而第1、2项的行为不仅性质恶劣,且涉及公共利益与社会秩序,应由公法处理,法律强行剥夺继承人的继承权,不仅表达了法律对该行为的态度,也对社会行为起到一定的威慑作用,引导良性社会秩序的建立。

丧失继承权的法律后果主要表现为:(1)不能依据法定继承而继承遗产。(2)遗嘱指定其为继承人的遗嘱无效,仅指定其为继承人之一的,则该部分无效。[3] (3)其晚辈直系血亲亦不得代位继承。

三、继承权的放弃与保护

(一)继承权的放弃

继承权的放弃,是指继承开始之后,遗产分割之前,继承人作出的拒绝或放弃继承被继承人遗产权利的意思表示。根据我国现行法的规定,继承权的放弃应限定为:

第一,继承权的放弃发生于继承开始后、遗产处理前。因客观意义上的继承权转化为主观意义上的继承权须发生于被继承人死亡后,即继承开始后,而遗产处理后继承人所放弃的为财产权而非继承权,故放弃继承权的行为只能限定于继承开始后、遗产处理前。

第二,继承权的放弃必须由继承人以书面形式作出。即继承人应以书面形式

[3] 虽然在遗嘱中将丧失继承权者列为继承人是继承权的恢复方式之一,但继承权相对丧失后恢复继承权的条件并非仅此一条,还需满足其他条件方能产生恢复继承权的法律效果。

明确表明放弃或拒绝继承权，否则，推定为继承人接受继承权。[4] 继承人放弃继承应当以书面形式向其他继承人表示，如果用口头方式表示放弃继承，须经本人承认，或有其他充分证据证明的，方可认定其有效。

疑难问题论争　继承人以口头方式表示放弃继承的效力如何认定？

《民法典》颁布之后，与《民法典》有冲突的，当然以《民法典》为准，但与《民法典》没有冲突，而《民法典》又未规定的规范，其效力如何认定，目前尚未有定论。关于继承人放弃继承的规定，《民法典》继承编第1124条第1款规定："继承开始后，继承人放弃继承的，应当在遗产处理前，以书面形式作出放弃继承的表示；没有表示的，视为接受继承。"《继承法》第25条规定："继承开始后，继承人放弃继承的，应当在遗产处理前，作出放弃继承的表示。没有表示的，视为接受继承。"《继承法意见》第47条规定："继承人放弃继承应当以书面形式向其他继承人表示。用口头方式表示放弃继承，本人承认，或有其它充分证据证明的，也应当认定其有效。"可见，与《继承法》相比，《民法典》的进步之处在于明确规定继承人放弃继承必须以"书面形式"，即放弃继承的行为是要式法律行为，但与《继承法意见》相比，《民法典》并未明确规定口头方式表示放弃继承的效力如何认定，即《继承法意见》第47条后半段是否依旧有效的问题并不明确。无效说的理由很明确：《民法典》吸收了《继承法意见》第47条前半段的"书面形式"要件，却并未将后半段吸收入《民法典》，说明立法者严格要求放弃行为遵循形式要件，不允许口头方式或其他方式放弃。有效说认为，只要不与《民法典》冲突，则单行法、司法解释的规定依然有效。笔者偏向于有效说，原因有四：第一，民法的精神为私法自治，故应尊重当事人的自由意志。无论是书面还是口头，只要是继承人的真实意思就应予以尊重。第二，《民法典》并未明文规定以其他非书面方式放弃继承的行为无效，即"书面形式"要件违反的法律后果并不明确。第三，根据民法私法自治与"法无禁止即自由"的精神，放弃继承行为可以类比其他要式民事法律行为规则。如书面要式合同、主债务转移的保证责任承担合同等，虽然法律亦要求书面形式，但亦留有有效的余地，如一方已经履行主要义务且对方接受或当事人另有约定等。[5] 第四，放弃继承是民事主体对权利的处分，并非增加民事主体的负担，故原则上不需严格遵循书面形式要件，只要是民事主体真实意思表示，法律就应予以承认。立法者只是认为放弃继承与否攸关民事主体自身利益，应慎重以待，故要求书面形式以示郑重，但并非以此为据进而否

〔4〕 参见《民法典》继承编第1124条。
〔5〕 参见《民法典》第490条第2款、第697条。

认民事主体对自身权利的处分权。民法范围内严格要求形式要件的规范大多集中于适用物权法定原则的物权法范畴,继承规则并不能当然类比适用物权规则。

继承权的放弃与否与继承人的利益攸关,故需要继承人本人具有意思表示能力,如继承人为限制行为能力人、无民事行为能力人,则需要其法定代理人的追认或代理。但根据代理人不得损害被代理人利益的代理规则,代理人一般不得代理被代理人放弃继承权,如放弃继承权行为明显损害被代理人利益的则应认定为无效。

第三,继承权放弃的效力溯及至继承开始之时。一旦继承人明确放弃继承权,则放弃的效力追溯至继承开始之时。根据权利义务统一原则,继承人放弃继承权后,可以不再承担被继承人生前债务的清偿。在继承人放弃继承的范围内,其他继承人进行法定继承。

继承权为私权利,故继承人可以依单方意思表示进行放弃,但该放弃导致继承人不能履行法定义务时,放弃行为无效。[6] 继承权的放弃一般不得反悔。如继承人在遗产处理前或诉讼进行中对放弃继承翻悔的,则由人民法院根据其提出的具体理由决定是否承认;如继承人在遗产处理后对放弃继承翻悔的,则不予承认。[7]

司考真题

下列哪一行为可引起放弃继承权的后果?(2011 年卷三第 23 题)

A. 张某口头放弃继承权,本人承认

B. 王某在遗产分割后放弃继承权

C. 李某以不再赡养父母为前提,书面表示放弃其对父母的继承权

D. 赵某与父亲共同发表书面声明断绝父子关系

答案:A

解析:虽然《民法典》已经通过,但与《民法典》不冲突的单行法与司法解释仍然有效。如果仅依《民法典》的规范,只能排除选项 B(参见《民法典》第六编第 1124 条前半段)。《继承法意见》第 47 条规定:"继承人放弃继承应当以书面形式向其他继承人表示。用口头方式表示放弃继承,本人承认,或有其他充分证据证明的,也应当认定其有效。"因此,张某口头表示放弃继承权,且本人承认的,发生放弃继承权的法律后果。A 选项正确,当选。《继承法意见》第 49 条规定:"继承人放弃继承的意思表示,应当在继承开始后、遗产分割前作出。遗产分割后表示放弃的不再是继

〔6〕 参见《继承法意见》第 46 条。

〔7〕 参见《继承法意见》第 50 条。

承权，而是所有权。”因此，继承人放弃继承的意思表示，应当发生于继承开始后、遗产分割前。遗产分割后表示放弃的不再是继承权，而是所有权。故王某在遗产分割后表示放弃继承权的，不发生放弃继承权的法律后果。B 选项不当选。《继承法意见》第 46 条规定：“继承人因放弃继承权，致其不能履行法定义务的，放弃继承权的行为无效。”因此，李某以不履行其法定的赡养义务为由主张放弃继承权的，该放弃行为无效，不发生放弃继承权的法律后果。故 C 选项不当选。在我国，父母与子女由于家庭矛盾而发表的脱离父母子女关系的声明没有法律效力，因此，赵某与父亲虽然共同发表书面声明断绝父子关系，但赵某对父亲遗产的继承权仍然存在。故 D 选项不当选。

（二）继承权的保护

当继承人的继承权受到侵害时，法律赋予继承人通过法律途径恢复其继承遗产的权利，为继承权恢复请求权，主要包括确认继承权人请求权、遗产返还请求权两个方面。请求权应在法律规定的期间内行使。虽然《继承法》第 8 条[8]规定了继承权保护的一般期限和最长期限，但因与《民法典》冲突而失效，应适用《民法典》总则编第 188 条的民事权利保护的一般时效规则。[9] 即一般的继承权保护期间为 3 年，采取“知道或者应当知道权利受到损害以及义务人之日”的主观标准；如权利人长期未知，则权利的最长保护期限为 20 年，采取“权利受到损害之日”计算的客观标准，而非“继承开始之日”[10]的客观标准。如果继承人自权利受到损害之日起的十余年后才知道权利被侵犯的，则应当在权利受到损害之日起的 20 年内有权提起诉讼，超过 20 年的，不得再行提起诉讼。[11]

四、继承法的基本原则

继承法的基本原则是贯穿于继承法始终的立法精神，是制定、解释、执行继承法的依据。

---

〔8〕《继承法》第 8 条规定：“继承权纠纷提起诉讼的期限为二年，自继承人知道或者应当知道其权利被侵犯之日起计算。但是，自继承开始之日起超过二十年的，不得再提起诉讼。”

〔9〕《民法典》第 188 条规定：“向人民法院请求保护民事权利的诉讼时效期间为三年。法律另有规定的，依照其规定。诉讼时效期间自权利人知道或者应当知道权利受到损害以及义务人之日起计算。法律另有规定的，依照其规定。但是，自权利受到损害之日起超过二十年的，人民法院不予保护，有特殊情况的，人民法院可以根据权利人的申请决定延长。”

〔10〕参见《继承法》第 8 条、《继承法意见》第 18 条。

〔11〕参见《继承法意见》第 18 条。

（一）保护合法私有财产原则

《民法典》第六编第1119条规定："本编调整因继承产生的民事关系。"第1120条规定："国家保护自然人的继承权。"根据私法自治精神，自然人所享有的一切合法财产皆可自由处分，既可在生前通过遗嘱处分，亦可依法由法定继承人继承，非依法定事由继承权不得被剥夺，任何侵害继承权的行为皆可通过诉讼途径寻求公权力保护。

（二）继承权平等原则

《民法典》第六编第1126条规定："继承权男女平等。"其实，继承权平等原则不仅体现在男女的继承权平等，非婚生子女与婚生子女、养子女、亲生子女和有扶养关系的继子女、丧偶儿媳与丧偶女婿的继承权也是平等的，且一般情形下同一顺序继承人的继承权也是平等的。

（三）养老育幼原则

尽管平等是民法的基本精神，但家事法有其特殊的伦理性要求，当形式平等与实质平等冲突时，养老育幼原则可作为衡平利益的尺度。《民法典》继承编通过立法设计达到养老育幼的立法目的，如继承人的范围限定为有扶养义务的近亲属，规定丧偶儿媳、丧偶女婿的继承权以鼓励其敬老养老，对履行了扶养义务的遗赠扶养协议优先保护，针对违反养老育幼原则的继承人采取剥夺继承权、少分或不分的差别待遇，侧重保护无劳动能力又无生活来源的继承人的利益等。

（四）权利义务一致原则

《民法典》继承编中，继承权资格的享有、继承份额的大小、继承顺序的先后等规则的设计都应遵循权利义务一致原则。如故意杀害、虐待、遗弃被继承人的丧失继承权，遗赠扶养协议关系中只有履行了扶养义务的主体才享有接受遗赠的权利，丧偶儿媳、丧偶女婿只有对公婆、岳父母尽了主要赡养义务的才享有继承权，继父母、继子女、继兄弟姐妹之间只有形成扶养关系的才享有继承权，遗产分配时份额大小的确定也以所尽义务为依据，继承人仅在继承遗产的范围内承担清偿被继承人债务的义务，超出范围的义务可以不负责任，这些规则的设计都体现了权利义务相统一的原则。

第二节　法定继承

一、概述

(一)法定继承的概念与特征

法定继承是指在没有遗嘱、遗赠扶养协议时，由法律直接规定继承人范围、继承顺序、遗产分配原则的继承方式。其特征主要体现为：(1)法定性。因继承与民族习惯、地域风俗、传统伦理相关，古今中外各有不同，故法定继承的规则是由各国法律明文规定的，如继承人范围大小的确立、继承顺序先后的确定、遗产分配多少的原则等，皆由法律明确规定。(2)效力的补充性。自然人处置自身合法财产的权利属于私权利的一种，根据私法自治精神，应优先尊重当事人的意思，因此，遗赠扶养协议、遗嘱的效力优先于法定继承，只有在两者皆无或无效、或针对两者皆未涉及财产时，法定继承才有适用的空间。(3)法定继承以一定的身份关系为前提。法律规定继承人范围、继承的顺序、遗产分配的原则时，皆以继承人与被继承人间的婚姻、血缘、扶养等身份关系为基础和依据。

(二)法定继承的适用范围

自然人对自身的合法利益享有支配权，有权决定其死后利益的归属，法律应当予以尊重，而法定继承属于法律的强制性规定，未必能充分体现自然人的真实意思表示，因此，我国《民法典》继承编第 1123 条规定："继承开始后，按照法定继承办理；有遗嘱的，按照遗嘱继承或者遗赠办理；有遗赠扶养协议的，按照协议办理。"即遗赠扶养协议的效力最高，无遗赠扶养协议或遗赠扶养协议无效时，按遗嘱处理遗产，只有两者皆无或皆无效或两者皆未涉及的利益，才适用法定继承。具体而言，法定继承的适用范围主要有：(1)遗嘱继承人放弃继承或者受遗赠人放弃受遗赠的；(2)遗嘱继承人丧失继承权或受遗赠人丧失受遗赠权的；(3)遗嘱继承人、受遗赠人先于遗嘱人死亡或终止的；(4)遗嘱无效部分所涉及的遗产；(5)遗嘱未处分的遗产。[12] 可见，法定继承在继承适用顺位上处于最末位，这体现了意思自治的私法精神。

---

〔12〕 参见《民法典》继承编第 1154 条。

二、法定继承人的范围与继承顺序

法定继承人的范围与继承顺序都是由各国法律明文规定的,我国《民法典》第六编第1127条对此进行了明确规定。

(一)法定继承人的范围

我国法定继承人的范围主要有以下几类:

1. 配偶

依我国现行《婚姻法》的规定,配偶的判断标准为办理结婚登记手续的男女双方,即不承认事实婚姻,但由于历史原因,例外的情形主要有:(1)1994年2月1日《婚姻登记管理条例》公布实施前存在的事实婚姻;(2)1950年《婚姻法》实施前已经形成的一夫多妻等特殊婚姻形式未解除的。

2. 子女

子女既包括婚生子女、非婚生子女,也包括养子女、有扶养关系的继子女。无论父母是否离婚,无论子女是否与父母一方共同居住,皆不妨害子女的继承权。养子女被收养后与生父母的法律关系切除,其与养父母的关系与血缘子女在法律地位上相同。继子女无论是否成年,对继父母遗产享有继承权均以“形成扶养关系”为前提,且并不影响其对生父母遗产的继承权。

3. 父母

父母是与子女关系最近的直系尊亲属,包括生父母、养父母和有扶养关系的继父母。子女被他人收养的,生父母对该子女无继承权。有扶养关系的继父母对继子女继承遗产,并不影响其对亲生子女的继承权。

4. 兄弟姐妹

兄弟姐妹是血缘关系最近的旁系亲属。兄弟姐妹既包括同父母的兄弟姐妹、同父异母或同母异父的兄弟姐妹,也包括养兄弟姐妹、有扶养关系的继兄弟姐妹。我国《继承法意见》第23、24条对养兄弟姐妹、继兄弟姐妹的关系作了明确的规定:“养子女与生子女之间、养子女与养子女之间,系养兄弟姐妹,可互为第二顺序继承人。被收养人与其亲兄弟姐妹之间的权利义务关系,因收养关系的成立而消除,不能互为第二顺序继承人。”“继兄弟姐妹之间的继承权,因继兄弟姐妹之间的扶养关系而发生。没有扶养关系的,不能互为第二顺序继承人。继兄弟姐妹之间相互继承了遗产的,不影响其继承亲兄弟姐妹的遗产。”

5. 祖父母、外祖父母

祖父母、外祖父母是除父母外关系最近的直系尊亲属,在我国,当父母死亡或没有监护能力时,有负担能力的祖父母、外祖父母是未成年人的监护人,基于权利义务一致原则,祖父母、外祖父母享有继承权。

6. 丧偶儿媳、丧偶女婿

丧偶儿媳、丧偶女婿对公婆或岳父母尽了主要赡养义务的享有继承权,这是为了维持家庭稳定,鼓励爱老敬老,以法律引导民众行为,促和谐社会之构建。

7. 其他依法律规定的继承人

比如,《继承法意见》第 20 条规定:"在旧社会形成的一夫多妻家庭中,子女与生母以外的父亲的其他配偶之间形成抚养关系的,互有继承权。"此为历史遗留问题,且条件限定为"形成抚养关系",是为维护原有社会关系的稳定所规定。

司考真题

1. 钱某与胡某婚后生有子女甲和乙,后钱某与胡某离婚,甲、乙归胡某抚养。胡某与吴某结婚,当时甲已参加工作而乙尚未成年,乙跟随胡某与吴某居住,后胡某与吴某生下一女丙,吴某与前妻生有一子丁。钱某和吴某先后去世,下列哪些说法是正确的?(2009 年卷三第 68 题)

A. 胡某、甲、乙可以继承钱某的遗产

B. 甲和乙可以继承吴某的遗产

C. 胡某和丙可以继承吴某的遗产

D. 乙和丁可以继承吴某的遗产

答案:CD

解析:在不考虑其他继承人的情形下,根据本题所提供的法律关系,钱某的继承人有:婚生子女甲、乙,因胡某已与钱某离婚,不属于钱某的配偶,因此胡某对钱某的遗产无继承权。故 A 选项不正确。根据《民法典》继承编第 1127 条第 3 款的规定,法定继承人中的子女包括婚生子女、非婚生子女、养子女和有扶养关系的继子女。因此,吴某的继承人有:子女丙、丁,配偶胡某,有扶养关系的继子女乙。而继子女甲因已成年且未形成扶养关系故无继承权。因此,B 选项不正确,C、D 选项正确,当选。

2. 甲(男)与乙(女)结婚,其子小明 20 周岁时,甲与乙离婚。后甲与丙(女)再婚,丙子小亮 8 周岁,随甲、丙共同生活。小亮成年成家后,甲与丙甚感孤寂,收养孤儿小光为养子,视同己出,未办理收养手续。丙去世,其遗产的第一顺序继承人有哪些?(2014 年卷三第 65 题)

A. 小明

B. 小亮

C. 甲

D. 小光

答案:BC

解析:根据《民法典》继承编第1127条的规定,继子女获得继承权的前提为"形成扶养关系",小明并未与丙形成扶养关系,故A错误。小亮为丙之子,甲为丙之夫,皆为第一顺序继承人,B、C正确。《民法典》婚姻家庭编第1105条第1款规定:"收养应当向县级以上人民政府民政部门登记。收养关系自登记之日起成立。"因小光并未办理收养登记手续,故小光与丙之间的收养关系不成立,小光对丙不享有继承权,D错误。

(二)法定继承人的继承顺序

法定继承人的继承顺序,是指法定继承人参与继承被继承人利益的先后次序。法定继承的顺序具有法定性、强制性、排他性特点,即顺序由法律明确规定,只要适用法定继承,则必须适用该顺序,且在先顺序排斥在后顺序。我国的法定继承人分为两个顺序:

第一顺序的法定继承人为:配偶;子女;父母;对公婆或岳父母尽了主要赡养义务的丧偶儿媳或丧偶女婿。[13]

第二顺序的法定继承人为:兄弟姐妹、祖父母、外祖父母。

需要注意的是,养孙子女与养祖父母之间互为第一顺序继承人,因其关系视为养子女与养父母之间的关系。遗产分割时,应当保留胎儿的继承份额,依胎儿娩出时的状态决定遗产的最终归属。

疑难问题论争 法定继承人的范围、顺序和份额

关于法定继承人的范围、顺序和份额,各国规定各不相同,不仅有传统文化的差异,也有现实国情不同的原因存在,在继承法修改之际,学者对于法定继承人方面提出了较多的建议,主要集中于:

第一,法定继承人的范围是否需要变更。许多学者都提出应扩大继承人范围的建议,只是就扩大到何等范围意见不一,有的认为应扩大到三等亲范围,有的认为应扩大到四等亲范围。笔者坚持认为,现行法关于法定继承人范围规定过于狭窄,不利于亲属之间的权义平衡。将"其他亲属"排除在法定继承人的范围之外,不利于亲属间互帮互助、团结友爱关系的形成,亦不利于和谐稳定社会关系的形成。如侄孙在法律上完全可以不赡养叔公,因其无法律义务,即便其基于血缘关系赡养

〔13〕 参见《民法典》继承编第1129条。

了,根据现行法的规定也只是“可以”分得“适当的”遗产。而遗赠在我国现实社会中尤其是农村中并不盛行,很多时候当事人并不知道要立书面或公证的遗嘱,口头遗嘱的效力又受到限制,即便亲属主张也得承担举证责任和败诉的风险。权利范围的狭小、权利实现的困难,导致社会上法定继承人之外的亲属之间形如陌路的不良社会关系的形成。因此,笔者认为,应扩大法定继承人的范围,至于应扩大到何等范围,应以与法定继承的顺序相配套为宜。

第二,配偶的继承方式应采取何种立法模式。有学者认为,配偶与被继承人直系尊卑血亲均处于第一法定继承人序列不妥,而应与各顺序继承人处于平行继承关系,并对比了《德国民法典》《日本民法典》《意大利民法典》的相关规定。[14] 也有学者比较了世界上主要国家继承法的立法例,认为配偶继承主要有固定顺序、非固定顺序和先取份加固定或非固定顺序三种立法例,并在比较后认为我国配偶法定继承应当实行零顺序即无固定顺序的改革。[15] 也有学者坚持现行法关于配偶继承权的立法模式,但认为应加大配偶的继承份额且规定配偶的先取权。[16] 笔者认为,现行配偶继承立法过于简单,应根据不同的情形设定不同的继承份额,以兼顾公平价值和社会伦理接受度。除此之外,对于在立法中是否设立特留份制度,学者们亦有不同的观点,值得探讨。

三、代位继承与转继承

(一)代位继承

代位继承的原理在于,被继承人的晚辈或同辈继承人先于被继承人死亡,其对被继承人遗产的继承权由其直系晚辈血亲代替其位置而行使的法律制度。根据我国《民法典》的相关规定,代位继承是指被继承人的子女或兄弟姐妹先于被继承人死亡的,应由被继承人子女或兄弟姐妹继承的遗产份额,由被继承人子女的直系晚辈血亲或被继承人兄弟姐妹的子女继承的法律制度。先于被继承人死亡的被继承人的子女或兄弟姐妹称为被代位人或被代位继承人,先于被继承人死亡的被继承人子女之直系晚辈血亲、先于被继承人死亡的被继承人兄弟姐妹之子女称为代位人或代位继承人。我国《民法典》继承编第 1128 条规定:“被继承人的子女先于被继承人死亡的,由被继承人的子女的直系晚辈血亲代位继承。被继承人的兄弟姐妹先于被继承人死亡的,由被继承人的兄弟姐妹的子女代位继承。代位继承人一

〔14〕 孙学致:《应修改继承法扩大继承人范围——从溥仪著作权继承之争说起》,载《法学》2008 年第 2 期。

〔15〕 杨立新、和丽军:《我国配偶法定继承的零顺序改革》,载《中州学刊》2013 年第 1 期。

〔16〕 吴国喆、姚艳:《我国法学继承制度的缺陷及其完善》,载《河南师范大学学报》(哲学社会科学版)2008 年第 6 期。

般只能继承被代位继承人有权继承的遗产份额。”

代位继承是一种特殊的继承方式，其法律特征主要体现为：(1)代位继承的适用范围仅限于法定继承。遗嘱继承人或受遗赠人先于被继承人死亡的，该部分遗产按普通的法定继承处理，不发生代位继承。(2)代位继承发生的前提条件是被继承人的子女或兄弟姐妹先于被继承人死亡。(3)被代位继承人是被继承人的子女或兄弟姐妹。(4)被继承人的子女先于被继承人死亡的，代位继承人是被代位继承人的晚辈直系血亲，且不受辈数限制；被继承人的兄弟姐妹先于被继承人死亡的，代位继承人是被代位继承人的子女。《继承法意见》第25、26条规定：“被继承人的孙子女、外孙子女、曾孙子女、外曾孙子女都可以代位继承，代位继承人不受辈数的限制。”“被继承人的养子女、已形成扶养关系的继子女的生子女可代位继承；被继承人亲生子女的养子女可代位继承；被继承人养子女的养子女可代位继承；与被继承人已形成扶养关系的继子女的养子女也可以代位继承。”(5)被代位继承人未丧失继承权。代位继承人是代替被代位继承人的地位享受对被继承人的继承权，因此代位继承要求被代位继承人享有继承权。[17]《继承法意见》第28条规定：“继承人丧失继承权的，其晚辈直系血亲不得代位继承。如该代位继承人缺乏劳动能力又没有生活来源，或对被继承人尽赡养义务较多的，可适当分给遗产。”(6)代位继承人一般只能继承被代位继承人应得的继承份额。无论代位继承人人数的多少，其一般只能代替被代位继承人的位置继承被继承人的遗产，享有被代位继承人的继承份额。但也并非绝对如此，出于保护弱势群体、鼓励赡养良俗等立法目的，我国《继承法意见》第27条规定：“代位继承人缺乏劳动能力又没有生活来源，或者对被继承人尽过主要赡养义务的，分配遗产时，可以多分。”

疑难问题论争　民法典关于代位继承规定的疑点

我国《民法典》继承编第1128条规定：“被继承人的子女先于被继承人死亡的，由被继承人的子女的直系晚辈血亲代位继承。被继承人的兄弟姐妹先于被继承人死亡的，由被继承人的兄弟姐妹的子女代位继承。代位继承人一般只能继承被代位继承人有权继承的遗产份额。”与《继承法》相比，其进步之处在于扩大了被代位人和代位人的范围，但问题仍然存在：第一，被继承人兄弟姐妹先于被继承人死亡发生代位继承时，代位人仅限于被继承人兄弟姐妹的子女，而非被继承人兄弟姐妹的直系晚辈血亲。假设被继承人兄弟姐妹的子女亦先于被继承人死亡，但存在被

〔17〕 也有学者认为，代位人参与继承是其固有权利，不以被代位人是否丧失继承权为转移。参见郭明瑞、房绍坤：《继承法》，法律出版社1996年版，第119页。

继承人兄弟姐妹的孙子女的，如被继承人并无其他继承人，《民法典》将代位人仅限于被继承人兄弟姐妹的子女，则将造成被继承人存在五代以内旁系血亲，但无法定继承人，遗产成为无人继承的财产，这与传统的家庭伦理观念不符，亦不利于和谐亲情的构建。第二，代位继承的前提条件为被代位人先于被继承人死亡，如被代位人与被继承人同时死亡，能否发生代位继承，《民法典》并未明确规定。假设父母子女同时发生空难，但存在孙子女、外孙子女，则孙子女、外孙子女能否代位继承子女对父母的继承份额？如能，法律依据何在？〔18〕如不能，则孙子女、外孙子女的权益如何保护？依常理，在上述情景设定下，如同时存在孙子女、外孙子女与兄弟姐妹，被继承人更愿意将遗产处分于直系晚辈血亲孙子女、外孙子女，而非兄弟姐妹，但目前无论是《民法典》还是《继承法》皆无关于同时死亡的具体遗产继承规则。第三，《民法典》回避了被代位人丧失或放弃继承权的能否发生代位继承的问题。〔19〕《继承法意见》第28条明确规定了被代位人丧失继承权的不得发生代位继承，剥夺被代位人的继承权作为惩罚被代位人的措施无可置疑，但将惩罚顺延到无辜地被代位人的晚辈直系血亲上，在民法理念与私法精神上并无根基。且依常理推断，与遗产由兄弟姐妹继承或成为无人继承的财产相比，被继承人更愿意将遗产交予有直系血缘关系的晚辈亲属。虽然《继承法意见》第28条也规定"如该代位继承人缺乏劳动能力又没有生活来源，或对被继承人尽赡养义务较多的，可适当分给遗产"，但该规定一则限定了较为严苛的条件，二则仅规定"可适当"分予遗产，与代位继承并不能相提并论。另外，被代位人放弃继承权的，依代位继承原理，其直系晚辈血亲并不能发生代位继承，但关于被代位人直系晚辈血亲的权益如何保护，与丧失继承权情形存在同样的问题。

司考真题

1. 张某、李某系夫妻，生有一子张甲和一女张乙。张甲于2007年意外去世，有一女丙。张某在2010年死亡，生前拥有个人房产一套，遗嘱将该房产处分给李某。关于该房产的继承，下列哪些表述是正确的？（2011年卷三第65题）

A. 李某可以通过张某的遗嘱继承该房产

B. 丙可以通过代位继承要求对该房产进行遗产分割

C. 继承人自张某死亡时取得该房产所有权

〔18〕《民法典》继承编第1121条第2款规定的"数人在同一事件中死亡"规则的适用前提为"难以确定死亡时间的"，如能够确定死亡时间为同时，则并不能适用该规则。

〔19〕虽然遗嘱在一定程度上可以解决此类问题，但受传统观念的影响，老一辈人，尤其在农村，遗嘱并未广泛应用，故法定继承适用范围仍然非常广泛，相应地，因代位继承而发生的纠纷也比较多。

D. 继承人自该房产变更登记后取得所有权

答案:AC

解析:《民法典》继承编第1123条规定:"继承开始后,按照法定继承办理;有遗嘱的,按照遗嘱继承或者遗赠办理;有遗赠扶养协议的,按照协议办理。"本题中,张某的遗嘱有效,故李某可依遗嘱继承,选项A正确。代位继承仅适用于法定继承,而房产张某已经通过遗嘱处分了,且遗嘱效力高于法定继承,因此丙无权要求分割房产,选项B错误。《民法典》物权编第230条规定:"因继承取得物权的,自继承开始时发生效力。"故继承人李某在张某死亡时取得该房屋的所有权,而非办理完过户登记后才取得房屋所有权。C选项正确,D选项错误。

2. 甲育有二子乙和丙。甲生前立下遗嘱,其个人所有的房屋死后由乙继承。乙与丁结婚,并有一女戊。乙因病先于甲死亡后,丁接替乙赡养甲。丙未婚。甲死亡后遗有房屋和现金。下列哪些表述是正确的?(2012年卷三第66题)

A. 戊可代位继承

B. 戊、丁无权继承现金

C. 丙、丁为第一顺序继承人

D. 丙无权继承房屋

答案:AC

解析:根据《民法典》继承编第1128条的规定,乙先于甲死亡,戊作为乙之女可代位继承,A正确。《民法典》继承编第1129条规定:"丧偶儿媳对公婆,丧偶女婿对岳父母,尽了主要赡养义务的,作为第一顺序继承人。"丧偶儿媳丁赡养了甲,因此丁可作为第一顺序继承人继承。故B选项错误,C选项正确。虽然甲之遗嘱将房屋归于乙继承,但乙先于甲死亡,根据《民法典》继承编第1154条的规定:"有下列情形之一的,遗产中的有关部分按照法定继承办理:……(三)遗嘱继承人、受遗赠人先于遗嘱人死亡或者终止……"因此,房屋仍应按照法定继承办理,故丙对房屋享有继承权,D选项错误。

(二)转继承

转继承,又称二次继承、再继承、连续继承、转归继承,是指继承开始后遗产分割前,继承人死亡,其应继承的遗产份额转由其合法继承人继承的制度。被继承人死亡后遗产分割前死亡的继承人称为被转继承人,有权承受被转继承人继承的被继承人遗产的人称为转继承人。

《民法典》继承编第1152条规定:"继承开始后,继承人于遗产分割前死亡,并没有放弃继承的,该继承人应当继承的遗产转给其继承人,但是遗嘱另有安排的除外。"在我国,转继承发生的条件主要有:(1)继承人于继承开始后、遗产分割前死亡。继承开始前继承人死亡的，一般发生代位继承；遗产分割后继承人死亡的，继承人已经取得了被继承人遗产的财产权，继承人的继承人得直接继承其财产，无转继承发生之可能。(2)被转继承人未放弃继承权。基于权利后手之权利不得大于权利前手之规则，权利人不能将自己未享有的权利转移于他人，即被转继承人放弃继承权的，转继承人丧失承受权利的基础。(3)遗嘱没有其他安排。遗产的处理是民事主体对自身合法财产处分权的体现，故应尊重民事主体的自由意志，当存在遗嘱另行安排情形时应优先遵守遗嘱的自由意志。(4)转继承的份额仅限于该继承人应继承的份额。转继承事实上是发生了两次继承，先由继承人继承被继承人的遗产，然后由继承人的继承人继承其遗产，故转继承的份额只能在该继承人应当继承的遗产份额范围内。

(三)代位继承与转继承

尽管在代位继承制度与转继承制度中，都发生了继承人死亡的事件，但两者之间存在根本的区别：

第一，继承的性质不同。代位继承人基于代位继承权作为第一顺序继承人直接参与继承，其享有的是对被继承人遗产的代位继承权，只发生一次继承。转继承的实质是发生两次继承：先由被继承人的继承人继承，然后再根据法律规定或该继承人的遗嘱确定其所继承的份额由谁继承，即转继承人享有的是分割被继承人遗产的权利，而非继承被继承人遗产的权利。

第二，适用范围不同。代位继承只发生于法定继承中，而转继承既可以发生在法定继承中，也可以发生在遗嘱继承中。

第三，发生的时间不同。代位继承发生于继承人先于被继承人死亡的情形，而转继承发生于被继承人死亡后、遗产分割前继承人死亡的情形。

第四，主体不同。一是死亡的主体不同。继承的开始皆需以被继承人的死亡为前提，但代位继承与转继承成立的条件并不相同：被代位人只能是被继承人的子女或兄弟姐妹，而被转继承人可以是被继承人的任何继承人。二是继承的主体不同。代位人只能是被继承人子女的直系晚辈血亲(包括拟制血亲)或被继承人兄弟姐妹的子女，而转继承人可以是被转继承人的任何继承人。

司考真题

甲自书遗嘱将所有遗产全部留给长子乙，并明确次子丙不能继承。乙与丁婚后育有一女戊、一子己。后乙、丁遇车祸，死亡先后时间不能确定。甲悲痛成疾，不久去世。丁母健在。下列哪些表述是正确的？(2013 年卷三第 66 题)

A. 甲、戊、己有权继承乙的遗产

B. 丁母有权转继承乙的遗产

C. 戊、己、丁母有权继承丁的遗产

D. 丙有权继承、戊和己有权代位继承甲的遗产

答案:ACD

解析:根据《民法典》继承编第 1127 条的规定,父母子女之间享有继承权,故 AC 正确。《民法典》继承编第 1121 条第 2 款规定:“相互有继承关系的数人在同一事件中死亡,难以确定死亡时间的,推定没有其他继承人的人先死亡。都有其他继承人,辈分不同的,推定长辈先死亡;辈分相同的,推定同时死亡,相互不发生继承。”可见,乙、丁应推定为同时死亡,彼此不发生继承。而转继承的前提条件是被继承人(乙)先于被转继承人(丁)死亡,故丁母只能继承丁的遗产,而不能转继承乙的遗产,B 错误。根据《民法典》继承编第 1154 条的规定,遗嘱继承人先于遗嘱人死亡的,遗产按照法定继承办理。甲的继承人有子丙,及代位继承人戊和己,故 D 正确。需要注意的是,虽然遗嘱“明确次子丙不能继承”,但该遗嘱内容只能排除丙通过遗嘱的方式继承甲之遗产,并未剥夺丙的法定继承权。

四、法定继承中的遗产分配

《民法典》继承编第 1130 条对法定继承中的遗产分配进行了原则性规定:“同一顺序继承人继承遗产的份额,一般应当均等。对生活有特殊困难又缺乏劳动能力的继承人,分配遗产时,应当予以照顾。对被继承人尽了主要扶养义务或者与被继承人共同生活的继承人,分配遗产时,可以多分。有扶养能力和有扶养条件的继承人,不尽扶养义务的,分配遗产时,应当不分或者少分。继承人协商同意的,也可以不均等。”

(一)法定继承中的遗产分配原则

第一,同顺序继承人继承遗产的份额一般应当均等。一般情形下,同一顺序的继承人应当按照人数平均分配遗产。

第二,特殊情形下继承人的继承份额可以不均等。根据我国现行法的规定,继承人的继承份额可以不均等的情形主要有:一是继承人协商同意的,可以不均等。二是对生活有特殊困难又缺乏劳动能力的继承人,分配遗产时,应当予以照顾。三是有扶养能力和有扶养条件的继承人,不尽扶养义务的,分配遗产时,应当不分或者少分。但如果继承人有扶养能力和扶养条件,愿意尽扶养义务,只是被继承人因有固定收入和劳动能力,明确表示不要求其扶养的,分配遗产时,一般不应因此而影响其继承份额。四是对被继承人尽了主要扶养义务或者与被继承人共同生活的

继承人,分配遗产时,可以多分。五是有扶养能力和扶养条件的继承人虽然与被继承人共同生活,但对需要扶养的被继承人不尽扶养义务,分配遗产时,可以少分或者不分。[20]

司考真题

郭大爷女儿五年前病故,留下一子甲。女婿乙一直与郭大爷共同生活,尽了主要赡养义务。郭大爷继子丙虽然与其无扶养关系,但也不时从外地回来探望。郭大爷还有一丧失劳动能力的养子丁。郭大爷病故,关于其遗产的继承,下列哪些选项是正确的?(2010 年卷三第 67 题)

A. 甲为第一顺序继承人

B. 乙在分配财产时,可多分

C. 丙无权继承遗产

D. 分配遗产时应该对丁予以照顾

答案:ABCD

解析:根据《民法典》继承编第 1128 条规定,郭大爷女儿之子甲享有代位继承权,属于第一顺序继承人,故 A 选项正确。根据《民法典》继承编第 1129 条规定,丧偶女婿乙作为第一顺序继承人享有继承权,根据《民法典》继承编第 1130 条第 3 款规定:"对被继承人尽了主要扶养义务或者与被继承人共同生活的继承人,分配遗产时,可以多分。"故选项 B 正确。根据《民法典》继承编第 1127 条第 3 款规定,享有继承权的继子女是有抚养关系的继子女,故丙无权继承遗产,选项 C 正确。根据《民法典》继承编第 1130 条第 2 款规定:"对生活有特殊困难又缺乏劳动能力的继承人,分配遗产时,应当予以照顾。"故选项 D 正确。

(二)继承人外有权取得遗产的主体

在法定继承中,出于保护弱势群体、鼓励亲属互帮互助等立法目的需要,除继承人外,有些主体依法也有权适当分得遗产。如我国《民法典》继承编第 1131 条规定:"对继承人以外的依靠被继承人扶养的人,或者继承人以外的对被继承人扶养较多的人,可以分给适当的遗产。"与《继承法》第 14 条相比,《民法典》将酌情分配遗产权的范围扩大了,将《继承法》对继承人外依靠被继承人抚养的人所设定的"缺乏劳动能力又没有生活来源"的条件取消了,尽可能地遵循被继承人生前处分行为、探寻被继承人的真实意思。

---

〔20〕 参见《民法典》继承编第 1130 条,《继承法意见》第 33、34 条。

继承人以外的民事主体亦可取得遗产，比如，被收养人既对养父母尽了赡养义务，同时又对生父母扶养较多的，则不仅可继承养父母的遗产，还可分得生父母适当的遗产。[21] 对于继承人外主体分得遗产的份额确定，可视被继承人原来的扶养程度或所尽扶养义务的多少等具体情况决定多于或少于继承人。当继承人外适当分得遗产的权利遭受侵害时，权利人有权以独立诉讼主体资格向人民法院提起诉讼，但其在遗产分割时明知而未提出请求的，人民法院一般不予受理，如其不知而未提出请求的，可以在3年内起诉，人民法院应当予以受理。[22]

第三节 遗嘱继承

一、遗嘱的概念与特征

遗嘱是自然人生前依其意愿对个人合法财产作出处分及安排与此有关的事务，并于其死后发生法律效力的民事行为。遗嘱的特点主要体现为以下几个方面：(1)遗嘱是自然人实施的单方行为。是否设立遗嘱、遗嘱的内容如何设计、是否变更、撤回遗嘱等仅凭自然人单方的意思表示即可产生相应的法律效果，无须征得他人同意。正因为遗嘱的产生以自然人具有意思表示为前提，所以只有完全民事行为能力人才能成为立遗嘱人。(2)遗嘱是自然人处分自己权利的处分行为。遗嘱是自然人生前依自由意愿作出的对其合法权利的处分行为。(3)遗嘱是要式行为。法律对遗嘱的形式及各种形式遗嘱的形式要件、实质要件皆作出了明确规定，只有符合这些规定才能发生法律效力。(4)遗嘱是立遗嘱人死后发生法律效力的民事行为。尽管遗嘱是立遗嘱人生前所立，但其并未生效，只有立遗嘱人死亡后才能发生法律效力。

二、遗嘱的形式

我国《民法典》继承编第1134～1139条规定了遗嘱的形式及各自的要件：

(一)自书遗嘱

自书遗嘱是指由被继承人亲自书写的遗嘱。《民法典》继承编第1134条规定："自书遗嘱由遗嘱人亲笔书写，签名，注明年、月、日。"如公民在遗书中涉及死后个

---

〔21〕 参见《继承法意见》第19条。

〔22〕 参见《继承法意见》第32条。

人财产处分的内容，确为死者真实意思的表示，有本人签名并注明了年、月、日，又无相反证据的，亦可按自书遗嘱对待。[23]

（二）代书遗嘱

代书遗嘱是指遗嘱人的真实意思表示由他人代笔书写的遗嘱。《民法典》继承编第1135条规定："代书遗嘱应当有两个以上见证人在场见证，由其中一人代书，并由遗嘱人、代书人和其他见证人签名，注明年、月、日。"代书遗嘱主要是为书写不便的遗嘱人所设计的法律制度。

（三）打印遗嘱

打印遗嘱是指遗嘱人的真实意思表示通过打印的方式设立的遗嘱。《民法典》继承编第1136条规定："打印遗嘱应当有两个以上见证人在场见证。遗嘱人和见证人应当在遗嘱每一页签名，注明年、月、日。"打印遗嘱是《民法典》新增加的遗嘱形式，也是立法者顺应现实需求所设立的新遗嘱形式。

（四）录音录像遗嘱

录音录像遗嘱是指遗嘱人的真实意思表示通过音频、视频等视听资料的形式记录的遗嘱。《民法典》继承编第1137条规定："以录音录像形式立的遗嘱，应当有两个以上见证人在场见证。遗嘱人和见证人应当在录音录像中记录其姓名或者肖像，以及年、月、日。"录像遗嘱是《民法典》新增的遗嘱形式，亦是顺应实际需求所设立的新遗嘱形式。

（五）口头遗嘱

口头遗嘱是指遗嘱人的真实意思表示直接由遗嘱人通过口头表达的方式设立的遗嘱。《民法典》继承编第1138条规定："遗嘱人在危急情况下，可以立口头遗嘱。口头遗嘱应当有两个以上见证人在场见证。危急情况消除后，遗嘱人能够以书面或者录音录像形式立遗嘱的，所立的口头遗嘱无效。"由于口头遗嘱无实物记载，故在实践中易引纠纷，因此口头遗嘱的条件限定为：（1）仅发生于遗嘱人处于危急情况时。即遗嘱人因危急情况无法采取其他形式设立遗嘱时才能设立口头遗嘱。（2）应当有2个以上见证人在场见证。（3）危急情况解除后，遗嘱人能采取其他形式设立遗嘱的，所立口头遗嘱无效。

---

〔23〕 参见《继承法意见》第40条。

(六)公证遗嘱

公证遗嘱是指遗嘱的设立、内容经公证机关依法办理的遗嘱。《民法典》继承编第1139条规定:“公证遗嘱由遗嘱人经公证机构办理。”公证遗嘱的设立须经申请、受理、审查、出具公证书几个程序,且每个程序的设立都须符合《遗嘱公证细则》所规定的形式要件与实质条件。公证处出具公证书的条件主要包括:(1)遗嘱人身份属实,具有完全民事行为能力;(2)遗嘱人意思表示真实;(3)遗嘱人证明或保证所处分的财产是其个人财产;(4)遗嘱内容不违反法律规定、社会公共利益,内容完备,文字表述准确,签名、制作日期齐全;(5)办证程序符合规定。[24]

为确保代书遗嘱、打印遗嘱、录音录像遗嘱、口头遗嘱中遗嘱人意思表示的真实性,此类遗嘱的设立必须由2个以上见证人在场见证。为保证见证人的证明效力,《民法典》继承编第1140条规定:“下列人员不能作为遗嘱见证人:(一)无民事行为能力人、限制民事行为能力人以及其他不具有见证能力的人;(二)继承人、受遗赠人;(三)与继承人、受遗赠人有利害关系的人。”与《继承法》第18条相比,《民法典》增加了“其他不具有见证能力的人”这一概括性规定,增加了法律条款的弹性与包容性,但关于见证能力的具体标准目前并无明确规定。“与继承人、受遗赠人有利害关系的人”包括但不限于继承人、受遗赠人的债权人、债务人,共同经营的合伙人等。

司考真题

甲有乙、丙和丁三个女儿。甲于2013年1月1日亲笔书写一份遗嘱,写明其全部遗产由乙继承,并签名和注明年月日。同年3月2日,甲又请张律师代书一份遗嘱,写明其全部遗产由丙继承。同年5月3日,甲因病被丁送至医院急救,甲又立口头遗嘱一份,内容是其全部遗产由丁继承,在场的赵医生和李护士见证。甲病好转后出院休养,未立新遗嘱。如甲死亡,下列哪一选项是甲遗产的继承权人?(2014年卷三第24题)

A. 乙

B. 丙

C. 丁

D. 乙、丙、丁

答案:A

---

〔24〕 参见《遗嘱公证细则》第17条。

解析:《民法典》继承编第1134条规定:"自书遗嘱由遗嘱人亲笔书写,签名,注明年、月、日。"甲于2013年1月1日订立的自书遗嘱有效。《民法典》继承编第1135条规定:"代书遗嘱应当有两个以上见证人在场见证,由其中一人代书,并由遗嘱人、代书人和其他见证人签名,注明年、月、日。"甲于2013年3月2日订立的代书遗嘱因欠缺见证人而不成立。《民法典》继承编第1138条规定:"遗嘱人在危急情况下,可以立口头遗嘱。口头遗嘱应当有两个以上见证人在场见证。危急情况消除后,遗嘱人能够以书面或者录音录像形式立遗嘱的,所立的口头遗嘱无效。"甲于2013年5月3日订立的口头遗嘱因危急情况解除而无效。故生效的是自书遗嘱,乙享有继承权,A正确。

三、遗嘱的有效要件

遗嘱的有效要件是指遗嘱发生法律效力所应具备的要件。遗嘱的有效要件主要包括以下几项:

第一,遗嘱人在设立遗嘱时应具备遗嘱能力。立遗嘱时遗嘱人应是完全民事行为能力人,无民事行为能力人或限制行为能力人所立遗嘱无效。无行为能力人所立遗嘱,即便其本人后来具备了行为能力,仍属无效遗嘱;反之,遗嘱人立遗嘱时有行为能力,即便其后来丧失了行为能力,仍不影响遗嘱的效力。

第二,遗嘱必须是遗嘱人真实意思表示。遗嘱是遗嘱人对自身权益的处分,应遵循意思自治原则,任何个人、团体皆不得干涉其自由,受欺诈、胁迫所立的遗嘱无效;伪造的遗嘱无效;遗嘱被篡改的,篡改部分的内容无效。

第三,遗嘱的内容合法。遗嘱是遗嘱人对自身合法利益的生前处分,必须不得违反法律的强制性规定。如遗嘱人以遗嘱处分了属于国家、集体或他人所有的财产,则该部分遗嘱应认定无效。[25]《民法典》继承编第1141条规定:"遗嘱应当为缺乏劳动能力又没有生活来源的继承人保留必要的遗产份额。"如果遗嘱人未保留缺乏劳动能力又没有生活来源的继承人的遗产份额,那么在处理遗产时,应当为该继承人留下必要的遗产,所剩余的部分才可以参照遗嘱确定的分配原则处理。[26]当然,继承人是否缺乏劳动能力又没有生活来源,应当按遗嘱生效时该继承人的具体情况确定,而非按遗嘱设立时的情况确定。

第四,遗嘱的形式合法。遗嘱的形式由法律明确规定,我国《民法典》规定了六种遗嘱形式及每种遗嘱形式的形式要件,遗嘱人在设立遗嘱时应遵循这些条件。但基于法不溯及既往的基本原则,针对继承法实施前订立的形式上稍有欠缺的遗

---

〔25〕参见《继承法意见》第38条。

〔26〕参见《继承法意见》第37条。

嘱，如果内容合法且有充分证据证明确为遗嘱人真实意思表示的，可以认定遗嘱有效。[27]

四、遗嘱的变更、撤回与执行

（一）遗嘱的变更、撤回

遗嘱是遗嘱人对自身合法利益的单方处分行为，且在遗嘱人死亡后才能生效，基于意思自治的私法精神，遗嘱人有权在生前自由变更、撤回遗嘱。我国《民法典》继承编第1142条第1款规定："遗嘱人可以撤回、变更自己所立的遗嘱。"遗嘱的变更与撤回皆发生在遗嘱设立后、遗嘱生效前，区别在于前者是对遗嘱内容的部分更改，后者是对原遗嘱内容的整个取消。

遗嘱的设立、变更、撤回皆属于遗嘱行为，因此，遗嘱的变更、撤回所需的条件与遗嘱设立的条件类似：（1）遗嘱人在变更、撤回遗嘱时应具备遗嘱能力。（2）遗嘱的变更、撤回必须是遗嘱人真实意思表示。（3）变更、撤回遗嘱的意思表示内容合法。（4）遗嘱的变更、撤回必须符合法定或推定的形式。

变更、撤回遗嘱既可以明示方式作出，亦可以推定方式作出，但皆应不违反法律的强制性规定。以推定方式对遗嘱进行变更、撤回的主要情形有：（1）立遗嘱后，遗嘱人实施与遗嘱内容相反的民事法律行为的，视为对遗嘱相关内容的撤回。遗嘱人生前行为与遗嘱的意思表示相反，而使遗嘱处分的财产在继承开始前灭失，部分灭失或所有权转移、部分转移的，视为遗嘱被撤回或部分被撤回。[28]（2）遗嘱人先后设立数份内容相抵触的遗嘱时，一般推定后遗嘱是对前遗嘱的变更或撤回。需要注意的是，《继承法》第20条第3款规定："自书、代书、录音、口头遗嘱，不得撤回、变更公证遗嘱。"《继承法意见》第42条亦规定了公证遗嘱具有优先效力，但此类规定在《民法典》中并未体现，即《民法典》取消了公证遗嘱的优先效力，严格按照遗嘱设立的时间来决定遗嘱的效力，更加体现《民法典》尊重当事人真实意思表示的立法宗旨。（3）遗嘱人故意销毁遗嘱[29]或以其他方式废除遗嘱的，推定遗嘱人撤回原遗嘱。

---

[27] 参见《继承法意见》第35条。

[28] 参见《继承法意见》第39条。

[29] 笔者认为，遗嘱人销毁遗嘱视为撤回遗嘱的效力范围不应包括公证遗嘱，原因在于，公证这一形式本身即具有相应的法律效力，公证的公示力不因记载文书的消失而丧失，如遗嘱人不愿意遵守公证遗嘱的内容，完全可以通过设立其他遗嘱形式而变更或撤回遗嘱。

司考真题

1. 甲立下一份公证遗嘱，将大部分财产留给儿子乙，少部分的存款留给女儿丙。后乙因盗窃而被判刑，甲伤心至极，在病榻上当着众亲友的面将遗嘱烧毁，不久去世。乙出狱后要求按照遗嘱的内容继承遗产。对此，下列哪一选项是正确的？(2008 年卷三第 14 题)

A. 乙有权依据遗嘱的内容继承遗产

B. 乙只能依据法定继承的规定继承遗产

C. 乙无权继承任何遗产

D. 可以分给乙适当的遗产

答案：A

解析：《民法典》第六编第 1125 条规定了继承权的丧失条件，乙并不符合丧失继承权的法定条件。当众撕毁并不影响公证遗嘱的效力，且题中并未显示公证遗嘱后另行设立了其他形式遗嘱。因此，虽然甲将公证遗嘱烧毁，但并未改变原来的公证遗嘱的内容，所以乙有权依据遗嘱的内容继承遗产。正确答案为 A 选项。

2. 老夫妇王冬与张霞有一子王希、一女王楠，王希婚后育有一子王小力。王冬和张霞曾约定，自家的门面房和住房属于王冬所有。2012 年 8 月 9 日，王冬办理了公证遗嘱，确定门面房由张霞和王希共同继承。2013 年 7 月 10 日，王冬将门面房卖给他人并办理了过户手续。2013 年 12 月，王冬去世，不久王希也去世。关于住房和出售门面房价款的继承，下列哪一说法是错误的？(2015 年卷三第 21 题)

A. 张霞有部分继承权

B. 王楠有部分继承权

C. 王小力有部分继承权

D. 王小力对住房有部分继承权、对出售门面房的价款有全部继承权

答案：D

解析：《民法典》继承编第 1142 条第 2 款规定："立遗嘱后，遗嘱人实施与遗嘱内容相反的民事法律行为的，视为对遗嘱相关内容的撤回。"王冬在生前将门面房出售即以自己的行为撤回了遗嘱，门面房的价款并没有新的遗嘱，则属于法定继承的范畴，由法定继承人其妻张霞、其女王楠和代位继承人王小力继承。故 ABC 正确，D 错误。

3. 韩某于 2017 年 3 月病故，留有住房 1 套、存款 50 万元、名人字画 10 余幅及某有限责任公司股权等遗产。韩某在 2014 年所立第一份自书遗嘱中表示全部遗产由其长子韩大继承。在 2015 年所立第二份自书遗嘱中，韩某表示其死后公司股权

和名人字画留给7岁的外孙女婷婷。2017年6月,韩大在未办理韩某遗留房屋所有权变更登记的情况下以自己的名义与陈卫订立了商品房买卖合同。下列哪些选项是错误的?(2017年卷三第66题)

A. 韩某的第一份遗嘱失效

B. 韩某的第二份遗嘱无效

C. 韩大与陈卫订立的商品房买卖合同无效

D. 婷婷不能取得某有限责任公司股东资格

答案:ABCD

解析:韩某2014年所立自书遗嘱并无无效事由,故有效。韩某2015年所立自书遗嘱亦无无效事由,亦有效。《民法典》继承编第1142条规定:"遗嘱人可以撤回、变更自己所立的遗嘱。立遗嘱后,遗嘱人实施与遗嘱内容相反的民事法律行为的,视为对遗嘱相关内容的撤回。立有数份遗嘱,内容相抵触的,以最后的遗嘱为准。"2015年的遗嘱只是对2014年遗嘱的部分变更,变更部分按2015年遗嘱处理,其余部分仍按照2014年遗嘱处理,因此,ABD错误。《民法典》物权编第215条规定:"当事人之间订立有关设立、变更、转让和消灭不动产物权的合同,除法律另有规定或者当事人另有约定外,自合同成立时生效;未办理物权登记的,不影响合同效力。"房屋所有权登记与否影响的是物权效力,与买卖合同效力无关,C错误。

(二)遗嘱的执行

遗嘱的执行是指遗嘱生效后,由遗嘱执行人实施的落实遗嘱内容的一系列行为。遗嘱的执行不仅是实现遗嘱人遗愿的重要途径,对继承人、利害关系人利益的保护也极其重要。《民法典》第1133条第1款规定:"自然人可以依照本法规定立遗嘱处分个人财产,并可以指定遗嘱执行人。"可见,遗嘱执行人的产生途径主要为遗嘱指定。遗嘱执行人既可以是法定继承人,也可以是法定继承人以外的人。

遗嘱执行人应是完全民事行为能力人,应忠实、全面地执行遗嘱,确保遗嘱人真实意思的实现,保障遗嘱继承人、受遗赠人的合法利益。如果遗嘱继承人和受遗赠人发现遗嘱执行人在执行遗嘱时违背了法律规定和遗嘱内容,可以依法向人民法院起诉,请求撤换遗嘱执行人;因遗嘱执行人原因给遗嘱继承人或者受遗赠人造成损害的,遗嘱执行人应依法承担相应地民事责任。

五、遗嘱继承的概念和特征

遗嘱继承又称为意定继承,是指依照被继承人生前所立合法有效遗嘱取得被继承人遗产的继承方式。《民法典》继承编第1133条规定:"自然人可以依照本法规定立遗嘱处分个人财产,并可以指定遗嘱执行人。自然人可以立遗嘱将个人财产指定由法定继承人中的一人或者数人继承。自然人可以立遗嘱将个人财产赠与国家、集体或者法定继承人以外的组织、个人。自然人可以依法设立遗嘱信托。”与《继承法》第16条相比,《民法典》新增了遗嘱信托形式,更加充分地尊重了民事主体对自身合法财产的处分权。

与法定继承不同,遗嘱继承的特征主要表现为:(1)遗嘱继承的生效除了被继承人死亡的法律事实外,还需以合法有效遗嘱的存在为前提。(2)遗嘱继承中,继承主体、继承顺序、继承份额、遗产分配方法等皆由遗嘱的内容确定。(3)遗嘱继承人只能是法定继承范围内的人。法定继承人外且通过遗嘱取得遗产的人是遗赠人。(4)遗嘱继承的法律效力优先于法定继承。只有无遗嘱继承、遗嘱无效或遗嘱未涉及的遗产,才适用法定继承。

六、遗嘱继承的适用条件

根据我国《民法典》的相关规定,遗嘱继承的适用条件主要有:

第一,遗嘱的内容不与遗赠扶养协议相抵触。当遗嘱处分的财产与合法有效的遗赠扶养协议所涉财产冲突时,遗赠扶养协议效力优先。只有当没有遗赠扶养协议,或遗嘱内容未与遗赠扶养协议内容冲突时,才能按遗嘱内容执行。

第二,被继承人生前立有合法有效遗嘱,且被继承人死亡。遗嘱继承的实施均围绕着遗嘱展开,因此要求遗嘱的内容必须客观真实、不违反法律的强制性规定、社会公共利益和公序良俗。

第三,遗嘱继承人享有继承权。遗嘱继承人不得先于被继承人死亡,否则,该部分遗产按法定继承处理;遗嘱继承人不得丧失继承权,否则该部分遗嘱内容无效;遗嘱继承人在继承开始后、遗产分割前明确表示放弃继承权的,也不能适用遗嘱继承。

第四节 遗赠与遗赠扶养协议

一、遗赠

(一)遗赠的概念与特征

遗赠是指按照立遗嘱人所订立的遗嘱,由法定继承人之外的主体取得遗产的法律制度。我国《民法典》继承编第1133条第3款规定:“自然人可以立遗嘱将个人财产赠与国家、集体或者法定继承人以外的组织、个人。”遗赠法律关系中，立遗嘱人称为遗赠人，遗嘱中指定的接受遗产的人称为受遗赠人。

遗赠的主要特征有：

第一，遗赠是单方、要式、无偿行为。遗赠的成立仅凭遗赠人单方的意思表示即可发生，无须受遗赠人的同意。遗赠以遗嘱的方式进行，因此遗赠的生效须符合遗嘱设立的形式要件。遗赠是遗赠人向受遗赠人无偿转让遗产的行为，即便是附义务的遗赠，所附义务也不能构成遗赠的对价。当然，遗赠附义务时，受遗赠人应当于遗赠生效后履行义务。《民法典》继承编第 1144 条规定：“遗嘱继承或者遗赠附有义务的，继承人或者受遗赠人应当履行义务。没有正当理由不履行义务的，经利害关系人或者有关组织请求，人民法院可以取消其接受附义务部分遗产的权利。”附义务遗嘱中，不履行所附义务，并非直接取消接受遗产的权利，而是取消接受附义务部分遗产的权利。

第二，遗赠是死因行为。遗赠的生效除了有效遗嘱的存在外，还以遗赠人死亡为生效要件。

第三，受遗赠人是法定继承人之外的主体。遗赠人可能通过遗嘱将遗产指定给法定继承人之外的自然人、法人、非法人组织、集体、国家，如指定给法定继承人，则发生遗嘱继承。

第四，受遗赠人、可得遗产的份额，均由遗嘱确定。哪些主体可成为受遗赠人、可享有遗产的份额是多少，都由遗嘱的内容确定，而非由法律规定。

第五，受遗赠人的受遗赠权，只能由本人享有。遗赠是遗赠人以遗嘱的形式指定受遗赠人接受遗产的行为，只有特定的受遗赠人本人才享有受遗赠权，该权利不得转让他人。受遗赠人先于被继承人死亡的，或继承开始后、受遗赠人在作出接受遗赠意思表示前死亡的，皆不发生遗赠效力，该部分遗产按法定继承处理。但继承开始后、遗产分割前，受遗赠人表示了接受遗赠又死亡的，其接受遗赠的权利转移给他的继承人。〔30〕一般而言，受遗赠人于接受遗赠时须为生存之人，但出于胎儿利益保护的特殊性，胎儿可以成为受遗赠人。需要注意的是，受遗赠人的受遗赠权在受遗赠人实施了《民法典》继承编第 1125 条第 1 款规定的行为时丧失，〔31〕但受遗赠人丧失受遗赠权是否区分为绝对丧失和相对丧失，该问题《民法典》继承编并未明

〔30〕 参见《继承法意见》第 53 条。

〔31〕 参见《民法典》继承编第 1125 条第 3 款规定。

确规定,值得研究。[32]

司考真题

王某立有遗嘱,表示将遗产50万元留给妹妹甲,但此款须全部用于资助贫困大学生。王某死后,甲取得王某的50万元遗产,但并未履行资助义务且无正当理由。王某有一子一女。下列哪些选项是正确的?(2008年四川题卷三第60题)

A. 王某的儿子或女儿可以请求法院取消甲取得遗产的权利

B. 甲的继承权被取消后,按照法定继承原则分配王某的遗产

C. 甲的继承权被取消后,王某的儿子和女儿继承甲的遗产

D. 王某的儿子或女儿必须按照王某的要求履行义务,才能取得王某的遗产

答案:AD

解析:根据《民法典》继承编第1144条规定:"遗嘱继承或者遗赠附有义务的,继承人或者受遗赠人应当履行义务。没有正当理由不履行义务的,经利害关系人或者有关组织请求,人民法院可以取消其接受附义务部分遗产的权利。"因此,选项A正确。根据《继承法意见》第43条规定:"附义务的遗嘱继承或遗赠,如义务能够履行,而继承人、受遗赠人无正当理由不履行,经受益人或其他继承人请求,人民法院可以取消他接受附义务那部分遗产的权利,由提出请求的继承人或受益人负责按遗嘱人的意愿履行义务,接受遗产。"因此,选项D正确。但王某的子女须"按遗嘱人的意愿履行义务"后方可"接受遗产",故选项B、C错误。

(二)遗赠与相关概念的比较

1. 遗赠与遗嘱继承

遗赠与遗嘱继承虽然都是通过遗嘱的形式确定受益人、受益顺序、受益份额等,且生效皆以有效遗嘱存在、被继承人死亡为要件,但两者之间存在根本的区别:(1)主体范围不同。受遗赠人可以是法定继承人范围外的任何主体,包括自然人、集体、国家,而遗嘱继承人只能是法定继承人范围内的自然人。(2)接受与放弃的

---

[32] 笔者认为,《民法典》继承编第1125条第3款规定的受遗赠人丧失受遗赠权属于绝对丧失,理由有三:第一,作为《民法典》新增规定,明确规定"丧失受遗赠权"后果,并无其他相反规定,故不应擅自做扩大或变更解释。第二,《民法典》继承编第1125条第2款明确规定了继承权的相对丧失,即立法者考虑到了五种情形的不同,如果立法者有意在受遗赠权丧失中区分绝对丧失和相对丧失,则会直接规定于第3款中,但第3款并未明文规定。第三,基于继承人与受遗赠人范围的不同,继承法基于维护家庭、血缘、伦理关系的需要,对继承人、受遗赠人的态度并不完全相同,遗赠关系并不能当然类比适用继承关系。如《民法典》继承编第1124条关于默示的法律后果,继承人与受遗赠人截然不同。

方式不同。除了明示方式外，默示在两种法律制度中有不同的法律效果：遗嘱继承中，继承人在继承开始后、遗产分割前没有表示的，视为接受继承；遗赠法律关系中，受遗赠人在知道受遗赠后60日内没有表示的，视为放弃受遗赠。[33]

2. 遗赠与赠与

遗赠与赠与虽然都属无偿行为，但两者存在以下区别：(1)法律行为的性质不同。遗赠是单方行为，仅凭遗赠人单方的意思表示即可成立，无须受遗赠人的同意；赠与是双方行为，需要赠与人与受赠人双方意思表示达成一致方可成立。[34] (2)生效时间不同。遗赠是死因行为，遗赠人死亡后才能发生法律效力；赠与是生前行为，一般赠与人与受赠人意思表示一致时即生效。(3)意思表示的方式不同。遗赠的内容由遗嘱确立，因此，遗赠的设立必须符合法律对遗嘱特别规定的形式要求，属于要式行为；赠与设立的形式法律并无特别规定，属于不要式行为。

二、遗赠扶养协议

(一)遗赠扶养协议的概念与特征

遗赠扶养协议是指遗赠人与扶养人订立的，由扶养人承担遗赠人生养死葬义务，遗赠人于其死亡后，将约定遗产转移给扶养人的协议。遗赠扶养协议的双方当事人分别为扶养人与受扶养人。《民法典》继承编第1158条规定："自然人可以与继承人以外的组织或者个人签订遗赠扶养协议。按照协议，该组织或者个人承担该自然人生养死葬的义务，享有受遗赠的权利。"与《继承法》第31条将遗赠扶养协议的相对方限定为"扶养人""集体所有制组织"相比，《民法典》将遗赠扶养协议的相对方界定为"继承人以外的组织或者个人"，该界定更具开放性，包容性更强。

遗赠扶养协议的特点主要有：

第一，遗赠扶养协议的主体具有特殊性。在遗赠扶养协议中，受扶养人只能是自然人，而扶养人可以是自然人、法人、非法人组织等，且扶养人只能是对被扶养人没有法定扶养义务的人，即必须不是被扶养人的法定继承人。

第二，遗赠扶养协议是双务、有偿行为。在遗赠扶养协议中，当事人双方互享权利、互负义务，权利的享有以义务的负担为对价。

第三，遗赠扶养协议是诺成、要式行为。遗赠扶养协议的设立需要当事人双方意思表示达成一致即可，无须以交付标的物为要件。虽然我国现行法并未明确规

---

〔33〕《民法典》继承编第1124条规定："继承开始后，继承人放弃继承的，应当在遗产处理前，以书面形式作出放弃继承的表示；没有表示的，视为接受继承。受遗赠人应当在知道受遗赠后六十日内，作出接受或者放弃受遗赠的表示；到期没有表示的，视为放弃受遗赠。"

〔34〕《民法典》合同编第657条规定："赠与合同是赠与人将自己的财产无偿给予受赠人，受赠人表示接受赠与的合同。"

定遗赠扶养协议的形式,但通说认为,应采用书面形式。[35]

第四,遗赠扶养协议是生前行为与死因行为的统一。自遗赠扶养协议生效时起扶养人即应履行扶养义务,故为生前行为;而遗赠内容的实现只有被扶养人死亡后才能发生法律效力,故为死因行为。

第五,遗赠扶养协议的效力优先于遗嘱。在法定继承、遗嘱继承、遗赠、遗赠扶养协议中,遗赠扶养协议的效力最强,当发生冲突时,应优先适用遗赠扶养协议。《继承法意见》第5条规定:"被继承人生前与他人订有遗赠扶养协议,同时又立有遗嘱的,继承开始后,如果遗赠扶养协议与遗嘱没有抵触,遗产分别按协议和遗嘱处理;如果有抵触,按协议处理,与协议抵触的遗嘱全部或部分无效。"

(二)遗赠扶养协议与遗赠

虽然遗赠扶养协议与遗赠都是自然人生前依其自由意愿做出的对合法财产的处分行为,且都是于自然人死亡后实现利益转移的民事行为,但两者存在以下区别:(1)法律行为的性质不同。遗赠扶养协议是双务行为、有偿行为、双方行为,是生前行为与死因行为的统一;遗赠是单务行为、无偿行为、单方行为、死因行为。(2)遗赠扶养协议是合同行为,遗赠是遗嘱行为。遗赠扶养协议本质是以生养死葬义务、受遗赠权为内容的合同,故须采取合同形式,且双方主体皆应具备相应的行为能力;遗赠则以遗嘱方式设立,故可采取遗嘱设立的六种形式,且遗赠人必须具备完全民事行为能力,但受遗赠人对民事行为能力无任何要求。

(三)遗赠扶养协议的效力

遗赠扶养协议是合同行为,是诺成行为,一经依法签订即产生效力,对合同双方当事人皆有约束力,扶养人应履行扶养义务,受扶养人应履行遗赠义务。扶养人对受扶养人应履行生养死葬义务,若不认真履行扶养义务,受扶养人可要求解除协议,对扶养人已支出的扶养费用一般不予补偿。受扶养人生前负有不得擅自处分遗赠扶养协议约定财产的义务,如违反该义务,扶养人可要求解除协议,受扶养人应补偿扶养人已支出的扶养费用。我国《继承法意见》第56条规定:"扶养人或集体组织与公民订有遗赠扶养协议,扶养人或集体组织无正当理由不履行,致协议解除的,不能享有受遗赠的权利,其支付的供养费用一般不予补偿;遗赠人无正当理由不履行,致协议解除的,则应偿还扶养人或集体组织已支付的供养费用。"

遗赠扶养协议的效力优先于遗赠、遗嘱继承和法定继承。关于法定继承、遗嘱继承、遗赠和遗赠扶养协议的效力,《民法典》继承编第1123条规定:"继承开始后,按照

---

〔35〕 参见韩松主编:《民法分论》,中国政法大学出版社2013年版,第602页。

法定继承办理;有遗嘱的,按照遗嘱继承或者遗赠办理;有遗赠扶养协议的,按照协议办理。"可见,遗赠扶养协议的效力优先于遗嘱继承、遗赠,而遗嘱继承、遗赠的效力优先于法定继承。《继承法意见》第55条规定:"集体组织对'五保户'实行'五保'时,双方有扶养协议的,按协议处理;没有扶养协议,死者有遗嘱继承人或法定继承人要求继承的,按遗嘱继承或法定继承处理,但集体组织有权要求扣回'五保'费用。"

司考真题

1. 甲妻病故,膝下无子女,养子乙成年后常年在外地工作。甲与村委会签订遗赠扶养协议,约定甲的生养死葬由村委会负责,死后遗产归村委会所有。后甲又自书一份遗嘱,将其全部财产赠与侄子丙。甲死后,乙就甲的遗产与村委会以及丙发生争议。对此,下列哪一选项是正确的?(2010年卷三第19题)

A. 甲的遗产应归村委会所有

B. 甲所立遗嘱应予撤销

C. 村委会、乙和丙共同分割遗产,村委会可适当多分

D. 村委会和丙平分遗产,乙无权分得任何遗产

答案:A

解析:《继承法意见》第5条规定:"被继承人生前与他人订有遗赠抚养协议,同时又立有遗嘱的,继承开始后,如果遗赠抚养协议与遗嘱没有抵触,遗产分别按协议和遗嘱处理;如果有抵触,按协议处理,与协议抵触的遗嘱全部或部分无效。"因此,遗赠抚养协议的效力大于遗嘱或遗赠的效力,遗嘱或遗赠的效力大于法定继承。在本题中,被继承人甲生前与村委会订立遗赠抚养协议,同时又立有遗嘱,根据《民法典》继承编第1123条及《继承法意见》第5条规定,应当按遗赠抚养协议的约定办理,遗产全部归村委会,故受遗赠人丙、法定继承人乙皆不能分得遗产。选项A正确。

2. 甲与保姆乙约定:甲生前由乙照料,死后遗产全部归乙。乙一直细心照料甲。后甲女儿丙回国,与乙一起照料甲,半年后甲去世。丙认为自己是第一顺序继承人,且尽了义务,主张甲、乙约定无效。下列哪一表述是正确的?(2012年卷三第24题)

A. 遗赠抚养协议有效

B. 协议部分无效,丙可以继承甲的一半遗产

C. 协议无效,应按法定继承处理

D. 协议有效,应按遗嘱继承处理

答案:A

解析:根据《民法典》继承编第1158条规定:"自然人可以与继承人以外的组织

或者个人签订遗赠扶养协议。按照协议,该组织或者个人承担该自然人生养死葬的义务,享有受遗赠的权利。”选项 A 正确。根据《民法典》继承编第 1123 条规定:“继承开始后,按照法定继承办理;有遗嘱的,按照遗嘱继承或者遗赠办理;有遗赠扶养协议的,按照协议办理。”选项 B、C、D 错误。

第五节　继承的开始与遗产的处理

一、继承的开始

(一)继承开始的时间

继承的开始即继承法律关系的产生。《民法典》继承编第 1121 条第 1 款规定:“继承从被继承人死亡时开始。”即继承开始的时间为被继承人死亡时。死亡分为生理死亡(自然死亡)和宣告死亡,生理死亡以有关部门出具的死亡证明上确认的死亡时间为准,宣告死亡的死亡时间依《民法典》总则编第 48 条的规定确立:“被宣告死亡的人,人民法院宣告死亡的判决作出之日视为其死亡的日期;因意外事件下落不明宣告死亡的,意外事件发生之日视为其死亡的日期。”针对相互享有继承权的几个人在同一事件中死亡时死亡时间的确定问题,《民法典》继承编第 1121 条第 2 款规定:“相互有继承关系的数人在同一事件中死亡,难以确定死亡时间的,推定没有其他继承人的人先死亡。都有其他继承人,辈份不同的,推定长辈先死亡;辈份相同的,推定同时死亡,相互不发生继承。”与《继承法意见》第 2 条相比,《民法典》将“没有继承人”修改为“没有其他继承人”,语义更清晰,不易发生混淆。

司考真题

王某与李某系夫妻,二人带女儿外出旅游,发生车祸全部遇难,但无法确定死亡的先后时间。下列哪些选项是正确的?(2008 年卷三第 60 题)

A. 推定王某和李某先于女儿死亡

B. 推定王某和李某同时死亡

C. 王某和李某互不继承

D. 女儿作为第一顺序继承人继承王某和李某的遗产

答案:ABCD

解析:根据《民法典》继承编第 1121 条第 2 款的规定,王某、李某是长辈,故推定先于女儿死亡。选项A、D正确。王某、李某是夫妻,辈分相同,推定同时死亡,彼此不发生继承,故选项B、C正确。

(二)继承开始的地点

继承开始的地点是继承人参与继承法律关系、行使继承权、取得遗产的场所。继承开始的地点一般为被继承人生前最后的住所地。被继承人生前最后住所地与主要遗产所在地不一致的,以主要遗产所在地为继承的地点。遗产是不动产的,以不动产所在地为继承的地点。

(三)继承开始的通知

继承开始后,相关权利人可能不知道继承开始的事实,此时,需要继承开始的通知。《民法典》继承编第1150条规定:"继承开始后,知道被继承人死亡的继承人应当及时通知其他继承人和遗嘱执行人。继承人中无人知道被继承人死亡或者知道被继承人死亡而不能通知的,由被继承人生前所在单位或者住所地的居民委员会、村民委员会负责通知。"《继承法意见》第44条规定:"人民法院在审理继承案件时,如果知道有继承人而无法通知的,分割遗产时,要保留其应继承的遗产,并确定该遗产的保管人或保管单位。"负有通知义务的主体不仅应当及时发出继承开始的通知,还应对遗产采取保护和管理措施。

被继承人死亡后,存有遗产的人、负有法定义务或指定义务的主体为遗产保管人,负有妥善保管遗产的义务。《民法典》继承编第1151条规定:"存有遗产的人,应当妥善保管遗产,任何组织或者个人不得侵吞或者争抢。"如继承人故意隐匿、侵吞或争抢遗产,人民法院可以酌情减少其应继承的遗产。〔36〕

二、遗产的处理

(一)遗产

1. 遗产的概念与特征

遗产是自然人死亡时遗留的个人合法权益。没有遗产的存在,继承法律关系不能发生。《民法典》继承编第1122条第1款规定:"遗产是自然人死亡时遗留的个人合法财产。"

遗产的法律特征主要有:(1)遗产是自然人死亡时遗留的财产。自然人生前对其财产具有处分权,即便签订遗赠扶养协议或订立遗嘱,仍然可以通过变更、撤回的方式行使其对财产的处分权,因此,是否能够成为遗产,以自然人死亡时是否仍

---

〔36〕 参见《继承法意见》第59条。

对该财产享有权利为标准。(2)遗产必须是自然人的个人合法财产。遗产必须是自然人个人享有权益的财产,如夫妻共同财产、家庭共有财产在被继承人死亡后,必须先将被继承人份额分割出来后才能归为遗产的范畴。遗产必须是合法财产,通过不正当手段获得的非法财产不能成为遗产。(3)遗产具有财产性、概括性。遗产具有经济利益,且具有非专属性,否则不能成为被转让的客体,也即不得成为遗产。遗产不仅包括被继承人死亡时遗留的财产权利,还包括财产义务,如税款、债务等。

2. 遗产的范围

《民法典》继承编第 1122 条第 2 款规定:“依照法律规定或者根据其性质不得继承的遗产,不得继承。”该规定是私法自治的体现,亦是私法范畴里“法无禁止即自由”精神的体现,具有高度的概括性和包容性、开放性,但作为具体的法律规则,可能在可操作性上稍有欠缺,有待将来具体规则的出台能够解决现实纠纷。

根据我国现行法和理论界通说,不能成为遗产的种类主要有:(1)专属性权利。如人身权利、具有人身专属性的财产权利等,不能成为遗产。(2)普通的承包经营权。除非法律有特殊规定或承包合同有特殊约定,普通的承包经营权在被继承人死亡后并不能当然由继承人继续行使。《继承法》第 4 条规定:“个人承包应得的个人收益,依照本法规定继承。个人承包,依照法律允许由继承人继续承包的,按照承包合同办理。”《继承法意见》第 4 条规定:“承包人死亡时尚未取得承包收益的,可把死者生前对承包所投入的资金和所付出的劳动及其增值和孳息,由发包单位或者接续承包合同的人合理折价、补偿,其价额作为遗产。”可见,承包经营权本身不属于遗产,但被继承人已得和应得的承包收益属于遗产范围。依照法律规定,一些特殊的土地承包经营权允许由继承人继承承包的,可依承包合同办理,一般由想继续承包的继承人与发包人订立继续承包合同。《农村土地承包法》第 32 条规定:“承包人应得的承包收益,依照继承法的规定继承。林地承包的承包人死亡,其继承人可以在承包期内继续承包。”第 54 条规定:“依照本章规定通过招标、拍卖、公开协商等方式取得土地承包经营权的,该承包人死亡,其应得的承包收益,依照继承法的规定继承;在承包期内,其继承人可以继续承包。”(3)自然资源使用权。自然资源使用权的取得须经特别程序,具有特定性,如继承人欲使用该资源,应重新办理审批手续。

司考真题

季大与季小兄弟二人,成年后各自立户,季大一直未婚。季大从所在村集体经济组织承包耕地若干。关于季大的土地承包经营权,下列哪些表述是正确的?(2014 年卷三第 56 题)

A. 自土地承包经营权合同生效时设立

B. 如季大转让其土地承包经营权,则未经变更登记不发生转让的效力

C. 如季大死亡,则季小可以继承该土地承包经营权

D. 如季大死亡,则季小可以继承该耕地上未收割的农作物

答案:AD

解析:根据《民法典》物权编第 333 条第 1 款规定:“土地承包经营权自土地承包经营权合同生效时设立。”A 正确。《民法典》物权编第 335 条规定:“土地承包经营权互换、转让的,当事人可以向登记机构申请登记;未经登记,不得对抗善意第三人。”登记仅发生对抗效力,B 错误。《继承法》第 4 条规定:“个人承包应得的个人收益,依照本法规定继承。个人承包,依照法律允许由继承人继续承包的,按照承包合同办理。”因此,未收割的农作物,可作为承包收益进行继承,但继承人能否继续承包,应视承包合同的约定,C 错误,D 正确。

疑难问题论争　遗产范围的界定

关于遗产的范围,《民法典》采取概括式、排除式立法模式。《民法典》继承编第 1122 条规定:“遗产是自然人死亡时遗留的个人合法财产。依照法律规定或者根据其性质不得继承的遗产,不得继承。”而《继承法》采取概括式加列举式立法模式。《继承法》第 3 条规定:“遗产是公民死亡时遗留的个人合法财产,包括:(一)公民的收入;(二)公民的房屋、储蓄和生活用品;(三)公民的林木、牲畜和家禽;(四)公民的文物、图书资料;(五)法律允许公民所有的生产资料;(六)公民的著作权、专利权中的财产权利;(七)公民的其他合法财产。”理论界中,有的学者主张采取概括规定与排除式相结合的立法方式界定遗产范围,〔37〕有的学者主张采取概括式、列举式与排除式相结合的立法模式界定遗产范围,〔38〕有的学者主张采取概括式立法限定不得成为遗产的种类以此来界定遗产的范围,〔39〕也有的学者主张采取列举式立法明确可以成为遗产的种类与不得成为遗产的种类,并扩张了可以成为遗产的范围,其认为,个人享有的土地承包经营权、被继承人享有的人格权衍生的财产利益、互联网络中的虚拟财产等,皆应纳入遗产的范围。〔40〕 论争的焦点是:(1)遗产范围界定的立法方式。《民法典》采取开放式、概括式、排除式立法模式,具有高度的涵盖

〔37〕 杜江涌:《比较法视野下的遗产范围制度研究》,载《河北法学》2010 年第 4 期。

〔38〕 麻昌华:《遗产范围的界定及其立法模式选择》,载《法学》2012 年第 8 期。

〔39〕 何丽新、谢美山、熊良敏、刘新宇:《民法典草案继承法编修改建议稿》,载《厦门大学法律评论》(第 7 辑),厦门大学出版社 2004 年版,第 281 页。

〔40〕 参见杨立新、杨震等:《〈中华人民共和国继承法〉修正草案建议稿》,载《河南财经政法大学学报》2012 年第 5 期。

性是其优势所在。但在实践中,遗产的具体内容需要具体判断,一则民众没有大致的预判,不知道哪些可以成为遗产而哪些不能,权利标的不清晰;二则可能会导致法官的自由裁量权过大,因发生纠纷后最终得通过司法程序判定是否属于遗产范畴,没有明晰标准则易造成同案不同判之后果;三则司法解释的频繁出台易影响《民法典》的实用性与权威性,为满足实践需求相关部门可能会出台具体的规则确认遗产的判断标准或对遗产争议范畴进行解答,但问题在于,《民法典》并非《宪法》,《宪法》是母法是权利宣言,而《民法典》更偏向于具体的规则,如果裁判依据大多为司法解释而《民法典》规则被束之高阁,则《民法典》颁布的意义何在?仅仅是为司法解释的颁布提供依据么?因此,笔者认为,尽管概括式立法具有弹性空间大,立法稳定性强等优点,但列举式立法更为明晰,操作性更强,更易为民众接受,应回归列举式立法明确遗产的范围,但亦可兼采兜底条款、反向规定等立法方式以适应社会生活的变化,提高法律的稳定性,维护法律的威严性。(2)虚拟财产是否能成为继承客体。财产的范围随着社会的发展与科技的进步逐步扩大、细化,应适应社会的需求逐步予以承认,专利权、商标权发展的历史轨迹即为明证。关于虚拟财产,《民法典》仅在第127条进行了原则性规定:"法律对数据、网络虚拟财产的保护有规定的,依照其规定。"但该规定并不能作为虚拟财产成为继承客体的直接依据。笔者认为,虚拟财产尽管有其特殊性,但其本质仍然符合财产的特性,只是由于虚拟财产继承涉及合同、继承、人格权、网络等多方面法律,故在承认虚拟财产可继承的前提下应仔细设定虚拟财产继承的具体规则。

(二)遗产管理

1.遗产管理的概念

遗产管理是指继承开始后至遗产分割前,管理人对被继承人遗产实施保管、清理被继承人债权债务、分割遗产等行为的制度。《继承法》仅规定了遗产保管制度,未能全面涵盖遗产处理的诸多事务,《民法典》首次以法律的形式确立了遗产管理制度,为遗产事务的处理提供了较为明确的规则,在继承法领域是一大进步!

对遗产管理制度的理解需要注意以下几个方面:第一,遗产管理一般存续于继承开始后至遗产分割前。遗产只有在分割后才能确定归属,在继承开始后至遗产分割前这段时期内,遗产的归属并不明确,易致继承人、受遗赠人、债权人等利害关系人的利益受到侵害,故需立法就此期间的遗产设立特殊的管理制度。第二,遗产管理制度的执行主体是遗产管理人。遗产管理人为遗产管理制度的核心主体,对遗产负有全面的管理职责,各项具体管理措施均由其实施。遗产管理人处于中立性地位,通常需具备一定的专业管理能力。第三,遗产管理通过各项措施辅助完成。遗产管理人主要通过清理遗产、编制遗产清册、追偿遗产债权和清偿遗产债务、遗产分配等程序而履行职责。

2. 遗产管理与相关概念

(1)遗产管理与遗产保管

遗产保管是指有关主体占有并保存被继承人的遗产。遗产管理中的管理人不仅要保存被继承人的遗产,且要对其进行清理、清算、分配等工作。遗产管理与遗产保管的差别主要表现在以下几个方面:第一,遗产管理一般发生于继承开始后遗产分割前,遗产保管既可能发生于继承开始前,亦可能发生于继承开始后。遗产保管的适用时间非常宽泛:在继承开始前,保管人可能就已经对遗产进行保管;继承开始后遗产分割前,保管人可以经继承人或法院的要求对遗产进行保管;遗产分割后,保管人可以对继承人无法前来领取的遗产进行保管。第二,遗产管理的管理主体产生途径多样,[41]遗产保管则主要依据当事人的约定或某些事实行为产生。第三,遗产保管的功能较为单一,遗产管理的功能更为全面。遗产保管人仅对遗产进行临时保管,不得处分遗产;遗产管理人可对遗产实施清理、清算、分割等多项管理行为。

(2)遗产管理与遗嘱执行

遗嘱执行以存在合法有效的遗嘱为前提,执行目的在于实现被继承人的生前意思,在执行遗嘱过程中,遗嘱执行人可以依遗嘱意思行使对遗产的处分权和分配权。遗产管理人和遗嘱执行人本质上为同一类性质的主体,遗嘱执行人也属于遗产管理人的范畴。但两者存在以下差别:第一,遗产管理人的产生途径多样,而遗嘱执行人通常依被继承人的遗嘱而产生。第二,遗产管理既可存在于法定继承中,亦可存在于遗嘱继承中,遗嘱执行一般只存在于遗嘱继承中。第三,遗产管理人管理遗产事务的独立意识更强,遗产管理人通常是依据法律规定、遗嘱指示进行管理,遗嘱执行人必须依据被继承人的遗嘱内容管理遗产事务。

(3)遗产管理与遗嘱信托

遗嘱信托是指被继承人在遗嘱中指定将其财产设立信托,受托人依据遗嘱而对遗产进行管理和处分,然后将信托的财产及其收益分配给遗产受益人。我国《民法典》第1133条第4款规定:"自然人可以依法设立遗嘱信托。"尽管遗嘱信托人亦对遗产享有管理、处分等权利,但遗嘱信托与遗产管理主要存在以下差别:第一,遗产管理目的是处理与遗产相关的事务,具体为清理遗产、追偿债权、清偿债务、分配遗产等,遗嘱信托是受托人依据遗嘱而为受益人持有并管理遗产,主要目的是在管理遗产的同时而通过投资实现遗产的增值。第二,遗产管理发生于继承开始后至遗产分割前这一期间,而遗产信托可以在继承开始前存在,且存续期间较长,往往

---

〔41〕 参见《民法典》第六编第1145条或下文的"遗产管理人的选任"。

长达数年甚至数代之久。第三,遗产管理人的权利来源主要依据法律规定或者遗嘱指示,而遗产信托人的权利来源主要依据信托文件。第四,在遗产管理中,遗产分割前,继承人无法享有对遗产的权益,仅享有期待权,而在遗嘱信托中,作为受益人的继承人对遗产收益则享有现实的权利。

3. 遗产管理人的选任

遗产管理人的选任不仅涉及遗嘱人真实意思的全面实现,还涉及遗产利害关系人利益的保护,故应慎重以待。《民法典》继承编第 1145 条明确规定:“继承开始后,遗嘱执行人为遗产管理人;没有遗嘱执行人的,继承人应当及时推选遗产管理人;继承人未推选的,由继承人共同担任遗产管理人;没有继承人或者继承人均放弃继承的,由被继承人生前住所地的民政部门或者村民委员会担任遗产管理人。”需要注意的是,第一,四种遗产管理人产生方式的适用存在先后顺序。遗嘱执行人、推选、共同担任、民政部门或村委会担任遗产管理人是存在先后顺序的,只有前一顺序人不存在或不能履行管理事务时才能由下一顺序人担任遗产管理人。第二,被继承人生前住所地的居民委员会不能担任遗产管理人。一般而言,居委会产生于城市生活,如有遗产管理需要,可由民政部门实现即可,故该条仅规定民政部门或村委会可以担任遗产管理人。

当利害关系人对遗产管理人的确定存在争议时,可向人民法院申请指定遗产管理人。《民法典》继承编第 1146 条规定:“对遗产管理人的确定有争议的,利害关系人可以向人民法院申请指定遗产管理人。”

4. 遗产管理人的职责

关于遗产管理人的主要工作内容,《民法典》继承编第 1147 条作出了明确规定:“遗产管理人应当履行下列职责:(一)清理遗产并制作遗产清单;(二)向继承人报告遗产情况;(三)采取必要措施防止遗产毁损、灭失;(四)处理被继承人的债权债务;(五)按照遗嘱或者依照法律规定分割遗产;(六)实施与管理遗产有关的其他必要行为。”该条规定比较全面,但也较为宽泛,每一项下的具体内容应如何操作,仍有待将来出台具体的实施细则。比如,清理遗产主要是指遗产管理人应尽善良管理人的义务对遗产进行收集、清理、估价并通过保存、利用、改良或适当的处分、变卖等行为实现对遗产的保全,编制遗产清册主要是指遗产管理人接管遗产后,对遗产的净资产进行清点、估价,将遗产按性质、数额等形式进行分类并制定成清单。

5. 遗产管理人的法律责任

遗产管理人应依法、依遗嘱内容履行职责,如其擅自挪用、侵占、变卖遗产或不恰当地处理与遗产相关事务,给继承人、受遗赠人、债权人等利害关系人造成损害的,应承担相应的民事责任。《民法典》继承编第 1148 条规定:“遗产管理人应当依法履行职责,因故意或者重大过失造成继承人、受遗赠人、债权人损害的,应当承担民事责任。”需要注意的是，该条对有偿行为与无偿行为并未加以区分，即无论遗产管理人从事的是有偿法律行为还是无偿法律行为，皆只在“故意或者重大过失”的情形下承担民事责任。客观地说，该规定有悖于民事领域内民事主体从事有偿法律行为、无偿法律行为时注意义务不同的基本理论，对收取报酬的遗产管理人的要求过低，有失偏颇，有欺负“老实人”之嫌。

6. 遗产管理人的报酬

《民法典》首次以法律形式承认了遗产管理人的报酬请求权。《民法典》继承编第1149条规定：“遗产管理人可以依照法律规定或者按照约定获得报酬。”虽然我国目前并无具体法律规定如何计算遗产管理人的报酬，但以法律形式肯定遗产管理人的报酬请求权存在的正当性即为一大进步。

（三）遗产的分割

遗产分割是指继承开始后，依法在各受益人中进行遗产分配，转移遗产权利的行为。继承开始后、遗产分割前，各受益人对遗产处于共有状态，只有进行了遗产分割，才能使受益人真正地对其应得遗产份额享有个人财产权。遗产分割的前提是确定遗产的范围，需要注意的是，应区分遗产与夫妻共有财产、家庭共有财产。《民法典》继承编第1153条规定：“夫妻共同所有的财产，除有约定的外，遗产分割时，应当先将共同所有的财产的一半分出为配偶所有，其余的为被继承人的遗产。遗产在家庭共有财产之中的，遗产分割时，应当先分出他人的财产。”

遗产的分割应遵循互谅互让、协商分割原则、保留胎儿继承份额原则、物尽其用原则。（1）互谅互让、协商分割原则。继承人在分割遗产时，根据私法自治精神，可协商处理分割事宜。《民法典》继承编第1132条规定：“继承人应当本着互谅互让、和睦团结的精神，协商处理继承问题。遗产分割的时间、办法和份额，由继承人协商确定；协商不成的，可以由人民调解委员会调解或者向人民法院提起诉讼。”（2）保留胎儿继承份额原则。《民法典》继承编第1155条规定：“遗产分割时，应当保留胎儿的继承份额。胎儿娩出时是死体的，保留的份额按照法定继承办理。”如果应为胎儿保留的遗产份额没有保留，则应当从继承人所继承的遗产中扣回。如果胎儿娩出时即为死体，则为胎儿预留的遗产份额由被继承人的继承人继承；如果胎儿娩出后死亡，则为胎儿预留的遗产份额应当由婴儿的继承人继承。[42]（3）物尽其用原则。《民法典》继承编第1156条第1款规定：“遗产分割应当有利于生产和生活需要，不损害遗产的效用。”《继承法意见》第58条规定：“人民法院在分割遗产中的房屋、生产资料和特定职业所需要的财产时，应依据有利于发挥其使用效益

〔42〕 参见《继承法意见》第45条。

和继承人的实际需要，兼顾各继承人的利益进行处理。”可见，遗产的分割在兼顾各方利益的同时，应充分发挥物之最大化效益，达到资源的有效配置。

遗产分割的方式主要有实物分割、作价补偿、变价分割、共有等几种形式。《民法典》继承编第 1156 条第 2 款规定：“不宜分割的遗产，可以采取折价、适当补偿或者共有等方法处理。”当遗产属于可分物而继承人又愿意取得实物时，可以直接按照继承份额分割实物；当遗产属于不可分物或不宜分割时，既可以由某一继承人取得遗产，以价款补偿其他继承人的继承份额，也可将遗产变卖，由继承人按份额分割价款，或者由数个继承人共同继承，对遗产按应继份额共同享有所有权。

司考真题

1. 熊某与杨某结婚后，杨某与前夫所生之子小强由二人一直抚养，熊某死亡，未立遗嘱。熊某去世前杨某孕有一对龙凤胎，于熊某死后生产，产出时男婴为死体，女婴为活体但旋即死亡。关于对熊某遗产的继承，下列哪些选项是正确的？（2016 年卷三第 66 题）

A. 杨某、小强均是第一顺位的法定继承人

B. 女婴死亡后，应当发生法定的代位继承

C. 为男婴保留的遗产份额由杨某、小强继承

D. 为女婴保留的遗产份额由杨某继承

答案：ACD

解析：根据《民法典》继承编第 1127 条的规定，夫妻、形成扶养关系的继父母子女，为第一顺序继承人，A 正确。根据《民法典》继承编第 1128 条规定，代位继承中，被代位人先于被继承人死亡，熊某先于女婴死亡，不符合代位继承条件，B 错误。《继承法意见》第 45 条第 2 款规定：“为胎儿保留的遗产份额，如胎儿出生后死亡的，由其继承人继承；如胎儿出生时就是死体的，由被继承人的继承人继承。”男婴娩出即为死体，其应继承的财产性质上属于其父熊某的遗产，由熊某的继承人杨某、小强、女婴继承，女婴死亡后，女婴的全部遗产由其继承人杨某继承，故为男婴保留的遗产份额最终由杨某、小强继承，C、D 正确。

2. 张某一家共四口人：张某夫妇、两岁的儿子及张父。张某自 1992 年外出打工，1993 年春节托人捎给其妻王某一封信和 6000 元钱，其后音信皆无。1998 年 2 月，对张某的归来不抱希望的王某向法院申请宣告张某死亡，法院依法于 1999 年 10 月宣告张某死亡。张某和王某共有面积相同的房屋 6 间，现金 6000 元。2000 年 5 月，王某将儿子送与李某收养。之后，王某与刘某结婚，但 1 年后刘某即病故。张某被宣告死亡后，对上述 6 间房屋和 6000 元现金的正确处理是：（2008 年卷三四川

地区试题第 91 题)

A. 应由王某、其子、张父平均继承

B. 王某应分得 4 间房屋和 4000 元现金

C. 应全部由张父继承

D. 应全部由其子继承

答案:B

解析:6 间房屋和 6000 元现金首先是夫妻共同财产,张某夫妇应一人一半,故张某的遗产是 3 间房屋和 3000 元现金,故选项 A 错误。法定继承人王某、其子、张父在无特殊情形下应平均分配遗产,故选项 B 正确,选项 C、D 错误。

(四)被继承人债务的清偿

被继承人的债务是被继承人死亡时遗留的应由被继承人清偿的财产义务。民事主体享有权利、承担义务,自然人死亡,民事主体资格丧失,但不代表着其生前所负义务就当然消灭,仍应以其生前所遗利益偿还。《民法典》继承编第 1161 条规定:“继承人以所得遗产实际价值为限清偿被继承人依法应当缴纳的税款和债务。超过遗产实际价值部分,继承人自愿偿还的不在此限。继承人放弃继承的,对被继承人依法应当缴纳的税款和债务可以不负清偿责任。”第 1162 条规定:“执行遗赠不得妨碍清偿遗赠人依法应当缴纳的税款和债务。”据此,被继承人债务的清偿应遵循以下原则:

第一,概括继承原则。根据权利义务相一致原则,继承人只有在接受继承时,才依法承担被继承人的债务;继承人放弃继承的,对被继承人的债务可以不负清偿责任。

第二,限定继承原则。继承人对被继承人债务的清偿以其所继承的遗产实际价值为限,对超出遗产实际价值部分的债务,除继承人自愿偿还外,不负清偿责任。

第三,保留必留份原则。基于养老育幼原则和保护弱势群体的立法精神,《民法典》继承编第 1159 条规定:“分割遗产,应当清偿被继承人依法应当缴纳的税款和债务;但是,应当为缺乏劳动能力又没有生活来源的继承人保留必要的遗产。”

第四,次序清偿原则。被继承人的债务一般应于遗产分割前清偿,但在实践生活中,存在未清偿债务而分割遗产的情形,此时,被继承人的债务应依《民法典》继承编第 1163 条规定的顺序清偿:“既有法定继承又有遗嘱继承、遗赠的,由法定继承人清偿被继承人依法应当缴纳的税款和债务;超过法定继承遗产实际价值部分,由遗嘱继承人和受遗赠人按比例以所得遗产清偿。”

司考真题

何某死后留下一间价值6万元的房屋和4万元现金。何某立有遗嘱,4万元现金由4个子女平分,房屋的归属未作处理。何某女儿主动提出放弃对房屋的继承权,于是3个儿子将房屋变卖,每人分得2万元。现债权人主张何某生前曾向其借款12万元,并有借据为证。下列哪些说法是错误的?(2009年卷三第67题)

A. 何某已死,债权债务关系消灭

B. 四个子女平均分担,每人偿还3万元

C. 四个子女各自以继承所得用于清偿债务,剩下2万元由4人平均分担

D. 四个子女各自以继承所得用于清偿债务,剩下2万元4人可以不予清偿

答案:ABC

解析:《民法典》继承编第1161条第1款规定:"继承人以所得遗产实际价值为限清偿被继承人依法应当缴纳的税款和债务。超过遗产实际价值部分,继承人自愿偿还的不在此限。"被继承人生前留有遗产的,生前债务仍需清偿,故选项A错误,当选。根据限定继承原则,选项B、C错误,D正确。

(五)无人继承又无人受遗赠的遗产

无人继承又无人受遗赠的遗产是指自然人死亡后遗留的既无继承人亦无受遗赠人承受的遗产。主要包括以下几种情形:(1)死者既无法定继承人,亦未立遗嘱指定受遗赠人,且生前未与他人订立遗赠扶养协议;(2)全体继承人放弃继承,全体受遗赠人放弃接受遗赠;(3)全体继承人丧失继承权,全体受遗赠人丧失受遗赠权。

《民法典》继承编第1160条规定:"无人继承又无人受遗赠的遗产,归国家所有,用于公益事业;死者生前是集体所有制组织成员的,归所在集体所有制组织所有。"与《继承法》第32条相比,《民法典》的进步之处在于明确了由国家继承的遗产必须"用于公益事业",将国家继承遗产的用途明确化了,亦更符合民众的心理预期。国家、集体组织在接受遗产时,应当在取得遗产的实际价值范围内清偿死者生前所欠税款和债务,并支付相关费用。国家、集体组织承受遗产的权利并不具有优先性,当继承人以外的依靠被继承人扶养的缺乏劳动能力且没有生活来源的人或继承人以外的对被继承人扶养较多的人提出取得遗产的要求时,人民法院应当视具体情况适当分给遗产。[43]

---

〔43〕 参见《继承法意见》第57条。

拓展阅读

1. 陈苇主编:《中国继承法修改热点难点问题研究》,群众出版社 2013 年版。
2. 陈苇:《亲属法与继承法专论》,法律出版社 2009 年版。
3. 郭明瑞、房绍坤、关涛:《继承法研究》,中国人民大学出版社 2003 年版。
4. 杨立新主编:《婚姻继承法典型案例与法律适用》,中国法制出版社 2014 年版。
5. 张玉敏:《中国继承法立法建议稿及立法理由》,人民出版社 2006 年版。
6. 中国民法典立法研究课题组(课题组负责人梁慧星):《中国民法典草案建议稿附理由 侵权行为编·继承编》,法律出版社 2004 年版,第 1834 ~ 1923 条。
7. 徐国栋主编:《绿色民法典草案》,社会科学文献出版社 2004 年版,"第四分编 继承法"。
8. 杨立新、杨震:《〈中华人民共和国继承法〉修正草案》,载《河南财经政法大学学报》2012 年第 5 期。
9. 杨立新:《对修正〈继承法〉十个问题的意见》,载《法律适用》2012 年第 8 期。
10. 朱广新:《论土地承包经营权的主体、期限和继承》,载《吉林大学社会科学学报》2014 年第 4 期。
11. 李岩:《虚拟财产继承立法问题》,载《法学》2013 年第 4 期。
12. 梅夏英、许可:《虚拟财产继承的理论与立法问题》,载《法学家》2013 年第 6 期。
13. 马一德:《网络虚拟财产继承问题探析》,载《法商研究》2013 年第 4 期。
14. 郭明瑞:《完善法定继承制度三题》,载《法学家》2013 年第 4 期。
15. 李国强:《论共同继承遗产的分割规则——以〈物权法〉的解释和〈继承法〉的修改为视角》,载《法学论坛》2013 年第 2 期。
16. 房绍坤:《关于修订继承法的三点建议》,载《法学论坛》2013 年第 2 期。
17. 王利明:《继承法修改的若干问题》,载《社会科学战线》2013 年第 7 期。
18. 姜红仁:《关于农村宅基地使用权继承的法律思考》,载《江西社会科学》2012 年第 2 期。
19. 俞江:《继承领域内冲突格局的形成——近代中国的分家习惯与继承法移植》,载《中国社会科学》2005 年第 5 期。
20. 何海波:《何以合法? 对"二奶继承案"的追问》,载《中外法学》2009 年第 3 期。
21. 郭明瑞、张平华:《海峡两岸继承法比较研究》,载《当代法学》2004 年第 3 期。
22. 章礼强:《对中国现行继承法遗嘱自由过度的反思》,载《现代法学》2004 年第 1 期。
23. 程维荣:《论中国传统财产继承制度的固有矛盾》,载《政法与法律》2004 年第 1 期。
24. 陈苇:《完善我国法定继承人范围和顺序立法的思考》,载《法学论坛》2013 年第 2 期。
25. 张玉敏:《法定继承人范围和顺序的确定》,载《法学》2012 年第 8 期。
26. 麻昌华:《遗产范围的界定及其立法模式选择》,载《法学》2012 年第 8 期。
27. 杨立新:《人的冷冻胚胎的法律属性及其继承问题》,载《人民司法》2014 年第 13 期。
28. 王歌雅:《论继承法的修正》,载《中国法学》2013 年第 6 期。

29. 郭明瑞:《民法典编纂中继承法的修订原则》,载《比较法研究》2015 年第 3 期。
30. 陈英:《遗产继承与遗产债务清偿法律关系之考察》,载《政法论丛》2015 年第 6 期。
31. 陈甦:《土地承包经营权继承机制及其阐释辩证》,载《清华法学》2016 年第 3 期。
32. 欧福永、吴小平:《继承法中特留份扣减制度的法律冲突及应对》,载《江西社会科学》2016 年第 8 期。
33. 杨立新:《民法分则继承编立法研究》,载《中国法学》2017 年第 2 期。
34. 马新彦、卢冠男:《民法典编纂中继承法编几个问题的探讨》,载《当代法学》2017 年第 3 期。
35. 罗冠男:《我国继承制度中的价值取向和利益平衡》,载《法学杂志》2019 年第 10 期。
36. 李昊:《民法典继承编草案的反思与重构》,载《当代法学》2019 年第 4 期。

域外立法例

1.《俄罗斯联邦民法典》,黄道秀译,北京大学出版社 2007 年版,第 1110 ~ 1185 条。
2.《德国民法典》,陈卫佐译,法律出版社 2004 年版,第 1922 ~ 2385 条。
3.《法国民法典》,罗结珍译,中国法制出版社 1999 年版,第 711 ~ 1100 条。
4.《意大利民法典》,费安玲等译,中国政法大学出版社 2004 年版,第 456 ~ 809 条。
5.《越南社会主义共和国民法典》,吴远富译,厦门大学出版社 2007 年版,第 631 ~ 687 条。
6.《日本民法典》,王书江译,中国法制出版社 2000 年版,第 882 ~ 1044 条。

讨论题

1. 土地承包经营权是否可以继承？理由是什么？
2. 身份是否可能成为继承权的客体？
3. 冷冻的精子、卵子是否具有继承权？
4. 养子女成年后与养父母解除收养关系,其是否可以继承生父母的遗产？
5. 法定继承人的范围与顺序是否应予修改？如何修改更为合理？
6. 有限责任公司股权的继承存在哪些法律问题？

第三编　婚姻家庭继承法附论

第十二章　民族婚姻和涉外家事关系

学习目标

了解民族婚姻的特点，通过对涉外家事关系中涉及的涉外婚姻基本概念及特点介绍、涉外结婚、涉外离婚、涉外家事中常见的夫妻关系、财产关系、继承关系、收养关系等内容的介绍，帮助学生理解并掌握相关概念及内涵，同时，通过相关思考题目及典型案例的引入，使学生对相关问题在理解内涵的基础上，能够灵活理解并处理相应的法律问题。

第一节　民族婚姻

一、民族婚姻的概念与特征

所谓民族婚姻，是指少数民族在本民族内、少数民族之间、少数民族与汉族之间各种不同类型的婚姻关系。

民族婚姻有如下特征：第一，其婚姻关系主体双方至少有一方是少数民族。第二，其婚姻关系内容有明显的民族特色和强烈的传统习俗特色。我国有56个民族，各民族都有其独特的生活方式、宗教信仰、风俗习惯。受此影响，民族婚姻从内容到形式都与非民族婚姻不同。第三，民族婚姻具有强烈的地方特色。我国民族分布呈现大杂居、小聚居、相互交错居住的特点。其中，少数民族大约分布在全国70%的地区。由于各民族人民生活的社会环境和地理环境不同，民族婚姻往往带有浓郁的地方特色。

二、民族自治地方的变通或补充性规定

根据我国宪法的规定，各民族都有保持或者改革本民族风俗习惯的自由。根据《立法法》的相关规定，民族自治地方可在尊重《民法典》相关基本原则和制度的基础上制定适合当地民族的婚姻家庭实际情况的变通措施。

民族自治地方制定有关变通规定还需遵循一定的法律程序。制定变通规定的机关是民族自治地方的权力机关,民族自治地方需要对上位法作出变通规定的,应由民族自治地方的人民代表大会或它的常务委员会制定颁布。自治州、自治县制定的变通规定,报省、自治区、直辖市人民代表大会常务委员会批准后生效。自治区制定的变通规定,报全国人民代表大会常务委员会批准后生效。

自1980年《婚姻法》颁布实施以来,各民族自治地方相继制定颁布了贯彻执行《婚姻法》的变通或补充规定。1980年12月14日,新疆维吾尔自治区第五届人民代表大会第三次会议通过了《新疆维吾尔自治区执行〈中华人民共和国婚姻法〉的补充规定》,于1981年1月1日正式实施。又在1983年和1988年两次对其进行修订。此后,西藏、宁夏、内蒙古等自治地方均颁布了各地的补充规定或变通条例,如部分民族自治地方将男女的法定婚龄分别降低了2周岁,即结婚年龄,男不得早于20周岁,女不得早于18周岁;部分民族自治地方缩小了禁止结婚的亲属范围,新疆维吾尔自治区伊犁哈萨克自治州规定,禁止直系血亲和三代以内旁系血亲结婚。在哈萨克族中,提倡保持七代以内男系血亲不结婚的传统习俗等。

第二节 涉外家事关系

一、涉外家事关系的概念

涉外家事关系即涉外婚姻家庭关系,是指具有涉外因素的婚姻家庭关系,即婚姻家庭关系的主体一方或者双方是外国人或无国籍人,引起婚姻家庭关系发生、变更或者消灭的法律事实发生在国外。一般认为,涉外婚姻家庭关系的范围包括涉外婚姻关系的成立及效力、涉外夫妻关系、涉外离婚关系的条件及效力、涉外父母子女关系及其他家庭关系。[1]

二、涉外婚姻

涉外婚姻,是指不同国籍的公民或同一国籍的公民在本国以外的国家办理的结婚、离婚或复婚,其具有三个涉外性:(1)婚姻主体涉外,即涉外婚姻当事人涉及不同国家或地区;(2)地域涉外,即来自同一国家的婚姻主体在他国缔结婚姻或来自不同国家的婚姻主体在一方所属国或第三国缔结婚姻;(3)法律适用涉外,即涉

---

〔1〕 汪金兰:《关于涉外婚姻家庭关系的法律适用立法探讨——兼评〈涉外民事关系法律适用法〉(草案)的相关规定》,载《现代法学》2010年第4期。

外婚姻的法律适用不同于国内法的适用，往往需要通过国际私法的冲突规范或婚姻当事人所在国缔结或参加的国际公约的相关规定处理。〔2〕

（一）涉外结婚

各国对于涉外婚姻的缔结与解除所适用的准据法有不同的立法例。关于结婚准据法，主要有婚姻缔结地法、当事人住所地法、当事人国籍国法等。有的国家立法和国际条约在婚姻成立的形式要件上采取混合制度，即以婚姻缔结地为主，当事人国籍国法为辅。例如，1902 年《海牙婚姻公约》规定，依据婚姻举行地法成立的婚姻，就其方式，无论任何缔约国均应认为其有效，但以宗教仪式为必要结婚方式的国家，对其本国公民在外国不遵守本国法此项规定而成立的婚姻，不得认为有效。关于离婚的准据法，如美国等国家适用法院地法；而法国等国则将法院地法和当事人本国法二者结合。1902 年《海牙离婚和别居公约》规定夫妻非依据其本国法和法院地法均允许离婚时，不得为离婚之请求。〔3〕 对于结婚的准据法，《涉外民事关系法律适用法》第 21 条及第 22 条明确规定，结婚条件，适用当事人共同经常居所地法律；没有共同经常居所地的，适用共同国籍国法律；没有共同国籍，在一方当事人经常居所地或者国籍国缔结婚姻的，适用婚姻缔结地法律。结婚手续，符合婚姻缔结地法律、一方当事人经常居所地法律或者国籍国法律的，均为有效。

根据《民法典》婚姻家庭编第 1046 条至第 1049 条以及《婚姻登记条例》的规定，中国公民与外国人在中国内地结婚的、内地居民与香港特别行政区居民（以下简称香港居民）、澳门特别行政区居民（以下简称澳门居民）、我国台湾地区居民（以下简称台湾居民）、华侨在中国内地办理结婚登记的，应满足婚姻登记的实质要件，即结婚应当男女双方完全自愿；结婚年龄，男不得早于 22 周岁，女不得早于 20 周岁；直系血亲或者三代以内的旁系血亲禁止结婚。除此之外，要求结婚的男女双方应亲自到婚姻登记机关申请结婚登记，同时还应当提供以下材料：

内地居民办理结婚登记应当出具的证件和证明材料：（1）本人的户口簿、身份证；（2）本人无配偶以及与对方当事人没有直系血亲和三代以内旁系血亲关系的签字声明。

外国人办理结婚登记应当出具的证件和证明材料：（1）本人的有效护照或者其他有效的国际旅行证件；（2）所在国公证机构或者有权机关出具的、经中华人民共和国驻该国使（领）馆认证或者该国驻华使（领）馆认证的本人无配偶的证明，或者

---

〔2〕 陈苇主编：《婚姻家庭继承法学》，中国政法大学出版社 2010 年版，第 391 页。

〔3〕 房绍坤、范李瑛、张洪波编著：《婚姻家庭与继承法》（第 3 版），中国人民大学出版社 2013 年版，第 133 页。

所在国驻华使(领)馆出具的本人无配偶的证明。

香港居民、澳门居民、台湾居民办理结婚登记应当出具的证件和证明材料:(1)本人的有效通行证、身份证;(2)经居住地公证机构公证的本人无配偶以及与对方当事人没有直系血亲和三代以内旁系血亲关系的声明。

华侨办理结婚登记应当出具的证件和证明材料:(1)本人的有效护照;(2)居住国公证机构或者有权机关出具的、经中华人民共和国驻该国使(领)馆认证的本人无配偶以及与对方当事人没有直系血亲和三代以内旁系血亲关系的证明,或者中华人民共和国驻该国使(领)馆出具的本人无配偶以及与对方当事人没有直系血亲和三代以内旁系血亲关系的证明。

另外,根据民政部公告第456号的规定,自2019年4月起,我国民政部门不再办理双方均为外国人要求在中国内地办理结婚登记的事务,因此依据中华人民共和国民政部《关于贯彻执行〈婚姻登记条例〉若干问题的意见》,关于双方均非内地居民的结婚登记问题,可区分以下两种情况:

第一,一方为外国人、另一方为港澳台居民或华侨,或者双方均为港澳台居民或华侨,要求在内地办理结婚登记的,如果当事人能够出具《婚姻登记条例》规定的相应证件和证明材料,当事人工作或生活所在地具有相应办理婚姻登记权限的登记机关应予受理。

第二,一方为出国人员、另一方为外国人或港澳台居民,或双方均为出国人员,要求在内地办理结婚登记的,如果当事人能够出具《婚姻登记条例》规定的相应证件和证明材料,出国人员出国前户口所在地具有相应办理婚姻登记权限的登记机关应予受理。

经婚姻登记机关对当事人出具的证件、证明材料进行审查并询问相关情况,对当事人符合结婚条件的,应当当场予以登记,发给结婚证;对当事人不符合结婚条件不予登记的,应当向当事人说明理由。

司考真题

经常居所地在汉堡的德国公民贝克与经常居所地在上海的中国公民李某打算在中国结婚。关于贝克与李某结婚,依《涉外民事关系法律适用法》,下列哪一选项是正确的?(2016年卷一第37题)

A. 两人的婚龄适用中国法

B. 结婚的手续适用中国法

C. 结婚的所有事项均适用中国法

D. 结婚的条件同时适用中国法与德国法

答案:A

考点:本题考核涉外结婚条件及结婚手续的法律适用问题

解析:选项 A 正确。《涉外民事关系法律适用法》第 21 条规定,结婚条件,适用当事人经常居所地法律;没有共同经常居所地的,适用共同国籍国法律;没有共同国籍,在一方当事人经常居所地或者国籍国缔结婚姻的,适用婚姻缔结地法律。本题中,婚龄属于结婚条件,由于双方并无共同经常居所地,且在其中一方的国籍国中国缔结婚姻,故适用中国法。

选项 B 错误。《涉外民事关系法律适用法》第 22 条规定,结婚手续,符合婚姻缔结地法律、一方当事人经常居所地法律或者国籍国法律的,均为有效。本题中,适用中国法或者德国法均为有效。

参照上述 A、B 的分析,选项 C、D 错误。

(二)涉外夫妻关系

涉外夫妻关系包括涉外夫妻人身关系和涉外夫妻财产关系。夫妻人身关系是指夫妻之间存在的与配偶身份紧密相连而无直接经济内容的权利义务关系,表现为夫妻共同生活、相互扶助,主要包括姓氏权、同居义务、忠实义务、婚姻住所商定权和日常家事代理权等内容。[4] 对于夫妻人身关系的建立,应当充分考虑婚姻关系建立的条件和程序是否符合相应的法律规定,由于各国立法对调整夫妻人身关系的规定不同,在夫妻人身关系方面必然产生法律冲突问题。根据《涉外民事关系法律适用法》第 23 条的规定,夫妻人身关系,适用共同经常居所地法律;没有共同经常居所地的,适用共同国籍国法律。

涉外家事中的夫妻财产关系包括夫妻在婚姻关系存续期间对于财产归属、管理、使用、收益以及处分等财产内容。对于夫妻财产关系的法律适用问题,我国法律借鉴了国际社会的立法经验,将意思自治原则引入夫妻财产关系领域,根据《涉外民事关系法律适用法》第 24 条的规定,夫妻财产关系,当事人可以协议选择适用一方当事人经常居所地法律、国籍国法律或者主要财产所在地法律。当事人没有选择的,适用共同经常居所地法律;没有共同经常居所地的,适用共同国籍国法律。

司考真题

1. 中国人李某(女)与甲国人金某(男)2011 年在乙国依照乙国法律登记结婚,

[4] 廖红霞主编:《婚姻家庭法概论》,中国政法大学出版社 2014 年版,第 74 页。

婚后二人定居在北京。依《涉外民事关系法律适用法》,关于其夫妻关系的法律适用,下列哪些表述是正确的?(2013 年卷一第 77 题)

A. 婚后李某是否应改从其丈夫姓氏的问题,适用甲国法

B. 双方是否应当同居的问题,适用中国法

C. 婚姻对他们婚前财产的效力问题,适用乙国法

D. 婚姻存续期间双方取得的财产的处分问题,双方可选择适用甲国法

答案:BD

考点:本题考核夫妻人身关系和财产关系的法律适用

解析:选项 A 错误,选项 B 正确。《涉外民事关系法律适用法》第 23 条规定,夫妻人身关系,适用共同经常居所地法律;没有共同经常居所地的,适用共同国籍国法律。本案中,李某与金某的共同经常居所地是北京,因此,有关夫妻人身关系的问题应适用中国法。

选项 C 错误,选项 D 正确。《涉外民事关系法律适用法》第 24 条规定,夫妻财产关系,当事人可以协议选择适用一方当事人经常居所地法律、国籍国法律或者主要财产所在地法律。当事人没有选择的,适用共同经常居所地法律;没有共同经常居所地的,适用共同国籍国法律。

2. 张某居住在深圳,2008 年 3 月被深圳某公司劳务派遣到马来西亚工作,2010 年 6 月回深圳,转而受雇于香港某公司,其间每周一到周五在香港上班,周五晚上回深圳与家人团聚。2012 年 1 月,张某离职到北京治病,2013 年 6 月回深圳,现居该地。依《涉外民事关系法律适用法》(不考虑该法生效日期的因素)和司法解释,关于张某经常居所地的认定,下列哪一表述是正确的?(2013 年卷一第 37 题)

A. 2010 年 5 月,在马来西亚

B. 2011 年 12 月,在香港

C. 2013 年 4 月,在北京

D. 2008 年 3 月至今,一直在深圳

答案:D

考点:本题考核自然人经常居所地的认定

解析:最高人民法院《关于适用〈中华人民共和国涉外民事关系法律适用法〉若干问题的解释(一)》第 15 条规定,自然人在涉外民事关系产生或者变更、终止时已经连续居住 1 年以上且作为其生活中心的地方,人民法院可以认定为涉外民事关系法律适用法规定的自然人的经常居所地,但就医、劳务派遣、公务等情形除外。

(三)涉外离婚

离婚必须以有效的婚姻关系存在为前提,只有符合离婚条件且经过法定程序,

当事人才能依法解除婚姻关系,任何私下达成的离婚协议或单方宣布解除婚姻关系的行为,均不发生离婚的法律效力。为此,我国法律认可的离婚的方式有两种,即协议离婚和诉讼离婚。

1. 协议离婚

涉外协议离婚,顾名思义,就是涉外婚姻关系的男女双方自愿解除婚姻关系,并就离婚的相关法律问题达成协议,经民政部门认可后使其婚姻关系归于消灭的离婚方式。

(1)涉外协议离婚的法律适用。对于协议离婚的法律适用问题,《涉外民事关系法律适用法》第26条规定,协议离婚,当事人可以协议选择适用一方当事人经常居所地法律或者国籍国法律。当事人没有选择的,适用共同经常居所地法律;没有共同经常居所地的,适用共同国籍国法律;没有共同国籍的,适用办理离婚手续机构所在地法律。根据该条规定,以下情况应当适用中国法律:一是一方当事人经常居所地位于中国或者一方当事人具有中国国籍,且当事人已协议选择适用中国法;二是当事人没有协议选择适用的法律,但在中国具有共同经常居所的;三是当事人没有协议选择适用的法律,也没有共同经常居所地,但当事人双方是中国国籍;四是当事人没有协议选择的法律,也没有共同经常居所及共同国籍,但当事人双方在中国办理离婚的。

(2)涉外协议离婚的具体程序。根据《民法典》婚姻家庭编第1076条,夫妻双方自愿离婚的,应当签订书面离婚协议,并亲自到婚姻登记机关申请离婚登记。离婚协议应当载明双方自愿离婚的意思表示和对子女抚养、财产以及债务处理等事项协商一致的意见。同时,《民法典》婚姻家庭编第1077条明确了协议离婚冷静期,即自婚姻登记机关收到离婚登记申请之日起30日内,任何一方不愿意离婚的,可以向婚姻登记机关撤回离婚登记申请。自上述期限届满后30日内,夫妻双方应当亲自到婚姻登记机关申请发给离婚证;未申请的,视为撤回离婚登记申请。除此之外,《民法典》婚姻家庭编第1078条还明确规定,婚姻登记机关查明双方确实是自愿离婚,并已经对子女抚养、财产以及债务处理等事项协商一致的,予以登记,发给离婚证。

中国公民同外国人在中国内地自愿离婚的,内地居民同香港居民、澳门居民、台湾居民、华侨在中国内地自愿离婚的,男女双方应当共同到内地居民常住户口所在地的婚姻登记机关办理离婚登记。

中国公民办理离婚登记需要出具的证件和材料有:(1)本人的户口簿、身份证;(2)本人的结婚证;(3)双方当事人共同签署的离婚协议书;(4)两张两寸单人近期半身免冠照片。

香港居民、澳门居民和台湾居民办理离婚登记需要出具的证件和材料有:(1)本人的有效通行证、身份证;(2)本人的结婚证;(3)双方当事人共同签署的离婚协议书;(4)两张两寸单人近期半身免冠照片。

外国人、华侨办理离婚登记需要出具的证件和材料有:(1)本人的有效护照或者其他有效国际旅行证件;(2)本人的结婚证;(3)双方当事人共同签署的离婚协议书;(4)两张两寸单人近期半身免冠照片。

2. 诉讼离婚

(1)涉外离婚诉讼管辖权。涉外离婚案件,作为涉外民商事案件的重要组成部分,其管辖权是指一国根据国际条约和国内立法规定所确定的,受理涉外离婚案件的权限范围和对特定涉外离婚行使审判权的资格。[5] 涉外离婚管辖权对处理涉外离婚案件具有不可忽视的重要意义。第一,涉外民事诉讼管辖权是一国国家主权在司法领域的体现,关系到国家主权的维护,各国均依据国内法来确定诉讼的管辖权,并不断扩张涉外管辖权;第二,涉外民事诉讼管辖权是一国法院得以审理涉外案件的根据,关系到实体法律的选择,以及当事人及其有关国家合法权益的保护;第三,涉外民事诉讼管辖权是一国涉外判决在国外获得承认和执行的重要条件。人们常说:打涉外官司,先打管辖权,再打时效问题和法律适用问题,最后才会谈事实和法律。[6] 由此可见,管辖权的确定是对案件进行实体审理的前提和基础。

《民事诉讼法》有关涉外离婚案件的管辖是以“原告就被告”作为地域管辖的一般原则,即对公民提起的民事诉讼,由被告住所地人民法院管辖,被告住所地与经常居住地不一致的,由经常居住地人民法院管辖。被告住所地即被告的户籍所在地;经常居住地即提起诉讼时止已连续居住满一年以上的地方,住院治疗的除外。

根据《民事诉讼法》第22条第1款的规定,对不在中华人民共和国国内居住的人提起的有关身份关系的诉讼,由原告住所地人民法院管辖;原告住所地与经常居住地不一致的,由原告经常居住地人民法院管辖。此外,最高人民法院《关于适用〈中华人民共和国民事诉讼法〉的解释》第13条至第17条就涉外离婚案件管辖权问题作了部分补充,具体内容如下:

在中国国内结婚并定居国外的华侨,如定居国法院以离婚诉讼须由婚姻缔结地法院管辖为由不予受理,当事人向中华人民共和国人民法院(以下简称人民法院)提起离婚诉讼的,由婚姻缔结地或一方在国内的最后居住地人民法院管辖。

在国外结婚并定居国外的华侨,如定居国法院以离婚诉讼须由国籍所属国法院管辖为由不予受理,当事人向人民法院提出离婚诉讼的,由一方原住所地或在国内的最后居住地人民法院管辖。

中国公民一方居住于国外,一方居住于国内,无论哪一方向人民法院提起离婚

---

〔5〕 赵一民:《国际私法教程》,知识产权出版社2005年版,第304页。

〔6〕 杜焕芳:《中国法院涉外管辖权实证研究》,载《法学家》2007年第2期。

诉讼,国内一方住所地人民法院都有权管辖。国外一方在居住国法院起诉,国内一方向人民法院起诉的,受诉人民法院有权管辖。

中国公民双方在国外但未定居,一方向人民法院起诉离婚的,应由原告或被告原住所地的人民法院管辖。

已经离婚的中国公民,双方均定居国外,仅就国内财产分割提起诉讼的,由主要财产所在地人民法院管辖。

(2)涉外诉讼离婚法律适用。根据《涉外民事关系法律适用法》第27条规定,诉讼离婚,适用法院地法律。所以,对于涉外婚姻关系的当事人如果在我国境内法院提起离婚诉讼,有管辖权的我国境内法院受理后,适用我国法律对该离婚案件进行审理并判决双方是否离婚。

典型案例

刘女士和杨先生原是一对夫妻,且都是美籍华人。2012年1月,刘女士向长宁区法院起诉,要求确认双方婚姻关系存续期间购买的长宁区黄金城道上的一套房屋及地下车位为双方共同共有,并将产权变更登记到二人名下。但杨先生认为,他与刘女士均为美籍人士,且在美国离婚,财产分割应当按照美国法律进行处理。杨先生表示,根据美国法律,从提出离婚的那天起,所得的财产属于个人财产,提出离婚前所得的财产属于共同财产。因此,同意刘女士在房屋产证上加名,但地下车位是在他提起离婚诉讼后才购买的,应当属于他的个人财产。

分析:法庭审理后认为,根据我国《涉外民事关系法律适用法》的规定,不动产物权,适用不动产所在地法律。同时,我国婚姻法规定,夫妻关系存续期间取得的财产属于夫妻共同财产。因此,尽管涉讼地下车库的购买时间在杨先生提出离婚诉讼之后,但这时双方婚姻关系尚未解除,地下车位依法应当属于杨先生和刘女士的夫妻共同财产,遂判决支持刘女士的诉讼请求。

司考真题

中国公民王某将甲国公民米勒诉至某人民法院,请求判决两人离婚,分割夫妻财产并将幼子的监护权判决给她。王某与米勒的经常居所及主要财产均在上海,其幼子为甲国籍,关于本案的法律适用,下列哪些选项是正确的?(2017年卷一第78题)

A. 离婚事项,应适用中国法

B. 夫妻财产的分割,王某与米勒可选择适用中国法或甲国法

C. 监护权事项，在甲国法与中国法中选择适用有利于保护幼子利益的法律

D. 夫妻财产的分割与监护权事项均应适用中国法

答案：ABC

考点：本题考核涉外诉讼离婚、夫妻财产关系、监护的法律适用问题。

解析：选项 A 正确。《涉外民事关系法律适用法》第 27 条规定："诉讼离婚，适用法院地法律。"因此，本题中的离婚事项应适用法院地中国法。

选项 B 正确。《涉外民事关系法律适用法》第 24 条规定："夫妻财产关系，当事人可以协议选择适用一方当事人经常居所地法律、国籍国法律或者主要财产所在地法律。当事人没有选择的，适用共同经常居所地法律；没有共同经常居所地的，适用共同国籍国法律。"本题中，对于夫妻财产的分割，王某和米勒可以在一方当事人的经常居所地法（中国法），一方当事人的国籍国法（中国法和甲国法），主要财产所在地法（中国法）中选择。

选项 C 正确。《涉外民事关系法律适用法》第 30 条规定："监护，适用一方当事人经常居所地法律或者国籍国法律中有利于保护被监护人权益的法律。"本题中，一方当事人经常居所地法律为中国法，国籍国法律为中国法和甲国法，因此监护事宜应在甲国法与中国法中选择适用有利于保护幼子利益的法律。

参照对选项 B、C 的分析，选项 D 不正确。

三、涉外继承

涉外继承法律关系，是指所涉继承法律关系中的民事主体、继承客体和某些法律事实三个要素中有一个或一个以上具有涉外因素的继承法律关系。

（一）涉外继承的特点

涉外继承的特点具体体现为三个方面：第一，继承人和被继承人中有一方或双方为外国籍公民、香港特别行政区居民、澳门特别行政区居民或我国台湾地区居民或者上述一方或双方在境外或港、澳、台地区拥有住所；第二，部分或全部遗产位于中华人民共和国境外以及中国台湾地区、香港特别行政区、澳门特别行政区；第三，产生、变更或者消灭继承法律关系的法律事实发生在中国境外以及中国台湾地区、香港特别行政区、澳门特别行政区，如被继承人死亡等。涉外因素的具备是涉外继承法律关系的显著要素。

（二）涉外继承的管辖

根据《民事诉讼法》第 33 条第 3 项的规定，因继承遗产纠纷提起的诉讼，由被继承人死亡时住所地或者主要遗产所在地人民法院管辖。该条款明确了因继承遗

产产生的纠纷属于我国法院专属管辖的案件，确定管辖权时，如被继承人死亡时住所地与主要遗产所在地一致的，则该地人民法院具有管辖权；两者不一致的，则这两个地方的人民法院都有管辖权，当事人可以任选其中一个人民法院提起诉讼。

（三）涉外继承的法律适用

一般来讲，涉外继承案件的处理通常会涉及三个方面的法律问题：第一，涉外继承权纠纷的管辖问题，即由哪一国家或地区的法院按照什么原则行使管辖权；第二，审理涉外继承时适用哪一个国家或地区的法律，即涉外继承案件的法律适用问题，它并不直接确定当事人的具体权利和义务，而仅仅是解决“法律的选择”问题，属于国际私法中的冲突法规范；第三，明确审理涉外继承的准据法，即按照冲突法规范的指引，确定处理涉外继承案件时所适用的法律。

（四）涉外继承法律适用原则

就涉外继承关系的法律适用而言，首选需要区分涉外继承关系的具体形式，即法定继承或是遗嘱继承。其中，涉外法定继承与其他涉外民商事关系相比具有比较突出的特点。在涉外继承的法律适用上，存在区别制与同一制之分。所谓区别制，指涉外继承中，将遗产区分为动产和不动产，分别适用不同的冲突规范所指引的实体法，即动产适用被继承人的属人法，而不动产则适用不动产所在地法。涉及涉外法定继承的国际公约大多采取同一制，即对遗产不做动产或不动产之分，而是将继承关系作为一个整体适用同一冲突规范所指向的实体法，即指被继承人的属人法。[7]

根据《涉外民事关系法律适用法》第 31 条的规定，法定继承，适用被继承人死亡时经常居所地法律，但不动产法定继承，适用不动产所在地法律。由此可见，我国的涉外法定继承的法律适用规则，系以同一制为主，区别制为辅，即不动产继承适用不动产所在地法律，不动产以外的涉外法定继承，适用被继承人死亡时经常居所地法律。

遗嘱继承中，由于各国的风俗习惯不同，虽然各国立法一般针对遗嘱的方式以及遗嘱的效力都有明文规定，但订立遗嘱的具体方式和认定遗嘱效力的规定还是各不相同。为此，《涉外民事关系法律适用法》第 32 条及第 33 条规定，遗嘱方式，符合遗嘱人立遗嘱时或者死亡时经常居所地法律、国籍国法律或者遗嘱行为地法律的，遗嘱均为成立。遗嘱效力，适用遗嘱人立遗嘱时或者死亡时经常居所地法律或者国籍国法律。

---

〔7〕 韩德培主编：《国际私法》，武汉大学出版社 2001 年版，第 349 页。

典型案例

黄某6系香港永久居民，且永久居留于香港。于香港在香港执业律师、社区干事的见证下，立下书面遗嘱。内容为："兹郑重声明：将本人所有以前订立之嘱书及遗产处置办法，尽行作废，并立此嘱书，为本人最后之嘱书。一、本人将本人名下在各处所有之不动产及动产，除清付本人之丧葬及其他费用（包括债项在内）外，全部尽行遗赠余之儿子黄某5［香港身份证号码；×××(6)］承受及享用。二、本人以香港为永久居留地，本遗嘱系应根据香港法律处理。三、本人指定及委派余之儿子黄某5［香港身份证号码；×××(6)］为本人此遗嘱之全权执行人，此嘱。"后黄某6在香港去世，经黄某5申请，香港特别行政区高等法院就该遗嘱进行了认证。同年，中国法律服务（香港）有限公司就该遗嘱及遗嘱认证办理了认证手续并加盖转递专用章。后针对位于中国内地的不动产继承事宜发生纠纷。其中争议焦点之一即为黄某6所立遗嘱的效力问题。

分析：法庭审理后认为，根据《涉外民事关系法律适用法》的规定，本案的立遗嘱人黄某6为香港永久性居民，且在香港居住，立遗嘱（遗嘱行为地）及死亡时的经常居所地均在香港，故判定该遗嘱是否合法有效，应适用香港地区法律。黄某5提供的遗嘱，不仅有香港执业律师和社区干事的见证，该遗嘱经司法部委托公证人出具的公证书，经香港特别行政区高等法院进行认证，遗嘱的内容符合香港特别行政区法例，其真实性予以认定。

司考真题

经常居所在上海的瑞士公民怀特未留遗嘱死亡，怀特在上海银行存有100万元人民币，在苏黎世银行存有10万欧元，且在上海与巴黎各有一套房产。现其继承人因遗产分割纠纷诉至上海某法院。依中国法律规定，下列哪些选项是正确的？（2016年卷一第78题）

A. 100万元人民币存款应适用中国法

B. 10万欧元存款应适用中国法

C. 上海的房产应适用中国法

D. 巴黎的房产应适用法国法

答案：ABCD

考点：涉外继承的法律适用问题

解析：选项A、B、C、D正确。《涉外民事关系法律适用法》第31条规定，法定继承，适用被继承人死亡时经常居所地法律，但不动产法定继承，适用不动产所在地法律。本案中，被继承人的存款属于动产，应适用被继承人死亡时的经常居所地法即中国法。被继承人在上海的房产适用中国法，在巴黎的房产适用法国法。

四、涉外收养

（一）涉外收养概述

涉外收养，广义上是指具有涉外因素的收养，即收养人与被收养人中有一方为外国人的收养行为。而狭义的涉外收养，则是指外国人或无国籍人在中华人民共和国境内收养中国公民为子女的收养行为。从我国出台的各项关于收养的法律法规来看，涉外收养仅限于外国人在中华人民共和国境内收养中国儿童的情形；从涉外收养关系的三方当事人（被收养人、送养人、收养人）的特点来看，仅收养人一方为外国人，如果夫妻共同收养子女的，夫妻一方或双方为外国人的均为涉外收养；涉外收养的行为地是在中华人民共和国境内，即外国家庭在中国境内完成的对中国儿童的收养行为。

1. 涉外收养的法律适用

各国法律对收养条件的法律规定有很大区别，因而存在法律冲突。根据《涉外民事关系法律适用法》第 28 条的规定，收养的条件和手续，适用收养人和被收养人经常居所地法律。收养的效力，适用收养时收养人经常居所地法律。收养关系的解除，适用收养时被收养人经常居所地法律或者法院地法律。所以，外国人在中国收养子女，既要遵守我国有关收养的法律规定，同时应当符合其所在国有关收养的法律规定。《民法典》婚姻家庭编第 1109 条规定了外国人在华收养子女事宜，即外国人依法可以在中华人民共和国收养子女。外国人在中华人民共和国收养子女，应当经其所在国主管机关依照该国法律审查同意。收养人应当提供由其所在国有权机构出具的有关收养人的年龄、婚姻、职业、财产、健康、有无受过刑事处罚等状况的证明材料，并与送养人签订书面协议，亲自向省、自治区、直辖市人民政府民政部门登记。相关证明材料应当经收养人所在国外交机关或者外交机关授权的机构认证，并经中华人民共和国驻该国使领馆认证，但国家另有规定的除外。

2. 涉外收养关系的成立

（1）未成年人可以被收养的情形仅限于丧失父母的孤儿，或查找不到生父母的未成年人，或生父母有特殊困难无力抚养的子女。

（2）送养人包括孤儿的监护人、儿童福利机构、有特殊困难无力抚养子女的生父母。

（3）收养人应当同时具备的条件共五项，即无子女或者只有一名子女；有抚养、教育和保护被收养人的能力；未患有（精神疾病和传染病等）医学上认为不应当收养子女的疾病；无不利于被收养人健康成长的违法犯罪记录；年满 30 周岁。

(4)无配偶者收养异性子女的,收养人与被收养人的年龄应当相差40周岁以上。

(5)华侨收养三代以内旁系同辈血亲的子女,可以不受无子女或只有一名子女的限制,同时也可以不受"生父母有特殊困难无力抚养的未成年子女才能被收养","送养人必须为有特殊困难无力抚养子女的生父母"以及"无配偶者收养异性子女,收养人与被收养人的年龄应当相差40周岁以上"的条件限制。

(6)有特殊困难无力抚养的子女,是指有生父母或生父母一方死亡,但其生父母或生父、生母有特殊困难不能抚养教育的未成年子女。如生父母重病、重残,无力抚养教育的子女或由于自然灾害等原因造成其生父母无力抚养的子女,以及非婚生子女等。一般提交所在单位或村民、居民委员会出具的送养人有特殊困难无力抚养子女的证明。

(7)无子女的收养人可以收养两名子女;有子女的收养人只能收养一名子女。收养孤儿、残疾儿童或者社会福利机构抚养的查找不到生父母的未成年人,可以不受收养未成年子女人数的限制。

(8)继父或者继母经继子女的生父母同意,可以收养继子女。同时也可以不受"生父母有特殊困难无力抚养的未成年子女才能被收养","送养人必须为有特殊困难无力抚养子女的生父母"以及收养未成年子女人数的限制。

(二)涉外收养程序

涉外收养的程序比国内收养的程序要复杂,主要包括下列五个步骤:

1. 收养人和送养人的申请及审查

(1)收养人提交的材料。外国人在华收养子女,应当通过所在国政府或者政府委托的收养组织(以下简称外国收养组织)向中国政府委托的收养组织(以下简称中国收养组织)转交收养申请并提交收养人的家庭情况报告和证明。

上述收养申请、家庭情况报告和证明,是指由所在国有权机构出具,经其所在国外交机关或外交机关授权的机构认证,并经中华人民共和国驻该国使领馆认证的下列文件:①跨国收养申请书;②出生证明;③婚姻状况证明;④职业、经济收入和财产状况证明;⑤身体健康检查证明;⑥有无受过刑事处罚的证明;⑦收养人所在国主管机关同意其跨国收养子女的证明;⑧家庭情况报告,包括收养人的身份、收养的合格性和适当性、家庭状况和病史、收养动机以及适合照顾儿童的特点等。

在华工作或者学习连续居住一年以上的外国人在华收养子女,应当提交上述规定的除身体健康检查证明以外的文件,并应当提交在华所在单位或者有关部门出具的婚姻状况证明,职业、经济收入或者财产证明,有无受过刑事处罚的证明以及县级以上医疗机构出具的身体健康检查证明。

(2)送养人提交的材料。送养人应当向省、自治区、直辖市人民政府民政部门提交相关材料,由该民政部门对送养人提交的材料进行审查。相关材料包括:本人的居民户口簿和居民身份证(社会福利机构作为送养人的,应当提交其负责人的身份证件)、被收养人的户籍证明等情况证明。

2. 确定被收养人

省、自治区、直辖市人民政府民政部门对送养人提交的证件和证明材料进行审查,将符合收养法规定的被收养人、送养人名单通知中国收养组织,然后中国收养组织在该省、自治区、直辖市人民政府民政部门报送的符合收养法规定的被收养人中,参照外国收养人的意愿,选择适当的被收养人,并将该被收养人及其送养人的有关情况通过外国收养组织送交外国收养人。外国收养人同意收养的,中国收养组织向其发出来华收养子女通知书,同时通知有关该省、自治区、直辖市人民政府民政部门向送养人发出被收养人已被同意收养的通知。

3. 订立收养协议

外国人来华收养子女,应当与送养人订立书面收养协议。外国收养人应当亲自与送养人订立、签署书面协议,涉外收养协议一式三份,收养人、送养人各执一份,收养登记机关收存一份。

4. 涉外收养登记

外国人来华收养子女,应当亲自来华办理登记手续。夫妻共同收养的,应当共同来华办理收养手续;一方因故不能来华的,应当书面委托另一方,委托书应当经所在国公证和认证。涉外收养登记的机关是省、自治区、直辖市人民政府民政部门。

5. 涉外收养公证

收养关系当事人办理收养登记后,各方或者一方要求办理收养公证的,应当到收养登记地的具有办理涉外公证资格的公证机构办理收养公证。

司考真题

经常居住于英国的法国籍夫妇甲和乙,想来华共同收养某儿童。对此,下列哪一说法是正确的?(2014 年卷一第 37 题)

A. 甲、乙必须共同来华办理收养手续

B. 甲、乙应与送养人订立书面收养协议

C. 收养的条件应重叠适用中国法和法国法

D. 若发生收养效力纠纷,应适用中国法

答案:B

考点:涉外收养的法律适用问题

解析:选项A错误。《外国人在中华人民共和国收养子女登记办法》第8条规定,外国人来华收养子女,应当亲自来华办理登记手续。夫妻共同收养的,应当共同来华办理收养手续;一方因故不能来华的,应当书面委托另一方。委托书应当经所在国公证和认证。因此,甲乙双方不是必须共同来华办理收养手续。

选项B正确。《外国人在中华人民共和国收养子女登记办法》第9条第1款规定,外国人来华收养子女,应当与送养人订立书面收养协议。协议一式三份,收养人、送养人各执一份,办理收养登记手续时收养登记机关收存一份。

选项C、D错误。《涉外民事关系法律适用法》第28条规定,收养的条件和手续,适用收养人和被收养人经常居所地法律。收养的效力,适用收养时收养人经常居所地法律。收养关系的解除,适用收养时被收养人经常居所地法律或者法院地法律。据此可知,收养的条件应重叠适用中国法和英国法,收养效力应适用英国法。

拓展阅读

1. 巫昌祯主编:《婚姻与继承法学》(修订版),中国政法大学出版社2007年版。
2. 陈苇主编:《婚姻家庭继承法学》,中国政法大学出版社2010年版。
3. 廖红霞主编:《婚姻家庭法概论》,中国政法大学出版社2014年版。
4. 陈苇主编:《外国婚姻家庭法比较研究》,群众出版社2006年版。
5. 房绍坤、范李瑛、张洪波编:《婚姻家庭与继承法》(第3版),中国人民大学出版社2013年版。
6. 杨大文、马忆南主编:《婚姻家庭法》,北京大学出版社2004年版。
7. 陈苇主编:《家事法研究》(2009年卷),群众出版社2010年版。
8. 赵一民:《国际私法教程》,知识产权出版社2005年版。
9. 杜焕芳:《中国法院涉外管辖权实证研究》,载《法学家》2007年第2期。
10. 赵宁宁:《涉外婚姻家庭案件律师实务》,法律出版社2015年版。

讨论题

1. 在中国办理涉外结婚应当满足哪些条件?
2. 如何正确理解涉外离婚的管辖权和法律适用问题?
3. 如何在涉外继承案件中正确解决法律适用的问题?
4. 涉外收养的条件和程序是什么?

第十三章　家事诉讼程序

学习目标

通过本章学习，了解并掌握家事诉讼不同于一般民事诉讼的特殊规定性，包括基本原理、基本规则、基本程序，并能运用家事诉讼的基本知识和特殊理念分析和解决家事领域的各类纠纷。

第一节　家事诉讼概述

一、家事诉讼的概念和特征

（一）家事诉讼的概念及法律渊源

家事诉讼，是指法院处理涉及身份关系的婚姻家庭案件时所适用的程序。它与一般民事诉讼的差别主要在于它是关于"家庭身份关系"，而不是关于"财产契约关系"的诉讼程序。

从世界各国的立法来看，很多成文法国家都在民事诉讼法或者亲属法中对家事诉讼作出特别规定，或者为家事纠纷制定特别的诉讼程序。如日本早在1898年就制定了《人事诉讼程序法》（在日本，家事诉讼又被称为"人事诉讼"），[1]专门调整婚姻家庭领域中的身份关系；在德国，其民事诉讼法中没有"家事诉讼"这一名称，但该法第六编"家庭事件程序"主要内容就是家事诉讼程序；[2]法国也没有"家事诉讼"的概念，但在其民事诉讼法"某些案件的特别规定"中，规定了"关于家庭案件的司法程序"，在其民法典中也有关于婚姻、亲子、收养等案件的程序性规定。这

---

[1] 日本于2003年重新制定了《人事诉讼法》，2004年4月1日施行。

[2] 近年来，德国对家事程序与非讼事件程序进行了合并，2008年12月17日德国联邦议会通过《家事程序与非讼事件改革法》，该法第1条就是《德国家事程序与非讼事件法》，该法自2009年9月1日起生效。

些都构成了实质意义上的家事诉讼法的渊源。

英美法国家虽然没有专门的家事诉讼程序，但法院早已注意到了这类案件的特殊性，并通过灵活运用有针对性的程序方法，如强调调解的应用，从客观上形成了特殊化的审理程序。

我国目前没有专门的家事诉讼法，关于家事诉讼程序特殊性的规定，主要散见于《婚姻法》及其司法解释、《民事诉讼法》、《收养法》、《婚姻登记条例》等法律文件中。

（二）家事诉讼的法律特征

家事诉讼作为民事诉讼的一种子程序，有着与其他民事程序不同的法律特性：

第一，案件范围的限定性。适用家事诉讼程序的案件主要是涉及身份关系的案件和其他附带事件。

第二，案件管辖的专属性。因为家事纠纷的特殊性，很多国家设立了独立的家庭法院或家事法庭，专门处理该类案件。家事诉讼案件由家事法院（家事法庭）专属管辖几乎成为各国管辖的通例。

第三，诉讼标的〔3〕的公益性。家事诉讼的诉讼标的是部分身份关系，这一关系不仅涉及当事人之私益更涉及国家和社会之公益，因为身份关系与婚姻家庭紧密相连，是一国社会秩序的重要组成部分。身份关系的强烈公益性使它在性质上不容私人“自治”。

第四，适用非讼程序法理。正因为家事诉讼的诉讼标的具有强烈的公益性，所以国家必然会干预或介入到该类纠纷的解决中，表现为法院处理这类诉讼一般实行职权主义和职权探知主义。普通诉讼程序所遵循的辩论主义、处分权主义等当事人主义程序法理在此不适用或不完全适用，而非讼程序法理则占据重要地位。

第五，具体程序规定具有特殊性。家事诉讼案件在起诉、审前准备、当事人、反诉、诉之合并、追加、审理方式、调解、裁判效力等方面都有特殊的规定。

二、家事诉讼的案件类别

家事诉讼的案件类别应当是以《民法典》婚姻家庭编中涉及的身份关系为根据，但多数国家并不是将所有身份关系都作为家事诉讼的对象，而是有所选择地加

---

〔3〕 诉讼标的，是大陆法系民事诉讼理论中的一个概念，围绕这一概念产生了诸多学说，有实体法说（旧标的说）、诉讼法说（新标的说）、新实体法说等。但在我国学界以及实务中，旧标的说占据通说地位。据此，诉讼标的，是指当事人之间因发生争议，而要求人民法院作出裁判的实体法律关系。诉讼标的是法院的裁判对象，因此，每一个诉讼案件至少有一个诉讼标的，但有的案件有两个或者两个以上的诉讼标的。

以规定。因为在家事诉讼语境中,"家事"有广义、狭义之分:从广义上看,几乎所有与家庭有关的案件都属于家事范畴,包括婚姻案件、亲子案件、监护案件、扶养案件、继承及遗嘱案件、与禁治产等相关的案件;从狭义上看,家事专指与婚姻家庭中自然人的身份关系相关的特定事件,如婚姻事件、亲子事件、解除收养关系事件等,它不包括婚姻家庭领域中的财产关系和其他身份关系。这样区分的意义在于,狭义的家事诉讼有专门化的诉讼程序(日本称为人事诉讼程序),采用不同于一般民事诉讼的特殊诉讼原理,如职权主义、职权进行主义、裁判效力绝对原则等。广义的家事诉讼则是一个内涵和外延更为宽泛的概念,它既包括涉及家庭成员身份关系的家事诉讼,又包括涉及家事身份的非讼案件、涉及家庭财产关系的诉讼事件和非讼事件,其诉讼的程序样态更为复杂,可能是正常的诉讼模式,也可能是非讼模式或者非讼化处理,同时对于能够调解的还会实行强制调解或者调解前置等。本章采取狭义理解,但阐述的思路是以狭义家事诉讼为主体,兼容它种家事事件或非讼事件进行展开和论证。因为家事案件的分类不是绝对的,为了家庭纠纷的一并解决,各国皆规定,在离婚等家事身份关系的诉讼中,凡是与家事诉讼有关的家事案件可以,有时是应当合并在一个程序中解决,而不必分而治之。

从我国现有立法看,我国家事诉讼的案件范围主要包括婚姻事件、亲子事件、收养案件以及其他家事附带事件。其中婚姻事件具体包括离婚之诉、婚姻无效之诉、婚姻撤销之诉;亲子事件包括亲子关系确认之诉、亲子关系否认之诉;收养事件具体包括收养无效之诉、解除收养关系之诉。家事附带事件主要包括与离婚相关的一些事件,如确定未成年子女监护权、探视权、离婚财产分割、离婚损害赔偿等诉讼。

三、家事诉讼的特有原则

家事诉讼具有不同于普通民事诉讼的特点,因而,家事诉讼有着自己特殊的原则和规定。

(一)职权审理原则

这一原则与普通诉讼程序适用的处分原则、辩论原则相对立。它的基本内涵是法院在家事诉讼案件的审理过程中,可以主动调查收集证据;可以在当事人请求的范围之外考虑当事人所未提出的事实;当事人在诉讼中所为的事实自认和权利认诺均不能拘束法院;法官可依自由心证对有关事项作出判断或裁判;法院还可以视情况依职权作出保全裁定或中止诉讼。在上诉审中,上诉法院可以不受当事人上诉范围的限制。可见在程序进行方面体现的是职权进行主义,在裁判所依据的事实方面则采用了职权探知主义。

职权审理原则，在我国民事诉讼中也得到了运用和体现，如2015年2月4日施行的最高人民法院《关于适用〈中华人民共和国民事诉讼法〉的解释》（以下简称《民事诉讼法司法解释》）第96条规定：“民事诉讼法第六十四条第二款规定的人民法院认为审理案件需要的证据包括：〔4〕……（二）涉及身份关系的……”第92条规定：“一方当事人在法庭审理中，或者在起诉状、答辩状、代理词等书面材料中，对于己不利的事实明确表示承认的，另一方当事人无需举证证明。对于涉及身份关系、国家利益、社会公共利益等应当由人民法院依职权调查的事实，不适用前款自认的规定。”

（二）强制调解或调解前置原则

强制调解，也称调解前置，是指家事诉讼案件中大部分案件（如离婚、解除收养关系等案件）在法院正式裁判前必须经过或曾经经过调解。在很多国家，家事案件在进入诉讼前必须先经过调解官的调解程序，未经这一程序，法院不予受理，调解是诉讼要件之一。

（三）不公开审理原则

普通诉讼案件的审理以公开审理为原则，不公开审理为例外。家事诉讼案件的审理则恰好相反。因为离婚、解除收养关系、亲子关系等家事诉讼，系以当事人间私生活上的重大秘密事项为审理对象，如果在公开的法庭上进行审判，当事人、证人或者其他第三者在被强制陈述时，可能因伴随着心理痛苦而难以作出真实的陈述。另外，家事诉讼追求实体真实，为了作出妥当裁判甚至采取职权探知来发现案件之客观真实，强行要求当事人等在公开的法庭上进行陈述，可能割断当事人通过诉讼维护权利的念头，使权利受侵害的状况难以通过诉讼予以排除。〔5〕正是在这个意义上，很多国家都把追求客观真实的家事诉讼作为适用公开审判原则的例外。

就我国而言，在家事审判改革中，很多地方法院尝试采取家事案件不公开审理的原则，最高人民法院在2018年颁发的《关于进一步深化家事审判方式和工作机制改革的意见（试行）》（以下简称《深改意见》）中也有条件地确立了这一原则。如《深改意见》第36条规定：“涉及个人隐私的家事案件，人民法院应当不公开审理。涉及未成年人的家事案件，如果公开审理不利于保护未成年人利益的，人民法院应当不公开审理。离婚案件，在开庭前，人民法院应当询问当事人是否申请不公开审

〔4〕《民事诉讼法》第64条第2款规定：“当事人及其诉讼代理人因客观原因不能自行收集的证据，或者人民法院认为审理案件需要的证据，人民法院应当调查收集。”

〔5〕参见［日］梶村太市、德田和幸编：《家事事件手续法》，有斐阁2005年版，第164页。

理。当事人申请不公开的,可以不公开审理。其他家事案件,当事人申请不公开审理的,人民法院经审查认为不宜公开审理的,可以不公开审理。”

（四）全面解决原则

家事诉讼的对象是身份关系纷争,为了避免身份关系长期处于不确定状态,很多国家对家事诉讼所涉纷争采取集中审理、全面解决的原则,以防止对身份关系纠纷以及与身份关系纠纷相关联的纠纷分别解决所带来的矛盾或障害。因之,对于诉之合并提起、诉之追加、反诉均作了放宽之规定,同时扩大失权效之效果,并赋予判决之对世效力,以图身份关系之全面解决。[6]

我国《深改意见》第39条也确立类似的原则,该条规定:“人民法院审理离婚案件,应当对子女抚养、财产分割问题一并处理。对财产分割问题确实不宜一并处理的,可以告知当事人另行起诉。当事人在离婚诉讼中未对子女抚养、财产分割问题提出诉讼请求的,人民法院应当向当事人释明,引导当事人明确诉讼请求。当事人就子女抚养问题未达成一致,又坚持不要求人民法院处理子女抚养问题的,可以判决不准离婚。”

第二节　家事诉讼程序

家事诉讼程序是一个复合的程序群,由不同家事事件的子程序构成,就涉及家庭身份关系纠纷的狭义家事诉讼程序而言,至少包括婚姻事件程序、亲子事件程序、收养事件程序。以下就各类家事诉讼的特殊程序展开论述。

一、婚姻事件程序

（一）婚姻无效之诉

1. 婚姻无效与婚姻无效之诉

婚姻无效是指形式上已缔结的婚姻具备法定的无效婚姻之条件（之一）时,该婚姻不具备法定效力。根据我国《民法典》婚姻家庭编第1051条的规定,婚姻无效的具体情形包括:（1）重婚;（2）有禁止结婚的亲属关系;（3）未到法定婚龄。

根据我国立法之规定,婚姻无效,必须经过法院的确认。在被法院宣告无效之前,任何人得尊重该婚姻,不得自行主张无效;当事人也不得通过协议或相互承认

---

〔6〕 参见陈计男:《民事诉讼法论》（下）,台北,三民书局1994年版,第412页。

来使婚姻归于无效，即婚姻之无效必须通过提起“婚姻无效之诉”方能获得此种后果。

司考真题

（单选）甲与乙登记结婚3年后，乙向法院请求确认该婚姻无效。乙提出的下列哪一理由可以成立？（2011年卷三第22题）

A. 乙登记结婚的实际年龄离法定婚龄相差2年

B. 甲婚前谎称是海归博士且有车有房，乙婚后发现上当受骗

C. 甲与乙是表兄妹关系

D. 甲以揭发乙父受贿为由胁迫乙结婚

答案：C

考点：无效婚姻

解析：选项A错误。根据婚姻家庭法的相关规定，未到法定婚龄的，婚姻无效。《婚姻法司法解释一》第8条规定：“当事人依据婚姻法第十条规定向人民法院申请宣告婚姻无效的，申请时，法定的无效婚姻情形已经消失的，人民法院不予支持。”选项A中，乙登记结婚的实际年龄离法定婚龄相差2年，在甲与乙登记结婚3年后，该法定的无效婚姻情形已经消失。因此，以此为由向法院请求确认婚姻无效的，法院不予支持。

选项B错误。其不属于无效婚姻的情形，不能以此为由主张婚姻无效。

选项C正确。根据婚姻家庭法的规定，有禁止结婚的亲属关系的，婚姻无效。“直系血亲和三代以内的旁系血亲，禁止结婚”。表兄妹属于三代以内的旁系血亲，因此，甲与乙是表兄妹关系，有禁止结婚的亲属关系，该婚姻无效。

选项D错误。根据婚姻家庭法的规定，因胁迫结婚的，受胁迫的一方可以向婚姻登记机关或人民法院请求撤销该婚姻。受胁迫的一方撤销婚姻的请求，应当自结婚登记之日起1年内提出。被非法限制人身自由的当事人请求撤销婚姻的，应当自恢复人身自由之日起1年内提出。据此可知，若乙是被胁迫而与甲结婚的，该婚姻属于可撤销婚姻，而非无效婚姻。另外，甲与乙登记结婚已经3年，行使撤销权的除斥期间已过，该婚姻也不能被撤销了。

2. 婚姻无效诉讼的当事人

婚姻无效的当事人，我国称为申请人、被申请人，而不是原告、被告。从国外来看，德国与我国相同，而日本、法国则以原告、被告称之。

我国《婚姻法司法解释一》第7条规定：“有权依据婚姻法第十条规定向人民法院就已办理结婚登记的婚姻申请宣告无效的主体，包括婚姻当事人及利害关系

人。……”这里的“利害关系人”具体包括:以重婚为由申请宣告婚姻无效的,为当事人的近亲属及基层组织;以未到法定婚龄为由申请宣告婚姻无效的,为未达法定婚龄者的近亲属;以有禁止结婚的亲属关系为由申请宣告婚姻无效的,为当事人的近亲属;以婚前患有医学上认为不应当结婚的疾病,婚后尚未治愈为由申请宣告婚姻无效的,为与患病者共同生活的近亲属。

至于被申请人,通常情况下,当事人自己申请宣告婚姻无效的,另一方为被申请人;利害关系人依法申请的,婚姻关系当事人双方为被申请人;夫妻一方死亡的,生存一方为被申请人;夫妻均已死亡的,不列被申请人。在国外一些国家如日本,为了避免婚姻事件诉讼中只有原告,没有被告的尴尬,特别规定“应该成为被告的人死亡或者没有应成为被告的人的时候,检察官成为被告”,[7]此与我国规定不同。

3. 婚姻无效诉讼之判决及其效力

婚姻无效案件通常产生两种判决,一是原告或申请人主张的婚姻无效事由被确定,法院作出确认婚姻无效之判决;二是原告或申请人主张的婚姻无效事由被确定不存在,或者被告或被申请人抗辩的婚姻无效的治愈事由被确定,法院作出驳回原告诉讼请求之判决。

我国对婚姻无效之诉实行一审终审原则,因此,婚姻无效之诉的裁判一经作出,就发生法律效力。具体表现为:

(1)产生既判力。既判力观念源于罗马法,是大陆法系民事诉讼理论中的一个概念。一般认为,既判力就是判决实质上的确定力,是指确定判决对诉讼标的的判断对法院和当事人产生的约束力。判决中对诉讼标的之判断部分,实际上是对诉讼标的中实体内容所做出的判断,构成判决的主文。

既判力要求当事人和后诉法院对确定判决内容必须予以遵守。从当事人的角度来说,对于既判的案件不得再为争执(提出相异的诉讼主张),在制度上则体现为禁止当事人再行起诉(包括反诉),这即是既判力的消极效果(或作用),强调一事不再理。从法院的角度来说,法院应以确定判决中对诉讼标的之判断为基础来处理后诉,不得做出相异的判决,这也称为既判力的积极效果(或作用),强调确定判决具有拘束后诉判决的积极作用。

按照判决效力的一般理论,上述两种判决一经确定,前者产生婚姻无效的既判力,后者产生婚姻有效之既判力,任何人都不得对特定当事人间婚姻的效力为争执。

从主观范围上看,婚姻无效判决的既判力主体由当事人扩张到当事人以外的一切社会主体,具有对世效力。

从既判力的客观范围上看,限于其裁判主文中所涉及的当事人的诉讼主张或

---

[7] 参见日本《人事诉讼法》第12条第3款。

声明,即既判力的范围及于所有于本案言词辩论终结前和终结后发生的事实及与之相应的声明。

(2)向婚姻登记机关为告知。婚姻无效因涉及公益,所以判决确认婚姻无效后,法院还应当履行向有关机关告知的义务。我国《婚姻法司法解释一》第14条规定:“人民法院根据当事人的申请,依法宣告婚姻无效或者撤销婚姻的,应当收缴双方的结婚证书并将生效的判决书寄送当地婚姻登记管理机关。”此项效力也可以理解为广义的执行力。

典型案例

张丽与张琴系亲姐妹,张丽是姐姐,妹妹张琴比姐姐张丽小2岁。妹妹张琴在她18岁那年遇到了自己喜欢的林某(22岁),迅速坠入爱河,张琴与林某都觉得对方就是自己要找的人,遂二人决定结婚。无奈妹妹张琴未达法定婚龄,于是偷拿了姐姐张丽的身份证去登记结婚。两年后,姐姐张丽自己去办理婚姻登记时却被民政部门告知其已经结婚了。对于本案婚姻登记中的瑕疵问题应如何处理?〔8〕

分析:对于本案婚姻登记中的瑕疵问题如何处理存在以下几种不同的观点。

第一种观点认为,对于妹妹冒用自己身份证去登记结婚的行为,姐姐张丽可以到法院请求宣告妹妹张琴的婚姻无效。理由是妹妹未达到法定婚龄去登记结婚,属于婚姻无效的几种情形之一,宣告无效的婚姻自始无效,姐姐张丽可以顺利去办理结婚登记。

第二种观点认为,错误的婚姻登记的发生是由于婚姻登记机关没有审查清楚,姐姐张丽可以到民政部门请求民政部门撤销该婚姻登记。撤销的婚姻自结婚登记之日起自始无效。

第三种观点认为,对于本案这种情况,姐姐的救济方式应该是去民政部门请求民政部门进行行政复议。若对行政复议的结果不服,则还可以提起行政诉讼。

问题:请对上述观点进行评价,并说明自己的观点。

(二)婚姻撤销之诉

1. 可撤销婚姻与婚姻撤销之诉

可撤销婚姻,是指一方当事人采用胁迫、欺诈手段而使对方违背自己意愿同己方缔结的婚姻。可撤销婚姻虽然具有婚姻的形式,但被胁迫、被欺诈一方可以在一

〔8〕 参见叶丹平:《冒名婚姻登记后的瑕疵救济问题》,载110法律咨询网,http://www.110.com/ziliao/article-465758.html,2014年7月11日最后访问。

定的时间内申请撤销婚姻。

根据我国《民法典》婚姻家庭编的规定，可撤销婚姻分为两种情况，一是因胁迫而缔结的婚姻，被胁迫方可以请求撤销。如《民法典》婚姻家庭编第 1052 条规定："因胁迫结婚的，受胁迫的一方可以向人民法院请求撤销婚姻。请求撤销婚姻的，应当自胁迫行为终止之日起一年内提出。被非法限制人身自由的当事人请求撤销婚姻的，应当自恢复人身自由之日起一年内提出。"二是因欺诈而缔结的婚姻，被欺诈方可以请求撤销。如《民法典》婚姻家庭编第 1053 条规定："一方患有重大疾病的，应当在结婚登记前如实告知另一方；不如实告知的，另一方可以向人民法院请求撤销婚姻。请求撤销婚姻的，应当自知道或者应当知道撤销事由之日起一年内提出。"

过去，撤销婚姻除了可以由法院裁判撤销外，当事人也可以向婚姻登记机关（行政机关）请求，即婚姻撤销权分属司法和行政两个部门。《民法典》婚姻家庭编将婚姻撤销的权利仅赋予法院，行政机关不再具有撤销婚姻的权利，结束了撤销婚姻"双轨制"的历史。

对于可撤销婚姻，有撤销权的当事人一方可以向人民法院申请撤销，也可以不申请撤销。如果申请撤销，就形成婚姻撤销之诉。如果不申请撤销，则婚姻继续有效。从性质上看，婚姻撤销之诉是典型的形成诉讼。根据《民法典》婚姻家庭编的规定，婚姻一旦被人民法院判决撤销，则该婚姻自始没有法律约束力，当事人不具有夫妻的权利和义务。同居期间所得的财产，由当事人协议处理；协议不成的，由人民法院根据照顾无过错方的原则判决。婚姻被撤销的，无过错方有权请求损害赔偿。

2. 婚姻撤销之诉的当事人

对于因胁迫而申请撤销婚姻的，适格原告只能是婚姻关系中受胁迫一方的当事人本人，该方当事人的近亲属或有关基层组织不能作为原告提起撤销之诉。被告为婚姻关系中的另一方，即胁迫原告与其结婚的人。

对于因欺诈而申请撤销婚姻的，适格原告是婚姻关系中受欺诈的一方，被告为隐瞒欺骗自己患有重大疾病的另一方。

3. 婚姻撤销之诉的判决及其效力

婚姻撤销之诉的判决结果也是两种：判决撤销婚姻或判决驳回诉讼请求。因我国的司法解释规定婚姻撤销诉讼适用普通程序或简易程序，因此判决可以上诉，实行两审终审。

一审未上诉判决以及上诉判决构成生效的确定判决，将产生相应的效力。

（1）既判力。上述两类判决一经确定，首先产生既判力。前者产生婚姻撤销的既判力，后者产生婚姻有效之既判力。两种判决的既判力均具有对世效力。任何人都不得再为争执。

(2)向婚姻登记机关为告知。此项效力也可以理解为广义的执行力,但仅限于婚姻被撤销的判决。具体内容参照婚姻无效判决的相应规定。

司考真题

1.(单选)高甲患有精神病,其父高乙为监护人。2009年高甲与陈小美经人介绍认识,同年12月陈小美以其双胞胎妹妹陈小丽的名义与高甲登记结婚,2011年生育一子高小甲。2012年高乙得知儿媳的真实姓名为陈小美,遂向法院起诉。诉讼期间,陈小美将一直由其抚养的高小甲户口迁往自己原籍,并将高小甲改名为陈龙,高乙对此提出异议。下列哪一选项是正确的?(2017年卷三第17题)

A. 高甲与陈小美的婚姻属无效婚姻

B. 高甲与陈小美的婚姻属可撤销婚姻

C. 陈小美为高小甲改名的行为侵害了高小甲的合法权益

D. 陈小美为高小甲改名的行为未侵害高甲的合法权益

答案:D

解析:选项A、选项B错误。因为陈小美与高甲没有形式上的婚姻关系,不存在婚姻无效的事由,也不存在撤销婚姻的事由。故高甲的监护人高乙不能申请确认婚姻无效,也不能申请撤销婚姻。

选项C错误。因为陈小美是高小甲的亲生母亲,也是其监护人,有权为其改名。故为高小甲改名的行为不侵害他的合法权益。

选项D正确。根据我国相关法律的规定,子女可以随父姓,也可以随母姓。陈小美是高小甲的亲生母亲,也是其监护人,为其改为跟母亲姓不侵害作为高小甲父亲高甲的合法权益。

2.(多选)孙新和孙立系双胞胎兄弟,2017年3月10日,弟弟孙立拿着哥哥孙新的身份证与哥哥的女友韩孟前往民政部门办理了结婚登记手续。4月2日,哥哥孙新因病前往医院治疗,住院期间爱上了照顾自己的小护士马冬梅,二人欲办理结婚登记手续。关于本案,下列哪些选项是错误的?(2018年客观题卷二第56题)

A. 韩孟可以向法院提起民事诉讼主张撤销婚姻

B. 孙新可以向法院提起民事诉讼主张撤销婚姻

C. 法院应当宣告孙立和韩孟的婚姻无效

D. 韩孟可以向法院提起行政诉讼

答案:ABC

解析:选项A、B说法都是错误的。根据我国婚姻家庭法的相关规定,可撤销婚姻分为两种情况,一是因胁迫而缔结的婚姻,被胁迫方可以请求撤销。二是因欺诈而缔结的婚姻,被欺诈方可以请求撤销。本案中,不存在欺诈和胁迫结婚的情形,故不能申请撤销婚姻。

选项C说法错误。根据婚姻家庭法的相关规定,婚姻无效的具体情形包括:(1)重婚;(2)有禁止结婚的亲属关系;(3)未到法定婚龄。本案中,孙立和韩孟的婚姻没有无效婚姻的事由,故不能申请确认婚姻无效。

选项D正确。孙立和韩孟登记结婚错误,只能要求婚姻登记机关进行予以更正或撤销。故只能提起行政诉讼予以解决。

(三)离婚之诉

1. 离婚及离婚之诉

离婚,又指离异,是指配偶生存期间依照法律规定解除婚姻关系的行为,也称为婚姻的解除。依据我国《民法典》婚姻家庭编的相关规定,离婚有两种方式:协议离婚和诉讼离婚。协议离婚,是指夫妻双方都愿意离婚,经双方协商一致,签署离婚协议书,到婚姻登记机关办理离婚手续,领取离婚证的一种方式。诉讼离婚,是指夫妻双方对离婚问题(是否离婚、财产分割、子女抚养等)无法达成一致意见时,一方向法院起诉,请求法院判决离婚的一种方式。

关于协议离婚,我国《民法典》婚姻家庭编规定了冷静期制度。如第1077条规定,自婚姻登记机关收到离婚登记申请之日起30日内,任何一方不愿意离婚的,可以向婚姻登记机关撤回离婚登记申请。前款规定期限届满后30日内,双方应当亲自到婚姻登记机关申请发给离婚证;未申请的,视为撤回离婚登记申请。这一制度对于防范冲动离婚、草率离婚将起到一定的约束作用,同时对离婚自由也不会构成实质性损害,因而具有较高的现实意义。当然,如果涉及家庭暴力或其他紧急情况不宜采用冷静期的,当事人可以向人民法院起诉离婚,由人民法院进行裁判。

2. 离婚诉讼之当事人

离婚之诉的提起,仅限于婚姻关系之配偶各方,第三人不能提起离婚之诉。需要探讨的问题是,如果离婚夫妻一方是限制行为能力人或无行为能力人,其适格当事人资格是否发生变化。换言之,限制行为能力人或无行为能力人能否成为离婚之诉的适格当事人?

从实践来看,法官的态度各不相同,判决的结果也不甚统一。出现这一问题的根本原因在于法律没有明文规定。为了解决这一问题,有些地方法院出台了相应的会议纪要等来指导审判实践,对于明确离婚诉讼当事人的资格以及身份关系诉讼之代理具有重要的现实意义。如山东省高级人民法院2005年印发的《全省民事审判工作座谈会纪要》(鲁高法〔2005〕201号)第7项内容就对“关于无行为能力人和限制行为能力人的离婚问题”作出了明确规定:

限制民事行为能力人并未完全丧失辨认能力和控制能力,无论结婚还是离婚应由其自行决定。而无民事行为能力人成为离婚案件的被告时,一般允许其近亲属作为代理人,或者由人民法院在其近亲属中指定代理人参加诉讼。在无民事行为能力人起诉离婚的情况下,如果无民事行为能力人结婚之初,就存在无民事行为能力的原因,则应当提起婚姻无效之诉,提起人为无民事行为能力人结婚前的监护人;在婚姻关系存续期间丧失民事行为能力的,则需要根据特别程序变更无民事行为能力人的监护人,由变更后的监护人代理无民事行为能力人提起离婚诉讼。

2011 年最高人民法院也通过司法解释对无行为能力人起诉离婚问题作出了类似的规定。根据《婚姻法司法解释三》第 8 条的规定:"无民事行为能力人的配偶有虐待、遗弃等严重损害无民事行为能力一方的人身权利或者财产权益行为,其他有监护资格的人可以依照特别程序要求变更监护关系;变更后的监护人代理无民事行为能力一方提起离婚诉讼的,人民法院应予受理。"

司考真题

(多选)甲与乙离婚,甲乙的子女均已成年,与乙一起生活。甲与丙再婚后购买了一套房屋,登记在甲的名下。后甲因中风不能自理,常年卧床。丙见状离家出走达 3 年之久。甲乙的子女和乙想要回房屋,进行法律咨询。下列哪些意见是错误的?(2011 年卷三第 52 题)

A. 因房屋登记在甲的名下,故属于甲个人房产

B. 丙在甲中风后未尽妻子责任和义务,不能主张房产份额

C. 甲乙的子女可以申请宣告丙失踪

D. 甲本人向法院提交书面意见后,甲乙的子女可代理甲参与甲与丙的离婚诉讼

答案:ABC

解析:选项 A 说法错误。《婚姻法司法解释二》第 19 条规定:"由一方婚前承租、婚后用共同财产购买的房屋,房屋权属证书登记在一方名下的,应当认定为夫妻共同财产。"据此可知,甲与丙在婚后购买的房屋虽然登记在甲的名下,但是应认定为夫妻共同财产。

选项 B 说法错误。丙是房屋的共同共有人,其对房屋享有的是所有权,而非继承权。因此,不能因其未尽妻子的责任与义务就剥夺其对房屋享有的所有权。

选项 C 说法错误。根据民法相关规定,公民下落不明满 2 年的,利害关系人可以向人民法院申请宣告他为失踪人。所谓利害关系人,是指与失踪人有人身关系或财产关系的人,如父母、配偶、近亲属、债权人、债务人等。本题中,甲乙的子女与丙之间没有利害关系,不属于法律规定的利害关系人,不能申请宣告丙失踪。

选项D说法正确。《民事诉讼法》第62条规定:"离婚案件有诉讼代理人的,本人除不能表达意志的以外,仍应出庭;确因特殊情况无法出庭的,必须向人民法院提交书面意见。"本题中,甲因中风不能出庭,应当向人民法院提交书面意见,其子女可作为其代理人代为参与其与丙的离婚诉讼。

3. 离婚诉权的限制

根据我国《民法典》婚姻家庭编的相关规定,在两种情况下,离婚诉权受到一定的限制:一是现役军人的配偶要求离婚,应当征得军人同意,但是军人一方有重大过错的除外;二是女方在怀孕期间、分娩后1年内或中止妊娠后6个月内,男方不得提出离婚。女方提出离婚的,或人民法院认为确有必要受理男方离婚请求的,不在此限。

4. 离婚诉讼之判决及其效力

在我国,离婚诉讼的判决有两种:判决离婚;判决不准离婚。该两种判决确定后,其效力并不完全相同。

首先,离婚判决一经确定,就产生既判力。双方当事人之间的婚姻关系解除,判决不仅对当事人产生拘束力,而且具有对世效力,任何人都必须尊重该判决,不得为相异的主张。根据民诉法及其司法解释的相关规定,离婚判决和调解书在生效后不得申请再审,不得申请撤销,检察机关也不得对解除婚姻关系的判决、裁定提出抗诉。如《民事诉讼法》第202条规定:"当事人对已经发生法律效力的解除婚姻关系的判决、调解书,不得申请再审。"《民事诉讼法司法解释》第297条规定:"对下列情形提起第三人撤销之诉的,人民法院不予受理:……(二)婚姻无效、撤销或者解除婚姻关系等判决、裁定、调解书中涉及身份关系的内容……"《民事诉讼诉法司法解释》第414条规定:"人民检察院对已经发生法律效力的判决以及不予受理、驳回起诉的裁定依法提出抗诉的,人民法院应予受理,但适用特别程序、督促程序、公示催告程序、破产程序以及解除婚姻关系的判决、裁定等不适用审判监督程序的判决、裁定除外。"

值得注意的是,对离婚判决或调解书中涉及财产分割问题的,可以申请再审或者另行起诉。对此,《民事诉讼法司法解释》第382条规定:"当事人就离婚案件中的财产分割问题申请再审,如涉及判决中已分割的财产,人民法院应当依照民事诉讼法第二百条的规定进行审查,符合再审条件的,应当裁定再审;如涉及判决中未作处理的夫妻共同财产,应当告知当事人另行起诉。"

其次,不准离婚判决的确定,只产生暂时的效力,没有完全的效力,更没有既判力。因为,判决不准离婚只阻断原告就相同的事实在6个月内重新起诉的效力,而原告依不准离婚判决依据的事实以外的新事实起诉离婚或者在6个月后以与原来相同的事实起诉离婚都是允许的。

司考真题

（单选）甲起诉要求与妻子乙离婚，法院经审理判决不予准许。书记员两次到甲住所送达判决书，甲均拒绝签收。书记员的下列哪一做法是正确的？（2009 年卷三第 43 题）

A. 将判决书交给甲的妻子乙转交

B. 将判决书交给甲住所地居委会转交

C. 请甲住所地居委会主任到场见证并将判决书留在甲住所

D. 将判决书交给甲住所地派出所转交

答案：C

解析：本题考核诉讼文书的送达。《民事诉讼法》第 86 条规定："受送达人或者他的同住成年家属拒绝接收诉讼文书的，送达人可以邀请有关基层组织或者所在单位的代表到场，说明情况，在送达回证上记明拒收事由和日期，由送达人、见证人签名或者盖章，把诉讼文书留在受送达人的住所；也可以把诉讼文书留在受送达人的住所，并采用拍照、录像等方式记录送达过程，即视为送达。"据此可知，本题的正确答案是 C。

二、亲子关系事件程序

（一）亲子关系事件程序概述

亲子关系，也称父母子女关系，是基于血亲而产生的一种法律关系。在法律上，血亲关系又体现为自然血亲关系和拟制血亲关系，父母子女关系也因此种区别而有所不同。本节所述的血亲关系特指自然血亲关系。

亲子关系不仅涉及当事人之私益，更涉及国家、社会之公益，因此，在父母与子女的关系中，父母不得任意处分未成年子女的利益，在父母子女关系出现变化时，必须通过法律进行推定、确认、否认或撤销。由此形成了具有自身特点的诉讼类型——亲子关系诉讼。

从国外立法和我国台湾地区的规定来看，亲子关系的诉讼类型并不完全相同，我国《民法典》婚姻家庭编规定了亲子关系的确认与否认两种诉讼类型，实践中的主要表现为亲子关系否认之诉（婚生子女否认之诉）、亲子关系确认之诉等类型。

（二）婚生子女否认之诉

1. 婚生子女否认之诉的含义

之所以会出现亲生子女否认，原因在于，各国法律均规定，婚姻关系中的子女受婚生推定。婚生推定仅仅是一种法律推定，并不一定符合客观真实，因此，在有一定证据时该法律推定可以被推翻，这便产生了婚生子否认问题。为了维护家庭关系的稳定和未成年子女的最大利益，各国都不允许任意否认婚生子女，必须经过严格的诉讼程序才能进行否认，即对于经推定确定为婚生子女的，非经否认婚生子女之诉，不得否认其为婚生子女。

2. 婚生子女否认之诉的当事人

（1）原告。在谁有资格提起婚生否认之诉的问题上，各国的立法规定不尽相同，归纳起来有以下几种做法：一是只有婚姻关系中的夫为适格原告，如日本；二是子女和被推定的父亲都有诉权，如瑞士；三是被推定的生父、生母和子女都可以成为适格原告，如德国、意大利；四是子女的生母、生母的丈夫、丈夫的继承人在一定条件下，可以提出婚生否认之诉，如法国。

就我国立法而言，《民法典》婚姻家庭编第 1073 条第 1 款对此作出了规定，即"对亲子关系有异议且有正当理由的，父或者母可以向人民法院提起诉讼，请求确认或者否认亲子关系"。据此，婚生否认之诉的适格原告是现行亲子关系中的"父或母"。

（2）被告。在域外，婚生否认之诉的被告因原告的不同而不同。一般而言，以夫为原告的，子女为被告；以子女为原告的，夫为被告；以母为原告的，夫和子为被告。在我国实践中，婚生子女否认之诉的被告通常是子女。

3. 婚生否认之诉中的证明责任和证明方法

作为通例，婚生否认之诉实行职权探知主义，法院可以主动调查证据，可以斟酌当事人未提出的事实，但在事实真伪不明时，其不利后果仍由承担证明责任的当事人而不是法院承担。可见，当事人仍然有一定的证明责任。

如果父亲作为原告提起婚生否认之诉，要想推翻婚生的推定，使其与作为被告的子之间的父子关系不存在被确定，必须采用一定的证明方法。这些方法通常包括三种：

一是间接证明方法，即原告需要对其与子女之母在可能怀胎的期间没有性关系做出证明，如一方配偶长期居住在国外、一方配偶在监狱或其他监禁场所被监禁不可能有性关系发生，但单纯的别居事实不足以证明。

为了防止证人与婚生否认之诉中的父或母合谋提供虚伪陈述，一些国家（如日本）规定，证人证言除了在例外的场合承认外，一般予以排除。体现了证人证言在婚生子否认之诉中的特殊性。

二是直接证明方法，即通过现代医学中的亲子鉴定，尤其是 DNA 鉴定来证明。随着现代科学技术的发展，亲子 DNA 鉴定的准确率得到了极大的提高，对于消极的父性证明效果尤其显著，其准确率可以达到 100%。如果能够通过亲子鉴定获得结果，则法官可以根据科学鉴定结论，在自由心证的基础上对案件事实作出正确的评价。但亲子鉴定涉及当事人的隐私和其他人身利益,故一般不能强令当事人进行,必须在当事人自愿的基础上进行方能产生效果,所以它并不总能作为一种有效的证明方法来利用。

三是直接推定。如我国《婚姻法司法解释三》第2条第1款就规定:"夫妻一方向人民法院起诉请求确认亲子关系不存在,并已提供必要证据予以证明,另一方没有相反证据又拒绝做亲子鉴定的,人民法院可以推定请求确认亲子关系不存在一方的主张成立。"

与父亲不同的是,作为亲子关系中的母亲,因其常常可以通过分娩的事实直接明确亲子关系,一般不会产生分歧,但在例外的情况下也可能发生混淆,如出生时抱错婴儿等。此时,如果母亲提出婚生否认之诉,也需要采用一定的证明方法,如报错的事实、血型不符合、DNA鉴定等。

典型案例

韩花与王亚东于1992年11月离婚。离婚后,二人继续同居生活。同居生活期间,王寒于1997年1月出生,由韩花与王亚东共同抚养,王亚东在为王寒申报户口登记时载明二人为父子关系。2006年以后,韩花与王亚东产生矛盾不再同居生活。2010年3月,王寒以王亚东不尽抚养义务为由诉至法院要求其按照每月800元的标准支付抚养费。诉讼过程中,鉴于王亚东矢口否认王寒是其儿子,韩花申请进行亲子鉴定,王亚东坚持拒绝鉴定。

法院经审理后认为,王亚东和韩花在离婚后同居期间生育了王寒,王亚东否认与王寒有亲子关系,但拒绝做亲子鉴定,对此王亚东应承担不利后果,法院确认王亚东与王寒有父子关系。遂判决王亚东每月给付王某抚养费600元,至王寒独立生活为止。[9]

分析:亲子关系诉讼属于身份关系诉讼,主要包括婚生子女否认之诉和非婚生子女确认之诉,即否认法律上的亲子关系或承认事实上的亲子关系。亲子关系的确认关涉家庭的和谐稳定,涉及当事人的基本人权,尤其对未成年子女的合法权益保护至关重要。根据《婚姻法司法解释三》第2条的规定,如果一方主张当事人之间存在或不存在亲子关系,另一方没有相反证据又拒绝做亲子鉴定的,法院可以推定请求确认亲子关系一方或者请求否认亲子关系一方的主张成立,而不配合法院进行亲子鉴定的一方要承担败诉的法律后果。

---

〔9〕 参见《江苏高院发布十大婚姻家庭典型案例》,载《江苏法制报》2012年3月7日,第8版。

（三）亲子关系确认之诉

从我国立法来看，亲子关系确认之诉分为两种，一是父或母提起的确认之诉。如《民法典》婚姻家庭编第 1073 条第 1 款规定，对亲子关系有异议且有正当理由的，父或者母可以向人民法院提起诉讼，请求确认亲子关系；二是成年子女提起确认之诉。如《民法典》婚姻家庭编第 1073 条第 2 款规定，对亲子关系有异议且有正当理由的，成年子女可以向人民法院提起诉讼，请求确认亲子关系。

1. 亲子关系确认之诉的当事人

亲子关系确认之诉的当事人包括父或母，以及成年子女。他们提起亲子关系确认诉讼的前提是，对亲子关系有异议且有正当理由。

2. 确认之诉中的证明与推定

尽管亲子关系确认之诉实行职权探知原则，当事人仍然要进行必要的证明。与婚生否认之诉类似，亲子关系确认之诉的具体证明方法也有三种：间接证明、直接证明和直接推定。

第一种方法是间接证明方法，如怀胎的事实、分娩的事实、血型不矛盾、从人类学的观察结果推测原告与被告之间的亲子关系存在概然性，等等。

第二种方法是直接证明方法，即通过各种血型鉴定和亲子鉴定来发现事实，如 DNA 鉴定。随着科学技术的发展，通过 DNA 进行亲子鉴定，对于肯定性的亲子关系证明其准确率可达到 99.85%。[10] 如果能够通过亲子鉴定获得结果，则法官可以根据科学鉴定结论，在职权探知、自由心证的基础上对案件事实作出正确的评价。

第三种方法是直接推定。如果间接证明难以使法官形成原告与被告之间有亲子关系的心证，法官在进行职权调查和询问后仍不能得出心证，同时，原告提出要求进行亲子鉴定，但该请求遭到被告的拒绝，此时法官应当如何作判？是驳回原告诉讼请求了结案件，还是进行合理的推定做出确认父子关系的判决？对此，国外一些国家采取后一种做法，如加拿大有关法律规定“在法院的命令中指定的人员拒绝进行血液检验时，法院可以做出它认为适当的推论”。[11] 显然，这里的推论就是作出不利于无正当理由拒绝进行血液鉴定的人的结论。

从我国的情况来看，我国《婚姻法司法解释三》第 2 条也作出了相似的规定，该条第 2 款规定：“当事人一方起诉请求确认亲子关系，并提供必要证据予以证明，另一方没有相反证据又拒绝做亲子鉴定的，人民法院可以推定请求确认亲子关系一方的主张成立。”这一规定对于保护未成年子女、妇女等家庭弱势群体的合法权益

---

〔10〕 参见［日］松本博之：《人事诉讼法》，日本弘文堂 2006 年版，第 347 页。

〔11〕 参见陈苇主编：《加拿大家庭法汇编》，群众出版社 2006 年版，第 141～142 页。

具有积极的意义。

三、收养关系事件程序

(一)收养关系诉讼概述

收养关系是一种拟制血亲关系,在法律上,拟制血亲的父母子女关系与自然血亲的父母子女关系具有相同的权利和义务,但它毕竟是人为设定而由法律加以确认的,因此,它可以因收养的解除、宣告无效、撤销以及继父(母)与生(父)母离婚或其他相互扶养关系的变化而消灭。为了维护家庭良好秩序、防止因收养关系处于不确定状态而损害收养关系当事人的利益,收养关系的变化通常需要通过诉讼来进行。收养关系诉讼一般包括收养无效之诉、收养撤销之诉、解除收养关系之诉。

从立法上看,关于收养关系瑕疵的救济是采单一的无效或撤销,还是二者都允许,各国存在着较大的差异。在日本,对收养无效和收养撤销是分别加以规定的,因此形成了收养无效之诉和撤销之诉两种类型;在瑞士,仅就收养无效进行了专门立法,没有规定撤销收养制度;在法国,仅规定了撤销收养,没有收养无效制度。[12] 就我国而言,《民法典》婚姻家庭编对收养关系瑕疵的救济途径只有一种,即请求宣告收养关系无效,不包括撤销收养关系之诉。

(二)收养无效之诉

1. 收养无效之诉概念

收养无效之诉,是指因存在特定的收养无效原因,相关当事人向法院提起的旨在请求确认收养关系无效的诉讼。我国《民法典》婚姻家庭编第 1113 条规定:“有本法第一编关于民事法律行为无效规定情形或者违反本编规定的收养行为无效。无效的收养行为自始没有法律约束力。”

2. 收养无效之诉的当事人

收养关系并不仅仅涉及收养关系当事人双方,还可能涉及双方当事人的近亲属,他们与案件也可能有诉的利益关系,因此,很多国家对收养无效之诉或撤销收养之诉的原告作出了明确规定,如法国的这类诉讼原告包括收养人、被收养人,被收养人是未成年人,检察院也可以要求撤销收养。[13] 从我国的立法规定看,尚没有如此细致的规定。笔者认为,我国可以参照婚姻无效诉讼申请主体的司法解释,将收养关系的适格原告扩张到当事人的近亲属以及基层组织,以体现国家对涉及公益的身份关系案件的重视。

---

〔12〕 参见陈苇主编:《外国婚姻家庭法比较研究》,群众出版社 2006 年版,第 375 页。

〔13〕 参见陈苇主编:《外国婚姻家庭法比较研究》,群众出版社 2006 年版,第 339 页。

关于收养无效诉讼的被告(或被申请人),我国立法也未作出规定。笔者认为,仍可以借鉴我国婚姻法司法解释进行规定,即收养关系一方当事人申请宣告收养无效的,对方当事人为被告;利害关系人申请的,收养关系的双方当事人为共同被告;收养关系一方当事人死亡的,以生存一方为被告;双方都死亡的,不列被告。

3. 收养无效之诉的判决效力

收养无效之诉的判决有两种:一是被法院肯定的判决,该判决一经确定将产生既判力,无论是谁都不能再主张收养关系有效。收养无效判决一般具有溯及既往的效力(但也有部分国家不承认收养无效判决的溯及力),因此,其后果是被收养人与收养人之间的收养关系消灭,其与生父母之间的父母子女关系恢复。二是被法院否定的判决,即驳回原告诉讼请求,该判决确定后也产生既判力,任何人不得再主张收养关系无效,法院也不得再受理以同一声明为对象的诉讼。

(三)解除收养关系之诉

1. 解除收养关系之诉概述

因收养关系系人为建立的拟制血亲关系,故大多数国家允许解除收养关系。但不同国家对于解除收养的方式不完全相同,有的国家仅规定了判决的方式,如法国、罗马尼亚;个别国家仅规定了协议解除方式,如奥地利;多数国家同时规定协议和判决两种解除方式,如日本、瑞士等。[14] 我国也采取了双轨制的解除方式。

2. 解除收养关系之诉的当事人

从我国《民法典》婚姻家庭编的规定来看,解除收养关系之诉的当事人因被收养人是否成年而有所不同。

(1)养子女已经成年。如果成年养子女与养父母之间关系恶化、无法共同生活,则在双方不能达成解除收养关系协议的情况下,双方都可以起诉要求解除,一方作为原告起诉的,对方为被告。

(2)养子女是未成年人。如果养子女是未成年人,在收养人不履行抚养义务,有虐待、遗弃等侵害未成年养子女合法权益行为时,送养人有权向法院起诉要求解除收养关系,被告为养父母。在此种情况下,诉权偏在性地给予了送养人,收养人则没有诉权,即养父母无权作为原告起诉要求解除收养关系。

3. 解除收养关系之诉的判决及其效力

解除收养关系诉讼的判决结果有两种:一是判决解除收养关系,简称肯定性判决;二是判决驳回诉讼请求,简称否定性判决。

两种判决确定后,其效力也有所不同。对于肯定性判决,其确定后产生既判力,

---

〔14〕 王竹青、魏小莉主编:《亲属法比较研究》,中国人民公安大学出版社2004年版,第354页。

养父母与养子女之间的收养关系即告解除,任何人都不能对此再行争执。解除收养关系判决系形成判决,故解除的效力面向未来,不溯及既往。判决生效后,任何一方当事人都不得以收养关系解除的原因事实不存在为由提起损害赔偿或返还不当得利之诉。

对于否定性判决,其生效后也产生既判力,但既判力的客观范围限于事实审言辞辩论终结前发生的事实,对于事实审言辞辩论终结后新发生的事实没有遮断效力,即当事人仍可以根据该新事实重新提起解除收养关系诉讼。

第三节　家事调解与家事执行

无论是狭义的家事案件还是广义的家事案件,只要不是法律禁止调解的,各国都把调解作为最重要的解决纷争的手段,如日本有专门的家事调停、美国有附设法院的ADR,英国也在1971年颁行的《实践注意(离婚:调解)》中首次将调解程序引入离婚诉讼中,由法院福利官处理调解事宜。[15] 各国之所以对家事调解如此重视,主要原因在于,家事案件是涉及夫妻、亲子等家族间纠纷的案件,这些案件的主体间的关系具有继续性、永久性的特征,因此这种纷争不适合在公开的法庭上对抗,而适合通过不公开的方式调停解决。[16] “调停中心主义非常符合家事案件的内在要求。而且,在人事诉讼和家事诉讼中果敢地运用调停中心主义可以缓和双方当事人之间的冲突。”[17]

一、家事调解的比较优势

相比于对抗式诉讼,家事调解的优势可以归纳为以下几点:

第一,家事调解具有非对抗性,有利于避免家事纷争当事人关系的紧张对立。诉讼是对抗性的程序,在诉讼中法官往往与责备、查找过失相连,它令正在办理离婚手续的夫妇关系更趋恶劣,而这又会妨碍他们在离婚之后由衷合作,继续履行为人父母的责任。家事调解具有明显的非讼性、非对抗性,它有利于促进当事人正面审视自己面临的问题、理性面对现实,避免夫妻或亲属间的相互憎恶和紧张对立。

---

〔15〕 参见张学军:《离婚诉讼中的调解研究》,载《法学研究》1997年第3期。

〔16〕 参见[日]吉冈睦子、长谷部由起子编著:《Q&A人事诉讼法解说》,日本三省堂2004年版,第79页。

〔17〕 [日]小岛武司:《自律型社会与正义的综合体系——小岛武司先生七十华诞纪念文集》,陈刚等译,中国法制出版社2006年版,第233页。

如在离婚案件的调解中，主持调解的法官或调解员着重考虑的要点是夫妻的利益而非权利；他们的工作重点不是在夫妻相互指责的局面中查明事实、分清是非，而是从相互合作的角度来界定影响双方当事人的事宜，并以夫妻所认为的公平原则为依据、以双方所认同的方式逐步推进解决问题的进程，形成解决问题的结论。

第二，家事调解具有保密性，有利于保护当事人及未成年子女的隐私和合法权益。几乎所有国家的家事法都规定，家事调解不公开进行。调解员对其在主持调解中获知的信息、资料等具有保密义务，不得随意披露，也不得在随后的诉讼程序中使用。家事调解的保密性可以使当事人在调解中获得一种安全感。如在离婚案件的调解过程中，尽管可能涉及对双方当事人过错以及各自的性格、兴趣、爱好、道德品质的评价和争论，但因为知情范围仅限于当事者和调解员之间，因而不会给当事人造成太大压力或令其感到不安；保密性还能有效保护儿童的情感隐私。如在涉及儿童利益时，调解员可能通知儿童参加调解会议，此时，保密性令儿童敏感的自尊心得以维护，使他感到安全和有尊严；保密性还可以使当事人有效地宣泄情绪——以一种安全的、无威胁性的方式宣泄心底的各种忧虑和不快。这种宣泄可以为当事人减轻压力，增强其在感情上接受可能出现的处理结果的承受力。

第三，家事调解具有灵活性，有利于家事纠纷的妥当解决，实现实质正义。相对于诉讼的严格形式性、法定性、程序性，调解具有极大的灵活性，它不需要严格依据实体法或程序规定，也不需要遵循严格的证明规则，它所着眼的是家庭纠纷的妥当解决。为了求得妥当，它针对不同的案件可能采用不同的调解策略，因为不同家事案件的发生原因、背景、争执焦点可能千差万别，如果用诉讼进行整齐划一的解决，其结果可能是以形式上的正义掩盖了实质上的非正义。调解的灵活性还可以让当事人自己发现、总结纠纷之症结所在，各自提出自己的观点，并基于双方共同最佳利益而达成独有的协议。因为这样的协议是从个案当事人自身利益出发拟定的，所以它能够最大限度地体现当事人心目中的公平和正义，能够保证长久的执行。

第四，家事调解具有温和性、治疗性，有利于缓解家事案件当事人的情绪。诉讼具有冷冰冰的威严，在诉讼中，当事人面对不利的诉讼结果，可能口服心不服，诉讼中的不满可能演化成诉讼外的仇恨和憎恶，并将给未成年子女带来无所适从的尴尬，对其健康人格的塑造和培养带来无尽的阴影。而家事调解则不同，它不仅具有温和的外观，而且具有温和的实质和内容，它能使当事人自己得出解决纠纷的结论，心平气和地走出纠纷，开始新的生活。

从调解的场所来看，家事调解一般设在温馨的小会议室或专门的调解室或法官的办公室，这些场所是不向外开放的；从室内的陈设看，很多都设计成家居的式样，极具亲切感；从调解员的穿着来看，调解员既不穿法袍，也不戴假发，而是日常的穿着，亲切得就像邻家大哥或大嫂；再从调解员的知识背景来看，他们不一定是法律专业人员，可以是具有不同社会学科背景的专业人士，也可以是家庭主妇、退休职工等。家事调解员多元化的知识背景和生活体验，便于他们发挥其特长，对症下药，符合实际、合情合理地解决纠纷。

家事调解一般不强调法律规定和权利义务，而是以进行心理矫治为主，告诉当事人放弃仇恨和报复心理，携手处理好离婚中的各种问题。[18] 这一宗旨还反过来引领当事人自我反省、换位思考，促使其认识并理解调解员的良苦用心，主动抛弃仇恨、耻辱、不安、憎恶等不良情绪，向着未来重新规划自己的生活。

第五，家事调解具有高效性，有利于减少诉讼成本，节约诉讼资源。家事调解的高效性既包括节约时间，也包括节省费用。从家事诉讼情况看，正常的诉讼程序往往需要几个月甚至更长的时间，如日本平均每个家事案件需要10.26个月。[19] 如果诉讼中涉及子女管养监护等问题，则可能耗时更长。尽管家事案件的处理并不是越快越好，但对于儿童来说，监护权争议拖得越久，其受到的伤害就越大；拖延对离婚当事人自身也不见得有什么益处。所以对于大多数家事案件来说，通过调解快捷地解决纠纷具有重要意义。

调解还可以节约费用。从当事人角度而言，如果调解成功，可能由政府支付调解费用，自己只需支付适当的律师费，对于贫困当事人而言，一些国家还提供了法律援助帮助他们参加调解服务；即便政府不支付调解费用，当事人支付的调解费用也远远低于诉讼费用，可能只需要诉讼费的一半甚至更少。另外，从国家的角度而言，家事调解可以节约诉讼资源，缓解诉讼爆炸。

二、家事调解的原则

家事调解的原则，是指人民法院在家事案件调解活动中必须遵循的行为准则。根据《民事诉讼法》《民法典》婚姻家庭编、继承编以及相关的司法解释，家事调解的原则主要包括：强制调解与禁止调解相结合原则、合法原则、保密原则等。

（一）强制调解与禁止调解相结合原则

一般民事案件实行调解自愿原则，而家事案件，则是强制调解与禁止调解相结合原则。

1. 强制调解

我国《民法典》婚姻家庭编第1079条第2款规定："人民法院审理离婚案件，应

---

〔18〕 参见范愉：《非诉讼程序（ADR）教程》，中国人民大学出版社2002年版，第171页。

〔19〕 参见［日］吉冈睦子、长谷部由起子编著：《Q&A人事诉讼法解说》，日本三省堂2004年版，第10页，但平均数为笔者加总求和而得出的。

当进行调解;如果感情确已破裂,调解无效的,应当准予离婚。”可见,离婚案件属于法律规定应当进行调解的事项。除了《民法典》婚姻家庭编的上述规定,《民事诉讼法》第 122 条也规定:“当事人起诉到人民法院的民事纠纷,适宜调解的,先行调解,但当事人拒绝调解的除外。”《民事诉讼法司法解释》第 145 条第 2 款进一步规定:“人民法院审理离婚案件,应当进行调解,但不应久调不决。”

上述法律和司法解释的规定表明,家事案件,尤其是离婚案件在进入法院后原则上必须进行调解,其他家事案件多属于鼓励通过调解方式解决的纠纷,所以立法特别规定了“先行调解”。尽管这里的“应当”调解,与国外的家事案件的“强制调解”或“调解前置”尚有一定的距离,但其不同于一般民事案件的调解设计十分明显。实践中,家事案件在审判之前,应当进行调解,已经形成共识。

2. 禁止调解

婚姻无效案件就婚姻效力问题只能由人民法院作出判决,不得进行调解,但涉及财产分割以及未成年子女抚养费负担等事项除外。如《民事诉讼法司法解释》第 143 条规定:“……婚姻等身份关系确认案件以及其他根据案件性质不能进行调解的案件,不得调解。”《婚姻法司法解释一》第 9 条规定:“人民法院审理宣告婚姻无效案件,对婚姻效力的审理不适用调解,应当依法作出判决;有关婚姻效力的判决一经作出,即发生法律效力。涉及财产分割和子女抚养的,可以调解。调解达成协议的,另行制作调解书。对财产分割和子女抚养问题的判决不服的,当事人可以上诉。”此外,根据最高人民法院《深改意见》第 6 条规定,婚姻效力、身份关系确认、人身安全保护令申请等根据案件性质不能进行调解的案件,不得调解。根据该条规定可知,涉及婚姻效力的案件禁止调解。除此之外,在实践中,涉及家庭暴力比较严重的离婚案件,原则上也不宜调解。

(二)合法原则

家事调解的合法原则有两方面的内容,一是程序合法,二是实体合法。

1. 程序合法

程序合法要求家事调解活动必须严格依照法律规定的程序进行。《民法典》婚姻家庭编、《民事诉讼法》、司法解释等对家事调解的时间、调解主持人、调解方式等作了具体规定的,家事调解应当符合这些程序要求。

2. 实体合法

实体合法,是指法院调解协议的内容不得违反法律、行政法规的禁止性规定,不得损害国家利益、社会公共利益、他人的合法利益、未成年子女合法权益。调解协议内容的合法性要求与判决内容的合法性要求不一样,判决必须严格依据法律作出,而家事调解协议内容的合法性并不要求法院调解协议内容严格遵循法律规范的规定。法院调解协议内容是当事人行使处分权的结果,而当事人行使处分权,只要不违反法律、行政法规的禁止性规定,不损害国家利益、社会公共利益和他人的合法利益,即为合法。

(三)保密原则

基于家庭关系的特殊性,家事调解特别强调不公开性或保密性。尽管我国《民事诉讼法》并没有对调解保密原则作出规定,但仍可以从立法的某些特别规定以及司法解释的相关规定中找到依据:

首先,最高人民法院《深改意见》第12条规定:"家事案件的调解过程不公开,但当事人均同意公开的除外。主持调解以及参与调解的人员,对调解过程以及调解过程中获悉的国家秘密、商业秘密、个人隐私和其他不宜公开的信息,应当保守秘密。调解人员违反保密义务给当事人造成损害的,应当承担相应法律责任。"最高人民法院2016年7月公布的《关于人民法院在互联网公布裁判文书的规定》中也明确规定,离婚诉讼或者涉及未成年子女抚养、监护的以及法院认为不宜公布的裁判文书不在互联网公布。

其次,在家事诉讼层面,当事人可以根据法律规定或者通过申请而获得不公开审判的待遇,如《民事诉讼法》第134条第2款规定:"离婚案件,涉及商业秘密的案件,当事人申请不公开审理的,可以不公开审理。"又如《民事诉讼法司法解释》第103条第3款规定:"涉及国家秘密、商业秘密、个人隐私或者法律规定应当保密的证据,不得公开质证。"

调解,尤其是家事调解没有必要像审判一样实行公开原则,因为家事案件往往涉及家事当事人的个人隐私或者不愿意对外公开的事由,公开调解不仅不利于当事人相互谅解,达成协议,反而可能激化矛盾,甚至损害当事人的隐私。所以在实践中,家事调解多半采取不公开的方式进行。

三、家事调解的程序

我国的家事调解是与法院的审理程序融为一体的,法院调解程序与审理程序并不是分离的。但从家事调解的内部构造审视,调解仍然有着自己独特的程序逻辑。

(一)调解的开始

家事调解的启动,原则上由法院依职权直接启动,尤其是离婚案件以及按照简易程序审理的涉及婚姻家庭的案件。当然,在诉讼进程的任何阶段,当事人也可以申请调解,因为申请调解是当事人的一项诉讼权利,是当事人行使程序选择权的表现，不得因为法院可以依职权启动调解而剥夺当事人的该项权利。

需要说明的是，尽管家事案件往往属于法院应当依职权进行调解的案件，具有一定的强制性，但这仅仅是就启动调解程序而言，对于调解的实体内容，则完全由当事人自主决定，不得强制、胁迫当事人达成调解协议。

（二）调解的进行

法院调解在审判人员的主持下进行，调解工作既可以由合议庭共同主持，也可以由合议庭中的一个审判人员主持。根据最高人民法院《关于人民法院民事调解工作若干问题的规定》，人民法院可以邀请与当事人有特定关系或者与案件有一定联系的企业事业单位、社会团体或者其他组织，和具有专门知识、特定社会经验、与当事人有特定关系并有利于促成调解的个人协助调解工作。经各方当事人同意，人民法院可以委托上述单位或者个人对案件进行调解，达成调解协议后，人民法院应当依法予以确认。

在调解的实践中，家事案件既有由法院法官亲自进行调解的，也有邀请有关婚姻家庭方面的专业人士参与调解的，还有委托有关部门调解的，如委托妇联进行调解。调解可以在法庭上进行，也可以在当事人所在地进行。

家事调解原则上实行对席调解原则，即调解时当事人各方应当同时在场，否则无法进行有针对性的调解，也正因此，我国立法要求离婚案件的当事人除了特殊情形外必须出庭。在调解的方式上，调解人根据需要可以对当事人进行面对面的调解，也可以选择背对背的调解。在协商过程中，调解方案原则上由当事人自主确定，但根据调解的需要，审判人员也可以提出调解方案供双方当事人参考，双方当事人都表示接受该调解方案的，调解协议同样有效。

（三）调解的结束

调解的结束，是指在审判人员的主持下，通过双方当事人充分协商，达成协议，结束调解程序，或者因调解未达成协议而结束调解程序。调解结束有两种情况，一是达成调解协议而结束调解程序，此时法院通过制作调解书让当事人签收或者让当事人在调解笔录上签字而终结诉讼；二是调解不成而结束调解程序。此时，法院应当继续进行诉讼，以判决或裁定作出裁判结论。

四、调解书及其效力

（一）调解协议与调解书

调解协议是指在审判人员主持下，双方当事人通过平等协商，就家事纠纷自愿达成的协议。调解书是指由人民法院制作的、以调解协议为主要内容的法律文书。

《民事诉讼法》第97条规定:“调解达成协议,人民法院应当制作调解书……”制作调解书的目的是明确当事人之间的权利义务关系,同时也表明人民法院对当事人之间的协议予以认可。

对家事案件而言,在某些特殊情况下,当事人达成调解协议的,人民法院可以不制作调解书。根据《民事诉讼法》第98条的规定,不需制作调解书的案件有:(1)调解和好的离婚案件;(2)调解维持收养关系的案件;(3)能够即时履行的案件;(4)其他不需要制作调解书的案件。对于不需要制作调解书的调解协议,应当记入笔录,由双方当事人、审判人员、书记员签名或盖章。履行完上述法律手续的调解协议与生效的调解书具有同样的法律效力。

(二)调解书的内容

根据《民事诉讼法》第97条的规定,法院调解书的内容包括以下三项:一是诉讼请求。即原告向被告提出的实体权利请求。如果被告向原告提出反诉的,调解书中也应当列明。有第三人参加诉讼的,还应当写明第三人的主张和理由。二是案件的事实。即当事人之间有关民事权利义务争议发生、发展的全过程和双方争执的问题。三是调解结果。即当事人在审判人员的主持下达成的调解协议的内容,其中包括诉讼费用的负担。

(三)调解书或调解协议的效力

1. 调解书或调解协议的生效时间

(1)签收生效。我国《民事诉讼法》第97条第3款规定:“调解书经双方当事人签收后,即具有法律效力。”这一规定包括两个方面的要求:一是调解书必须送达并由当事人签收。调解书原则上应当直接送达当事人本人,调解书不适用留置送达、电子送达和公告送达的方式。二是调解书必须经双方当事人签收后才能生效。如果一方或双方当事人拒绝签收的,应当视为调解不成立,调解书不发生法律效力,人民法院应当及时判决。

(2)签名或者盖章生效。根据《民事诉讼法》第98条第2款的规定,对于不需要制作调解书只记入笔录的调解协议,由双方当事人、审判人员、书记员签名或者盖章后,即具有法律效力。

2. 调解书或调解协议生效的法律后果

调解书和记入笔录的调解协议生效后,产生以下几个方面的法律后果:

第一,结束诉讼程序。调解书或调解协议生效后,表明人民法院最终解决了双方当事人的纠纷,民事诉讼程序也因此而终结,人民法院不得对该案继续进行审理。

第二,不能上诉。调解协议是在双方当事人自愿的前提下达成的,当事人一旦接受调解协议,就意味着放弃了上诉权。因此,无论是在一审、二审还是再审程序中达成的调解协议,均不能提起上诉。

第三,确认当事人之间的权利义务关系。调解协议生效后,当事人之间的权利义务关系在调解协议中得到确认,民事争议已得到解决,当事人不得对此法律关系再发生争议。当事人不得以同一诉讼标的、同一事实和理由,向人民法院再次提起民事诉讼。但是,对于调解和好的离婚案件或者调解维持收养关系的案件,原告如果有新情况、新理由,在6个月届满后还可以起诉,请求法院审理解决。

第四,有给付内容的调解书或调解协议具有强制执行力。调解协议是双方当事人在人民法院主持下自愿达成的,一般情况下当事人都能自觉履行。如果具有给付内容的调解书或调解协议生效后,如离婚案件中确定的未成年子女抚养费的给付、不直接抚养子女一方的探视权的实现等,负有义务的一方当事人不履行义务时,对方当事人可以向人民法院申请强制执行。

3. 调解书或调解协议错误的救济

根据我国《民事诉讼法》的相关规定,调解书在双方当事人签收以后,如果当事人认为调解协议违反自愿合法原则的,当事人可以向人民法院申请再审。

但是《民事诉讼法》第202条特别规定:“当事人对已经发生法律效力的解除婚姻关系的判决、调解书,不得申请再审。”也就是说,对于离婚案件,因其涉及身份关系,生效判决或调解书确定的结果具有不可救济性。如果双方当事人都认为有错误,可以通过复婚来修复错误,而不必通过再审进行救济。

五、家事案件的执行

我国民事执行中涉及家事纠纷的案件主要包括离婚财产分割、赡养费、扶养费、抚育费、探视权、交出子女、遗产继承等几类情形,这类案件的执行具有一般民事案件执行所没有的特点,在执行当事人、执行标的、执行理念、执行终结乃至执行所涉及的利益等方面均有自己的独特之处。这类案件的执行,并不仅仅是简单地强制实现某项财产或利益,还需要顾及相关当事人的情感和将来良好关系的维持等,与家庭的和睦幸福、社会的和谐稳定紧密相连。如果这类案件经常性地得不到尊重和有效执行,则社会秩序极易发生混乱,甚至还可能引发恶性的治安事件或刑事事件,其后果不堪设想。

(一)家事执行的特征

与普通民商事案件执行相比,家事执行具有鲜明的自身特色。

第一,家事执行当事人之间往往具有亲情或血缘关系。通常情况下,民商事纠纷尤其是财产契约纠纷发生在市场交易主体之间,这类案件的执行当事人之间的关系是陌生人关系,实践中往往可以做到案结事了。而家事纠纷发生在家庭成员之间,是亲人之争、熟人之争,这类案件的执行当事人之间必然具有某种特殊关系——亲情或血缘关系,很难做到案结事了,如给付抚养费、赡养费案件的执行一般发生在父母子女之间,即使执行终结了,他们之间的血缘联系、亲属关系、法律关系也并不因此消灭;遗产继承案件也多发生在亲属之间,他们之间的亲属关系同样不因执行的完结而消灭;扶养案件则发生在夫妻之间或同辈的兄弟姐妹之间,前者是配偶或曾经的配偶关系,后者是不能消灭的血亲关系。

家事案件当事人之间的特殊关系表明,家事案件的执行绝不能像一般财产关系案件执行那样简单划一,而应当在执行中注意维护当事人之间的亲情关系,妥善处理好法与情的关系,否则可能会给家庭或社会生活带来极大的不稳定因素。

第二,家事执行既涉及私益又关涉社会公益。从执行性质上看,一方面,与一般民事案件的执行一样,家事案件的执行涉及当事人的私益:如离婚财产分割的判决及执行,赡养费、扶养费、抚育费案件的执行,遗产继承案件的执行等都实现了胜诉当事人的财产权利。探视权、交出子女案件的执行则满足了当事人因亲子血缘关系而衍生的亲权。

另一方面,家事案件的执行还具有鲜明的公益性。首先,家事案件是一种涉及亲情、血缘联系的案件,当事人之间往往存在亲密的人伦关系,这种亲密联系使得该类案件的执行不得不顾及人情义理、道德伦常等社会价值目标,执行法官必须认真梳理当事人之间的关系,注意维持良好的婚姻家庭秩序,而不是简单、机械地强制执行。其次,家事案件中的当事人的权利往往具有双重性,一方面表现为权利,能够满足私人的需要;另一方面,该权利可能又是一种义务,具有一定意义上的他益性或公益性。如探视权,对不与子女共同生活的父母一方而言,它是一项权利,可以请求法院强制执行;但同时该权利也是其对未成年子女的义务,因为如果其不行使探望权,必不利于抚慰离婚给未成年子女所带来的精神创伤,不利于更好地对子女进行教育。因此,对探望权的执行,就不能仅仅关注权利人的愿望满足,还要顾及被探望人的利益。最后,家事案件执行中所涉及的财产关系也具有自己的特点,突出的表现就是它以身份关系为前提而形成,如亲属间的抚养、扶养、赡养关系、夫妻财产关系等无一不是以亲属间的身份作为前提而产生的,它与民法中的普通财产关系截然不同。如果执行不当,同样可能引发严重的社会问题。

第三，家事案件的执行标的具有多样性。执行标的，[20]是指债务人用以履行义务的资料，包括所有或有权处分的物、行为。家事案件的执行标的可以是财物，如赡养费、扶养费、抚育费案件的执行，分割遗产案件的执行；家事案件的执行标的可以是行为，如探视权的强制执行；家事案件的执行标的在特殊情况下还可以是人身。如强制交出子女的执行，执行标的就是未成年子女本人。[21]

第四，家事案件执行的终结时间往往具有长期性、周期性。普通民事案件的执行，往往是一次执行完毕，而定期支付扶养费的离婚案件、给付赡养费的案件、给付抚育费的案件以及探望权纠纷案件的执行内容往往具有长期性和周期性。如判决书规定不与未成年子女共同生活的父或母每月探望子女一次，如果对方每一次都不予协助，则从理论上说，享有探视权的一方每个月都要申请法院强制执行，直到未成年子女成年。这一特点使家事案件的执行具有更大的艰巨性、风险性和不确定性。

（二）家事案件执行的特有原则

第一，强制执行和说服教育相结合原则。这个原则是该类案件执行中最重要的原则之一。该原则曾经是我国民事执行中的一条基本原则，它要求执行人员在执行中应当始终坚持对当事人进行思想疏导和法制教育，最终使当事人达成执行和解，自觉自愿地履行义务。然而，近些年来，随着诉讼模式的转变和人们对执行工作的理性认知，该原则不断受到学者的批判，认为它“降低了强制执行制度的透明度和专门性，从而使法的或程序性的判断基准于不知不觉中发生了向道德性判断基准的位移”。[22] 正因如此，该原则似乎已悄悄淡出执行领域。笔者认为，对于家事案件之外的民商事案件的执行，该原则的废止有其合理性，但对于家事案件的执行不仅不能废弃，反而要在立法上加以强化。唯有如此，才能促使当事人认识到自己的错误，主动履行义务或履行协助义务，最大限度地实现判决书中确定的权利，

---

〔20〕 关于执行标的，我国学界有三种不同观点：一是“对象说”，即执行标的就是执行对象，是强制执行行为所指向的对象，参见柴发邦主编：《诉讼法学大词典》，四川人民出版社1989年版，第252页。二是“客体说”，即执行标的就是执行客体，是指强制执行行为的对象，是债务人用以履行义务的资料，参见孙加瑞：《强制执行实务研究》，法律出版社1994年版，第84页。三是“混合说”，即执行标的与执行对象、执行客体都是一回事，参见江伟主编：《民事诉讼法学原理》，中国人民大学出版社1999年版，第811页。本文采“混合说”。

〔21〕 我国学界多数学者认为，人身不可以成为执行标的，但也有少数学者观点相反，如肖建华在《执行标的若干问题研究》[载陈光中、江伟主编：《诉讼法论丛》（第2卷），法律出版社1998年版]一文中持有此观点，我国台湾学者杨与龄也认为在特殊情况下，人身可以作为执行标的，参见其著作《强制执行法论》，中国政法大学出版社2002年版，第41页。笔者赞同少数学者的观点，即人身在特殊情况下可以作为执行标的。

〔22〕 王亚新：《社会变革中的民事诉讼》，中国法制出版社2001年版，第165页。

并保持当事人之间的良好关系。如果放弃这一原则,则可能导致执行法官简单化地对待家事案件的执行,动辄运用强制措施,激化当事人之间的矛盾。

第二,注重保护妇女、儿童、老人等弱势群体利益原则。这一原则在家事案件的执行中也有十分重要的意义。弱势群体,也称社会弱势群体(social vulnerable group),是指依靠自身的力量或能力无法保持个人及其家庭成员最基本的生活水准、需要国家和社会给予支持和帮助的社会群体。这一群体广泛涉及儿童、劳工、妇女、残疾人、少数民族、老年人、难民、农民等诸多成员。当今,对弱势群体的权利予以特别保护已成为世界各国的通例,因为它体现了“平等”“人权”的应然要求,也是构建民主社会、和谐社会、文明社会的必然要求。而家事案件多数涉及妇女、儿童、老人等弱势群体,这就要求强制执行对这部分群体的利益进行特别关注,既要注重采取有效措施保障与他们的生存相关的财产利益,又要注意通过适当的方法保护他们的身心健康。

第三,注重维持当事人之间和谐关系的原则。前已述及,家事案件的执行不是“一锤子”买卖,当事人之间通常存在着浓浓的亲情和血缘联系,即使该类案件执行完毕,他们之间的亲情和血缘联系也不因此消灭。这一背景使家事案件的执行目标和价值追求必然高于一般案件,它不仅要求判决书确定的义务能够实现,而且还要求当事人之间的良好关系能够维持;不仅要求物质性的权利能够实现,而且要求申请人在精神上、心理上、情感上不因此受到打击和伤害。因此,它的价值追求必然是和谐和双赢。

第四,慎用强制执行措施原则。家事案件执行中应当贯彻慎用和少用强制执行措施的原则,因为强制措施对这类案件不一定都能产生良好的效果,过多地倚重强制措施,不但不能缓解这类案件的执行难,反而可能激化矛盾,恶化当事人之间的关系、消解当事人与执行法官之间的信任关系,同时还可能危害未成年子女的利益。当然,这里所说的“慎用”并不是不用强制措施,而是强调要把强制措施作为穷尽一切说服手段后的最终措施和威慑力量。

(三)家事执行的案件种类

涉及家事执行的案件有很多,实践中较为常见的主要有下列几种:

1.赡养费、扶养费、抚育费案件的执行

(1)赡养费就是成年子女或晚辈对父母或长辈在物质上和生活上给予帮助所支付的费用。在中国现有的经济条件下,子女除了应在精神上与感情上对父母加以关心和照顾外,还应在经济上为父母提供必需的生活用品和费用,有经济负担能力的成年子女,在父母需要赡养时,都应依法尽力履行这一义务。子女不履行赡养义务时,无劳动能力或生活困难的父母,有要求子女给付赡养费的权利。非婚生子女对生父母,养子女对养父母,继子女对履行了抚养教育义务的继父母也同样负有赡养义务。《婚姻法》还规定了晚辈对长辈的赡养义务。有负担能力的孙子女、外孙子女对于子女已经死亡的祖父母、外祖父母有赡养义务。

(2)扶养费一般是指夫妻之间在物质上和生活上的互相扶助和供养所支付的费用。《民法典》婚姻家庭编第1059条规定:“夫妻有相互扶养的义务。需要扶养的一方,在另一方不履行扶养义务时,有要求其给付扶养费的权利。”

(3)抚养费是长辈对晚辈给予生活上的物质帮助所支付的费用。即由父母、祖父母、外祖父母,成年兄、姊一方向子女、孙子女、外孙子女、弟、妹一方支付用于其生活费的钱款。长辈有对晚辈给予物质帮助的法定义务,当此义务不履行时,晚辈有请求给付的权利。

上述“三费”主体中的义务人不履行上述法律义务的,权利人可以通过向法院起诉,由法院判令其履行。如果义务人拒不履行法院生效判决、裁定的,权利人可以申请强制执行。因“三费”案件涉及申请人的生存或者生活质量,故“三费”案件的执行不因审判监督程序启动而当然中止。如《民事诉讼法》第206条规定:“按照审判监督程序决定再审的案件,裁定中止原判决、裁定、调解书的执行,但追索赡养费、扶养费、抚育费、抚恤金、医疗费用、劳动报酬等案件,可以不中止执行。”

2.探视权、探望权案件的执行

(1)探视权,即指父母对自己子女的探望权,就是父母在离婚或解除同居关系后,与子女分居的父或母一方所享有的可在一定的时间、地点探望子女的权利。从民法理论上讲,父母对子女的探视权,是亲权中的一项基本的权利,它是基于父母子女关系而享有的身份权的合法体现。[23] 我国《民法典》婚姻家庭编第1086条规定:“离婚后,不直接抚养子女的父或者母,有探望子女的权利,另一方有协助的义务。行使探望权利的方式、时间由当事人协议;协议不成的,由人民法院判决。父或者母探望子女,不利于子女身心健康的,由人民法院依法中止探望;中止的事由消失后,应当恢复探望。”

探视权不仅是法院判决的内容,也可以成为强制执行的对象,有关个人和单位应负协助执行的责任。《婚姻法司法解释一》第25条还进一步规定:“当事人在履行生效判决、裁定或者调解书的过程中,请求中止行使探望权的,人民法院在征询双方当事人意见后,认为需要中止行使探望权的,依法作出裁定。中止探望的情形消失后,人民法院应当根据当事人的申请通知其恢复探望权的行使。”第26条规定:“未成年子女、直接抚养子女的父或母及其他对未成年子女负担抚养、教育义务的法定监护人,有权向人民法院提出中止探望权的请求。”从这些规定中可以看出,探

---

〔23〕 参见蒋保新:《关于探视权在执行中的几个问题》,载 http://old. chinacourt. org/html/article/200811/12/329940. shtml,2014年7月10日最后访问。

视权不仅已经通过立法(包括司法解释)得以法制化,而且还具有强制执行的效力。

(2)探望权,或称探望义务,主要指与老年人分开居住的赡养人,应当经常看望或者问候老年人。我国修订后的《老年人权益保障法》(2013 年 7 月 1 日正式实施)第 18 条规定:"家庭成员应当关心老年人的精神需求,不得忽视、冷落老年人。与老年人分开居住的赡养人,应当经常看望或者问候老年人……"

前已述及,子女有赡养父母的义务,根据《婚姻法》《民法典》婚姻家庭编、《老年人权益保障法》等相关法律规定,在老人赡养方面,赡养人应当履行对老年人经济上供养、生活上照料和精神上慰藉的义务,照顾老年人的特殊需要。与老年人分开居住的赡养人,应当经常看望或者问候老年人,也即常回家看看,这一规定实际上属于子女对年老父母精神赡养义务的一种表现。

当然,与对未成年子女的探视权有明确强制执行的规定不同,对老年人的探望权的强制执行尚没有明确的法律根据。

3. 强制交出子女案件的执行

离婚案件判决生效后,一方当事人以对方拒不将子女交由其抚养为由向法院申请强制执行的案件是否能受理,各地做法不一。部分法院认为,子女抚养权属于人身性质,本身不具备执行的内容,对于该部分的执行申请法院应当不予受理;而另一部分法院认为,此类案件实际上是要求被申请人履行交出子女的义务,执行的标的为行为,故该类案件属于法院执行的受案范围。

笔者认为,为了保证法院裁判文书的严肃性及强制力,对于该类案件,法院应当立案受理。在进入执行阶段后,执行员应当向被申请人告知不履行生效法律裁判的后果,积极主动地做各方当事人的说服工作,尽可能以执行和解的方式结案。如被申请人仍拒不配合法院主动将子女交由申请人抚养,则可以依法对被申请人采取强制措施。需要注意的是,在采取强制措施时应注意对未成年子女的保护,尽量避免未成年子女受到伤害。在处理这一类案件时,还要倾听未成年子女的意见,对于能够正确表达自己意愿的未成年人,应充分尊重未成年子女的选择。在经查实并非被申请人拒不将子女交申请人抚养而是基于子女的意志不愿跟随申请人共同生活或其他原因导致执行无法继续进行的,法院可以裁定终结执行,并告知当事人可通过法律途径变更抚养关系。[24]

4. 离婚财产分割的强制执行

在我国当前的离婚案件中,离婚或者解除婚姻关系已经不再是案件的主要矛盾,问题主要集中于夫妻财产分割上,因此,在离婚案件中法院会根据当事人的诉

〔24〕 参见高震:《子女抚养权能否申请法院强制执行》,载 http://www.110.com/ziliao/article-321287.html,2014 年 7 月 10 日最后访问。

请,对夫妻财产、子女抚养作出判决。随着经济发展和社会进步,离婚时分割的夫妻财产种类越来越丰富,包括存款、房产、汽车、字画古玩、股票债券等。针对离婚财产分割的判决,如果一方当事人不履行法律文书确定的义务,另一方可以申请法院强制执行。

(四)家事执行的启动方式和执行措施

1. 启动方式

(1)依申请执行。家事案件主要应当依据当事人申请执行,法院原则上不能依职权主动启动执行程序。

(2)依职权执行。根据最高人民法院1998年7月8日公布的《关于人民法院执行工作若干问题的规定(试行)》第19条第2款规定:"发生法律效力的具有给付赡养费、扶养费、抚育费内容的法律文书、民事制裁决定书,以及刑事附带民事判决、裁定、调解书,由审判庭移送执行机构执行。"

据此,涉及"三费"案件的法律文书可以或应当由审判庭直接移送执行庭执行。笔者认为,上述试行规定具有积极意义,因为这三种案件都属于婚姻家庭领域案件,当事人之间具有较近的亲属血缘关系,直接移送执行有利于消除或缓解矛盾,有利于执行,此其一。其二,要求给付"三费"的当事人常常属于老人、妇女、儿童等弱势群体,其经济能力、诉讼能力等相对较弱,法律和法院有必要给予一定的帮助。其三,由审判庭直接移送执行庭执行,还可以免交申请执行费用,进一步体现了对弱势群体的司法救助和关怀。

2. 执行措施

根据我国《民事诉讼法》的相关规定,法院的执行措施包括:(1)查询、冻结、划拨被执行人的存款;(2)扣留、提取被执行人的收入;(3)查封、扣押、冻结、拍卖、变卖被执行人的财产;(4)搜查被执行人隐匿的财产;(5)对被执行人到期债权的执行;(6)强制被执行人交付法律文书指定的财物或者票证;(7)强制被执行人迁出房屋或者退出土地;(8)办理有关财产权证照转移手续;(9)强制被执行人完成法律文书指定的行为等。

拓展阅读

1. 刘敏、陈爱武:《〈中华人民共和国家事诉讼法〉建议稿及立法理由书》,法律出版社2018年版。

2. 夏吟兰:《美国现代婚姻家庭制度研究》,中国政法大学出版社1999年版。

3. 陈苇、陈彬:《中国家事审判改革暨家事法修改理论与实务研究》,中国人民公安大学出版社 2018 年版。
4. 陈苇主编:《外国婚姻家庭法比较研究》,群众出版社 2006 年版。
5. 何志:《婚姻法判解研究与适用》,人民法院出版社 2004 年版。
6. 张晓茹:《家事裁判制度研究》,中国法制出版社 2011 年版。
7. 陈爱武:《人事诉讼程序研究》,法律出版社 2008 年版。
8. 王礼仁:《婚姻诉讼前沿理论与审判实务》,人民法院出版社 2009 年版。
9. 来文彬:《家事调解:理论与实务》,群众出版社、中国人民公安大学出版社 2017 年版。
10. 傅郁林:《家事诉讼程序研究》,载《法律适用》2011 年第 8 期。
11. 陈爱武:《家事诉讼程序:徘徊在制度理性与实践理性之间》,载《江海学刊》2014 年第 2 期。
12. 张晓茹:《我国应设立家事事件程序》,载《法律适用》2006 年第 4 期。
13. 齐树洁、邹郁卓:《我国家事诉讼特别程序的构建》,载《厦门大学学报》(哲学社会科学版)2014 年第 2 期。
14. 蒋月:《家事审判制:家事诉讼程序与家事法庭》,载《甘肃政法学院学报》2008 年第 1 期。
15. 陈爱武、赵莉:《婚姻无效之诉若干问题研究》,载《江海学刊》2006 年第 1 期。
16. 郭美松:《人事诉讼判决效力的扩张与第三人程序保障》,载《现代法学》2009 年第 2 期。
17. 陈群峰:《我国应当建立家事诉讼纠纷调解前置程序》,载《人民司法》2008 年第 13 期。
18. 陈爱武:《家事调解:比较借鉴与制度重构》,载《法学》2007 年第 6 期。
19. 李拥军:《家事审判的中国模式》,载《法学评论》2019 年第 6 期。

域外立法例

1.《日本人事诉讼法》

第 2 条:本法中的"人事诉讼"是指以下列举的诉及其他以身份关系的形成或存否的确认为目的的诉。

(一)婚姻的无效及撤销之诉、离婚之诉、协议离婚的无效及撤销之诉以及婚姻关系的存在与否的确认之诉。

(二)否认子女之诉、认知之诉、认知无效及取消之诉、依民法(明治 29 年法律第 89 号)第 773 条的规定以确认父亲为目的的诉及亲子关系存否的确认之诉。

(三)收养无效及取消之诉、解除收养关系之诉、协议收养解除无效或撤销之诉,以及收养关系存否确认之诉。

第 12 条:在人事诉讼中,当该诉讼相关身份关系的当事人的一方提出诉讼时,如果没有特别的规定,另一方为被告。

在人事诉讼中,当该诉讼相关身份关系的当事者以外的人员提出诉讼时,如果没有特别的规定,相关身份关系的当事人双方为被告,一方死亡后,另一方为被告。

依前两项的规定,应该成为被告的人死亡后或没有应成为被告的人的时候,检察官成为被告。

第20条:在人事诉讼中,法院可以对当事人没有提出的事实进行斟酌,而且可以利用职权调查证据。在这种情况下,法院对于这种事实以及证据调查的结果,必须听取当事人的意见。

第41条:丈夫在子女出生前死亡或未提出否认之诉而在民法第777条规定期限内死亡的时候,因其子女而导致继承权受害的人及其他丈夫的第三亲等内的血亲可以提起否认之诉。这种情况应在丈夫死亡之日起一年内提起诉讼。

丈夫在提出嫡子否认之诉后死亡的,依前项规定可以提出嫡子否认之诉的人,可以在丈夫死亡之日起6个月内接替该诉讼手续。这种情况不适用于民事诉讼法第124条第1项后段的规定。

第43条第1款:子女、母亲、母亲的配偶或者其前配偶,可以依民法第773条的规定提起以确定父亲为目的的诉讼。

2.《日本家事事件程序法》

第56条第1款规定:家庭法院可依职权进行事实调查。在当事人提出申请时,应当依职权对认为有必要的证据进行调查。

第63条规定:家庭法院在进行事实调查时,如果发现调查结果对当事人继续行使家事审判程序权利可能产生重大影响,应当通知当事人及有利害关系的参加人。

3.《德国家事程序及非讼事件法》〔25〕

第111条:下列案件属于家事事件:

(1)婚姻事件;(2)亲子事件;(3)血缘关系事件;(4)收养事件;(5)婚姻住房事件和家庭财产事件;(6)对暴力保护案件;(7)供养均衡事件;(8)扶养事件;(9)夫妻财产制事件;(10)其他家庭事件;(11)同性生活伴侣案件。

第112条:下列家庭事件属于家事争讼案件:

(1)第231条第1款的扶养案件和第269条第1款第8项与第9项的同性生活伴侣案件,

(2)第261条第1款的夫妻财产制事件和第269条第1款第10项的同性生活伴侣案件,

(3)第266条第1款的其他家庭事件和第269条第2款的同性生活伴侣案件。

第113条第4款:在婚姻事件中,不适用《民事诉讼法》有关下列情形的规定:

(1)对事实未作出说明或者拒绝作出说明的后果;

(2)诉之变更的要件;

(3)程序形式的确定、早期的首次期日、书面的审前程序和诉讼答辩;

(4)和解辩论;

(5)诉讼自认的效力;

(6)认诺;

---

〔25〕 该法由上海交通大学凯原法学院赵秀举副教授翻译,尚未正式出版。

(7)对文书的真实性不作出说明或者拒绝作出说明的后果；

(8)放弃对方当事人、证人以及鉴定人的宣誓。

第121条：下列程序属于婚姻事件：

(1)解除婚姻(离婚事件)；(2)撤销婚姻，以及(3)确认参加人之间是否存在婚姻关系。

第126条：数个婚姻事件、婚姻事件和其他程序

(1)涉及同一婚姻的数个婚姻事件，可以彼此合并；

(2)婚姻事件不得与其他程序合并，第137条不受影响；

(3)在同一程序中申请撤销和解除婚姻，而且两个申请都有理由时，仅裁判宣告撤销婚姻。

第127条：有限的依职权调查

(1)为确定对裁判重要的事实，法院可依职权进行必要的调查。

(2)在离婚或撤销婚姻程序中，仅当有助于维持婚姻或申请人未予反对时，才可以考虑参加人未提出的事实。

(3)在离婚程序中，对于《民法典》第1568条规定的特殊情况，仅当由拒绝离婚的夫妻一方提出时，才可以考虑。

第151条：分配给家事法院的涉及下列事项的程序属于亲子事件：

(1)父母的照护权；(2)交往权以及要求就子女个人状况给予答复的权利；(3)交付子女；(4)监护；(5)对未成年或胎儿的照料，或法院为其指定其他的代理人；(6)批准剥夺自由地收容未成年人(《民法典》第1631b、1800、1915条)；(7)根据有关收容精神病患者的州法命令剥夺自由地收容未成年人，或者(8)《青少年法院法》中规定的任务。

第169条：涉及下列事项的程序属于血缘关系事件：

(1)确定是否存在亲子关系，尤其是确认对父亲身份的承认是否有效；

(2)代为同意对血缘关系进行基因检测并且命令容忍提取样本；

(3)查阅血缘关系鉴定或者提交副本，[26]或者

(4)对父亲身份提出异议。

第178条：为确定血缘关系而进行检测

(1)为确定血缘关系而有必要时，任何人都有义务容忍检测，尤其是容忍提取血样，但对其而言检测显得过于苛刻的除外。

(2)《民事诉讼法》第386条至第390条相应适用。无正当理由而一再拒绝检测时，也可以使用直接的强制，尤其是强制拘传进行检测。

第186条：收养事件包括涉及下列事项的程序：

(1)收养儿童；(2)代为同意收养儿童；(3)解除收养关系，或者(4)免除《民法典》第1308条第1款的结婚禁止。

---

〔26〕 参见《德国民法典》第1598a条。

4. 中国台湾地区“家事事件法”

第3条：下列事件为甲类事件：

(1)确认婚姻无效、婚姻关系存在或不存在事件。(2)确定母再婚后所生子女生父事件。(3)确认亲子关系存在或不存在事件。(4)确认收养关系存在或不存在事件。

下列事件为乙类事件：

(1)撤销婚姻事件。(2)离婚事件。(3)否认子女、认领子女事件。(4)撤销收养、撤销终止收养事件。

下列事件为丙类事件：

(1)因婚约无效、解除、撤销、违反婚约之损害赔偿、返还婚约赠与物事件。(2)因婚姻无效、撤销婚姻、离婚、婚姻消灭之损害赔偿事件。(3)夫妻财产之补偿、分配、分割、取回、返还及其他因夫妻财产关系所生请求事件。(4)因判决终止收养关系给予相当金额事件。(5)因监护所生损害赔偿事件。(6)因继承回复、遗产分割、特留份、遗赠、确认遗嘱真伪或其他继承关系所生请求事件。

下列事件为丁类事件：

(1)宣告死亡事件。(2)撤销死亡宣告事件。(3)失踪人财产管理事件。(4)监护或辅助宣告事件。(5)撤销监护或辅助宣告事件。(6)选定监护人、选任特别代理人事件。(7)认可收养或终止收养、许可终止收养事件。(8)亲属会议事件。(9)抛弃继承、无人承认继承及其他继承事件。(10)指定遗嘱执行人事件。(11)儿童、少年或身心障碍者保护安置事件。(12)停止紧急安置或强制住院事件。(13)民事保护令事件。

下列事件为戊类事件：

(1)因婚姻无效、撤销或离婚之给予赡养费事件。(2)夫妻同居事件。(3)指定夫妻住所事件。(4)报告夫妻财产状况事件。(5)给付家庭生活费用事件。(6)宣告改用分别财产制事件。(7)变更子女姓氏事件。(8)决定对于未成年子女权利义务之行使负担事件。(9)交付子女事件。(10)宣告停止亲权或监护权及撤销其宣告事件。(11)监护人报告财产状况及监护人报酬事件。(12)扶养事件。(13)宣告终止收养关系事件。

其他应由法院处理之家事事件，除法律别有规定外，适用本法之规定。

第9条：家事事件之处理程序，以不公开法庭行之。但有下列各款情形之一者，审判长或法官应许旁听：

(1)经当事人合意，并无妨碍公共秩序或善良风俗之虞。

(2)经有法律上利害关系之第三人声请。

(3)法律别有规定。

审判长或法官认为适当时，得许就事件无妨碍之人旁听。

第13条第1款：

法院处理家事事件，得命当事人或法定代理人本人到场，或依事件之性质，以适当方法命其陈述或讯问之。但法律别有规定者，依其规定。

第23条：家事事件除第3条所定丁类事件外，于请求法院裁判前，应经法院调解。

前项事件当事人径向法院请求裁判者，视为调解之声请。但当事人应为公示送达或于外国为送达者，不在此限。

除别有规定外，当事人对丁类事件，亦得于请求法院裁判前，声请法院调解。

讨论题

1. 离婚协议中抚养子女的一方能否放弃另一方应负担的必要的生活费和教育费？
   实例：2010 年，被告谭关震与覃艳春经人介绍相识并登记结婚，同年孩子谭姚秋诞生。2013 年，由于双方感情不和，覃艳春提出离婚，并与谭关震约定：女儿由母亲覃艳春独自抚养，谭关震无需支付生活抚养费、教育费和医疗费。然而，离婚一年后，由于覃艳春失去固定工作，经济收入少，生活十分困难，无力承担女儿谭姚秋的生活、教育等方面的费用。覃艳春遂找到谭关震，要求谭关震每月支付谭姚秋一半的生活费、教育费等，但谭关震以离婚时协议不承担抚养费为由拒绝。无奈之下，覃艳秋作为谭姚秋代理人将谭关震诉至法院。法院应当如何判决？[27]
2. 子女的抚养费请求权与父母放弃另一方抚养费之间存在怎样的关系？
3. 婚姻无效诉讼的性质是什么？婚姻无效之诉适用何种程序？
4. 如何理解《民法典》婚姻家庭编第 1073 条规定的亲子关系确认和否认诉讼？
5. 如何理解《民法典》婚姻家庭编第 1077 条规定的协议离婚冷静期制度？
6. 离婚案件中，涉及未成年子女的交付，如何执行？
7. 监护人不履行监护职责，谁有权提起撤销监护人诉讼？适用何种程序？
8. 探望权执行在实践中有何困境？如何解决？

---

〔27〕 参见龙秋红：《父母离婚协议零抚养无效，四岁女儿讨抚养费》，载中国法院网，http://www.chinacourt.org/article/detail/2014/08/id/1361819.shtml。

图书在版编目(CIP)数据

婚姻家庭继承法学 / 张伟主编. -- 北京 : 法律出版社, 2021(2023.2 重印)
ISBN 978-7-5197-5198-2

Ⅰ. ①婚… Ⅱ. ①张… Ⅲ. ①婚姻法-法学-中国②继承法-法学-中国 Ⅳ. ①D923.01

中国版本图书馆 CIP 数据核字(2020)第 244041 号

婚姻家庭继承法学
HUNYIN JIATING JICHENG FAXUE

主　编 张　伟
副主编 马钰凤　郝　佳　杨丽珍

责任编辑 陈　慧
装帧设计 凌点工作室

出版发行 法律出版社
编辑统筹 法律教育出版分社
责任校对 晁明慧　王　皓
责任印制 刘晓伟
经　　销 新华书店

开本 720 毫米×960 毫米　1/16
印张 23.25　　**字数** 430 千
版本 2021 年 1 月第 1 版
印次 2023 年 2 月第 2 次印刷
印刷 三河市龙大印装有限公司

地址:北京市丰台区莲花池西里 7 号(100073)
网址:www.lawpress.com.cn
投稿邮箱:info@lawpress.com.cn
举报盗版邮箱:jbwq@lawpress.com.cn

销售电话:010-83938349
客服电话:010-83938350
咨询电话:010-63939796

书号:ISBN 978-7-5197-5198-2
定价:48.00 元
凡购买本社图书,如有印装错误,我社负责退换。电话:010-83938349